DER WEG IN DEN UNTERGANG

Meinem Freund und Bruder Kerry
zum 14. 11. 1988
in treuer Verbundenheit.

[illegible]

Manfred Jochum Manfred Bobrowsky

DER WEG IN DEN UNTERGANG

Journalisten vermitteln den Anschluß

Braumüller

CIP-Kurztitelaufnahme der Deutschen Bibliothek

Der Weg in den Untergang: Journalisten vermitteln d. Anschluß / Jochum; Bobrowsky. – Wien: Braumüller, 1988

ISBN 3 7003 0778 0

NE: Jochum, Manfred (Mitarb.)

Umschlag und Innengestaltung: Grieder Graphik

Jeder Autor ist für seinen Teil des Buches allein verantwortlich: Manfred Bobrowsky für die Auswahl der Zeitungsdokumente, Manfred Jochum für die Tageschronik, das Personenregister und die Literaturauswahl.

Die Texte der Tageschronologie sind mit Genehmigung des ORF aus der Hörfunkserie „Radiokolleg" entnommen.

ISBN 3 7003 0778 0

Satz: Ch. Weismayer, A-1080 Wien
Druck: Novographic, A-1230 Wien

Printed in Austria

VORWORT

Dieses Buch ist eine Dokumentation. Es erzählt in Beiträgen aus Zeitungen Tag für Tag die ereignisreiche Geschichte der Monate Februar, März und April bis zum 12. dieses Monats mit den Triumphmeldungen über das Ergebnis der Volksabstimmung am 10. April 1938. Aber diese Geschichte wird erzählt aus den Blickwinkeln und mit den Stimmungen von damals. Deshalb ist dies *keine* Dokumentation dessen, wie unabhängiger Journalismus die Zeitereignisse schildert, sondern dessen, wie der autoritäre, austrofaschistische Staat die Wirklichkeit propagandistisch konstruiert sehen wollte. Presse und Rundfunk waren unter den Kanzlern Dollfuß und Schuschnigg nicht frei. Wenn die – bis heute staatliche – „Wiener Zeitung" am 2. Februar 1938 schrieb, Österreich sei das Land der persönlichen Freiheit, in dem es jedermann gestattet sei, „seine Meinung offen und ehrlich auszusprechen", so war dies nichts anderes als Propaganda – zur Verschleierung der tatsächlichen Zustände. Diese hatten sich seit Anfang der 30er Jahre weit von allen demokratischen Vorstellungen über die Freiheit der Meinungsäußerung und der Presse entfernt.

Schon wenige Monate nach der Regierungsübernahme durch Bundeskanzler Dollfuß beriet der Ministerrat im November 1932, wie man durch geeignete Maßnahmen verhindern könne, daß das Ansehen der Regierung durch Presseberichte untergraben wird. Nach der Ausschaltung des Parlaments galt die erste Maßnahme, die mit der Notverordnung aus dem Ersten Weltkrieg, dem „Kriegswirtschaftlichen Ermächtigungsgesetz" vom 7. März 1933, getroffen wurde, der Einschränkung der Pressefreiheit. Dieser eilige Zugriff des nun ohne demokratische Kontrolle regierenden Herrschaftssystems wurde in den folgenden Wochen und Monaten durch immer neue Verordnungen und zahlreiche Einrichtungen zur Beeinflussung der Presse weiter verstärkt. Die Presseverordnungen ließen die Zeitungslandschaft veröden. „Die Journalistik empfing damals eine schwere Wunde, an der sie noch einige Jahre dahinsiechte, bis 1938 der endgültige Todesstoß kam. Jede Zensur, jede Aufzwingung einer Meinung, jeder Druck, bestimmte Dinge zu schreiben oder zu unterlassen, führt zur Deformierung des Charakters der Journalisten." (G. Jagschitz)

Gerechtfertigt wurde diese Abschaffung der Pressefreiheit auch mit der notwendigen Abwehr der reichsdeutschen und (illegalen) österreichischen, nationalsozialistischen Propaganda. Dies gelang wenigstens teilweise, aber eben um den Preis des Endes aller Opposition und Kritik. Und mit dem Juliabkommen von 1936 „öffnete die österreichische Regierung selbst die Schleusen für die braune Flut" (G. Jagschitz). Sie schwoll immer mehr an, während ihre Widersacher auf der linken Seite in den Untergrund verbannt blieben. Die „Tages-Post" (Graz) erörtert diese Vorgänge unter dem Titel „Presse und neue Zeit" am 15. März 1938 sehr anschaulich und stellt sich nun der „Mitarbeit an der Herstellung der nationalsozialistischen Volksgemeinschaft" zur Verfügung (S. 141 in diesem Band). Wo dies nicht freiwillig geschah, fand schon in der Nacht vom 11. auf den 12. März eine ‚Säuberung' der Zeitungsredaktionen statt. Am 16. März 1938 kam die erste Nummer der Wiener Ausgabe des „Völkischen Beobachters" heraus. Schon drei Tage vorher lief die erste Pressekonferenz zur einheitlichen Sprachregelung ab – genau nach dem Muster, das Josef Goebbels, der Reichsminister für Volksaufklärung und Propaganda, in Berlin seit fünf Jahren praktizierte. Das nationalsozialistische Instrumentarium zur Kommunikationslenkung wurde Stück für Stück auf Österreich übertragen.

Diese Hintergründe muß man kennen. Sie sind der Schlüssel zum Verständnis der hier wiedergegebenen ‚Dokumente'. Vielen der zeitgenössischen Leser dürfte dies bewußt gewesen sein. Und manchmal lüfteten die Zeitungen selbst diesen Schleier ihrer Abhängigkeit – so etwa, wenn „Das Kleine Volksblatt" unter der Überschrift „Ziel und Weg für die österreichische Presse" am 26. Februar 1938 über einen Empfang der Chefredakteure *aller* Tageszeitungen durch „Bundeskanzler und Frontführer Doktor" Schuschnigg berichtet. Ist es nicht das Mittel der Camouflage, der Tarnung, wenn direkt daneben das neueste Bundesgesetz gegen die Pressefreiheit („2000 Schilling Strafe oder drei Monate Arrest") abgedruckt wird? Bei derartigen Strafandrohungen im Hintergrund mag der Leser begriffen haben, warum Dr. Schuschnigg Anlaß hatte, sich bei den Chefredakteuren für die „verständnisvolle Mitarbeit und Unterstützung" zu bedanken (S. 75 in diesem Band). Zur Pflicht gehörte die unablässige Betonung der Eigenstaatlichkeit Österreichs – ein Schlagwort, das in den Wochen nach der Okkupation und in der Volksabstimmung am 10. April 1938 sich in Nichts auflöste – trotz aller ständestaatlichen Propaganda.

Zur Pflicht gehörte wohl auch der Antisemitismus oder zumindest die Erörterung der „Judenfrage" – dies leitete bruchlos in die ‚neue Zeit' hinüber, zumal die Redaktionen brutal von allen Journalisten jüdischer Herkunft – und dies waren nicht wenige – ‚gesäubert' wurden (S. 152 in diesem Band). Zur Pflicht gehörte vor allem der kommentarlose Abdruck von Kanzler- und Ministerreden, Verordnungen, Appellen, Communiqués und Kundmachungen. Solche Dokumente verdrängten mehr und mehr die Berichte und Kommentare der Journalisten. Aus dem aktiven Vermitteln wurde ein passives Transportieren.

Zum Verweis auf die Wirklichkeit wird in einer so geknebelten oder freiwillig willfährigen Presse die Notiz über Gerüchte oder die „Flüsterpropaganda" – sie verweist auf andere Kanäle, die gesellschaftliche Kommunikation findet, wenn die Medien nicht frei berichten können. Welche Intensität dies hatte, wird nach dem Einmarsch von Hitlers Truppen deutlich: „Ungeheurer Jubel in der Bevölkerung" (S. 139 in diesem Band). Zumindest die bisher getarnten Nationalsozialisten und die vielen Opportunisten, die sich den neuen Machtverhältnissen angepaßt haben, konnten nun ‚frei' schreiben und reden, konnten „ihr bescheidenes Scherflein dazu beitragen, damit in froher Zuversicht und gläubigem Vertrauen am 10. April Österreichs Volk, Mann und Frau, sein *Ja* gebe!" (S. 150 in diesem Band: „Illustrierte Kronen-Zeitung") Nicht zuletzt auch mit Leserbriefen vermitteln die Journalisten nun den Anschluß, der so zum „großen Rettungswerk Adolf Hitlers", zur „Befreiung Österreichs" wird (S. 169/70 in diesem Band: „Das Kleine Blatt")

Andere Stimmen konnten nur noch im Exil laut werden, in Prag, Moskau, Paris ... „Nach einem Jahr", im März 1939, berichtet das Exilblatt „Österreichische Nachrichten" unter Berufung auf einen Korrespondentenbericht des „Evening Standard" aus Wien, „daß es Hitler bloß gelungen ist, Österreich zu besetzen, daß es ihm aber niemals gelingen wird, dieses Land zu gewinnen" (S. 174/75 in diesem Band). Bis diese Hoffnung sich erfüllte, mußten noch Jahre eines furchtbaren Krieges vergehen.

Einen besonders dramatischen Abschnitt dieses langen, leidvollen Lernprozesses dokumentieren die aus heutiger Sicht geschriebenen historischen Tagesberichte von Manfred Jochum (ursprünglich eine Hörfunkreihe des ORF vom 8. 2. bis zum 13. 3. 1988, täglich 16.55 Uhr, unter dem Titel „Heute in Österreich – vor fünfzig Jahren"). Die faksimilierten Zeitungsausschnitte, zusammengestellt von Manfred Bobrowsky (im Rahmen eines größeren Forschungsprojektes des Instituts für Publizistik- und Kommunikationswissenschaft der Universität Wien) aus 30 verschiedenen Zeitungen, machen trotz aller Einschränkungen durch Zensur und Presselenkung jene vibrierende Spannung deutlich, mit der Hitler damals ganz Europa in Atem hielt. Noch wollten die meisten Zeitgenossen – auch in den demokratischen Ländern – nicht wahr haben, daß damit „Der Weg in den Untergang" endgültig gebahnt wurde. Es dauerte 60 Monate, bis Österreich und Deutschland vom Nationalsozialismus befreit werden konnten.

Wolfgang R. Langenbucher

Die Autoren danken Karin Bauer, Studentin am Institut für Publizistik- und Kommunikationswissenschaft der Universität Wien und Mag. Elisabeth Hobl-Jahn für ihre Mitarbeit.

Dienstag, 8. Februar 1938

* * * Nazi Demonstrationen bei einer Sportveranstaltung * * * Bunter Modefrühling * * * Das Theaterprogramm zum Tage * * *

Österreichs Tageszeitungen berichten in großer Aufmachung von den Nazidemonstrationen anläßlich der Schisprungveranstaltung auf der Klagenfurter Sattnitz-Schanze. Schuld war, so meinen die Zeitungen, der österreichische Schiverband, dessen führende Funktionäre nie ein Bekenntnis zur österreichischen Unabhängigkeit abgelegt hätten und deren antiösterreichische Gesinnung weithin bekannt sei. „Das Kleine Blatt" fordert daher:

„Weg mit jenen Leuten in der Leitung des Skiverbandes, deren Gesinnung einen doppelten Boden hat und die sich für ihr heutiges Verhalten bei neuen Herren, deren Heraufkommen sie erhoffen, bezahlt machen wollen. An ihre Stelle müssen Männer treten, ganze Männer, deren Hände nicht zittern, deren Blick geradeaus gerichtet und deren Gesinnung eindeutig ist. Männer, bei denen man weiß, woran man ist, und denen wir unsere Jugend anvertrauen können."

Am Tag vorher bereits ist Österreichs Bundeskanzler Dr. Kurt Schuschnigg, vom deutschen Gesandten in Wien, Franz von Papen, die Einladung Adolf Hitlers zu einem Gespräch im Berghof auf dem Obersalzberg bei Berchtesgaden überbracht worden, und der Bundeskanzler hat diese Einladung angenommen.

Der deutsche Druck auf Österreich setzt sich weiter fort. Wie diese Taktik aussieht, beschreibt Dr. Wilhelm Keppler, Hitlers Sonderbevollmächtigter für Österreich in einem seiner zahllosen Briefe an seinen persönlichen Freund, den neuen deutschen Außenminister, Joachim von Ribbentrop:

„Als der Führer mir im Juli 1937 die Bearbeitung der österreichischen politischen Fragen innerhalb der NSDAP anvertraute, brachte er zum Ausdruck, daß man eine Lösung auf evolutionärem Weg versuchen solle, da eine andere Lösung für längere Zeit nicht tragbar sein würde. Obgleich die Aussichten einer Lösung der österreichischen Frage auf evolutionärem Weg recht ungünstig erschienen, habe ich doch in konsequenter Weise in dieser Richtung gearbeitet und ich habe nunmehr den Eindruck, daß die Aussichten hiefür wesentlich besser geworden sind. Insbesondere innerhalb der letzten 14 Tage zeigt sich Bundeskanzler Schuschnigg wesentlich geneigter, den Einbau der nationalen

Opposition in die Mitverantwortung des Staates zu erfüllen ... Dr. Schuschnigg hat weiterhin durchblicken lassen, daß er auch bereit wäre, eine weitergehende Umbildung seines Kabinetts vorzunehmen, wobei teilweise ausgesprochene Vertreter unserer Weltanschauung einzelne Ressorts übernehmen könnten, während vielleicht für andere Ressorts eine Besetzung durch neutrale Persönlichkeiten in Betracht kommen würde.
Die Frage, warum Schuschnigg jetzt mehr bereit ist als früher, das Abkommen vom 11. Juli wirklich durchzuführen, muß wohl dahin beantwortet werden, daß er
1.) zur klaren Erkenntnis gekommen ist, daß die jetzigen Zustände in Österreich auf die Dauer nicht tragbar sind,
2.) daß für ihn die Möglichkeiten, durch außenpolitische Maßnahmen sich dem Druck des Reiches zu entziehen, schwinden ...
3.) Schuschnigg ist eine Persönlichkeit, die schwer entschlußfähig ist. Zudem ist seine Politik von periodischen Stimmungen abhängig ..."

Die „Reichspost" stellt in einer großen Reportage die neuen Frühjahrsstoffe vor und meint:

„Das Kleid aus gestreifter Krawattenseide ist die große Neuheit. Es läßt sich mit einer hohen Passe außerordentlich geschickt arbeiten und gibt mit dem blütenweißen Pikeeinsatz einen frühlingsfrischen Eindruck ... Neben Streifen sind auch Tupfen sehr modern ... Man findet weiße Tupfen auf marineblauem, schwarzem, auf braunem, aber auch auf pastellfarbenem, etwa lichtgrünem oder hellrosa Grund ... Der Frühjahrsmantel selbst, zu dem diese Kleider abgestimmt sind, wird in diesem Jahr gerne aus pastellfarbenem Wollstoff ausgeführt. Neben den klassischen Frühlingsfarben Grün und Blau, werden wir in diesem Jahr durch die Vielfalt der senfgelben, rostfarbenen, erdbeerroten, grauen, negerbraunen und kornblumenblauen Schattierungen eine reichere Auswahl denn je vorliegen haben."

Am Abend eröffnet die Volkshochschule Leopoldstadt, in der Zirkusgasse 49 in Wien, ihr Sommersemester mit einer Vorlesungsreihe von Dr. Ernst Schönwiese über den Roman des 20. Jahrhunderts, die Staatsoper spielt „Land des Lächelns", das Burgtheater „Michael Kramer" mit Werner Krauß und Rosa Albach-Retty, und das Deutsche Volkstheater „Tödliche Liebe" mit Alfred Bassermann in der Hauptrolle. In der Scala steht „Elisabeth, Kaiserin von Österreich" auf dem Programm und im Simplizissimus „Robinson Farkas auf der Grünbauminsel".

Dienstag, 8. Februar 1938

Genfer Konferenz über die Flüchtlingsfrage.

Telegramm unseres Korrespondenten.

Genf, 7. Februar. In Genf hat heute im Sekretariat des Völkerbundes eine Regierungskonferenz für die Ausarbeitung und Annahme eines internationalen Abkommens über die aus Deutschland kommenden Flüchtlinge begonnen. Eine internationale Konvention soll geschaffen werden, die ein für allemal den Status der aus Deutschland kommenden Flüchtlinge in den Einwanderungsländern regelt. Die Konferenz, an der sich Frankreich, England, Norwegen, Holland, Schweden, die Schweiz, die Tschechoslowakei, Polen, Portugal und Spanien vertreten lassen, hat heute eine Generaldebatte über die Lage dieser Flüchtlinge und über einen Konventionsentwurf abgeführt, den der Hochkommissär für deutsche Flüchtlinge (jüdische und nichtjüdische), der englische Generalmajor Sir Neill Malcolm, der Konferenz vorgelegt hat. Die Delegierten der in einem Verbindungskomitee vereinigten fünfundzwanzig nationalen und internationalen privaten Hilfsorganisationen wurden zur Konferenz zugelassen und zwei von ihnen, Professor Bentvitsch aus London und der Pariser Rechtsanwalt Ferrucci, gaben Aufschlüsse über den Stand des Flüchtlingsproblems.

Seit 1933 haben 130.000 Juden und 15.000 Nichtjuden Deutschland verlassen; davon seien aber bereits 100.000 nach Uebersee und Palästina ausgewandert, so daß im ganzen in europäischen Ländern höchstens 30.000 Flüchtlinge Zuflucht gefunden haben und nun einen definitiven Rechtsstatus durch internationale Vereinbarung erhalten sollen. Professor Bentvitsch erklärte ferner, daß 20.000 bis 25.000 Personen jährlich Deutschland auch in Zukunft verlassen werden, daß aber davon höchstens einige tausend in Europa bleiben würden, da einerseits die Emigration aus Deutschland sich jetzt direkt nach Uebersee wendet und anderseits auch der Abstrom der bisher in Europa verbliebenen 30.000 Flüchtlingen nach Uebersee größer ist als der Zustrom neuer Flüchtlinge aus Deutschland.

Die jetzt in Beratung stehende definitive Konvention sucht nicht nur die nötigen Ausweispapiere, sondern auch den Zugang zum Arbeitsmarkt sowie gewisse soziale Sicherungen den zugelassenen Flüchtlingen in den sie aufnehmenden Ländern zu verschaffen; ferner sollen die Ausweisungsmöglichkeiten eingeschränkt und schließlich den Staatenlosen, die Deutschland verlassen haben, die gleichen Vorteile gegeben werden, wie den Flüchtlingen deutscher Nationalität.

Neue Freie Presse

Die Quellen der Gerüchtemacherei

Im Rundfunk sprach gestern der Stellvertreter des Bundeswerbeleiters der VF Dr. Fritz Bock gegen die Gerüchtemacherei. An Hand einiger Beispiele von Gerüchten, wie sie täglich immer wieder auftauchen, zeigte er die Sinnlosigkeit all dieser Märchenerzählungen auf, die trotzdem immer wieder weiter verbreitet werden. Einmal sind es die Staatsfeinde, die, vermutlich für jede neu erfundene Lüge wohl bezahlt, immer wieder solche erfinden. Eine dieser Quellen sind also diejenigen Kreise, die in Österreich jede politische Geltung ein für allemal verloren haben. Es mag schon sein, daß sie sich aus Kränkung darüber zur Methode des Gerüchteschmiedens gewendet haben. Für uns aber gilt in diesem Zusammenhang die Forderung: Jedem, der ein solches Gerücht erfindet oder es weitererzählt, mit der entsprechenden eindeutig österreichischen Art über seinen ungewaschenen Mund zu fahren, beziehungsweise ihn zu fragen, woher er denn diese famose Nachricht habe. In den meisten Fällen wird sich dann ergeben, daß diese Märchenerzähler keinen Autor nennen können, weil sie entweder selbst die Erfinder sind oder aber einen Autor nicht nennen wollen, weil sie die Glaubwürdigkeit dieses Autors selbst stark bezweifeln.

Der zweite Grund liegt in Pressemeldungen, die außerhalb unseres Landes das Licht der Welt erblicken. Die einen schreiben von Naziputschplänen, während die anderen Österreich eine kommunistische Rätediktatur prophezeien. Es wirkt oft erheiternd, alle diese Artikel der Reihe nach zu lesen. Man könnte daraus einen Wunschbogen für alle Österreicher zusammenstellen, aus dem jeder sich das nehmen kann, was ihm gerade nach seiner politischen Überzeugung am ehesten zusagt. Freilich, wenn man nur das eine oder das andere Auslandblatt ständig liest, ist eine Verwirrung in manchen feststehenden Begriffen sehr leicht möglich.

Demgegenüber stellen wir fest: Wir können nicht verhindern, daß in ausländischen Blättern von ausländischen Journalisten unwahre Dinge geschrieben werden; ebensowenig wie wir verhindern können, daß etwa Menschen in anderen Ländern anderer Meinung sind, als wir. Wir sind darüber auch nicht böse. Aber wir stellen ein für allemal klar und deutlich fest, daß uns ein gewisses Sensationsbedürfnis ausländischer Blätter in gar keinem Belange beeinflussen kann. Denn unsere Politik machen wir selbst und unser Land bestellen wir so, wie wir es selbst für gut finden.

Wer feststellt, daß es manches Verbesserungswürdige gibt, den betrachten wir nicht als Miesmacher und Nörgler, sofern der Betreffende auch in der Lage ist, zu sagen, wie man es besser macht. In Österreich, dem Lande der persönlichen Freiheit, ist es jedermann gestattet, seine Meinung offen und ehrlich auszusprechen. Allerdings ist dabei unerläßliche Voraussetzung, daß aus der Kritik und aus dem geäußerten Wunsch deutlich der Wille herausspricht, dem Vaterlande mit der Kritik und mit dem Wunsche zu dienen.

Es mögen alle Österreicher wissen: Wenn noch soviele Gerüchte und noch soviele Märchen über unser Land erfunden werden, das österreichische System und der österreichische Staat werden alle diese Märchen bestimmt überleben. Die VF, alle verantwortlichen Führer, allen voran aber der Frontführer, sind uns Bürgen dafür, daß unsere Heimat so für alle Zeiten leben wird, wie Engelbert Dollfuß sie geschaffen hat, daß mit einem Wort: Dollfuß-Österreich ein ewiger Begriff ist!

Wiener Zeitung

Oesterreich den Oesterreichern.

Da Oesterreichs Unabhängigkeit und Selbständigkeit außenpolitisch heute zur Tatsache geworden ist, ist es hoch an der Zeit, auch innenpolitisch nach jeder Richtung den Grundsatz zu verwirklichen, der in den Worten gipfelt: Oesterreich den Oesterreichern! Die baldige vollständige und radikale Verwirklichung dieses Grundsatzes erscheint mir gerade dann eine unerläßliche Forderung zu sein, wenn man ernstlich bestrebt ist, für uns, das Gesamtdeutschtum und die Welt jene stammesmäßige Eigenart zu erhalten, die in der Vergangenheit und in der Gegenwart unter Oesterreich Klang und Namen hatte. Soll Oesterreich wirklich der zweite deutsche Staat oder ein deutscher Staat überhaupt bleiben, dann muß in Oesterreich das Oesterreichische, das Deutsche und damit das Bodenständige vorherrschend werden und bleiben. Daß unter einem solchen Gesichtspunkt österreichisch und deutsch keinen Widerspruch, sondern vielmehr eine Einheit bedeutet, ist selbstverständlich für den, der sich nicht nur als Oesterreicher und damit als Deutscher bekennt, sondern es auch ist.

Oesterreich ist ein altes deutsches Land, es ist die Ostmark des Deutschen Reiches. Wer die Geschichte kennt, kann an dieser Tatsache nicht zweifeln. Wer sein Bekenntnis zu Oesterreich in der Tradition verankert, kann daran nicht vorübergehen. Es ist daher die Pflicht jedes patriotischen Oesterreichers, alles zu tun, damit der bodenständige und damit der deutsche Charakter in Oesterreich voll gewahrt bleibe. Deutsch und damit auch österreichisch ist aber das Land nur dann, wenn das Deutsche im Leben des Staates und der Gesellschaft den Ausschlag gibt. Daß Oesterreich ein deutsches Land ist und eine gesamtdeutsche Sendung zu erfüllen hat, wurde wiederholt von maßgebender Seite besonders hervorgehoben, so daß sich damit heute jeder Oesterreicher abfinden muß wie mit der Unabhängigkeit des österreichischen Staates. Leider ist es nicht immer so, daß das Deutsche, das Bodenständige und damit das Oesterreichische den Ausschlag gibt. Wir sind noch immer zutiefst mitten in der Entwicklung zu neuem Leben begriffen, so daß der einzelne nicht immer klar das begriffen hat, was eigentlich die deutsche Sendung unseres deutschen Oesterreich bedeutet. Daß in Oesterreich leider noch immer nicht der Grundsatz Oesterreich den Oesterreichern voll zum Durchbruche gekommen ist, hat seinen Grund zum Teil auch in der österreichischen Duldsamkeit. Kein deutscher Volksstamm ist gerade so duldsam wie der österreichische. Diese Duldsamkeit mag nützlich sein, wenn es sich um das Verstehen anderer Völker handelt, sie ist aber schädlich und gefährlich, wenn es um österreichische und damit um deutsche Belange geht.

Diese deutschösterreichische und bodenständige Losung laut und erneut auszurufen, scheint mir deshalb nötig, weil gerade die volks- und rassefremden Elemente vermeinen, die österreichische Duldsamkeit für ihre Zwecke ausnützen und über die bodenständigen Oesterreicher wirtschaftlich und geistig herrschen zu können. Als der Führer des österreichischen Jungvolkes erklärte, daß die Juden im Jungvolk keine Aufnahme finden, sondern in einem eigenen Jungvolk gesammelt werden, gab es ein so starkes Rauschen im jüdischen Pressewalde, daß man hätte glauben müssen, der Staat selber sei in seinem Bestande ernstlich bedroht. In Wahrheit handelte es sich um nichts anderes als um eine selbstverständliche und österreichische Forderung von Recht und Billigkeit. So wie im österreichischen Jungvolk dadurch nur die natürlichen Rechte des deutschen Volkes in Oesterreich verwirklicht werden, so auch muß es in allen anderen Organisationen, Berufen und Lebensbereichen des deutschösterreichischen Volkes sein und werden. Wir Deutschen aus Oesterreich haben selbst so viel ausgezeichnete und tüchtige Menschen, die aus unserem eigenen Boden stammen und unserem Blute entsprossen sind, daß wir es wahrlich auf keinem Lebensgebiete und namentlich nicht auf dem Gebiete des Geisteslebens wie der Kunst und Wissenschaft nötig haben, uns etwa gar von den artfremden Juden führen und beherrschen zu lassen. Es ist ein höchst ungesunder Zustand, daß gerade in den geistigen Berufen wie bei den Aerzten, Rechtsanwälten, Hochschulprofessoren usw. der jüdische Perzentsatz so groß ist, während unsere bodenständigen, deutschen und arischen Oesterreicher in diesen bevorzugten Berufen keine Möglichkeit finden. Wenn man daher im Sinne des angestammten deutschen Volkes auch für Oesterreich fordert, daß diese Unbilligkeit alsbald und radikal geändert werde, so ist eine solche Forderung des Volksrechtes noch lange nicht der Ausfluß eines Antisemitismus, sondern es ist dies nur ein notwendiger Schritt zur Verwirklichung des Satzes: Oesterreich den Oesterreichern!

Vorarlberger Tagblatt

Auch im Winter in die billige Schweiz

45% Fahrpreisermäßigung • Reiseschecks • 70 Skischulen

Amtliches Schweizer Verkehrsbureau, Wien I, Kärntnerstraße 20, Telephon R-28-5-85/86

Neue Freie Presse

Mittwoch, 9. Februar 1938

*** * * Frühjahrsappell der Vaterländischen Front * * * Vorträge von Julius Meinl und Oswald Menghin * * * Die kürzeste Gerichtsverhandlung Wiens endet mit Freispruch * * ***

In großer Aufmachung bringen Österreichs Tageszeitungen eine Rede von Unterrichtsminister Dr. Pernter im Rahmen des Frühjahrsbezirksappells der Vaterländischen Front in Baden/Wien. Der Unterrichtsminister befaßt sich dabei ausführlich mit der national-vaterländischen Erziehung der österreichischen Jugend und erklärt:

„In einem national einheitlichen Staat wie Österreich, braucht das Wort ‚national' nicht besonders betont werden. Denn abgesehen von den vaterlandstreuen nationalen Minderheiten, deren Volkstum wir achten und denen wir freie Entwicklung gewähren, sind wir alle bewußte Deutsche in einem freien deutschen Staat."

Der Minister widmet sich sodann in seiner Rede den Grundgedanken des Abkommens vom 11. Juli 1936 zwischen Österreich und Deutschland, insbesondere jener Bestimmung, wonach der österreichische Nationalsozialismus eine rein innere Angelegenheit Österreichs darstelle. Zwischen der Weltanschauung des Nationalsozialismus und der österreichischen Idee, deren Wesenskern christlich ist, besteht eine Kluft, die auch die eifrigsten Brückenbauer nicht zu überbrücken vermögen, betont der Minister. Österreich müsse gegen jene verneinenden Geistesströmungen der heutigen Zeit einen Wall aufrichten, einen lebendigen Wall aus glaubens- und vaterlandstreuen Menschen. Diesen Wall zu bauen, sei Aufgabe der Vaterländischen Front. Auf das Jahr der Jugend und die politische Erziehung der Jugend eingehend, meint dann der Unterrichtsminister:

„Der Staat muß darauf bestehen, daß die österreichische Jugend zu guten Österreichern erzogen wird. Der Staat wird diese österreichische Erziehung mit allen seinen Mitteln durchsetzen. In letzter Zeit waren manche unerfreuliche Erscheinungen, wie zum Beispiel staatsfeindliche Zellenbildungen in einzelnen Schulen zu bemerken. Mit aller Deutlichkeit sei hier gesagt, daß gegen solche Erscheinungen unnachsichtlich und mit aller Schärfe vorgegangen wird, wobei wir den romantischen Hang der Jugend zur Geheimnis- und Wichtigtuerei nicht überschätzen wollen. Gegen die Verführer der Jugend aber muß und wird die volle Strenge des Gesetzes angewendet werden."

Die Versammlung endet, wie die „Neue Freie Presse" berichtet, mit dem Aufruf zu einer großen „Frühjahrsversammlungsschlacht" mit den Parolen *„Schach den Miesmachern"* und *„Kampf den Saboteuren!"*

Noch zwei weitere Vorträge dieses Tages finden besonderes Interesse. Als Gast der Österreichischen Völkerbundliga spricht Generalkonsul Julius Meinl über „Freihandel und Frieden", und über Einladung des Österreichisch-Deutschen Volksbundes hält Universitätsprofessor Dr. Oswald Menghin einen Vortrag über „Geist und Boden".

Julius Meinl betont vorerst, daß es die Zollgrenzen und die Autarkiebestrebungen seien, die gesunde wirtschaftliche Verhältnisse verhinderten, und führt dann aus:

„Die Welt befindet sich in einem Zustand dauernden Wirtschaftskrieges ... Aus dem Weltkrieg heraus entstand die Idee, daß ein Volk der Feind des anderen sein müsse, und daß es unpatriotisch ist, zu den Angehörigen anderer Staaten und Völker in wirtschaftliche Beziehungen zu treten. Nach dem Krieg aber hat man es versäumt, die früheren Gegner durch eine großzügige Wirtschaftspolitik wieder zu Freunden zu machen. Man kann sich gegen Krieg aber nicht dauernd durch neuen Krieg und Zwang schützen, sondern nur dadurch, daß man sich den bisherigen Gegner zum Freunde macht ..."

Professor Menghin hingegen betont in seinem Vortrag „Geist und Boden", daß der Fanfarenstoß „Blut und Boden" daran erinnern wolle, daß die Urgewalt dieser Wirklichkeiten für das Schicksal der Menschheit von höchster Bedeutung sei. Der moderne Reichsgedanke und die Nationalstaatsidee könnten nur dann nebeneinander bestehen, wenn nicht die Frage „Staat und Raum", sondern „Volk und Raum" im Vordergrund stünde.

Die „Reichspost" berichtet von der nächsten Premiere des Deutschen Volkstheaters. Geplant ist das Lustspiel „Bridgekönig" von Paul Armont und Leopold Marchand in der Regie von Heinrich Schnitzler, mit Else Bassermann, Vilma Degischer, Hans Olden und Karl Skraup in den Hauptrollen; die RAVAG überträgt um 19.25 Uhr „Fidelio" aus der Wiener Staatsoper und um 22.20 Uhr einen Kabarettabend mit Hermann Leopoldi aus dem Varieté Ronacher; und das „Kleine Blatt" berichtet von der kürzesten Gerichtsverhandlung Wiens. Innerhalb von drei Minuten wird der Angeklagte Anton B. von der Beschuldigung der notorischen Bettelei freigesprochen, nachdem er nachweisen kann, daß er seit 1929 arbeitslos, seit 1930 ausgesteuert und somit seit nahezu neun Jahren völlig mittellos ist.

Mittwoch, 9. Februar 1938

Die kommenden Geschlechter.

Das große Volkssterben bedroht die Zukunft des österreichischen Deutschtums.

Einem Aufsatze von Gernot Reinitzer im „Grenz-
land", der Zeitschrift des Deutschen Schulvereins Süd-
mark, ist folgendes zu entnehmen:

Wurden im heutigen Gebiet von Oesterreich um die
Jahrhundertwende noch rund 190.000 Kinder im Jahre
geboren, so im Jahre 1935 nur mehr 89.000, also weit
weniger als die Hälfte. Kamen um die Jahrhundert-
wende auf 1000 Einwohner noch 31 Geburten, so im Jahre
1935 nur mehr 13. Kamen im Jahre 1910 auf 100 Frauen
im fruchtbarsten Alter (von 20 bis 40 Jahren) noch 17 Le-
bendgeburten, so 1934 nur mehr acht. Da aber die Frucht-
barkeit um 1910 schon nicht mehr auf ihrer normalen Höhe
war, müssen wir sagen, daß die Fruchtbarkeit von ihrer
normalen Höhe um die Jahrhundertwende bis heute auf
ein Drittel herabgesunken ist. Zur bloßen Bestandserhal-
tung eines Volkes wären je Ehe durchschnittlich 3.5 Kinder
notwendig. In Oesterreich kommen aber heute auf eine
seit 1890 geschlossene Ehe durchschnittlich nur mehr 1.9
Kinder. Wir haben im Gesamtdurchschnitt Oesterreichs
nicht einmal mehr das Zwei-Kinder-System. In Wien
kommen auf eine Ehe gar nur mehr 1.2 Kinder im Durch-
schnitt. Ein Drittel aller Ehen in Wien und Graz ist kin-
derlos, ein weiteres Drittel der Ehen hat nur ein einziges
Kind. Jahr für Jahr stirbt in Wien eine Stadt aus wie
Bruck oder Leoben. In Wien und Graz kommen nur rund
halb soviel Kinder auf die Welt als Einwohner sterben.
Wir sind mit unserem Geburtentiefstand tiefer als alle
Nationen der Erde. Oesterreich ist heute neben Estland
und Lettland der einzige Staat Europas, der seine Vor-
kriegseinwohnerzahl noch nicht überschritten hat. Es hat
nie ein Volk gegeben, das so rasch gestorben wäre, wie das
deutsche Volk in Oesterreich und nie ein Volk, das ähnlich
tiefe Geburtenziffern gehabt hätte. 1935 war die Zahl der
Geburten in Oesterreich auch zum erstenmal nicht mehr
ausreichend, um den Abgang durch die Todesfälle zu er-
setzen: Oesterreich hat nach seinem Jahrhunderte langen
Aufstieg und Wachstum 1935 das erste Mal die Wende
beschritten zu Abstieg und Schrumpfung. Und Oesterreich
geht diesen Weg des Absterbens Jahr für Jahr noch
weiter.

Dabei ist Oesterreich rings von stärker wachsenden
Völkern mit höheren Geburtenziffern umgeben. Schon
1913 hat das Gebiet des heutigen Oesterreich tiefere Ge-
burtenziffern als alle seine Nachbargebiete. 1934 hat sich
Europa gelichtet, die Geburtenziffern wurden niedriger.
Und wieder hat Oesterreich niedrigere Geburtenziffern als
alle seine Nachbarn. Alle Nachbarstaaten Oesterreichs wei-
sen ein stärkeres Wachstum auf. Bei unseren slawischen
Nachbarn verhält es sich heute so, daß die slawische Mut-
ter immer noch doppelt so fruchtbar ist wie die deutsche
Mutter.

Die Welt ist nicht da für feige Völker! Heute steht
Europa im Begriff, ein slawischer Erdteil zu werden.

Wo der eine schwach wird, drängt schon der nächste
nach: 9 Juden täglich sind in der Zeit von 1922 bis
1931 nach Oesterreich nicht nur eingewandert, sondern so-
gar eingebürgert worden.

Aber alle bis jetzt gegebenen Zahlen beschönigen den
wahren Sachverhalt noch immer. In Wahrheit ist unsere
Lage noch viel ernster als es nach den bisherigen Ziffern
zum Ausdruck kommt.

Das Absinken der Geburtenkurve hat nur deshalb bis
1934 noch zu keinem Bevölkerungsrückgang geführt, weil
das Absinken der Geburtenziffer auch von einem Absinken
der Sterbeziffer begleitet war. Solange dieses Sinken der
Sterbeziffer mit dem Sinken der Geburtenziffer noch
Schritt gehalten hat, hatte die Entwicklung noch nichts
Besorgniserregendes an sich. Das war aber seit der Jahr-
hundertwende immer weniger der Fall. Trotz aller Fort-
schritte der Medizin und Volkshygiene vermochte das
Sinken der Sterbeziffer längst nicht mehr den Geburten-
rückgang auszugleichen.

Dieses Sinken der Sterbeziffer ist der allgemeinen Le-
bensverlängerung zu verdanken. Hatte noch vor etwa
hundert Jahren ein neugeborenes Kind eine mittlere Le-
benserwartung von rund 30 Jahren, so hat heute dagegen
ein neugeborenes Kind eine Lebenserwartung von fast
60 Jahren. Das deutsche Volk verdankt zu einem guten
Teil sein Wachstum diesem aufgeschobenen Tod. Doch im
letzten Jahrzehnt ist die Sterbeziffer bis zu einer Tiefe
abgesunken, die sich aus der Lebensverlängerung nicht
mehr erklären läßt: So hatte im Jahre 1935 die öster-
reichische Sterbeziffer eine Höhe von kaum 13 Sterbefällen
auf 1000 Einwohner. Danach müßte (1000 : 13) jedes neu-
geborene Kind eine Lebenserwartung von durchschnittlich
77 Jahren haben. Die tatsächliche Lebenserwartung liegt
jedoch bei höchstens 60 Jahren. Es ist doch in die Augen
springend, daß hier noch andere Einflüsse walten. Und
diese Einflüsse rühren her von der Altersgliederung der
Bevölkerung.

Es ist für die Zahl der Geburten und Sterbefälle
nicht gleichgültig, in welchem Alter die Bevölkerung steht.
Stünden z. B. unverhältnismäßig viele Menschen in dem
am meisten vom Tode bedrohten Alter von mehr als
60 Jahren, so würde auch die Sterbeziffer in dieser Be-
völkerung unverhältnismäßig hoch sein. Wäre hingegen
beispielsweise die fruchtbarste Altersstufe zwischen 20 und
40 Jahren verhältnismäßig überbesetzt, so würde dadurch
auch die Zahl der Geburten unverhältnismäßig hoch er-
scheinen. Das Tausend der Bevölkerung ist demnach in
seiner ihm innewohnenden Gebärkraft und Todesbedro-
hung nicht zu allen Zeiten gleich. Und die bloßen rohen
Geburten- und Sterbeziffern, wie sie bisher gebracht wur-
den, geben noch nicht das wahre Bild der unserem Volke
innewohnenden Erhaltungskraft. Wir müssen unseren Al-
tersaufbau in Vergleich setzen mit einem ausgeglichenen
Altersaufbau gleicher Gesamtzahl, mit dem sogenannten
„genormten" Altersaufbau. Bei diesem Vergleich sehen
wir dann, daß die vom Tode am meisten bedrohten Al-
tersklassen von mehr als 60 Jahren verhältnismäßig
unterbesetzt sind. Die mittleren Altersklassen mit der ge-
ringsten Sterbebedrohung sind zur Zeit außerordentlich
stark besetzt und dadurch erscheint uns die Sterbeziffer so
außerordentlich günstig. Jedoch diese Gunst wird nicht
bleiben: In den nächsten 20 Jahren werden die stark be-
setzten Jahrgänge immer mehr in das sterbebedrohte Alter
aufrücken. In kaum 20 Jahren wird die Altersstufe der
über 65 Jahre alten Leute doppelt so stark besetzt sein als
heute. Und damit muß sich auch die Zahl der Alterssterbe-
fälle ganz zwangsläufig verdoppeln.

Aber nicht nur die Sterbeziffer erscheint zu niedrig,
sondern auch die Geburtenziffer, so niedrig sie schon ist,
erscheint noch zu hoch. Denn gerade die fruchtbarste Al-
tersstufe von 20 bis 40 Jahren ist heute verhältnismäßig
stark besetzt. Dadurch täuscht uns die rohe Geburtenzahl
eine Fruchtbarkeit vor, die der herrschenden Fruchtbar-
keitssitte längst nicht mehr entspricht. Jedoch die starke
Besetzung der fruchtbaren Jahrgänge wird nicht mehr
lange anhalten: von 1937 an kommen die schwach besetzten
Kriegsgeburtenjahrgänge, die sogenannten leeren Jahr-
gänge immer mehr in das gebär- und zeugungsfähige
Alter und damit ist es mit der Ueberbesetzung der frucht-
baren Altersstufen zu Ende. Das bis jetzt verschleierte
Bild des Volkssterbens muß immer offenkundiger werden.

Will man daher ein klares Bild von der Erhaltungs-
kraft unseres Volkes bekommen, so muß man die rohen
Geburten- und Sterbeziffern von diesen zufälligen Ein-
flüssen der Altersgliederung bereinigen. Das statistische
Reichsamt hat unter der Leitung Friedrich Burgdörfers
für das Deutsche Reich derartige Bereinigungsberechnun-
gen mit größter Genauigkeit durchgeführt und ist dabei
zu folgendem Ergebnis gelangt: Schon seit 1926 ist die
bereinigte Geburtenziffer immer mehr hinter der berei-
nigten Sterbeziffer zurückgeblieben; schon seit 1926 ge-
nügt die Geburtlichkeit nicht mehr zur bloßen dauernden
Bestandserhaltung der Bevölkerung, schon seit 1926 ist
das deutsche Volk ein sterbendes Volk! 1933 fehlte bereits
ein Drittel der Gebärleistung, die zur bloßen dauernden
Bestandserhaltung notwendig wäre! Und auch 1934 und
1936 ist die notwendige Gebärleistung noch nicht erreicht
worden, obwohl die Geburtenziffer im Deutschen Reiche
bedeutend zugenommen hat.

Die entsprechende Bereinigungsberechnung für Oester-
reich zeigt, daß der letzte Geburtenjahrgang nur mehr die
Hälfte der zur Bestandserhaltung notwendigen Zahl aus-
macht: Wir sind längst ein sterbendes Volk! Es geht
längst nicht mehr um ein Wachstum! Es geht längst schon
um den bloßen Kampf für die Erhaltung unseres heutigen
Bestandes! Und auch bei uns gilt dasselbe, was früher
gesagt wurde: Das bis jetzt verschleierte Bild des Volks-
sterbens muß immer offenkundiger werden!

Schon früher habe ich erwähnt, daß auf eine seit 1890
geschlossene Ehe in Oesterreich durchschnittlich nur 1.9 Kin-
der kommen. Das heißt: Wir haben heute nicht einmal
mehr das Zweikindersystem! Unter der Herrschaft des
Zweikindersystems geht ein Anfangsbestand von 1000
Menschen in 60 Jahren auf ein Drittel zurück! Genaue
Vorausberechnungen haben gezeigt: wenn von heute an
die Fruchtbarkeit nicht mehr weiter sinkt, sondern nur end-
lich auf dem heutigen Stand stehen bleibt, so wird das
deutsche Volk in Oesterreich bis zum Ende dieses Jahr-
hunderts auf ein Drittel der heutigen Zahl zusammen-
geschmolzen sein!

Oesterreich stirbt! Oesterreich ist des Todes! Das ist
kein politisch gefärbtes Tendenzbild, das ist die Wahrheit!
Wir gehen in den Tod! Blind! Schläft man denn? Ist
denn niemand da, der ruft: Oesterreich erwache!

Ich glaube, jeder empfindet jetzt den ganzen Hohn,
der darin liegt, wenn da einer in die Zeitung setzen läßt:
„Nein, so schlimm steht es nicht" und ein anderer in der
Zeitung gegen eine „forzierte Volksvermehrung" auftritt.
Es gibt Leute, die sich nicht vorstellen können, daß es
einmal anders kommen könnte als es bisher war. Nun,
auch das alte Griechenland war einst groß und mächtig
und heute ist nichts mehr vom alten Hellenenblut zu fin-
den. Wie es zur Zeit des beginnenden Verfalls im alten
Griechenland aussah, das zeigt eine Stelle eines grie-
chischen Geschichtsschreibers, der selbst diese Zeit miterleben
mußte. Polybios schreibt: „Zu meiner Zeit litt ganz Hel-
las an Kinderlosigkeit und Menschenmangel, wodurch die
Städte sich entleerten und das Land keine Früchte mehr

trug, obgleich weder lange Kriege, noch Seuchen uns be-
troffen hatten: Denn die Menschen wollten . . . nicht mehr
viele Kinder haben, sondern höchstens ein oder zwei, um
diese üppig (heute sagt man „anständig") großzuziehen
und reich zu hinterlassen (heute nennt man das „verant-
wortungsbewußt"). So mehrte sich das Uebel schnell."
Geburteneinschränkung ist der Anfang vom Ende. Was
für Griechenland gegolten hat, das gilt genau so auch für
Oesterreich! Eine Vogel-Strauß-Politik, die die Gefahr
einfach nicht sehen will, wird uns bestimmt nicht retten!
(Aus einem Vortrag, den Gernot Reinitzer an der
Universität Graz hielt. Er ist vollständig als Schrift mit
dem Titel „Volkssterben" in jeder Buchhandlung für
30 Groschen erhältlich.)

Vorarlberger Tagblatt

Minister Dr. Pernter über Österreichs Jugend

Die Vaterländische Front Baden veranstaltete am Montag in den Festsälen des „Hotels Stadt Wien" einen großen Frühjahrsbezirksappell, zu welchem sich Unterrichtsminister Dr. Pernter, Justizminister Dr. Pilz, Bürgermeister Minister a. D. Kollmann, Landesrat Haller, Bezirkshauptmann Dr. Ruprecht, Pfarrer Monsignore Stoiber, Hofrat Dr. Sulzenbacher, Hofrat Pischel, Landesjugendführer Stangler u. v. a. eingefunden hatten.

Nach einer Begrüßung durch den Bezirksführer Woisetschläger besprach Landesrat Haller verschiedene Landesfragen und erklärte: Wenn heute das Landesbudget mit 50 Prozent für Schulen belastet sei, so werde niemand im Lande dagegen remonstrieren, in der richtigen Erkenntnis, daß die Jugend uns das wichtigste ist und zu sein hat. Wer die Jugend hat, hat die Macht und die Macht ist der Staat! Freilich müsse die Jugend so erzogen werden, daß sie nicht etwa am Heimwege von der Schule zu politisieren beginne. Wenn aber auch alle anderen in Treue zu den Führern ihrer Berufe stehen und mithelfen, daß alle Stände ausgebaut werden, dann werden, wie der Kanzler im Winter in Tirol gesagt hat, die ständischen Wahlen auf ständischer Grundlage durchgeführt.

Bundesminister Dr. Pernter beschäftigte sich vorerst mit den Aufgaben der Vaterländischen Front und nahm unter Berufung auf die Worte des Bundeskanzlers Dr. Schuschnigg, daß es keine andere Front außerhalb und schon gar nicht innerhalb der VF geben könne, zur Frage der volkspolitischen Referate Stellung und unterstrich dabei besonders die Ausführungen des Staatssekretärs Zernatto in Salzburg. In einem national einheitlichen Staate wie Österreich brauche das Wort national nicht besonders betont zu werden. Denn abgesehen von den vaterlandstreuen nationalen Minderheiten in Österreich, deren Volkstum wir achten und denen wir freie Entwicklung gewähren, sind wir alle bewußte Deutsche in einem freien deutschen Staat. Auch für die legitimistische Bewegung gelte bei aller Ehrfurcht vor der österreichischen Tradition der Satz, daß ihre Betätigung nur innerhalb der VF und in enger Bindung an die Front möglich sei.

In Erörterung der drei Parolen, die der Bundeskanzler in Innsbruck für das Jahr 1938 gegeben habe, unterstrich der Minister die Tatsache, daß mit der Organisierung des Berufsstandes „Freie Berufe" die Schaffung aller Berufstände binnen kurzem abgeschlossen sein wird. Hiebei erwähnte er insbesondere die Einrichtung von Kammern auf dem Gebiete der Kunst und teilte mit, daß eine Kammer der schaffenden Künstler ins Leben gerufen wird.

Das Naturrecht des Elternhauses

Von überragender Bedeutung aber erscheine, daß das Jahr 1938 das Jahr der Jugend ist. Dies sei nicht nur eine Parole für die Schulverwaltung, für Eltern, Lehrer und Jugendführer, sondern auch eine Parole, die das ganze Volk angeht. Die Aufgaben, die hier dem Staate und der politischen Führung erwachsen, sind ungeheuer groß und vielgestaltig. Es kommt nicht nur darauf an, diese Jugend zu vaterlandstreuen charaktervollen Menschen zu erziehen, sondern ihnen auch ihre Zukunft zu sichern. Vom Standpunkt des christlichen Staates anerkennen wir das Naturrecht des Elternhauses auf die Erziehung des Kindes. Aber diese Erziehung muß parallel laufen mit der Erziehung in der österreichischen Schule, die an die Spitze aller Schulstufen die Forderung stelle nach religiös-sittlicher, vaterländischer, volkstreuer und sozialer Erziehung.

Von der Elternschaft müsse erwartet werden, daß sie die Schule in dem Streben nach der Erziehung ihrer Kinder zu guten Staatsbürgern unterstützt, jene Elternkreise aber, die diesem Erziehungsprogramm entgegen zu arbeiten suchen — leider gibt es auch solche — müssen im Interesse ihrer Kinder, denen sie damit einen schlechten Dienst erweisen, davor gewarnt werden, weil der Staat darauf bestehen muß, daß die österreichische Jugend zu guten Österreichern erzogen wird und sie auch mit allen Mitteln durchsetzen wird. Leider waren aber in letzter Zeit manche unerfreuliche Erscheinungen, wie zum Beispiel staatsfeindliche Zellenbildungen in einzelnen Schulen, zu bemerken. Mit aller Deutlichkeit sei hier gesagt, daß gegen solche Erscheinungen unnachsichtlich und mit aller Schärfe vorgegangen wird, wobei wir den romantischen Hang der Jugend zur Geheimnis- und Wichtigtuerei nicht überschätzen wollen. Gegen die Verführer der Jugend aber muß und wird die volle Strenge des Gesetzes angewendet werden.

Ein großes Problem, die Erfassung der schulentwachsenen, vielfach arbeitslosen Jugend, sei allerdings noch zu lösen. Ein Weg zur Lösung gerade dieses Problems wäre es, die Schulpflicht zu erweitern, nicht im Sinne einer Verlängerung der Normalschulzeit, sondern durch Einführung von obligaten Fortbildungskursen für die schulentlassene Jugend, bis sie in den Wirtschaftsprozeß eingeschaltet wird.

Landessekretär Eckert kündigte schließlich für die nächsten Wochen einen Aufruf der Vaterländischen Front Niederösterreich zu einer großen Frühjahrsversammlungsschlacht mit den Parolen „Kampf den Saboteuren und Schach den Miesmachern" an.

Wiener Zeitung

Donnerstag, 10. Februar 1938

*** * * Bundeskanzler Schuschnigg zur weiteren politischen Entwicklung Österreichs * * * Wilhelm Keppler fordert enge wirtschaftliche Verflechtungen zwischen Österreich und Deutschland * * * Das Radioprogramm zum Tag * * ***

Auf der Landesleitersitzung der Vaterländischen Front entwickelt Bundeskanzler Schuschnigg drei politische Möglichkeiten für die Zukunft Österreichs:

1. Das Festhalten am Juliabkommen 1936.
2. Die Konzentration auf hundertprozentige vaterländische Kräfte.
3. Die Kooperation mit den Marxisten zur Bekämpfung des Nationalsozialismus.

Letzteres lehnt er allerdings selbst entschieden ab, weil es Österreich in eine außenpolitische Isolierung bringen würde. Wörtlich erklärt der Bundeskanzler und Frontführer, daß aus der Mitarbeit der Arbeiter an der Bekämpfung des Nazismus, keinesfalls ein politisches Geschäft für die Sozi werden dürfe. Die roten Führer seien unmöglich und jedes Taktieren mit ihnen bedeute den Anfang vom Ende. Wie immer es komme, er, der Kanzler, werde nie diesen Weg gehen, der der Dollfuß-Tradition absolut widerspreche.

SS-Gruppenführer Wilhelm Keppler, Hitlers Sonderbevollmächtigter für Österreich, schreibt an den neuernannten Reichsaußenminister Joachim von Ribbentrop:
„Reichsminister von Neurath hatte im letzten halben Jahr immer die Absicht, durch eine stärkere Wirtschaftsverflechtung zwischen Deutschland und Österreich Einfluß auf die politische Gestaltung zu bekommen. Ich halte es für unmöglich, auf diesem Weg dem eigentlichen Ziel näher zu kommen. Österreich betreibt unter der Aegide des Präsidenten der Nationalbank, Kienböck, eine ausgesprochene Deflationspolitik ... so daß selbst österreichische Regierungskreise, unter anderem Schmidt und Glaise-Horstenau, sich bei mir sehr darüber beschwert haben. Wenn wir erneut, wie vor einem Jahr, bestrebt wären, den Handelsverkehr zwischen Deutschland und Österreich zu beleben, könnten wir natürlich unsererseits, das Vielfache von Österreich beziehen ... Der Überfluß Österreichs an Vieh, Butter und anderen landwirtschaftlichen Erzeugnissen, könnte voll aufgenommen werden ... des weiteren kommt hinzu, daß das größte Interesse bestände, die Wasserkräfte Österreichs auszubauen ... Auf Grund von neueren Informationen, können aus den Alpenflüssen bequem 10 Milliarden KWH, und bei Ausbau der Donau etwa das gleiche Quantum an Strom bezogen werden. Zur Zeit wäre Deutschland in großem Umfange hiefür aufnahmefähig, und die Entlastung, die da-

durch für unseren Kohlenbergbau eintreten würde, wäre durchaus erwünscht ...“

Keppler fordert daher die Aufhebung der Währungsgrenze zwischen Deutschland und Österreich, die allein den wirtschaftlichen Verkehr beleben könnte.
Er beschwert sich in diesem Schreiben aber auch heftig über den Landesleiter der österreichischen Nationalsozialisten, Hauptmann Josef Leopold, der – obwohl Hitler wiederholt erklärt habe, die Arbeit der Partei solle nunmehr nach dem legalen Sektor verlegt werden und weniger nach der illegalen Seite hin geschehen – noch immer dem entgegenarbeite und ihn und Dr. Seyß-Inquart bekämpfe. Wieder habe Leopold in der vergangenen Woche große Demonstrationen organisiert, die zu schweren Verhaftungen geführt hätten.

Das „Kleine Blatt“ meldet:

„Ein österreichischer Staatsangehöriger, der 22-jährige Johann Bauerschien aus Eichenbrunn, ging gestern von Laa über die tschechoslowakische Staatsgrenze, um nach Schönau zu Verwandten zu reisen. Auf dem Bahnhof bemerkten die Leute, daß Bauerschien bei jedem Schritt in den weichen Boden Hakenkreuze eindrückte. Er hatte an beiden Schuhen eiserne Nägel in Form von Hakenkreuzen angebracht, um auf diese Weise zu demonstrieren. Bauerschien wurde verhaftet und dem Kreisgericht in Znaim eingeliefert.“

Das Radioprogramm: Um 17.00 Uhr ein Vortrag von Hochschulprofessor Dr. Emmerich Zederbauer: „Regelmäßige Ernten im Obstgarten“. Um 17.20 Uhr Violinvorträge, 18.45 Uhr: Mitteilungen der Bundesführung des österreichischen Jungvolks.
Im Abendprogramm um 20.05 ein Gastspiel des Löwinger Bauerntheaters, „Der Seppl muaß heiraten“, ein Volksstück in vier Akten von Paul Löwinger, der auch die Spielleitung innehat.
Von 22.20 bis 23.30 wird aus den Sälen der Wiener Hofburg der „Ball der Front“ übertragen.
Und die Wetteraussichten am 10. Februar 1938: Mildes Westwetter, auffrischende westliche Winde, zeitweise Niederschläge, Morgenfröste. Klagenfurt meldet übrigens, daß der Wörthersee in seiner ganzen Ausdehnung mit gutem Eis bedeckt ist. Die Schlittschuhbahn ist vom Lendhafen im Herzen Klagenfurts ohne Unterbrechung über den See bis in die Bucht von Velden zu befahren.

Donnerstag, 10. Februar 1938

Jüdisch-nationalsozialistischer Komponist

Die Fachzeitschrift „Die Musik", das offizielle Organ der deutschen nationalsozialistischen Partei, veröffentlicht in ihrer Nummer vom Dezember 1937 einen Artikel über einen jüdischen Komponisten. Natürlich greift sie ihn an. Das wäre an und für sich nichts Außergewöhnliches: davon lebt ja der Nationalsozialismus, daß er auf die Juden loszieht.

Aber dieser Fall ist doch außergewöhnlich. Der Verfasser der betreffenden Abhandlung in der „Musik", Theodor Stengel, teilt der verblüfften Leserschaft des Dritten Reiches mit, daß Kurt Wehrmann, Komponist von sechs nationalsozialistischen Marschliedern, in Wirklichkeit Kurt Goldmann heißt und Jude ist. Und zwar ein richtiger Jude, kein „Mischling", kein „Halb-" oder „Viertelarier", kein Mensch, der nur einen großmütterlichen Makel hat, sondern ein „Hundertprozentiger" ...

Herr Wehrmann, recte Goldmann, hat folgende Märsche komponiert, die den amtlichen Stempel erhalten haben und von allen offiziellen Stellen empfohlen worden sind:

„Deutschland ist erwacht",
„SA. zum Kampfe bereit",
„Hitler-Jugend marschiert",
„Jungvolk in Wehr",
„Die Arbeit hat uns frei gemacht",
„SS., die schwarze Garde".

Man ist dem Komponisten erst jetzt draufgekommen, daß er Jude ist — an seiner Musik hat man **nicht gemerkt**, daß sie dem „deutschen Wesen fremd", „asiatisch", „unarisch" und, Wotan weiß was noch ist.

So geschah jahrelang das Unglaubliche: Zu Klängen jüdischer Märsche defilierten nationalsozialistische Sturmabteilungen vor ihren Standartenführern.

Zu Klängen dieser Musikstücke marschierten die Hitler-Jugend, die SS.-Abteilungen, die Deutsche Arbeitsfront, der Bund Deutscher Mädchen usw. usw.

Gerechtigkeit

Gegen die Judeneinwanderung.

Zu den vielen Stimmen, die eine Einwanderungs-
sperre fordern, gesellt sich auch der Verband der christlich-
deutschen Bundesbahnbediensteten, der in seinem Blatte
„Der österreichische Eisenbahner" die maßgebenden Stel-
len um rasches Zugreifen ersucht, wobei besonders auf die
zahllosen jüdischen Verbrechen der Nachkriegszeit hin-
gewiesen wird. Angesichts der drohenden Gefahr eines
Massenzuzuges ausgewiesener Juden, so schreibt das
Blatt, erscheint es unerläßlich, die Grenzen Oesterreichs
gegenüber einer solchen Einwanderung hermetisch ab-
zusperren. Die seinerzeit aus Galizien eingewanderten
Juden haben Oesterreich schon genug Schaden zugefügt.
Die vielen hundert Millionen Schilling, die durch den Zu-
sammenbruch der Kreditbank, des Phönix und anderer
Großbanken dem österreichischen Volksvermögen verloren-
gegangen sind, und die Wunden, die jüdische Großunter-
nehmer damit dem österreichischen Volk geschlagen haben,
sind weder geheilt noch überwunden. Der Aufsatz schließt
mit dem Satz: Oesterreich muß den Oesterreichern erhal-
ten werden. Es kann und darf nicht geduldet werden, daß
aus Rücksicht auf das Weltjudentum lebenswichtige In-
teressen des eigenen Volkes geopfert werden.

Judas Bekenntnis zum allgemeinen Chaos.

Wien, 9. Feber. In dem Prozeß gegen die Juden-
sippschaft **J a c o b** setzte der Staatsanwalt nach den Reden
der Verteidiger seine Schlußausführungen fort. Er er-
klärte, er kenne nur ein Buch des jüdischen Schreiber-
lings, „Dämonen und Narren". Lehrreicher aber vielleicht
als dieses sei eine Besprechung des Buches durch E. Cohn,
der sich Emil Ludwig nennt, in der es u. a. heißt: Kor-
ruption von Wien bis Paris, von Paris bis zum Mars.
Das mutige Bekenntnis zum Chaos pro toto ist der Sinn
dieser „Dichtung". Aber noch eine andere Tatsache be-
leuchte die Gesinnungsart vom Schlage der Angeklagten.
Dieser Jacob, der im Weltkriege aus bombensicherster
Etappe ein begeistertes Buch geschrieben, dann später in
der Schweiz die weitere Entwicklung der Dinge abge-
wartet habe, sei nach dem Kriege zur sozialistischen Linken
gestoßen. Im Jahre 1932 habe er aber sich ein Muster-
beispiel von jüdischer Gesinnungsakrobatik geleistet. Ja-
cob habe zunächst in Artikeln geschrieben, daß in allen
Bevölkerungskreisen Oesterreichs ein ausgesprochener
Haß gegen die Monarchie bestehe. Er habe die Behaup-
tung aufgestellt, daß die Sozialdemokratie mit Recht auf
der Hut sei, da Bundeskanzler Dr. Dollfuß beabsichtige,
mit Hilfe des Ermächtigungsgesetzes die Rechte der Ar-
beiter zu zertrümmern. In einer Stockholmer Rede habe
dann derselbe Heinrich Eduard Jacob Bundeskanzler
Dr. Dollfuß mit der „legendären Gestalt des Habsburger
Monarchen verglichen, der durch siebzig Jahre Oesterreich
regierte", und habe erklärt, daß Dr. Dollfuß nur deshalb,
weil der Parteikampf das Parlament lahmlegte, gegen
seinen Willen den Weg zum autoritären Regime ergriffen
habe. Weiterhin wies der Staatsanwalt darauf hin, daß
Jacob durchaus nicht so welt- und geldfremd gewesen sei,
wie er das glauben machen wollte. Er habe sich für sein
„Kafeebuch", das er als eine Synthese des österreichischen
Menschen bezeichnete, von einem Wiener Kaffeeimport-
haus überreichlich bezahlen lassen. Dabei sei überdies das
Buch zum großen Teil gar nicht von ihm, sondern von
einer gewissen Julie Hahn geschrieben worden. Er habe
sich also außerdem noch mit fremden Federn geschmückt.
Der Staatsanwalt prangerte schließlich noch die verbre-
cherischen Methoden der Alice **L a m p e l - J a c o b** und der
Mutter des sauberen Geschwisterpaares, der **M a r t h a**
J a c o b, an. Selbst diese siebzigjährige Frau, so erklärte
er, habe sich wie eine gerissene Gaunerin benommen. Als
zum Beispiel die Polizei eine Hausdurchsuchung in der Jacob-
schen Wohnung durchführte, habe diese Frau belastende
Briefe in eine Leinenhülle gepackt und zum Fenster hin-
ausgehängt.

Vorarlberger Tagblatt

Das Hakenkreuz auf den Schuhsohlen.

Prag, 9. Februar. Ein österreichischer Staatsangehöriger der 22jährige Johann Bauerschien aus Eichenbrunn, ging gestern von Laa über die tschechoslowakische Staatsgrenze, um nach Schönau zu Verwandten zu reisen. Auf dem Bahnhof bemerkten die Leute, daß Bauerschien bei jedem Schritt in den weichen Boden Hakenkreuze eindrückte. Er hatte an beiden Schuhen eiserne Nägel in Form von Hakenkreuzen angebracht, um auf diese Weise zu demonstrieren. Bauerschien wurde verhaftet und dem Kreisgericht in Znaim eingeliefert.

Das Kleine Blatt

Neue Freie Presse

Nehmt Rücksicht!

Wien, 10. Februar.

Die Frage, wohin Europa politisch steuert, gewinnt wieder einmal besonders Aktualität. Noch sind wir leider von einem Zustand entfernt, in dem man von dem Auftauchen des berühmten Silberstreifens reden könnte, aber mancherlei Anzeichen scheinen dafür zu sprechen, daß sich verschiedene Entspannungsmöglichkeiten behutsam bemerkbar machen. Die Verständigung zwischen England und Italien ist vorläufig kaum in Sicht, doch die diplomatischen Gespräche, die in den letzten Tagen in London stattgefunden haben, beweisen immerhin eine Auflockerung der Situation. Dafür zeugt auch das Zusammenwirken Großbritanniens, Frankreichs und Italiens bei der Bekämpfung der Piraten im Mittelländischen Meer, ebenso wie es den Anschein gewinnt, als würde ein Einvernehmen über die Zurückziehung der Freiwilligen aus Spanien heute auf weniger Hindernisse stoßen als bisher. Sowohl in London wie in Rom besteht offenbar ein guter Wille, vorwärtszukommen, eine Tatsache, die für die ganze Weltpolitik eine außerordentliche Bedeutung erlangen kann. Auch sonst macht sich der Wunsch nach Annäherung geltend, nach einer Ueberwindung der internationalen Krisenerscheinungen, die das Leben der Staaten und Völker schon so lange und so schwer beeinträchtigen. Allerdings sind die Aufgaben, die sich der Diplomatie darbieten, unendlich schwierig, und es bedarf des besonderen Geschickes auf allen Seiten, um die Hemmnisse allmählig zu besiegen. Man denke nur an das Mittelmeerproblem, an den Bürgerkrieg in Spanien, an die noch ausstehende Anerkennung des römischen Imperiums durch die Westmächte, an die Kolonialansprüche Deutschlands, an die Fernwirkungen der Ereignisse in China und an das Aufrüstungsfieber, um zu erkennen, wie sehr der Weltfriede gefährdet ist. Dabei haben wir bloß einige Momente angeführt, während die Reihe der Sorgen beträchtlich weiter läuft.

Doch diese Erwägung soll nicht entmutigen und schon gar nicht abschrecken, alle Kräfte auf die Entwirrung zu konzentrieren. Derartige Aktionen brauchen aber eine bestimmte Atmosphäre, um aussichtsreich beginnen und um schließlich glücken zu können. Man müßte sich hüben und drüben des Ernstes der Zeit, des kategorischen Gebotes der Stunde und der geschichtlichen Verantwortung voll bewußt sein, man müßte alles unterlassen, was imstande wäre, die Stimmung zu verschlechtern, Reizungen zu schaffen und die Ansätze zu einem Einvernehmen, die sich bei vorsichtigem Handeln herauszubilden vermöchten, gleich nach den ersten Schritten zu zerstören. Jedes unbedachte Wort, jede übereilte Bemerkung oder Schlußfolgerung würde unter Umständen geeignet sein, das mühsame Werk der Diplomatie verhängnisvoll zu durchkreuzen. Gewiß, die weltanschaulichen Gegensätze bleiben bestehen, die Verschiedenheit der Mentalität wird weiter aufscheinen. Aber es gibt im Dasein der einzelnen und der Staaten immer wieder Momente, in denen die großen Ziele das Sinnen und Trachten lenken müssen. Europa ist krank, furchtbar krank, und dasselbe gilt für den Weltfrieden. Deshalb sind alle Rücksichten geboten, die man sonst angesichts eines von Fieberschauern heimgesuchten Patienten übt, um die helfende Tätigkeit der Aerzte nicht zu stören. Erfassen die verantwortlichen Faktoren die Chancen, die sich möglicherweise gerade jetzt darbieten, erkennt die Diplomatie ihren großen Augenblick, dann liegt es an allen, die Bemühungen um eine bessere Zukunft besonnen und einsichtsvoll zu unterstützen. Eine Art Gottesfriede wäre am Platz, wenn die Vernunft, die ihr Haupt Jahr um Jahr trauernd verhüllte, endlich wieder zu Ansehen käme. Vielleicht erleben wir neuerlich eine bittere Enttäuschung und die Voraussetzungen für eine Schicksalswende bleiben abermals ungenützt. Vielleicht jedoch geschieht tatsächlich das Wunderbare, das, wonach Millionen und Millionen heiße Sehnsucht empfinden...

Neue Freie Presse

Freitag, 11. Februar 1938

*** * * Österreich Ziel Nummer 1 der deutschen Außenpolitik * * * Mussolini für die Nazifizierung Österreichs * * * Gastspiel der Habimah in Wien * * ***

Während Bundeskanzler Schuschnigg und Staatssekretär Schmidt zu Gesprächen mit Reichskanzler Hitler auf den Obersalzberg bei Berchtesgaden fahren, berichtet der deutsche Botschafter in Paris an das Berliner Auswärtige Amt, daß in politischen Kreisen Frankreichs die Meinung vertreten werde, Österreich sei an Stelle der Tschechoslowakei zum Ziel Nummer 1 der deutschen Außenpolitik geworden, wobei folgende Argumente angeführt würden:

„Während die tschechoslowakische Frage nur durch ein militärisches Eingreifen mit all den damit verbundenen Risiken zu lösen sei, glaube man nach hiesiger Ansicht, deutscherseits die Liquidierung des österreichischen Problems auf kaltem Weg bewerkstelligen zu können. Man beabsichtige nicht einen völligen Anschluß, auch wolle man nicht durch einen Gewaltstreich eine neue Lage schaffen, sondern man hoffe, durch intensive Propaganda-Arbeit im Inneren, den Gang der Ereignisse in der Richtung zu beschleunigen, daß die österreichische Regierung unter dem Druck der Nationalsozialisten und anderer prodeutscher Elemente schließlich doch zur Abhaltung eines Plebiszits gezwungen werde, als dessen Ergebnis Schuschnigg sich zum Rücktritt genötigt sehen werde. Diese Lösung habe, so sei die deutsche Ansicht, den Vorteil, den an der Aufrechterhaltung der österreichischen Unabhängigkeit interessierten Mächten, jeden Vorwand zum Eingreifen zu nehmen. Die rumänischen Ereignisse hätten in Deutschland die Hoffnung entstehen lassen, daß es im Ernstfalle auf das rumänische Petroleum und das rumänische Getreide zählen könne. Der Weg nach Bukarest führe aber über Wien und Budapest. Budapests glaube man sicher zu sein, nur Wien müsse noch ‚synchronisiert' werden."

Die italienische Einstellung charakterisiert Außenminister Graf Ciano, der an diesem Tag in sein Tagebuch einträgt, daß ihm Mussolini gesagt habe, er sei für die Nazifizierung Österreichs.

Das „Kleine Blatt" meldet:
„Heute werden in den Wiener Schulen die Zeugnisse verteilt. Wie alljährlich wird auch diesmal die Zentralstelle für Jugendberatung eine Zeugnisaktion veranstalten. Alle Schüler und Schülerinnen, die aus Angst vor Strafe wegen eines schlechten Schulzeugnisses es

nicht wagen, nach Hause zu gehen, können sich heute zwischen 14.00 und 16.00 Uhr an die Beratungsstelle, Wien 9, Alserstraße 32, Tür 12, wenden. Die Zentralstelle wird sie beraten und ihnen nötigenfalls auch Begleiter mitgeben, die die Eltern beruhigen und aufklären."

Die Morgenausgabe der „Neuen Freien Presse" meldet in der Tageschronik:
„Der Herzog von Marlborough hat sich von London nach St. Moritz begeben. – Fürst und Fürstin von Hanau haben sich nach einem mehrwöchigen Aufenthalt in St. Moritz nach München zurückbegeben. – Oberhausmitglied Obergespan d.R. Graf Karl Apponyi von Nagyaponny ist aus Tirana nach Budapest zurückgekehrt. – Gesandter Graf Felix Thun und Hohenstein weilt zum Winteraufenthalt in Wien. – Ernst Krenek, der sich seit mehreren Monaten in den Vereinigten Staaten aufhält, hat während seiner Reise eine große Reihe von Vorträgen und Gastvorlesungen gehalten, u.a. in San Francisco, Los Angeles, Boston, an der Yale-Universität und an der Columbia Universität. Ferner hat Krenek eigene Kompositionen gespielt und in New York, Boston, Los Angeles und San Francisco Konzerte dirigiert. Er kommt Anfang März nach Europa und spielt am 27. März im Concertgebouw in Amsterdam unter Leitung von Bruno Walter die Uraufführung seines neuen Klavierkonzertes."

Die Abendausgabe der „Neuen Freien Presse" berichtet, daß die Theatergruppe der Habimah, bestehend aus 35 Personen, aus Agram kommend in Wien eingetroffen ist und morgen in den „Jüdischen Künstlerspielen" ihr Gastspiel mit „Der Dybuk" beginnen wird. Die Dauer des Gastspiels ist vorläufig mit zehn Tagen festgelegt worden. Die Habimah spielt in hebräischer Sprache und führt ihre Originaldekorationen und Originalkostüme mit.

Das Bürgerkino in der Favoritenstraße spielt den Kassenschlager „Der Tiger von Eschnapur", mit Kitty Jantzen, La Jana, Frits van Dongen und Theo Lingen; zehn Wiener Kinos bringen das musikalische Lustspiel „Gasparone" mit Marika Rökk, Johannes Heesters, Leo Slezak und Oskar Sima, und das Amtliche Schweizer Verkehrsbüro in Wien offeriert eine 14-tägige Schireise nach Davos zum Preis von 360 Schilling. Inbegriffen sind die Bahnfahrt, die Unterbringung im Grand-Hotel Belvedere, Vollpension, Fünf-Uhr-Tee, Schischule, Trinkgeld und alle Abgaben.

Freitag, 11. Februar 1938

Der Staatsball des neuen Österreich

Als Mittelpunkt des Wiener Faschings, der bis
auf die Straße hinab das Fluidum festlicher
Stimmung ausströmte und die Innere Stadt in
das Zeichen des gesellschaftlichen Ereignisses stellte,
wurde gestern der Staatsball des neuen Österreich.
der Ball der Front, abgehalten. Schon lange
vor Beginn des Balles stand ganz Wien im Zeichen
des Frontballes. Um 20 Uhr 15 Minuten begann
die große Wagenauffahrt, die alle Gäste über die
Schauflergasse, Herrengasse, Kohlmarkt, Augustiner-
straße über den Michaelerplatz auf den Heldenplatz
führte. Als festlicher Empfang der Gäste grüßte die
Burg auf dem Michaelerplatz im feenhaften Licht
vieler tausender elektrischer Kerzen. 20 Schein-
werfer, die auf der Michaelerkirche, an den Kan-
delabern und Lichtmasten des Platzes angebracht
waren, brachten die prachtvolle Fassade der Burg
voll zur Geltung. Flutlichter, die an den Balkonen
gleich einer Bühnenbeleuchtung hinliefen, zeichneten
jede Einzelheit der Säulen scharf heraus, um sich
schließlich ober dem Michaelertor auf dem Wappen
des österreichischen Kaiserhauses zu konzentrieren,
unter dem das Symbol der Front in rot-weiß-rotem
Flutlicht leuchtete. Gegen 20 Uhr 45 Minuten be-
gann der eigentliche Hauptzustrom. In langen
Kolonnen kam Wagen um Wagen, die in Doppel-
reihen in die Burg einfuhren. Wachekordons hatten
sämtliche Zufahrtstraßen abgesperrt, so daß die Auf-
fahrt der über 1500 Wagen reibungslos vor sich
ging.

Die Eröffnung

Wenige Minuten vor 21 Uhr 30 Min. waren
sämtliche Säle der Hofburg bereits von einer über
5000köpfigen Menge erfüllt. Unter den Klängen
von Festfanfaren zogen 125 Paare des Jungdamen-
und Jungherrenkomitees ein, die aus der Gesell-
schaft Wiens und der Bundesländer ausgewählt
waren. Nun begann unter den Klängen einer Fest-
polonaise der Einzug des Patronessenkomitees, an
der Spitze die Gattin des Bundespräsidenten Frau
Leopoldine Miklas mit den Gemahlinnen der
Minister und Staatssekretäre, und die Gemahlinnen
der in Wien akkreditierten Gesandten, die dann auf
der Estrade Platz nahmen. Das Ehrenkomitee zog
ein, die hohen und höchsten Beamten des Staates,
die prominentesten Vertreter der Kunst und Wissen-
schaft, der Wirtschaft und die Spitzen der Gesell-
schaft, für die zu beiden Seiten der Estrade Sitz-
plätze reserviert waren. Es folgten die höchsten
Funktionäre der Vaterländischen Front unter
Führung des Präsidialchefs im Amte des Front-
führers, die Landeshauptleute, die Landesführer der
Vaterländischen Front, die Mitglieder der Bundes-
regierung unter Führung des Vizekanzlers Ge-
neralmilizkommandant Feldmarschalleutnant Hül-
gerth und das diplomatische Korps. Schließlich
betrat unter den Klängen der Bundeshymne und
des Liedes der Jugend Bundeskanzler Dr. Schusch-
nigg in Begleitung des Frontführerstellvertreters
Vizekanzler a. D. Gesandten Baar-Baaren-
fels und Staatssekretärs Guido Zernatto
unter brausenden Zurufen den Saal. Der Kanzler,
dem eine Ehrenwache von acht Sturmkorpsmännern
in Paradeuniform voranschritt, trug ebenso wie
Generalsekretär der VF Staatssekretär Zernatto
zum ersten Male die dekorative Uniform des SK.
Den Schluß des feierlichen Zuges bildete eine
Führerehrenwache des Sturmkorps mit der
Standarte des Frontführers. Nach dem kurzen
Cercle formierten sich die Paare zur Polonaise und
mit den unsterblichen Klängen des Straußwalzers
„An der schönen blauen Donau" wurde der Tanz
eröffnet.

Die Festgäste

Aus der großen Zahl der Teilnehmer seien ge-
nannt: Die Bundesminister Dr. Pilz, Doktor
Pernter, Dr. Neumayer, Mandorfer
und Dr. Taucher, die Staatssekretäre General
Zehner, Dr. Schmidt und Rott, die Ge-
mahlin des Bundespräsidenten Frau Leopoldine
Miklas mit Kabinettsdirektor Dr. Huber, der
Bürgermeister von Wien Vizekanzler a. D. Schmitz
mit den Vizebürgermeistern Major a. D. Lahr,
Dr. Kresse und Waldsam, der Präsident des
Rechnungshofes Altkanzler Dr. Ender, der Präsi-
dent des Obersten Gerichtshofes Dr. Dinghofer,
der Präsident der Nationalbank Minister a. D.
Dr. Kienböck, der Präsident des Bundesgerichts-
hofes Dr. Durig, der Präsident des Abrechnungs-
gerichtshofes Dr. Walker, Bundeskommissär und
Chef des Bundespressedienstes Oberst Adam mit
seinem Stellvertreter Dirktor Hofrat Weber, die
Bundeskommissäre Sektionschef Dr. Fleisch und
Ing. Feest.

Das diplomatische Korps war vertreten durch die
Gesandten Dr. Jaeger, Nieuwenhuys, de Souza-
Leao Gracie, Draganoff, El Kadry Bei, Puaux,
Palairet, Politis, Ghigi, Graf van der Straaten-
Ponthoz, Nepveu, Gawronski, da Costa Canciro,
Guranesco, Unden, Dr. Kunzl-Jizersky und Caprid
Uestün, die Geschäftsträger Wiley, Blanco-Bjol,
Detlen-Toung, Bobrik de Boldva, Filholds, vom
Außenamt der Chef des Protokolls Gesandter
Blaas, die Gesandten Dr. Schüller, Hornbostel,
Hoffinger, Dr. Wildner, Dr. Leitmaier, Ludwig,
Frankenstein, Dr. Mareck, Botschafter a. D. Doktor
Dumba, der Fürstgroßprior des souveränen Mal-
teser-Ritterordens Fürst Ludwigstorff und der vor-
malige belgische Gesandte Le Ghait.

Präsident des Bundestages Hoyos mit dem
Vizepräsidenten Dr. Bick und zahlreichen Mit-
gliedern der gesetzgebenden Körperschaften, die
Landeshauptleute Reichsbauernführer Reither,
Dr. Gleißner, Dr. Schumacher, Dr. Sucher, Doktor
Stepan, Ing. Sylvester und Ing. Winsauer mit
den Länderfunktionären, Frau Fanny Starhem-
berg, Bundesjugendführer Thurn-Valsassina,
St..bschef der SK Alexander, die leitenden
Funktionäre der VF und ihrer Werke sowie die
Mitglieder des Führerrates der VF, von den be-
rufsständischen Körperschaften die Präsidenten
Minister a. D. Dr. Drexler, Raab, Dr. Kolassa,
Sektionschef a. D. Fuchs, der Präsident der Han-
delskammer Minister a. D. Stockinger, die Präsi-
denten Hengel, Dr. Herberth, Staud und
Minister a. D. Dr. Strobl, Generalsekretär Doktor
Widmann, Reichsbauernbunddirektor Ing. Figl
u. v. a.

Ein Rundgang durch die Säle

Nahezu alle Säle der Hofburg waren eröffnet
und boten, bildhaft ausgeschmückt, einen feenhaften
Anblick. Blattpflanzenbeete und Blumenarrange-
ments in ungemein geschmackvoller Anordnung
schmückten Garderobe, Treppenaufgang und Säle.
In der Mitte des Vestibüls gab ein Blumenbeet
in Form und Farbe das Embleme der Front, das
Kruckenkreuz, wieder, im Vestibül der ersten Etage
leuchtete in weißem und rotem Licht das Front-
emblem, das sich ferner im Festsaal selbst ober der
Staatsflagge entfaltete.

Geschmackvoll auch der Schmuck der vielen, zu-
meist indirekt beleuchteten Nebenräume, die bei
aller Festlichkeit den intimen Charakter des „Ge-
mütlichen" betonten. Besonderen Zuspruchs er-
freuten sich wieder die „Kerzenstüberln" mit ihrer
echt österreichischen Note. Hier wie auch in allen
übrigen Haupt- und Nebenräumlichkeiten sorgte
ein reiches Unterhaltungsprogramm für allerbeste
Stimmung. Im neuen Saal versammelte um
Mitternacht eine große musikalische Schau, von
Charly Kaufmann stimmungsvoll untermalt, zahl-
reiche Gäste. Vom oberen Vestibül kam man durch
das Riesenbüfett in die stimmungsvolle Burgbar,
wo Primas Bokor Piszta mit seiner Zigeuner-
kapelle aufspielte. Schließlich noch die Säle des
technischen Appartements und der Redoutensaal,
wo zu der stimmungsvollen Musik einiger Pianisten
reger Barbetrieb herrschte.

Als Damenspende wurde eine kleine Füllfeder
aus Elfenbein mit Goldfassung überreicht.

Wiener Zeitung

Das Schicksal der „œsterreichischen Kultur"

Zu den Toten, die fortgeräumt werden müssen, gehört auch die „österreichische Kultur", die unter Anführungszeichen, jene spezielle Kultur, die gewiss ihr eigenes Gesicht hatte, aus der Landschaft, in der sie gewachsen war, aus dem Völkergemisch, in dem sich ihre Menschen formten, aus der Musik, die in besonders reicher Fülle rings um sie erklang, aus allen Bedingungen ihres Werdens natürlicherweise ihre Säfte zog. Dass sie nicht bloss von dem apokalyptischen Reiter unserer Zeit zertrampelt wurde, sondern in Luft aufgegangen ist, nie mehr Konsistenz erlangen, nie ihre Zusammenhänge mehr finden wird, kann kaum bezweifelt werden. Einige ihrer Träger mögen emigrieren, sie selbst vermag auch dies nicht, ein Museumsstück, das, aus dem Traditionsschrank genommen, in einem kälteren Klima zu Staub zerfällt.

Wie kann aber eine Kultur, der Inbegriff von Immateriellem, die Vereinigung von Kräften, an die auch ein Hitler nicht reicht, so rasch wesenslos werden? Haben wir nicht schon mehrere Kulturen aus ihrem Erdreich gerissen werden und wandern gesehen? Jede trug wahrhaftig das Vaterland an ihren Sohlen mit und mit ihm die Möglichkeiten eines Kampfes, einer Zukunft. Wofür will aber die österreichische Literatur — um jetzt von ihr zu sprechen — kämpfen, was will sie erneuern? Die Erinnerung an Vergangenheiten, von denen sie sich genährt hat, den Abglanz eines verblassenden Glanzes einer Epoche, der sie gestaltend nachtrauerte, ihre Gegenwartsfremdheit, die sich selbst dort offenbarte, wo sie sich ihr zu entwinden vorgab? Ihr Realismus war fiktiv und konventionell, ihre Romantik eine beliebte Flucht und mit dem Leben hat sie nicht Verbindung gesucht, sondern schutzbedürftig, wie sie sich fühlte, mit der Macht. Wenn es eine Macht war, von der sie in ihrer Abgewandtheit von der Wirklichkeit nicht gestört, ja darin sogar bestärkt wurde, um so besser. So landete die österreichische Literatur bei Dollfuss und Schuschnigg.

Sie liess die Diktatur des österreichischen Faschismus nicht über sich ergehen, wie manche andere Volksschichten, sie verbündete sich mit ihr, sie schmiegte sich an sie. Es war ein gegenseitiges Geben und Nehmen. Die österreichische Diktatur nahm gerne den Phrasenschatz der österreichischen Literatur auf, sie brauchte ihn als Hülle für ihre Barbarei, die auf reale Ziele losging; die österreichische Literatur bot ihr das gewünschte Alibi und bezeugte, dass jene Oesterreich sei und irgendwelche Kulturbegriffe repräsentiere. Das geschah auf beiden Seiten widerspruchslos. Wir wissen wenigstens keinen Fall, dass einer, der für die österreichische Kultur, wie er sie verstand, das Wort zu führen berechtigt und dadurch sogar einer gewissen Immunität sicher war, den österreichischen Diktatoren die Gefolgschaft, ja selbst das geforderte Quantum Propaganda verweigert, die Unvereinbarkeit dieses verpfafften, die Wiederaufrichtung des Aristokratentums erzwingenden, der Arbeiterklasse feindlichen, zum bewussten Betrug der Volksmassen entschlossenen Oesterreichertums mit der Kultur ins Gesicht gerufen hätte. Wohl aber hat man gewisse Prominente, die ihr Herz und ihre Feder von Gott überquellen lassen, mit den Diktatoren Freundschaft halten, man hat sie mit ihnen in der Opernloge bei „Fidelio" gesehen, und keiner von Beiden, weder der Realpolitiker noch der feinhörigere Dichter, schien beim Chor der Gefangenen Pizzaros an jene anderen Gefangenen zu denken, die der österreichische Faschismus wider Recht ins Landesgericht und nach Wöllersdorf gesteckt hatte. Ein armer Teufel, der später dafür in Dachau büssen musste, schrieb an Schuschnigg in sein Buch, das so recht als Oesterreicherbuch gedacht war, eine Widmung, in der er ihn als „Retter Oesterreichs" pries. Schuschnigg als Retter! Ein österreichischer Dichter braucht im Allgemeinen nicht in der Politik Bescheid zu wissen — obwohl seine grössten Vorbilder, deren Namen er im Munde führt, die Grillparzer und Lenau und Nestroy sich in ihr sehr wohl auskannten —, aber wie diese hätte er mit seinem Empfinden, mit seiner Menschlichkeit, mit dem Erfassen seiner schriftstellerischen Mission ahnen müssen, dass aus dem Regime des Februars keine Retter Oesterreichs entstehen konnten. Das krasseste, freilich wegen seiner absoluten Einflusslosigkeit nur mehr symbolisch wirkende Exemplar dieser Gattung war Karl Kraus, der sich im Augenblick der Gefahr sogleich den Mördern der Freiheit, den Verdrehern der Gesetze, den Verächtern des Volkes an den Hals warf, alles in der Hoffnung, so die armselige Existenz und das Anrecht, weiter in Wien bleiben zu dürfen, zu bewahren. Für die „unteren Schichten" viel Militärmusik, für die obersten die Aussicht, dass Graf Bobby als geschichtsbildende Persönlichkeit wieder in eine Art Herrenhaus eintreten könne, und für die österreichische Geistigkeit der Aufruf der österreichischen Kultur — sie liess das nicht bloss geschehen, sie tat freudig mit, und es gab keine Verlegenheit und keinen Täuschungsversuch des Regimes, für die sie sich nicht zur Tarnung ausgeliefert hätte. Als ihr als Verweser ein dilettierender Aristokrat, natürlich ein Aristokrat, übergeordnet wurde, der eben unter Schuschnigg Justizminister (Justizminister einer modernen, also die Justiz vergewaltigenden Diktatur!) gewesen war, nahm sie mit Höflingsernst auch sein Gewäsch von Menschlichkeit und ihrer Wiedergeburt (wahrscheinlich im rot-weissroten Konzentrationslager) auf, das von Tyrannei (der Masse nämlich), vom erneuerungsbedürftigen Liberalismus (der aber von der allzu liberalen Freiheit des Wortes und der Meinung befreit werden müsse).

Zugegeben, dass es in anderen Branchen dieser Geistigkeit nicht würdiger zuging. Wo waren an den österreichischen Universitäten die „Sympathisierenden" des freien Geistes, die Professoren, die entweder über ihr Fach hinaussahen oder gerade aus ihm die Erkenntnis schöpften, dass ein geistiges Leben und Schaffen unter klerikaler Herrschsucht, in Rechtlosigkeit, bei den verwirklichten Ansprüchen einer Diktatur-Imitation nicht möglich sei? Wo war das heitere Künstlervölklein, das so gerne die Aufträge der Roten Gemeinde entgegengenommen hatte und von denen, die sie mit Kanonen besiegt hatten, auch nichts weiteres als Aufträge verlangte? Nirgends ein Protest, eine Auflehnung, ein Widerspruch, die hier, bei den Angehörigen der österreichischen Kultur, gewiss nicht dieselbe Antwort gefunden hätten wie bei den Arbeitern, die sich unterfingen, unzufrieden zu sein! Kein einziger lauter Hinweis auf die frivole Zerstörung einer wirklichen, aus eigenen Mitteln sich emporringenden Kultur, der Arbeiterkultur, auf das Wiederaufleben des Naderertums, auf die neuerstandenen Verhältnisse von 1849. Wir wissen in Oesterreich kein Beispiel, dass ein Geistiger ungezwungen, nur um sagen zu können, was ist, nur, weil er in dieser Atmosphäre der geistigen Unfreiheit, des prostituierten Rechts, der Gewalt gegen die Massen nicht mehr leben wollte, aus seiner verdorbenen Heimat ausgewandert wäre. Im Reich drüben war immerhin die Zahl der Professoren, Schriftsteller, Künstler, die der Hitlerei mit einer entsprechenden Einladung den Rücken kehrten, obwohl Existenz und Pension nicht gefährdet waren, nicht unbeträchtlich. Nie war die Desertion vor den Pflichten der Geistigen lückenloser, nie ihr Verrat an ihrer eigentlichen Mission deutlicher als in Oesterreich anno 1934. Welche Kulturtat hätten diese Kulturträger geleistet, wenn sie sich im Februar und in den verhängnisvollen Monaten, die ihm vorangingen, an die Seite der Arbeiterschaft gestellt, wenn sie deren Willen zur Freiheit, den der Masse, durch ihre Autorität gestärkt hätten! Damals war es an ihnen, dem Deutschland der Bücherverbrennung und der zertrampelten Rechte ein deutsches Land des freien Geistes entgegenzusetzen. Ja, sie hätten aus Oesterreich ein Piemont des Geistes machen können, das, mit seinem Beispiel in alle Welt strahlend, vielleicht ihren Absturz in geistfeindlichen geisttötenden Faschismus aufgehalten hätte. Sie zogen es vor, in der Gleichschaltung des österreichischen Faschismus mitzugleiten. Es gab zwar hier keine Bibliotheksverbrennungen, aber die Arbeiterbüchereien wurden im Sinne der herrschenden Macht gereinigt — man weiss, was das besagt; in öffentlichen Bibliotheken wurden unbeliebte Bücher in die hintersten, unerreichbaren Winkel gesteckt; die Gelehrten wurden zwar nicht des Landes verwiesen, aber sie wurden zur Stummheit verurteilt, wenn ihre Rede und Lehre dem Erzbischof, den Aristokraten, dem Kapitalismus, dem Miniaturmilitarismus, dem feindlichen Dritten Reich und dem allzufreundlichen Mussolini nicht genehm waren. So haben die österreichischen Geistigen damals doppelten Verrat geübt: an der Demokratie und an der deutschen Kultur.

Die österreichische Kultur, immer die mit dem Anführungszeichen, hat die grosse Schicksalsprobe, die das Jahr 1934 in Oesterreich einleitete, nicht bestanden. Sie war in ihrem engen Egozentrismus schon früher steril gewesen, jetzt war sie bereits tot, als sie von dem einmarschierenden Nazismus getötet wurde. Sie durch Galvanisierungsversuche zum Bewegen bringen zu wollen, sie gar zur Lebendigkeit auszustaffieren, kann nur das Lächeln wecken, das etwa das Prätendententum einer Dynastie hervorruft, die sich in ihren Ansprüchen auf nichts mehr als auf einen Stammbaum stützt. Ihre Sonder-Tragödie kann nur noch dazu dienen, anderen „clercs" (so nennt ein französischer Philosoph mit einem Worte, das zum Schlagwort geworden ist, die Geistigen, die mit ihrem Beruf auch eine Berufung zu erfüllen haben) als Beispiel vorgehalten zu werden. Noch gibt es einige freie, lebenswürdige Kulturen, die aus dem Absterben der „österreichischen Kultur" eine Lehre ziehen können.

PETER ROBERTS

Der Sozialistische Kampf

Samstag, 12. Februar 1938

*** * * Schuschnigg zu Gesprächen bei Hitler * * * Illegale nationalsozialistische Druckerei ausgehoben * * * Neues aus den Wiener Theatern * * ***

Während „Das Kleine Blatt" auf seiner Titelseite in großer Aufmachung meldet, daß es nach langen Erhebungen gelungen sei, in Neufeld/Leitha die Druckerei der illegalen nationalsozialistischen Zeitschrift „Österreichischer Beobachter" auszuheben, kommt es um 10.00 Uhr zur historischen Begegnung des Bundeskanzlers Dr. Kurt Schuschnigg mit dem Führer und Reichskanzler Adolf Hitler auf dem Obersalzberg bei Berchtesgaden. Am Vormittag findet ein zweistündiges Gespräch ohne Zeugen statt. In den Erinnerungen des Bundeskanzlers erklärt dabei Hitler:

„Ich sage Ihnen, ich werde die ganze sogenannte österreichische Frage lösen, und zwar so oder so ... Wer weiß, vielleicht bin ich über Nacht einmal in Wien; wie der Frühlingssturm! Dann sollen Sie etwas erleben ... Glauben Sie nur nicht, daß mich irgend jemand in der Welt in meinen Entschlüssen hindern wird! Mit Mussolini bin ich im reinen; ich bin mit Italien aufs engste befreundet. England? – England wird keinen Finger für Österreich rühren ... Und Frankreich? – Ja, vor zwei Jahren, als wir mit einer Handvoll Bataillone ins Rheinland einmarschierten – damals habe ich viel riskiert ... aber jetzt ist es für Frankreich zu spät!"

Am Nachmittag präsentiert Hitler den Entwurf eines Abkommens. Dr. Seyß-Inquart soll Innenminister mit absoluter Polizeigewalt werden, der Bankdirektor Dr. Fischböck Sachwalter für die deutsch-österreichischen Wirtschaftsbeziehungen. Außerdem müssen alle inhaftierten Nationalsozialisten innerhalb von drei Tagen freigelassen, Beamte und Offiziere, die wegen ihres Bekenntnisses zum Nationalsozialismus entlassen wurden, sofort wieder eingestellt werden. Das Bekenntnis zum Nationalsozialismus muß ab sofort erlaubt sein. Hitler erklärt:

„Verhandelt wird nicht, ich ändere keinen Beistrich. Sie haben zu unterschreiben, oder alles Weitere ist zwecklos und wir sind zu keinem Ergebnis gekommen. Ich werde dann im Laufe der Nacht meine Entschlüsse zu fassen haben."

Schuschnigg, der, wie der Mitarbeiter im Wehrmachtsamt des deutschen Kriegsministeriums, Alfred Jodl, berichtet, unter schwerstem politischen und militärischen Druck steht, unterschreibt um 22.000 Uhr und erreicht nur eine Gnadenfrist von drei Tagen für die Durchführung des Ultimatums, nicht zuletzt mit dem Hinweis, daß verfassungsrechtlich der Bundespräsident Ministerernennungen billigen muß. Schuschnigg kehrt sofort nach der Unterredung, wie er selbst sagt, „als gebrochener Mann" nach Österreich zurück.

Noch in der Nacht meldet das deutsche Nachrichtenbüro:
„Wie wir erfahren, erfolgte der heutige Besuch des österreichischen Bundeskanzlers Dr. Kurt Schuschnigg in Begleitung Staatssekretärs Dr. Guido Schmidt auf dem Obersalzberg bei Berchtesgaden auf Einladung des Führers und Reichskanzlers Adolf Hitler. Diese inoffizielle Begegnung entsprang dem beiderseitigen Wunsch, sich über alle Fragen, die das Verhältnis zwischen dem Deutschen Reich und Österreich betreffen, auszusprechen."

In einem Erinnerungsartikel zum 12. Februar 1934 liest man im „Kleinen Blatt":
„Die Zeit heilt Wunden, aber der Generation, die ihn miterlebte, miterlitt, wird der 12. Februar 1934 unvergessen bleiben. In ihrem gesunden Sinn für die Realität, stellte sich die Arbeiterschaft schrittweise auf den Boden der gegebenen Tatsachen, und so gelang es ihr, selbst neue Tatsachen zu schaffen ... Die Arbeiterschaft kämpft heute geschlossen und einig innerhalb der Volksgemeinschaft um ihre wirtschaftlichen, sozialen und politischen Rechte."

Die Reichspost schließlich schreibt in der Glosse „Die Dummheit zum Tage":
„Haben Sie gehört, Herr Nachbar? Der Bürgermeister Schmitz hat für die Aufnahme jüdischer Flüchtlinge aus Rumänien dreihundert Wohnungen bereitgestellt!
Solche Ausstreuungen sind nie sonderlich geistreich. Aber diesmal wird die Böswilligkeit der lügenhaften Erfindung durch ihren Stumpfsinn noch erheblich übertroffen. Alle Welt weiß, daß der Bürgermeister von Wien sehr glücklich wäre, wenn er dreihundert freie Wohnungen zu vergeben hätte, weil viele Wiener auf solche Wohnungen warten. Und ebenso ist es bekannt, daß die Erlassung des Fremdengesetzes gegen unerwünschte Einwanderer ... am dringlichsten im Namen der Interessen der Stadt Wien betrieben wurde. Aber jene politische Propaganda scheint es zu lieben, ihre Gläubigen unter denen zu suchen, die bekanntlich ‚nie alle werden'."

In der Staatsoper spielt man an diesem Abend „Der Troubadour", im Burgtheater „Faust". Das Akademietheater bringt „Dreißig Sekunden Liebe", das Theater in der Josefstadt „Der Arzt am Scheideweg". Im Ronacher kann man „Karneval 1938" sehen, im Margaretner Orpheum „Sissy" und im Favoritner Volkstheater „Wastl unter den Räubern".

Samstag, 12. Februar 1938

Vor vier Jahren

Bundeskanzler Dr. Schuschnigg über den 12. Februar 1934.

Vier Jahre sind vergangen, seit der furchtbaren Februarkatastrophe in einer außenpolitisch wildbewegten Zeit über das damals vom Nationalsozialismus hart bedrängte Österreich hereinbrach. Das vor kurzem erschienene Buch des Bundeskanzlers Dr. Schuschnigg „Dreimal Österreich" enthält eine sehr bemerkenswerte Darstellung der Februar-Ereignisse die wir im folgenden wiedergeben.

Der 12. Februar brachte, wie in jedem Jahr, das Danktedeum in der Stephanskirche anläßlich des Krönungsgedenktages des Papstes. Bei diesem Anlaß pflegte die Regierung anwesend zu sein. Knapp bevor ich mich in den Dom begab, erhielt ich meines Erinnerns einen telephonischen Anruf, in dem mir mitgeteilt wurde, daß in meine versperrte Innsbrucker Wohnung ein hochbrisanter Sprengkörper geworfen worden sei, der wesentlichen Sachschaden verursacht habe. Dieser Überfall hatte sich im Zuge einer laufenden Terroraktion ereignet, die von den Innsbrucker Nationalsozialisten veranlaßt und durchgeführt wurde. Der Sprengkörper war eigens hergestellt worden; man beförderte ihn durch den Schlitz des Posteinwurfkastens in das Vorzimmer der im dritten Stockwerk eines Neubaus gelegenen Wohnung. Dies war mein letztes Telephongespräch vor Ausbruch der Februarrevolte.

Bei der kirchlichen Feier selbst, die gegen ½12 Uhr zu Ende ging, fiel den Teilnehmern auf, daß während der letzten Strophe der Papsthymne, die den Abschluß bildete, die elektrische Dombeleuchtung zuerst schwächer wurde und dann schließlich verlöschte. In das Unterrichtsministerium am Minoritenplatz zurückgekehrt, war die erste Feststellung, daß das Telephon nicht mehr funktionierte, und die Bemühungen, das Schicksal meines Hab und Guts in Innsbruck zu erfahren, daher ergebnislos blieben. Bald darauf kam die Nachricht, daß bereits am Morgen des Tages die ersten Schüsse in Linz gewechselt worden waren und auch in Wien der Republikanische Schutzbund zum bewaffneten Aufstand schritt.

Die weiteren Ereignisse sind der Öffentlichkeit aus den verschiedensten amtlichen Darstellungen und ihrer zusammenfassenden Schilderung bekannt. Drei bange Tage folgten, in denen Wien einem Feldlager glich und von den äußeren Bezirken her deutlich vernehmbarer Waffenlärm in die innere Stadt drang. Bundeskanzler Dr. Schuschnigg hatte sofort alle Hebel in Bewegung gesetzt, um die Öffentlichkeit in ausreichendem Maß zu informieren und insbesondere die Anhänger der sozialdemokratischen Arbeiterpartei zu vernünftiger Besinnung zu ermahnen. Ich selbst hatte den Auftrag, am ersten Tag in einer Radiobotschaft den Standpunkt der Regierung zu begründen, und in weiterer Folge trat Dollfuß selbst ans Mikrophon, um zur Ablieferung der Waffen aufzufordern, die, wenn sie freiwillig erfolgte, Straffreiheit zur Folge hatte. Das furchtbare und bittere Geschehen, das jedem Bürgerkrieg zu eigen ist, konnte nur eingedämmt, aber nicht mehr verhindert werden. Nachträglich wurde der Versuch unternommen, den Aufstand als einen mehr oder weniger harmlosen Akt des politischen Gegendrucks hinzustellen, dem die Staatsgewalt mit sinnloser Brutalität begegnet wäre. Demgegenüber bleibt festzustellen, daß sich der Staat in ausgesprochener Notwehr befand und daß, gerade um weitere Opfer an Gut und Blut zu verhüten, insbesondere um die Verluste weiterer Menschenleben, und zwar auf beiden kämpfenden Seiten zu vermeiden, das energische Eingreifen aller Machtmittel zur Abgrenzung des Gefahrenherdes zwingend geboten war. Daß von Harmlosigkeit nicht die Rede sein konnte und bitterer Ernst die verantwortungslose Führung des Aufstands beseelte, geht daraus hervor, daß es nach aufgefundenen Plänen, die eine systematische Vorbereitung bezeugen, der Leitung der Revolte nicht etwa um eine Verteidigung, sondern um einen Angriff zu tun war, der aufs Ganze ging. Im Fall des Gelingens war beabsichtigt, eine Terrorherrschaft aufzurichten, mit vorbereiteter Sprengung von Amtsgebäuden, Einrichtung von bereits ernannten Revolutionstribunalen, vorbereiteten schwarzen Listen und all den anderen Dingen, die aus der Erinnerung der Bela-Kun-Zeit in Ungarn und des Kurt-Eisner-Putsches in München wohlbekannt sind. Insbesondere machte der staatlichen Exekutive die Überwindung der massiven militärischen Stützpunkte, die, seit langem vorbereitet, in den neuen Gemeindehausanlagen eingerichtet waren, die größten Schwierigkeiten, mit deren Bezwingung auf beiden Seiten beträchtliche Opfer beklagt werden mußten.

Die traurige Gesamtbilanz hat auf der Seite der staatlichen Exekutive 128 Tote und 103 Verwundete ergeben — hievon 52 Tote und 103 Verwundete allein aus den Reihen der freiwilligen Wehrverbände —, denen auf der anderen Seite einschließlich der durch unglückliche Zufälle zu Schaden gekommenen unbeteiligten Zivilpersonen 193 Tote und an 300 festgestellte Verwundete gegenüber stehen. Der Führung des Aufstandes gelang die Flucht über die tschechoslowakische Grenze.

Eine mißgünstige Propaganda setzte sofort mit der Behauptung ein, es habe sich um einen Aufstand der Arbeiter gegen die Regierung gehandelt. Diese Darstellung widerspricht der geschichtlichen Wahrheit. Die überwiegende Mehrzahl der österreichischen Arbeiterschaft, auch der sozialistisch organisierten, war besonnen und klardenkend genug, sich zu dem blutigen Experiment nicht mißbrauchen zu lassen, das nach aller menschlichen Voraussicht von vorneherein zum Scheitern verurteilt war. Der Generalstreikparole der Aufständischen wurde keine Folge gegeben; der gesunde österreichische Sinn der bodenständigen Arbeiterschaft in ihrer erdrückenden Mehrheit lehnte es ab, mit der Führung des Republikanischen Schutzbundes gemeinsame Sache zu machen. Übrigens hatte in dieser Führung selbst schon geraume Zeit vorher eine Auseinandersetzung stattgefunden, in deren Folge leider der radikale und aktivistische Teil die Oberhand behielt.

Die staatliche Exekutive, Bundesheer, Polizei, Gendarmerie und Wehrmacht, hatten ihr schwere und harte Pflicht erfüllt. Das Vaterland ist ihnen zu bleibendem Dank verpflichtet. Die auf der anderen Seite der Barrikade standen, kämpften zum Teil aus Fanatismus, zum Teil folgten sie in gewohnter Disziplin der Mobilisierungsparole. Der Opfer, die im guten Glauben auch auf ihrer Seite fielen, und ihres tragischen Schicksals sei in ernster und aufrichtigster Anteilnahme gedacht. Wer gutgläubig irrt, wird dem nicht gleichzustellen sein, der wider besseres Wissen den Brand entfacht und für die eigene schwere Schuld die anderen sühnen läßt.

Dollfuß setzte alle Bemühungen darein, die Anhänger der sozialdemokratischen Partei von ehemals davon zu überzeugen, daß ihm nichts ferner lag, als dem Arbeiter im neuen Staat einen schlechteren Platz einzuräumen und ihn minder zu werten. Gerade der Arbeiter bedurfte des neuen Österreichs, das bereit war, auf politischem, wirtschaftlichem und sozialem Gebiet alles zu tun, was im Bereich der Möglichkeit lag, um der Arbeiterschaft zu beweisen, daß sie bei einem rückhaltlosen Bekenntnis zum Vaterlandsgedanken nichts zu verlieren, vielmehr alles zu gewinnen hatte. Über manche unvermeidliche Härte hinweg, welche die erste Zeit nach dem Umsturz bringen mußte, ging die Führung des Staates systematisch daran die aufgerissenen Wunden zu heilen und keine Gelegenheit zu versäumen, die hilfreiche Hand zum Brückenschlag zu bieten, der von der Theorie der Verneinung zur praktischen Mitarbeit und Mitverantwortung zu führen bestimmt war. Insbesondere wurde auf die Errichtung und Stärkung des Gewerkschaftsbundes besonderes Gewicht gelegt, wobei allerdings der Gedanke der Richtungsgewerkschaften von gestern ebenso wenig Platz finden konnte, wie an eine Widererrichtung der Parteien zu denken war. Der politische Aufbau im Staat und dessen neue Gestaltung, die Verfassung, die knapp vor der Vollendung stand, hatten die Überwindung jeglicher Parteiung zum ersten Ziel und zur grundsätzlichen Voraussetzung gestellt.

Am Wiener Zentralfriedhof liegen in Reih und Glied die Kämpfer der Exekutive. Als bei der Einsegnung in schneidender Kälte der Februarsturm den Teilnehmern an der Trauerfeier fast den Atem nahm, trat jedem klar ins Bewußtsein, daß die, denen das Vaterland mit allen Ehren das letzte Geleite gab, die Heimat vor unvorstellbaren Folgen bewahrt hatten. Heute wissen wir, was nach allem menschlichen Ermessen die Folge gewesen wäre, wenn es nicht gelungen wäre, die Fieberschauer vom Februar 1934 rasch und heil zu überstehen. Was sich seit Juli 1936 in Spanien ereignet, wäre für Österreich unausbleiblich gewesen. Für Dollfuß brachten, wie er oft versichert hat, die Februartage die bittersten Stunden des Lebens. Auch das Justizministerium ist in solchen Zeiten gewiß nicht leicht zu verwalten. Aber Österreich hat seine schwere Pflicht getan, nicht nur vom Standpunkt des eigenen Landes aus gesehen; das gesamte deutsche Volk und seine Kultur wurden vor schwerstem, vielleicht nicht wieder gutzumachendem Schaden bewahrt; all denen aber, die sich darüber klar sind, was die Schaffung von Ruinen im Herzen Europas bedeutet, und für die die Erhaltung des Friedens daher kein leeres Wort ist, müßten die Opfer Österreichs Anlaß zur Besinnung sein.

*

Die Politische Korrenspondenz meldet:

Gestern vormittags wurde bei den Gräbern der in den Februarkämpfen 1934 gefallenen Helden der Exekutive auf dem Zentralfriedhof ein Kranz des **Bundeskanzlers** von Oberkommissär Dr. **Sturminger** niedergelegt.

Der Wiener Tag

„Kraft durch Freude"

… wird: Amt „Feier… …andern", Amt „Schönheit der Arbeit", Amt „Sport und Leibesübungen", Amt „Deutsches Volksbildungswerk", Amt „Wehrmachtsheime" und Amt „Werkscharen".

Die neue Gemeinschaftskultur

Dient das Amt „Feierabend" der sinnvollen Gestaltung der Freizeit, indem es das Volk an die Werte deutscher Kunst und Kultur heranführt, Anregungen zur Eigenbetätigung schöpferischer Kräfte gibt, eine echte Theaterkultur zu schaffen sucht und die Musik, von allen großen Staatsmännern als jene Kunst erkannt, welche die Massen am stärksten zu packen vermag, besonders fördert, so kommt das Amt „Reisen und Wandern" einem stark ausgeprägten Charakterzug des deutschen Volkes entgegen. Dieses Amt hat die Organisation „Kraft durch Freude" erst so recht bekannt und populär gemacht; denn die von ihm unter der Devise „Ein Urlaub ohne Reise ist kein Urlaub" veranstalteten billigen Urlaubsfahrten, für die sogar eine eigene Flotte erbaut wurde, stellen tatsächlich Meisterleistungen organisatorischen Könnens dar: im Jahre 1937 nahmen an solchen K.d.F.-Fahrten über neun Millionen Arbeiter und Angestellte teil. Das Amt „Schönheit der Arbeit" faßt alle jene Maßnahmen zusammen, die geeignet sind, dem arbeitenden Menschen gesunde und saubere Arbeitsstätten zu sichern. Mustergültige Fabriksneubauten mit Kameradschaftshäusern erstehen in den Städten, Musterdörfer auf dem Lande. Der Aufgabenkreis des Amtes „Sport und Leibesübungen" hat sich in den letzten Jahren derart erweitert, daß sich bereits ein starker Mangel an Sportplätzen und Sportlehrern bemerkbar macht. Auf die körperliche Ertüchtigung des ganzen Volkes, vor allem der Arbeiterschaft, wird größtes Gewicht gelegt, wobei allerdings wehrpolitische Ueberlegungen stark mitsprechen. Das „Deutsche Volksbildungswerk" stellt den wichtigsten Teil des gewaltigen Apparates dar, der den neuen deutschen Menschen schaffen soll. In diesem Amte laufen die Fäden aus den 200 Volksbildungsstätten zusammen, die dem Erziehungswerke im Sinne der nationalsozialistischen Weltanschauung dienen. Auch das soziale Wandern, das Naturgenuß mit der Erziehung zum Verständnis wirtschaftlicher und soziologischer Gegebenheiten — natürlich immer im Sinne der Parteidoktrin — verbindet, wird von diesem Amte sehr gefördert; so gliedert es sich in die Autarkiebestrebungen der Staatsführung ein. Die gerade in allerletzter Zeit deutlich zum Ausdruck gekommene Tendenz, auch die Wehrmacht gleichzuschalten, hat in der Errichtung des Amtes „Wehrmachtsheime" ihren Niederschlag gefunden; in diesen Heimen soll die Freizeit des deutschen Soldaten „sinnvoll" gestaltet werden. Die Stoßtruppen der Partei in den Betrieben bilden die „Werkscharen", die ein eigenes Amt betreut; sie werden mobilisiert, so oft es gilt, Sammelaktionen Aufmärsche, Kundgebungen usw. zu veranstalten. Sie repräsentieren den neuen Arbeitertyp des Nationalsozialismus den wehrhaften „Arbeiter-Soldaten".

Sozialer Aufstieg oder totaler Krieg?

Es muß anerkannt werden, daß die Organisation „Kraft durch Freude" den breiten Massen wertvolle Kulturgüter zugänglich gemacht hat, die bisher den besitzenden Schichten vorbehalten waren. Es muß zugegeben werden, daß die gewaltige Machtanhäufung und das Organisationstalent der führenden Männer Leistungen erbracht haben, die eine extrem demokratische Staatsführung kaum aufzuweisen vermöchte. Das Geheimnis dieser Erfolge steckt eben in der planmäßigen Durchorganisierung aller Lebensbereiche. Der Gedanke des Kollektivismus, gegenüber dem russischen „Konkurrenten" so leidenschaftlich abgelehnt, hat im Reich gesiegt. Der Soziologe mag darin die Bestätigung des Satzes finden, daß die Wirtschaftskrise zwar die Verhandlungskraft der Arbeiterschaft ungeheuer geschwächt, die Ausstrahlungskraft der sozialistischen Ideen aber gewaltig gestärkt hat. Ohne Rücksicht auf die breiten Massen können auch Diktatoren nicht regieren. Wollen sie das Volk von der politischen Mitbestimmung ausschließen, so müssen sie zum mindesten dafür sorgen, daß ihm der soziale Aufstieg durch die Teilnahme an den Kulturgütern der Nation ermöglicht werde. Diesem Ziele dient die Organisation „Kraft durch Freude". Im Nationalsozialismus hat sich der Kapitalismus das letzte Bollwerk seiner schwindenden Macht geschaffen. Mit Hilfe staatskapitalistischer Maßnahmen, in denen aber immer stärker sozialistisches Gedankengut zum Durchbruch gelangt, sucht man die deutsche Wirtschaft den weltwirtschaftlichen Strukturwandlungen anzupassen, um so die Zukunft des kapitalistischen Wirtschaftssystems zu sichern. Der Vierjahresplan will die Wirtschaft zu Höchstleistungen anspornen, der Arbeitsrhythmus wird gewaltig gesteigert. Die körperlichen und seelischen Kräfte der Arbeiterschaft, die schon durch die Senkung der Löhne so schwere Einbußen erlitten hatte, werden rasch verbraucht. Die Steigerung der Produktion setzt die Modernisierung der Produktionsstätten voraus, die Erziehung des ganzen Volkes zum Verständnis für wirtschaftliche Notwendigkeiten. So ist „Kraft durch Freude" nicht nur zu einem wirksamen Instrumente weltanschaulicher Gleichschaltung geworden, sondern auch zu einem der wichtigsten Helfer beim Aufbau der neuen Wirtschaft. Sport und Leibesübungen, Reisen und Wandern sollen dem Arbeiter und Angestellten die verbrauchten Kräfte ersetzen. Das Amt „Schönheit der Arbeit" erzieht zu zweckmäßiger Gestaltung der Arbeitsstätten. Und das „Deutsche Volksbildungswerk" weckt das Verständnis für wirtschaftliche Zusammenhänge. „Kraft durch Freude" wird aber auch — und zwar in immer steigendem Maße — in den Dienst der militärischen Aufrüstung gestellt. Maßnahmen autarkistischer Natur und wehrpolitische Massensuggestionen dienen der Vorbereitung eines eventuellen totalen Krieges. In diesem Mißbrauch einer Organisation, die berufen wäre, dem sozialen Aufstiege der breiten Massen Bahn zu brechen, liegt eine große Gefahr. T. K.

Vorarlberger Wacht

Sonntag, 13. Februar 1938

*** * *Neuer Anfang in den österreichisch-deutschen Beziehungen? * * * Rüdiger Starhemberg für Regimewechsel in Österreich * * * Illegale kommunistische Parteiorganisation Kärnten ausgehoben * * ***

Während deutsche und österreichische Regierungsstellen das am Vortag stattgefundene Treffen zwischen dem Reichskanzler Adolf Hitler und dem österreichischen Bundeskanzler Kurt Schuschnigg in dürren, wenige Zeilen umfassenden und gleichlautenden Kommuniques bekanntgeben, wird das Treffen in den österreichischen Tageszeitungen in großer Aufmachung gemeldet und kommentiert. Aber weder lassen diese Kommentare eine breite Öffentlichkeit die ultimativen Forderungen Hitlers nach einer Regierungsumbildung in Österreich ahnen, noch die Kapitulation des österreichischen Bundeskanzlers. So schreibt das „Neue Wiener Tagblatt" nach „Mitteilungen von informierter Seite":

„Die Einladung des Bundeskanzlers durch den deutschen Reichskanzler datiert auf einige Wochen zurück ... Die Nachricht von der Konferenz der beiden Kanzler auf dem Obersalzberg hat nicht nur in Österreich, sondern überall als Sensation gewirkt ... Von deutscher Seite wurde die Unabhängigkeit Österreichs anerkannt und erklärt, auf jede Einmischung in die innerösterreichischen Angelegenheiten zu verzichten. Zu diesen gehört selbstverständlich auch die Haltung, die die österreichische Regierung gegenüber den österreichischen Nationalsozialisten verfolgt, sowie die personelle Zusammensetzung der österreichischen Regierung, über die allein der Bundespräsident auf Vorschlag des Bundeskanzlers zu entscheiden hat."

Etwas vorsichtiger kommentiert „Das Kleine Blatt":
„Gewiß hat das Abkommen vom 11. Juli 1936 nicht in jeder Beziehung das gehalten, was man sich ursprünglich von ihm versprechen konnte, und was man sich insbesondere in Österreich von ihm erhoffte. Dies spricht jedoch keineswegs gegen die Grundsätze. Sie bleiben nach wie vor aufrecht. Alles das, was für Österreich durch die Maiverfassung 1934 festgelegt wurde, muß auch in aller Zukunft unberührt bleiben. An diesen Grundlagen darf nicht gerüttelt werden. Alles, was in später Nachtstunde über den Verlauf der Verhandlungen bekannt wurde, deutet darauf hin, daß die Aussprache von großer Bedeutung war. Es versteht sich von selbst, daß es bei dem weiten Umfang des ganzen Fragenkomplexes bei dieser Begegnung noch nicht möglich war, in allen Einzelheiten eine einheitliche

Auffassung zu erzielen. Es scheint daher wahrscheinlich, daß die von beiden Seiten angestrebte Klärung in nächster Zukunft in greifbarer Form erreicht werden wird.“

An diesem Sonntag berichtet aber auch der bekannte deutsche Rennfahrer Hans Stuck, Mitglied des deutschen Nachrichtendienstes, von Gesprächen mit dem Fürsten Rüdiger Starhemberg in Davos: Die Gesprächsnotiz wird direkt dem Reichsführer-SS Heinrich Himmler vorgelegt, ergeht dann an den SS-Obergruppenführer Wilhelm Keppler, Hitlers Sonderbeauftragten für Österreich, und wird schließlich mit dem Vermerk „Geheim“ abgelegt. Stuck schreibt u.a.:

„Starhemberg, der absolut überzeugt ist, daß es in diesem Fahrwasser nicht weitergehen kann, erklärt sich bereit, in der kommenden Zeit keinen Posten ohne Rücksprache und Fühlungnahme mit Berlin anzunehmen. Er möchte aber unter Schuschnigg keinen verantwortungsvollen Posten mehr übernehmen, da der Mann jesuitisch und unzuverlässig wäre ... Starhemberg steht auf dem Standpunkt, daß Österreich immer ein unabhängiger Staat bleiben müsse. Er meint, daß eine engste Zusammenarbeit in Form eines Bündnisses ratsam sei, das sogar so weit geht, daß beide Länder ihr Heer unter einer einheitlichen Führung zusammenvereinen und daß das Verhältnis ähnlich sei wie seinerzeit zwischen der österreichisch-ungarischen Monarchie ... Als wichtigste Aufgabe betrachtet Starhemberg die einheitliche Führung der Nationalsozialisten in Österreich. Die ehrlichen Anhänger der Partei wären heute bereits ein Drittel der Einwohner Österreichs, ein weiteres Drittel würde sofort mitgehen bei einer geschäftlichen Konjunkturverbesserung ...
Starhemberg betont immer wieder, daß er nach all seinen Erfahrungen eingesehen habe, daß Österreich nur durch einen unblutigen, aber energischen Regimewechsel wieder groß werden könne. Wenn man ihn brauchen würde, um sein Land wieder in Schwung zu bringen, wäre er der erste, der sich völlig zur Verfügung stellte. Er würde darüber auch gern mündlich Näheres sagen. Er unternähme nichts ohne Berlin! ...“

In Graz eröffnet der Landesführer der Vaterländischen Front, Landesrat Dr. Alfons Gorbach, die österreichische Filmtagung, und unter dem Titel „Eine kommunistische Blase aufgestochen“ meldet die „Reichspost“:

„Der Klagenfurter Bundespolizeidirektion ist es gelungen, die kommunistische Parteiorganisation von Kärnten auszuheben und mehrere Personen hinter Schloß und Riegel zu setzen. Ausgehoben wurden die Landesleitung, die Kreisleitungen, verschiedene Kurierverbindungsorganisationen. Auch beträchtliches kommunistisches Propagandamaterial wurde sichergestellt ...“

Sonntag, 13. Februar 1938

Vielstündige Unterredung Schuschnigg-Hitler

Salzburg, 12. Februar. (Eigenbericht.)

Bundeskanzler Dr. Schuschnigg ist Samstag um 2 Uhr früh im Sonderzug in Salzburg angekommen und blieb bis 10 Uhr vormittags in seinem Salonwagen. Dann trat er in Begleitung des Staatssekretärs Dr. Guido Schmidt im Auto die Fahrt nach Berchtesgaden an, und zwar auf dem kürzesten, rund zwanzig Kilometer langen Weg über Gröding, Grenze-Hangender Stein-Schellenberg-Berchtesgaden.

Dr. Schuschnigg ist abends auf der gleichen Route zurückgefahren und traf um ½11 Uhr nachts im Gebäude der Salzburger Landesregierung ein, wo er mit Landeshauptmann Dr. Rehrl konferierte.

Auf dem Bahnhof in Salzburg steht seit Stunden ein Sonderzug unter Dampf, der den Bundeskanzler und Staatssekretär Dr. Schmidt noch im Laufe der Nacht nach Wien zurückbringen wird.

Die amtliche Mitteilung über die Konferenz

Amtlich wird mitgeteilt:

Der österreichische Bundeskanzler Dr. Schuschnigg stattete am Samstag in Begleitung des österreichischen Staatssekretärs für die Auswärtigen Angelegenheiten Dr. Guido Schmidt und des deutschen Botschafters von Papen in Gegenwart des Reichsministers des Auswärtigen von Ribbentrop dem Führer und Reichskanzler auf dessen Einladung einen Besuch auf dem Obersalzberg ab. Diese inoffizielle Begegnung entsprang dem beiderseitigen Wunsch, sich über alle Fragen, die das Verhältnis zwischen dem Deutschen Reich und Österreich betreffen, auszusprechen.

Der Bundeskanzler nach Wien zurückgekehrt

Bundeskanzler Dr. Schuschnigg ist in Begleitung des Staatssekretärs Dr. Guido Schmidt um 22.45 Uhr, vom Obersalzberg kommend, in Salzburg eingetroffen. Der Bundeskanzler und der Staatssekretär setzten nach kurzem Aufenthalt die Weiterreise nach Wien fort.

Der Wiener Tag

Nazibüberei unter kommunistischer Flagge

(Eigenbericht des Kleinen Blattes.)

Linz, 12. Februar. Gestern wurden in Linz, vor allem in der Umgebung der öffentlichen Gebäude, weiter im Wimhölzel-Viertel, bei Kirchen und am Wohnhaus des Landeshauptmannes zahlreiche Häuser mit roter Farbe beschmiert. Es wurden kommunistische Symbole und hochverräterische Schlagworte aufgemalt, ebenso auch mehrmals das Wort Bulgari, der Name eines im Zusammenhang mit den Februarereignissen vom Standgericht abgeurteilten Arbeiterfunktionärs. Diese „Farbkübel-Demonstration" sollte eine Kundgebung der Kommunisten anläßlich des Jahrestages des 12. Februar vortäuschen.

Die Aktion ist nämlich keineswegs von Kommunisten, sondern, wie durch einen Zufall festgestellt werden konnte, von illegalen Nationalsozialisten durchgeführt worden. Es konnten mehrere Täter erwischt werden.

Sie wurden der Polizei überstellt, wo man erhob, daß es sich um Nationalsozialisten handelt.

„Feig, aber frech."

Das Organ des oberösterreichischen Gewerkschaftsbundes, das „Linzer Tagblatt", schreibt zu dieser braunen Schmieraktion unter dem Titel: „Feig, aber frech!" folgendes: „Die Täter waren nationalsozialistische Illegale, welche den feigen Versuch unternommen haben, die Behörden auf die fast geschlossene staatstreue Arbeiterschaft zu hetzen. Die Arbeiterschaft wird sich das freche Treiben der Linzer Nazi nicht mehr weiter bieten lassen."

Das Kleine Blatt

Inoffizielle Begegnung Dr. Schuschnigg-Hitler

Der österreichische Bundeskanzler Dr. Schuschnigg stattete gestern in Begleitung des österreichischen Staatssekretärs für die auswärtigen Angelegenheiten Dr. Guido Schmidt und des deutschen Botschafters von Papen im Beisein des Reichsministers des Auswärtigen von Ribbentrop dem Führer und Reichskanzler auf dessen Einladung einen Besuch auf dem Obersalzberg ab. Diese inoffizielle Begegnung entsprang dem beiderseitigen Wunsche, sich über alle Fragen, die das Verhältnis zwischen dem Deutschen Reich und Österreich betreffen, auszusprechen.

Eine Berliner Mitteilung

Berlin, 12. Das Deutsche Nachrichtenbureau meldet: Wie wir erfahren, erfolgte der heutige Besuch des österreichischen Bundeskanzlers Doktor Schuschnigg, in dessen Begleitung sich der österreichische Staatssekretär für die auswärtigen Angelegenheiten Dr. Guido Schmidt befindet, auf dem Obersalzberg bei Berchtesgaden, auf Einladung des Führers und Reichskanzlers Adolf Hitler.

Sinn und Zweck der Aussprache

Die Aussprache zwischen Bundeskanzler Doktor Schuschnigg und Reichskanzler Hitler, die gestern in Obersalzberg stattgefunden hat, wird gewiß weit über die Grenzen Österreichs und des Deutschen Reiches hinaus stärkste Beachtung finden; denn es handelt sich um die erste Begegnung der beiden Staatsmänner und sie fällt in eine Zeit beträchtlicher politischer Spannungen. Eine freundschaftliche Aussprache über die sehr zahlreichen politischen Fragen, die Österreich und das Deutsche Reich gleichermaßen interessieren, liegt durchaus in der Linie jener Politik, die in dem Abkommen vom 11. Juli 1936 auch vertragsmäßig zum Ausdruck gekommen ist. Österreich hat in den vergangenen eineinhalb Jahren bei allen in Betracht kommenden Gelegenheiten bewiesen, daß es bei unversehrter Aufrechterhaltung jener Grundsätze, die den Pakt vom 11. Juli 1936 anerkannte, zu diesem Pakt stehe. Es konnte dabei voraussehen, daß die Absichten und Interessen der Reichsregierung in die gleiche Richtung weisen. Über die erwähnten Grundsätze ist oft genug gesprochen und geschrieben worden. Weil immer wieder versucht wurde, sie zu verwischen und zu verdunkeln, war es immer notwendig, sie klarzustellen. Die beiden Regierungen hatten sich am 11. Juli 1936 verpflichtet, die innerpolitische Gestaltung in Österreich und im Deutschen Reich gegenseitig zu respektieren, wobei ausdrücklich festgestellt wurde, daß auch der österreichische Nationalsozialismus als eine österreichische Angelegenheit zu betrachten sei, auf die das Deutsche Reich weder unmittelbar noch mittelbar einen Einfluß nehmen wolle. Von österreichischer Seite wurde unter Hinweis auf Italien und Ungarn als bewährte Freunde und Partner der Römer Protokolle erklärt, daß sich die österreichische Politik stets auf jener grundsätzlichen Linie halten werde, die der Tatsache entspricht, daß sich Österreich als deutscher Staat bekennt. Der eine wie der andere Gedanke ist im Grunde genommen selbstverständlich.

Ebenso selbstverständlich ist es aber auch, daß gewisse psychologische Einflüsse und materielle Tatsachen manchmal eine gleichmäßige und beiderseits befriedigende Auslegung des Abkommens vom 11. Juli 1936 erschwerten und dadurch Hemmungen schufen. Das Fundament des Abkommens wurde aber durch solche im Zuge jeder großen politischen Entwicklung unvermeidliche Schwierigkeiten nicht erschüttert. Von diesem Blickfeld aus ist die Unterhaltung in Obersalzberg, zu der sich der Bundeskanzler über Einladung des Reichskanzlers begeben hat, keine Sensation. Es ist wohl richtig, daß das politische Profil der beiden Staatsmänner, die gestern freundschaftlich miteinander gesprochen haben, in sehr scharfen Linien gezeichnet ist, aber es bedeutet eine in unserer Zeit recht oft geübte und sehr nützliche Methode, zwischenstaatliche Politik nicht nur von Staatskanzlei zu Staatskanzlei, sondern auch von Mann zu Mann zu führen.

Die Prinzipien, die im Abkommen vom 11. Juli festgelegt wurden, bilden nach wie vor die Grundlage der Auseinandersetzungen und die Voraussetzung für eine weitere Vertiefung des Verhältnisses zwischen den beiden Staaten, die ehrlich angestrebt wird. Sicher hat das Übereinkommen in mancher Beziehung nicht das gehalten, was man ursprünglich von ihm erwarten konnte. Dies spricht jedoch nicht gegen dessen Grundsätze, die nach wie vor aufrecht bleiben. Das gilt namentlich hinsichtlich dessen, was für Österreich durch die Maiverfassung 1934 festgelegt wurde. An ihren fundamentalen Grundsätzen darf nicht gerüttelt werden.

Die Aussprache war wichtig. Selbstverständlich war es bei dem großen Umfang des Problems noch nicht möglich, in allen einzelnen Fragen zu einer einheitlichen Stellungnahme zu kommen. Deswegen ist anzunehmen, daß in nahebevorstehende Zeit die beabsichtigte Klärung in konkreter Form zum Ausdruck kommen wird.

Der Kanzler auf der Rückreise nach Wie

Bundeskanzler Dr. Schuschnigg ist in B
gleitung des Staatssekretärs Dr. Guido Schmid
Samstag um 22 Uhr 45 Minuten, vom Obersal
berg kommend, in Salzburg eingetroffe
Bundeskanzler und Staatssekretär setzten na
kurzem Aufenthalt die Weiterreise nach Wien fo

Wiener Zeitu

Montag, 14. Februar 1938

* * * Internationale Reaktionen auf das Treffen Hitler – Schuschnigg * * * Politischer Widerstand in Österreich gegen geplante Regierungsumbildung * * *

Weiterhin ist die Begegnung zwischen Hitler und Schuschnigg in Berchtesgaden allererstes Medienereignis. Das „Kleine Blatt" schreibt:
„Die erste Nachricht über die Kanzlerbegegnung auf dem Obersalzberg wirkte wie ein Blitz. In Österreich war dieses Ereignis der einzige Gesprächsgegenstand, der alle Gemüter bewegte, und auch im Ausland wurde sie als ein weltpolitisches Ereignis erster Ordnung angesehen."

Auch die französische Presse beschäftigt sich in großer Aufmachung mit Berchtesgaden: Im „Figaro" kann man lesen:
„Das einzig Interessante für Europa ist die Unabhängigkeit und Souveränität des freien Staates Österreich. Daran darf von niemandem gerüttelt werden. Wir haben keinen Grund, über das Ergebnis beunruhigt zu sein. Im Gegenteil: Wir haben volles Vertrauen zu der kühlen politischen Vernunft und zu der aufrechten Haltung des österreichischen Bundeskanzlers."

„Paris Soir" schreibt:
„Bei der Berchtesgadener Begegnung war noch eine dritte Person unsichtbar anwesend: Mussolini. Wie immer seine Haltung in Angelegenheiten der Achse ist, man darf eines nicht vergessen, daß er keinesfalls gewillt ist, seinen Einfluß in Mitteleuropa zu verlieren."

Wesentlich zurückhaltender ist die Meinung in London. Zwar meldet Reuter, daß Deutschland die österreichischen Nationalsozialisten offensichtlich endgültig fallen gelassen hat, aber die „Times" meint, daß, welche Form auch immer das gegenwärtige Arrangement annimmt, es sich nur um eine interimistische Lösung handeln kann. Der deutsche Druck auf Österreich wird weiter andauern.

Zurückhaltend reagieren auch die italienischen Blätter.
„Der beiderseitige Wunsch, sowohl Österreichs als auch Deutschlands, sich einander friedlich zu nähern, gehe mit eindeutiger Klarheit aus dem Ereignis hervor", schreibt die offiziöse „Voce d'Italia", während „La Stampa" meint:
„Die Unabhängigkeit Österreichs kann nicht Gegenstand der Besprechung gewesen sein, da Deutschland sich verpflichtet hat, sich nicht in die innenpolitischen Verhältnisse einzumischen."

Zu einer beachtlichen Fehlinterpretation gelangt auch das „Prager Tagblatt“:
„Der Zweck der Zusammenkunft ist wohl der, das österreichisch-deutsche Verhältnis als ein solches zu deklarieren, das keine Befürchtungen rechtfertigt. Man muß dabei nicht annehmen, daß Deutschland von Österreich Zugeständnisse verlangt, die dessen Unabhängigkeit beeinträchtigen würden.“

Während die deutsche Presse die Begegnung in großer Aufmachung bringt, sich aber jeder Stellungnahme enthält, wird den deutschen Zeitungen eine vertrauliche Information übermittelt, die nicht zur Veröffentlichung bestimmt ist. Darin heißt es:

„Es hat den Anschein, als ob im Verlauf der Obersalzberger-Unterhaltung Schuschnigg klar geworden ist, daß er im Grund nur die Wahl hat, daß Österreich völlig gefressen wird, oder daß Wien sich auf friedliche Weise mit Berlin verständigt ... Alles hängt nun davon ab, ob Schuschnigg in der Tat die Zustimmung seiner Leute erhält und die Legitimisten zur Einstellung des Kampfes bewegen kann. Es ist interessant, daß er nach seiner Rückkehr in Wien mit dem Wort ‚Verräter‘ von seinen eigenen Leuten empfangen wurde.“

Die deutsche Presse wird darüber hinaus angewiesen, ausländische Kommentare nicht zu übernehmen, weil man aus taktischen Gründen die Kombinationen der Auslandspresse nicht stoppen, sondern womöglich auf falsche Gleise und Vermutungen führen wolle. Schuschnigg trifft in der Tat auf Widerstand, seine in Berchtesgaden unterschriebene Kapitulation in der Regierung durchzubringen. Franz von Papen berichtet jedenfalls an das Berliner Außenamt:

„Schuschnigg hat gestern und heute scharfen Kampf mit allen Gegnern einer Befriedung geführt, da er entschlossen ist, Zusagen von Berchtesgaden durchzuführen. Haupthindernis bietet die Unterstellung des Sicherheitswesens unter Seyß-Inquart, die vom Präsidenten bisher verweigert wurde. Es scheint, daß insbesondere Frankreich, aber auch England, stärkste Vorstellungen am Ballhausplatz erheben, um vor zu weitgehenden Konzessionen an uns zu warnen. Ich habe heute früh kategorisch abgelehnt, irgend einen Vorschlag auf Verschlechterung des unterschriebenen Protokolls an den Führer weiterzugeben. Der Bundeskanzler, der mich soeben empfing, teilte mit, daß er trotz aller Widerstände das Abkommen morgen durchzubringen hoffe ...“

Im Gartenbau-, Kärntner- und Haydn-Kino spielt man an diesem Abend einen Film mit Käthe von Nagy, Hans Moser, Theo Lingen und Lucie Englisch – „Finale“ ...

Montag, 14. Februar 1938

Rafael Hualla:

„Gemüse in die Donau? — Nein, in die Teller der Hungernden!"

In Wien sollen vor einigen Tagen größere Mengen italienischen Spinats in die Donau geworfen worden sein. Aus dieser ersten Meldung entwickelte sich ein langes Hin und Her von Erhebungen, Äußerungen und Feststellungen, die letzten Endes folgendes Bild ergaben: eine größere Menge italienischen Spinates — keinesfalls soll es sich um mehrere Waggonladungen gehandelt haben — war besonderer Umstände halber unverkäuflich geblieben und verdorben. Dieser verdorbene Spinat wurde, wie üblich, auf einer städtischen Müllablagerungsstätte abgeladen. Keinesfalls wäre er zum menschlichen Genuß noch geeignet gewesen, keinesfalls sind mehrere Waggonladungen noch genießbaren Spinates in die Donau geleert worden.

Kein Deka Gemüse darf verlorengehen!

Soweit die Dementis. Aber die Aufregung, die in Wien entstand, als man hörte, es seien möglicherweise Gemüsemengen vernichtet worden, um den Preis zu halten, obgleich es in Wien viele Familien gibt, die Spinat in diesem Winter nur vom Hörensagen kennen, ist trotz alledem berechtigt. Sie wird sich erst dann legen, wenn auch die leiseste Möglichkeit eines solchen Vorgehens für immer ausgeschaltet bleibt. Die Wiener Öffentlichkeit hat in reichem Maße die Bemühungen der Bundesregierung, den Ärmsten der Armen die Not des Winters zu erleichtern, gefördert. Die Aktionen der Winterhilfe, der Josefstisch, der Elisabethtisch, die Notstandsküchen verschiedener anderer Institutionen, sie alle werden bereitwilligst aus den Mitteln des Einzelnen unterstützt. Dafür hat aber auch der einzelne das Recht zu fordern, daß nicht ein Deka genießbaren Gemüses aus Preisrücksichten vernichtet wird.

Die gleiche Opferwilligkeit, die man vom Verbraucher verlangt, muß auch vom Produzenten, beziehungsweise vom Verkäufer gefordert werden.

Was in anderen Staaten das Diktat der Autorität von jedem einzelnen verlangt, nämlich das stete Bedachtsein auf die Erfordernisse der Materialschlacht, muß bei uns vom sozialen Pflichtgefühl erwartet werden. Der Händler, der unverkäuflichen Spinat lagern hat und weiß, daß in den nächsten achtundvierzig Stunden dieser Spinat ungenießbar sein wird, darf nicht so lange warten, bis der Spinat wirklich nirgends anders mehr hingebracht werden kann als auf den Misthaufen. Er muß ihn, bevor dies eintritt, sagen wir zum Preis, den das Fortschaffen kostet, einer öffentlichen Institution überlassen, die ihn noch zur rechten Zeit dem Konsum zuführt. Gewiß sind keine Waggonladungen Spinats in die Donau geworfen worden, aber selbst wenn nur tausend Kinder in Wien noch rechtzeitig einen Suppenteller Spinat mit Kartoffeln erhalten, ist dies der Mühe einer kleinen Organisation wert.

Eine Organisation wird geschaffen!

Im Laufe meiner Recherchen um den illusorisch gewordenen „Donau-Spinat" hatte ich die Genugtuung, feststellen zu können, daß an den maßgebenden Stellen Bereitwilligkeit besteht, in Hinkunft eine solche Organisation zu schaffen.

Sie wird in großen Zügen etwa folgendermaßen aussehen: Wenn ein Großhändler auf dem Naschmarkt zum Beispiel merkt, daß ein Posten Ware verdirbt, ohne daß er ihn um einen halbwegs annehmbaren Preis verkaufen kann, verständigt er rechtzeitig das Marktamt. Das Marktamt hält die einzelnen Posten in Evidenz und bei dieser Stelle fragen nun die Organe der einzelnen Institutionen an, ob und was für Gemüse zu haben sind. Sie werden dann zu einem ganz geringfügigen Preis, der vielleicht nur wenige Groschen über den Transportkosten liegt, das Gemüse zur Verfügung gestellt erhalten, werden es sich rechtzeitig abholen und es verarbeiten.

Das Marktamt der Stadt Wien hat in einem Zirkular seine einzelnen Stellen verständigt, daß es die Anmeldung solcher Ware entgegennehmen kann, und der Obmann der Fachgruppe der Obst-, Gemüse- und Agrumengroßhändler Österreichs, Doktor Anton Schachermeier, hat alle Mitglieder seiner Fachgruppe ebenfalls durch ein Zirkular dazu veranlaßt, solche Warenmengen künftighin dem Marktamt unverzüglich mitzuteilen.

Die Debatte um den angeblich in die Donau geworfenen Spinat war also nicht vergeblich. Künftighin darf man damit rechnen, daß auf den Wiener Märkten Gemüse und Obst nicht nutzlos verdirbt, sondern, soweit dies technisch nur irgendwie durchführbar ist, den Bedürftigen zugeführt wird.

Das mit dem italienischen Spinat war so: In der ersten Jännerhälfte gab es in Österreich reichlich Schnee. Die österreichischen Gemüsegärtner konnten also keinen Spinat liefern. Daraufhin ließ man aus Italien, und zwar aus Apulien, einige Waggons Spinat anrollen, um so mehr als dieser italienische Spinat am 11. und 12. Jänner auf dem Wiener Naschmarkt Preise von 70 bis 75 Groschen das Kilogramm erzielt hatte. Während aber die Waggons aus Barletta, Fasano und Miglarino zur österreichischen Grenze rollten, blies plötzlich ein warmer Föhn die Schneedecke von den österreichischen Spinatpflanzen, und ehe noch der erste Waggon italienischen Spinats in Wien anlangte, waren die österreichischen Gärtner mit dem frischen österreichischen Spinat, der nur 20 bis 30 Groschen das Kilogramm kostete, auf dem Markt. Zuerst warteten die Händler mit dem italienischen Spinat ein paar Tage und hofften auf kälteres Wetter. Die Sonne schien und mit ihren Hoffnungen welkte der Spinat, so daß sie schließlich versuchten, ihn um jeden Preis loszuwerden. Einige Firmen erklären, daß sie ihn für den Holzwert der Steigen, in der er sich befand, abgegeben haben und sie alle versichern, daß sie ihn selbstverständlich, und sei es auch nur um einen Groschen das Kilogramm, der Winterhilfe oder dem Josefstisch zur Verfügung gestellt hätten, und daß sie dies künftighin auch tun würden.

Große Mengen seien übrigens nicht verdorben, weil sie ja, als der plötzliche Witterungsumschwung kam, die weiteren Zufuhren sofort stopten. Im übrigen glauben sie nicht, daß gerade mit dem Spinat viel zu machen gewesen wäre.

Der Morgen

Kein Grund zur Beunruhigung

In den zwei letztvergangenen Tagen hat die Gerüchtebildung und die Fabrikation sinnloser Kombinationen wieder einmal einen Höhepunkt erreicht. In dieser Hinsicht war der vergangene Samstag und Sonntag fast mit den stürmischen Tagen des Februar und Juli 1934 vergleichbar. Unmittelbaren Anlaß hiezu bot die am Samstag im Rundfunk verbreitete Meldung, die am Kürze nicht mehr zu übertreffen gewesen wäre, daß Bundeskanzler Dr. Schuschnigg in Begleitung des Staatssekretärs Dr. Guido Schmidt sich nach Berchtesgaden zu einer Aussprache mit dem Regierungschef des Deutschen Reiches begeben hätte.

Inzwischen wurde über die Sender der beiden Länder bekanntgegeben, daß die Einladung zu diesem Besuche von Hitler ausgegangen ist, und zwar schon vor längerer Zeit. Damit hat die sofort einsetzende Flüsterpropaganda der illegalen österreichischen NSDAP., die von einem Canossagang Schuschniggs nach Berchtesgaden faselte, einen schweren Schlag erlitten. Je verzweifelter die Lage dieser illegalen braunen Gruppen und Grüppchen wird, desto unverfrorener werden sie in ihren Prophezeiungen. Wir können bei dieser Gelegenheit allerdings auch die Feststellung nicht unterlassen, daß sie hiebei durch die Knappheit der amtlichen Berichterstattung unabsichtlich unterstützt werden und ihr Vorhaben durch die Dürftigkeit amtlicher Kommentare begünstigt wird.

Aber auch in der nichtnationalsozialistischen Bevölkerung hatte sich inzwischen eine gewisse Unruhe und ein Gefühl der Unsicherheit bemerkbar gemacht. Ununterbrochen wurden die Redaktionen der Tageszeitungen um Auskunft bestürmt. Aus diesem Grunde haben wir im Einvernehmen mit der Sicherheitsdirektion bald nach Mitternacht nach Einholung von Informationen bei den kompetenten Stellen in Wien eine Sonderausgabe herausgebracht. Für jene Leser, die die Sonderausgabe nicht erhalten haben, tragen wir den Inhalt nebenstehend nach.

Aus manchen bei uns gestellten Anfragen klang die Besorgnis durch, ob es Bundeskanzler Dr. Schuschnigg bei der bekannten Dynamik des Nationalsozialismus und seinen manchmal über die Reichsgrenzen hinausgehenden Totalitätsansprüchen gelingen wird, unverrückbar an der durch die Maiverfassung vorgezeichneten Linie festzuhalten. Wer die Persönlichkeit des Kanzlers kennt, seinen Werdegang und seine Auffassungen, wie sie insbesondere in seinem Buche „Dreimal Oesterreich" und in seinen Reden niedergelegt sind, der wird nie einen Augenblick daran zweifeln, daß der Bundeskanzler in der Frage der Eigenstaatlichkeit Oesterreichs und in diesem Begriff ist auch jede kalte Gleichschaltung ausgeschlossen, jeden Kompromiß, der auch nur eine entfernte Gefährdung der Unabhängigkeit Oesterreichs beinhaltet, ablehnt.

Das Verhältnis Oesterreichs zum Dritten Reich ist in dem Abkommen vom 11. Juli 1936 eindeutig geregelt. In diesem Abkommen erkennt bekanntlich die Reichsregierung die Unabhängigkeit und Selbständigkeit Oesterreichs feierlich an, ferner erklärt sie jede Einmischung in die innere Politik unterlassen zu wollen; der österreichische Nationalsozialismus und seine Bekämpfung wird ausdrücklich als eine innerösterreichische Angelegenheit anerkannt. Wenn daher in Berchtesgaden bei der Zusammenkunft der beiden Kanzler österreichische Angelegenheiten besprochen wurden, kann es sich nur um Angelegenheiten handeln, bei denen eine Einflußnahme oder aktive Beteiligung reichsdeutscher Parteikreise oder anderer Stellen aufgezeichnet ist. So z. B. bei dem kürzlich aufgeflogenen Riesenschmuggel von Propagandamaterial nach Salzburg und bei den durch die Aushebungen in der Teinfaltstraße bekannt gewordenen geplanten illegalen Aktionen.

Wenn daher in Berchtesgaden irgendwelche in Zukunft zu treffende Maßnahmen besprochen wurden, so kann es sich nur um solche handeln, die fürderhin ein reibungsloses Funktionieren des genannten Abkommens gewährleisten. Das ist im Interesse beider Staaten nur wünschenswert und daher ist der Entschluß des Bundeskanzlers, der an ihn ergangenen Einladung Folge zu leisten, nur zu begrüßen. Zu einer Beunruhigung ist absolut kein Grund vorhanden, denn wir können überzeugt sein, daß in der Frage der Erhaltung der Eigenstaatlichkeit unseres Landes, Oesterreichs Schicksal in den Händen eines Mannes ruht, der von der vorgezeichneten Linie unter keinen Umständen abweichen wird.

Volks-Zeitung

Dienstag, 15. Februar 1938

*** * *Dienstanweisung an die österreichischen Botschaften, Berchtesgaden betreffend * * * Tschechisches Außenamt skeptisch über die Zukunft Österreichs * * * Illegale Gewerkschaft veröffentlicht Flugblatt * * ***

Während Österreichs Zeitungslesern weiterhin erklärt wird, daß das Treffen von Berchtesgaden in freundschaftlicher Atmosphäre verlaufen sei, erhalten Österreichs Auslandsvertretungen eine von Guido Schmidt gezeichnete Weisung, in der es heißt:
„Die zwischen dem Bundeskanzler und dem Reichskanzler in Berchtesgaden geführten Besprechungen waren angesichts der deutscherseits erhobenen Forderungen und des Druckes, mit dem deren Durchsetzung versucht wurde, außerordentlich schwierig und von scharfen Auseinandersetzungen begleitet ...“

Schmidt informiert dann die österreichischen Botschafter, daß der Bundeskanzler sich bereit erklärt habe, die innere Befriedung Österreichs durch „bestimmte, im Geiste großzügiger Versöhnlichkeit gehaltene Maßnahmen zu fördern“, ohne auf deren Inhalt näher einzugehen, und weist die Botschafter abschließend an:
„Bei Ihren Gesprächen wollen Sie, ohne die Schwierigkeiten der Verhandlungen zu verschweigen, das Hauptgewicht darauf legen, daß am Übereinkommen vom 11. Juli nichts geändert wurde und der Fortgang der Befriedungsaktion in keiner Weise ein Aufgeben oder eine Abschwächung der bisherigen Grundsätze der Bundesregierung bedeutet, die nach wie vor an der Unantastbarkeit der österreichischen Unabhängigkeit, an der Verfassung sowie Monopolstellung der Vaterländischen Front festhält.“

Zumindest England und Frankreich sind an diesem Tag allerdings schon besser informiert, denn Frankreichs Botschafter in Wien, Puaux, meldet seiner Regierung, daß ihm Kanzler Schuschnigg gesagt habe:
„Ich weiß, daß Frankreich und England nichts tun werden. Hitler hat es mir ins Gesicht gesagt und erklärt, die Besetzung Österreichs sei für ihn ein Unternehmen, zehnmal weniger gefährlich als die Besetzung des linken Rheinufers.“

Puaux kommt auf Grund dieses Gespräches zu folgender Feststellung, die er seiner Regierung auch mitteilt:
„... nach den vertraulichen Mitteilungen von Herrn Schuschnigg schätze ich, daß der letzte Augenblick gekommen ist, wo man Österreich noch retten kann ...“

Und in der Tat werden der französische und britische Botschafter in Berlin von ihren Regierungen auch angewiesen, im deutschen Außenministerium zu betonen, daß Frankreich und England die Respektierung der Integrität und Unabhängigkeit Österreichs zu den wesentlichen Bedingungen des Friedens zählten.

Aber auch der tschechische Außenminister Krofta verfaßt eine Analyse der Situation nach Berchtesgaden und kommt zum Schluß:
„... In den Wiener diplomatischen Kreisen wird angenommen, daß Hitlers ganze Taktik heute darauf ausgeht, Österreich einzuschüchtern; zu erreichen, daß sich der Einfluß der Nazisten auf die Regierung verstärke ... der es den reinen Nazisten ermöglichen würde, sich der Regierung zu bemächtigen, und so auf trockenem Wege den Anschluß zu verwirklichen; die vollzogene Tatsache könnte dann in England und der ganzen Welt als eine freie Äußerung des Volkswillens ausgelegt werden."

Wahrscheinlich auch am 15. Februar, das genaue Datum läßt sich nicht feststellen, verbreiten Österreichs illegale Freie Gewerkschaften ein Flugblatt mit einer überraschend genauen Analyse der Berchtesgadener Gespräche und deren vorauszusehenden Folgen. Dann heißt es unter anderem:
„... Die Tragödie Österreichs datiert nicht erst vom 12. Februar 1938, sie datiert vom 12. Februar 1934, ja sie ist eigentlich noch älter: Durch die Zerstörung der Demokratie, durch die Errichtung des ‚autoritären' Regimes durch Dollfuß im März 1933, ist sie zwangsläufig bedingt worden. Die Arbeiter, die einzigen wirklichen und entschlossenen Vertreter eines freien Österreich, wurden unterdrückt, und damit wurden die Pfeiler, auf denen Österreichs staatliche Existenz beruhte, untergraben ...
Haltet Euch bereit! Wir kämpfen nicht für das Dollfuß-Schuschnigg-System, nicht für die Beibehaltung der heutigen Unfreiheit, sondern für ein wirklich freies und unabhängiges Österreich!
Protestiert überall gegen diese Politik, die die Volksmassen entrechtet und zur völligen Kapitulation vor dem Dritten Reich führt.
Von der Aktivität unseres Kampfes wird es abhängen, ob wir trotz der verhängnisvollen Fehler der Schuschnigg-Politik, die Hilfe der demokratischen Kräfte in der Welt erhalten. Das Gebot der Stunde ist: Kampf gegen jeden Faschismus!
Schart Euch enger denn je um die Freien Gewerkschaften!
Nieder mit der faschistischen Sklaverei! Es lebe die Freiheit!"

Dienstag, 15. Februar 1938

Freie Hand für Oesterreich

Oesterreichs geopolitische Lage ist außerordentlich schwierig. Wir liegen zwar im Herzen Europas und bilden die Verbindung zwischen Nord und Süd und infolge der Verkehrsverhältnisse in mancher Hinsicht zwischen dem Westen und Südosten und das alles bringt es mit sich, daß an Oesterreich nicht nur die unmittelbaren Nachbarn, sondern auch die anderen europäischen Großmächte in einem Maße interessiert sind, das weit über unsere räumliche Ausdehnung hinausgeht. Nicht zu Unrecht hat man Oesterreich das Herz Europas genannt. Für uns Oesterreicher hat diese Lage manchen Vorteil, aber sie bringt uns auch in manche Schwierigkeiten und da ist es die Aufgabe einer klugen und vorsichtigen Außenpolitik, alle diese Klippen, die da auftauchen, heil zu umschiffen. Bundeskanzler Dr. Schuschnigg hat in der Außenpolitik, seit er dieses verantwortungsvolle Amt neben dem Kanzleramt innehat, eine sehr glückliche Hand gezeigt. Er hat die bestehenden Freundschaften gefestigt und sich bemüht — und das mit Erfolg — für Oesterreich neue Freunde zu gewinnen, ohne die alten zu verlieren und hat es bisher mit Geschick verstanden, zu verhindern, daß Oesterreich in irgend eine starre außenpolitische Konzeption hineingedrängt wird, die es unmöglich machen würde, neue Freunde, die für uns von Bedeutung sind, zu gewinnen.

Das Verhältnis zu unseren nördlichen Nachbarn, dem Deutschen Reiche, hat sich nach einer Zeit großer Spannungen erheblich gebessert. Die Aussprache vom Samstag mit Reichskanzler Adolf Hitler liegt auf dieser Linie. Im Abkommen vom 11. Juli 1936 ist festgelegt, daß Oesterreich in seiner Außenpolitik auf seinen Charakter als deutscher Staat Bedacht nimmt. Diese Feststellung ist insoferne überflüssig, weil Oesterreich es immer vermieden hat, an einer Kombination teilzunehmen, die irgend eine Spitze gegen das Deutsche Reich enthielt.

Nun gibt es aber hüben und drüben Leute, die gerne möchten, daß wir in außenpolitischer Hinsicht unsere Selbständigkeit als zweiter deutscher Staat aufgeben sollten und nur als Sekundant des größeren deutschen Bruders in Zukunft figurieren. Es ist nicht notwendig, den Leuten, die eine solche Meinung vertreten, unbedingt eine böse Absicht zu unterschieben. Nein, diese Leute sind eben der Auffassung, daß wir nur so der gesamtdeutschen Aufgabe, der wir als deutscher Stamm verpflichtet sind, dienen können. Das aber ist grundfalsch, denn unsere Aufgabe ist und bleibt, Mittler zu sein zwischen der deutschen und den uns benachbarten Nationen. Das ist die Aufgabe, die uns in natürlicher Weise durch unsere geographische Lage vorgezeichnet ist.

Als die alte große österreichisch-ungarische Monarchie noch bestand, war es für uns bedeutend leichter, dieser Aufgabe nachzukommen, aber auch heute als Kleinstaat ist sie nicht aussichtslos geworden. Oesterreich ist der prädestinierte Staat, der in der Lage ist, das Verhältnis zwischen den Staaten der Kleinen Entente und den Achsenmächten zu verbessern, zwischen beiden Mächtegruppen als Brücke zu dienen und so einen hervorragenden Beitrag zur Erhaltung des europäischen Friedens zu leisten. Wenn auch die ersten Versuche, die der tschechoslowakische Ministerpräsident Dr. Hodza in dieser Richtung unternommen hat, nicht den erhofften Erfolg brachten, so hat doch Bundeskanzler Doktor Schuschnigg, ungeachtet der Störungsversuche, die von Saboteuren einer friedlichen Aufbauarbeit in Szene gesetzt wurden, diesen Anregungen immer wieder weitgehendes Verständnis entgegengebracht und allen Versuchen, die den Weg zu einer engeren Zusammenarbeit der Donaustaaten verrammeln könnten, entschiedenen Widerstand entgegengesetzt. Diese Haltung des Bundeskanzlers findet Verständnis bei allen denen, die von der großen Aufgabe Oesterreichs durchdrungen sind und die ihr politisches Verhalten und Denken nicht nach Weisungen von jenseits der Grenzen zu richten brauchen.

Vorarlberger Wacht

Katholizismus und Antisemitismus sind miteinander nicht vereinbar, das ist von den maßgebenden kirchlichen Stellen wiederholt festgestellt worden. Die Wiener Zeitschrift „Die Erfüllung" Herausgegeben von Johannes Österreicher) veröffentlicht nun in ihrer soeben erschienenen Ausgabe den Wortlaut des Artikels, den das vatikanische Blatt „Osservatore Romano" am Weihnachtstag 1937 unter dem Titel „Il dramma d'Israele" veröffentlicht hat. In diesem Artikel, der bisher nur in kurzen Auszügen bekannt geworden ist, heißt es unter anderem: „Man könnte sagen, das Volk Israel habe keine andere Bestimmung mehr als die, durch Raum und Zeit zu irren, um überall und stets Zeugenschaft abzulegen für die Widersinnigkeit seiner ablehnenden Haltung; dieser Satz stammt von dem Judenkonvertiten René Schwob. Bei diesem Satz Halt zu machen, ist allzu einfach, obwohl er nur allzu wahr ist. Es gibt in dem siegreich vordringenden Antisemitismus etwas, was Schwob „gemein" nennt: es ist der Kampf, den eine „Rasse" einzig und allein im Namen der „Rasse" gegen eine andere führt, der Kampf gegen eine Religion, nicht weil sie eine Religion des Irrtums ist, sondern ausschließlich darum, weil sie eine universale Religion ist. In all dem stellt sich der Antisemitismus nicht als geistige Kraft dar, sondern als eine der vielen Überheblichkeiten der Macht des Fleisches wider den Geist ... Der antisemitische Rassismus verfällt in den gleichen Fehler, gegen den er bei seinen Gegnern angeblich zu Felde zieht; das heißt, er hat die Tendenz, jedes Volk einzuschließen in das Gehege der eigenen „Rasse" — ohne ihm einen Ausblick auf das Leben anderer „Rassen" freizugeben. Es ist dies eine Form des sozialen Monadismus, der sich nicht vom jüdischen Nationalismus unterscheidet, wobei dieser immerhin noch religiöse Worte enthält." An die Stelle der Bezeichnung „rassisch" ist in der letzten Zeit aus Utilitätsgründen häufig der Ausdruck „bodenständig" getreten, aber das ändert nichts daran, daß auch vom katholischen Standpunkt aus der Antisemitismus abzulehnen ist.

Die Stunde

Mittwoch, 16. Februar 1938

* * * Regierungsumbildung in Wien * * * Amnestie für politische Delikte * * * Die Grundsätze des Juliabkommens bleiben aufrecht * * *

In großer Aufmachung bringen die österreichischen Tageszeitungen die neue Kabinettsliste mit den von Hitler gewünschten Veränderungen in der Regierung. Arthur Seyß-Inquart ist Bundesminister für Inneres und Sicherheitswesen, Guido Schmidt Außenminister. Gleichzeitig zeigt die Regierungsliste das verzweifelte, wenn auch hoffnungslose Bemühen des Bundeskanzlers, zu diesen Ernennungen deutliche Gegengewichte zu schaffen. Die deutsche Botschaft in Wien registriert dies durchaus, wenn sie an diesem Tag nach Berlin meldet:

„Es wird notwendig sein, die Einhaltung der eingegangenen Verpflichtungen durch die österreichische Regierung mit Loyalität, gepaart mit Schärfe, zu überwachen. Wenn auch auf den guten Willen des Außenministers Dr. Schmidt und des Ministers Dr. Seyß-Inquart gerechnet werden kann, läßt die politische Vergangenheit des Bundeskanzlers Schuschnigg ... die gleiche Einschätzung seiner Person nicht zu. Auch kann nicht übersehen werden, daß die engere Gefolgschaft Schuschniggs im Kabinett, bestehend aus den Herren Zernatto, Zehner, Raab, Rott, Watzek und Skubl, zu der Hoffnung nicht berechtigt, daß das neue Kabinett von sich aus auf dem Weg der Annäherung an das Reich weiter voranschreiten wird, als ihm durch die Dynamik der in Bewegung gekommenen Lage unbedingt abgerungen werden wird. Diese Dynamik, für welche die Herren Seyß-Inquart und Schmidt Verständnis und Interesse haben werden, wäre meines Erachtens daher unsererseits nach Möglichkeit zu fördern.“

Und unverhohlen zynisch heißt es in einem anderen deutschen Geheimbericht von diesem Tag:
„Eine gewisse außenpolitische Intimität ist durch die Berufung von Schmidt zum Außenminister gewährleistet, der ja ein bewährter Förderer der Konzeption des Juli-Abkommens ist und wohl persönlich Wert darauf legt, sich so zu verhalten, daß er nicht nur in der österreichischen Republik tätig sein kann, sondern gegebenenfalls auch in einem späteren NS-Gau Österreich.“

Offiziell allerdings werden im Deutschen Reich und in Österreich gleichlautende Erklärungen veröffentlicht, in denen es heißt, daß im Sinne der Unterredung vom 12. Februar, beide Teile die Durchführung von Maßnahmen beschlossen hätten, die gewährleisten, daß ein so enges und freundschaftliches Verhältnis der beiden Staaten zueinander hergestellt wird, wie es der Geschichte und dem Gesamtinteresse des deutschen Volkes entspricht. In Österreich wird die Erklärung um 22.00 Uhr im Rundfunk vom Bundeskommissär der Vaterländischen Front, Walter Adam, verlesen und bezeichnenderweise die folgende Erklärung angefügt:

„Allen Gerüchten und Kombinationen gegenüber, die im Laufe des Dienstag aufgetreten sind, darf ich mit Ermächtigung des Bundeskanzlers feststellen: Die Grundsätze des Abkommens vom 11. Juli 1936 haben keine Veränderung erfahren, wie auch die Maiverfassung 1934 und die Stellung der Vaterländischen Front nicht berührt werden. Im Sinne der Verfassung und des Gesetzes über die Vaterländische Front, kommt ein Wiederaufleben von Parteien oder eine Aufspaltung der Vaterländischen Front in parteiähnliche Gebilde nicht in Frage.
So wird es nun möglich sein, daß sich der vaterländischen Aufbauarbeit auch solche Kreise anschließen werden, die bisher eine ablehnende oder abwartende Haltung eingenommen haben.
Ich glaube, daß diese Mitteilungen ausreichen werden, damit unsere Bevölkerung in voller Zuversicht die Verlautbarung einiger Maßnahmen abwartet, die ... ehestens in vollem Umfange der Öffentlichkeit mitgeteilt werden. Es handelt sich ... nicht um sensationelle Veränderungen, sondern um Beschlüsse, die aus dem Geist der Versöhnlichkeit erwachsen sind, zur Sicherung der friedlichen Entwicklung unseres Vaterlandes, des neuen Österreich, der Maiverfassung und der Vaterländischen Front.“

Eine erste Maßnahme in diesem Zusammenhang erfolgt bereits am 16. Februar: Die Amnestie für politische Delikte, begangen vor dem 15. Februar. Hunderte Nationalsozialisten, darunter auch die zu lebenslangem Kerker verurteilten Juliputschisten, werden freigelassen.

Italiens Außenminister Ciano, der an diesem Tag mit Österreichs Geschäftsträger in Rom zusammentrifft, notiert in sein Tagebuch:
„Berger-Waldenegg hat auf Weisung des Bundeskanzlers mit mir über die Ergebnisse der Unterredung von Berchtesgaden gesprochen. Ich hatte geglaubt, ich würde ihn niedergeschlagen antreffen. Statt dessen war er ganz ruhig und voll Hoffnung auf eine ernsthafte Zusammenarbeit mit Deutschland. Ich bin skeptischer ...“

Mittwoch, 16. Februar 1938

Österreichs Linie

Die amtliche Verlautbarung über die schlüsse von Berchtesgaden ist nicht bedeutsam wie die Tatsachen, die nn eingetreten sind. Die Regierung hat ne umfassende Amnestie erlassen, die r Natur der Sache nach wohl in erster inie den Illegalen zugute kommt, auf eren Dank gerechnet wird. Gleichzeitig t das Kabinett umgebildet worden. Das essort des Innern und der Industrie ist en „Betont-Nationalen“ übergeben worden, die außerdem noch ein Ministerium ohne Ressort erhalten. Es wird demnach sehr viel darauf ankommen, welche Widerstandskraft die Staatsführung besitzt, um den Dollfuß-Kurs zu halten. Immerhin ist festzustellen, daß nach allen vorliegenden Erklärungen die Mai-Verfassung außer Diskussion bleibt.

Sie enthält die Bestimmungen über die Gleichberechtigung und hat auch die Artikel 62 bis 69 aus dem V. Abschnitt des Friedensvertrages übernommen als „Verpflichtungen von internationalem Interesse, die unter die Garantie des Völkerbundes gestellt werden.“ Die kluge und korrekte Haltung der Bundesregierung hat alle Strömungen zurückgehalten, die auf eine Gleichschaltung nach dem deutschen Muster hinarbeiten. Dies muß anerkannt werden in diesen Tagen, da eine rumänische Regierung die von ihr im Artikel 60 desselben Vertrages aufgenommene und unterfertigte Verpflichtung schlagartig aufgehoben hat, was sie in einen schweren Konflikt mit dem Völkerbundrat verwickelte. Diese Regierung hat das Unternehmen, das Rumänien an den Rand der Katastrophe führte, mit ihrer Existenz gebüßt. Österreich hat sich als Rechtsstaat erwiesen, und es ist kein Grund zu der Annahme vorhanden, daß es die Basis der unbedingten Rechtlichkeit irgend welchen unterirdischen Strömungen zuliebe aufgibt. Diese Haltung der Staatsführung ist von der gesamten jüdischen Öffentlichkeit in und außerhalb Österreich mit Dank quittiert worden und überall herrscht das Bestreben vor, Österreich vor allem wirtschaftlich zu unterstützen. Die Handelsverbindungen nach dem Ausland sind selbst in den kritischesten Zeiten des Staates durch die jüdischen Kaufleute und Reisenden aufrechterhalten worden und sie werden heute durch dieselben Organe noch weiter verdichtet. Auch das jüdische Palästina ist zu einem ständigen Abnehmer österreichischer Waren geworden, und dies nicht zuletzt in Anerkennung der Haltung Österreichs, das seine noblen Traditionen festhält und in der Führung des Staates nur die Gesamtbevölkerung im Auge hat. Dies schließt es auch aus, daß Österreich außenpolitisch die Linie des Friedens verläßt. Österreich ist Völkerbundstaat und der Kanzler hat selbst in einem vielbemerkten Gespräch unmittelbar nach Beendigung der Budapester Dreierkonferenz die Dankesschuld des Staates an den Völkerbund in warmen Worten dargestellt.

Unbeschadet der noch kommenden Besprechungen mit Deutschland, in die sich der Natur der Sache nach jetzt Italien und Ungarn als die Mitpartner des Römerpaktes, sowie Frankreich, England und die kleine Entente einschalten werden, ist zusammenzufassen: Die Unabhängigkeit und Freiheit Österreichs, seine Politik nach seinen Bedürfnissen zu führen, ist außer Diskussion. Die Verfassung wird nicht verändert.

Die Stimme

Oesterreichs Unabhängigkeit durch die Garantie der Weltmächte gewährleistet.

Paris, 16. Februar. (Priv.-Tel.) Die offiziösen Berichte über die Lage in Österreich wurden gestern nachmittag in der Deputiertenkammer lebhaft erörtert und führten zu der Schlußfolgerung, daß die getroffenen Entscheidungen eine innerpolitische Beruhigung anbahnen werden. Mit großer Anerkennung und starken Ausdrücken der Sympathie wird die Haltung des Bundeskanzlers v. Schuschnigg beurteilt:

„Ich habe für Österreich und dessen Bundeskanzler die vollsten Sympathien", so äußerte sich Außenminister Delbos in einem Gespräch, das er anläßlich des Banketts der auswärtigen Presse führte.

„Die Position des österreichischen Volkes gegenüber einem großen Nachbarstaat ist

durchaus verständlich

und verdient auf der Grundlage effektiver Tatsachen eingeschätzt zu werden. Österreichs Unabhängigkeit ist durch die Garantie der Westmächte gewährleistet, und es sei daran erinnert, daß unter gewissen Umständen Artikel 10 des Völkerbundpaktes angerufen werden kann."

In einer Unterredung eines Pressevertreters mit dem Vorsitzenden der Kammerkommission für auswärtige Angelegenheiten Mistler gelangte eine analoge Auffassung zum Ausdruck.

„Wir zweifeln nicht, sagte er, an der Energie des Bundeskanzlers, der die Wahrung des von Dollfuß geschaffenen österreichischen Staates als

seine unabänderliche Mission und Pflicht

betrachtet. Die französische Außenpolitik zielt darauf hin, die geeigneten Mittel zur Sicherung der Unabhängigkeit Österreichs gegebenenfalls in Anwendung zu bringen und wird gewiß auch Versäumtes nachholen."

Der mit zentraleuropäischen Fragen besonders vertraute Deputierte Pezet erklärte: „Wir halten an dem

Grundsatz der Unabhängigkeit Österreichs

fest und weisen den Gedanken Flandins, den Frieden auf Kosten Zentraleuropas zu erkaufen, mit der gleichen Entschiedenheit zurück wie jede andere „Opferkombination". Ich werde in meiner Interpellation über die Außenpolitik der Regierung Chautemps präzise Fragen stellen und im besonderen Antwort darauf verlangen, auf welcher Grundlage Frankreich — nach der Schwächung des Völkerbundes — seine Verträge mit der Kleinen Entente und den anderen Donaustaaten erneuern will. Diese Frage wird wohl die dringend erforderliche Aufklärung bringen."

Grazer Mittag

Alpenländische Wochenschau

Donnerstag, 17. Februar 1938

*** * * Otto Habsburg bietet sich an, die Regierung zu übernehmen * * * Feldmarschalleutnant Alfred Jansa tritt zurück * * * Resolution der Arbeiterschaft an Schuschnigg * * ***

Der Innen- und Sicherheitsminister Dr. Seyß-Inquart übernimmt nunmehr auch die Leitung des Volkspolitischen Referats im Rahmen der Vaterländischen Front und bestellt zu seinem Stellvertreter den Nationalsozialisten Dr. Hugo Jury. Seine erste Rede an die österreichische Polizei läßt nichts an Deutlichkeit zu wünschen übrig:

„Eine deutsche Exekutive hat nie versagt und wird nie versagen. Ich erwarte, daß Sie in diesen Traditionen des deutschen Volkes und des österreichischen Vaterlandes Ihren Dienst vollziehen werden. Für eine andere Auffassung der Dienstpflicht, insbesondere für eine Berücksichtigung der politischen Einstellung, werde ich in der Exekutive nie Verständnis haben. Zur Bestimmung der politischen Haltung in Sachen der verfassungsmäßig dazu berufenen Organe, räume ich zur Zeit niemand in Österreich das Recht ein, genauer und sorgsamer auf die Wahrung der nationalen Interessen bedacht zu sein, als ich es bin.“

An diesem Tag richtet Otto von Habsburg aus Steenockerzeel einen Brief an den Bundeskanzler mit dem Appell, allenfalls ihm die Regierung zu übertragen. Der Habsburger schreibt unter anderem:

„... Es ist den Feinden unseres Landes gelungen, durch einen Gewaltakt ohnegleichen, Ihre Regierung in eine bedrohliche Lage zu zwingen, die unseren weiteren Widerstand in gefährlicher Weise erschwert. Es ist ihm gelungen, uns ein neues Abkommen zu diktieren, welches seinen Einmischungen Tür und Tor öffnet ... Wir sind heute in Österreich dem Drucke eines gewaltigen Nachbarn ausgesetzt, der unsere Existenz zerstören will. Wir müssen uns daher nach Mächten umsehen, die diesen Druck aufwiegen können. Die Wahl kann hiebei nur auf die Westmächte fallen, die unserem Vaterland sympathisch gegenüberstehen ... Auf militärischem Gebiet muß Österreich nach Kräften für seine Aufrüstung wirken und diesen imperativen Pflichten anderweitige, noch so dringende finanzielle Begehren unterordnen. Haben wir ein starkes Heer, so werden wir keine so große Gefahr mehr laufen, wie in der Vergangenheit ... In den Fragen der Innenpolitik wird es für das Heil der Heimat notwendig sein, nach drei Richtungen hin zu wirken ... Vorerst muß die Befriedung nach links aktiv betrieben werden. Die Ar-

beiter haben in den letzten Tagen bewiesen, daß sie Patrioten sind. Diese Gruppe kann durch den Nationalsozialismus nicht vergiftet werden, wird daher stets am sichersten für Österreich eintreten, wogegen die Regierung ihr die Möglichkeit geben muß, an der Gestaltung des Vaterlandes – für welches sie sich einzusetzen bereit ist – aktiv mitzuwirken. Eine weitere Kraft, die noch nicht verbraucht ist, ist der Legitimismus. Diese Bewegung – und für das übernehme ich die Garantie – geht mit Ihnen durchs Feuer, wenn sie die Gewißheit hat, damit für die Unabhängigkeit Österreichs zu wirken ... Schließlich, dies glaube ich, Ihnen gegenüber nicht betonen zu müssen, wird es eminent wichtig sein, unter der Hand gleich vom ersten Augenblick an der verderblichen Arbeit der ‚Betont Nationalen' entgegenzuwirken ... Sollten Sie einem Druck von deutscher oder von betont-nationaler Seite nicht mehr widerstehen zu können glauben, so bitte ich Sie, mir wie immer die Lage auch sei, das Amt eines Kanzlers zu übergeben. Ich bin fest entschlossen, zum Schutz von Volk und Staat bis zum Äußersten zu gehen, und ich bin überzeugt, dabei Widerhall beim Volke zu finden."

Auch die gewählten Vertrauensleute Wiener Großbetriebe, unter ihnen viele Sozialdemokraten und Freigewerkschafter, versammeln sich und verfassen eine Resolution an Schuschnigg, in der es unter anderem heißt:

„Die Vertrauensmänner der österreichischen Arbeitnehmerschaft, zu ernsten Beratungen versammelt, geben ihrem leidenschaftlichen Willen Ausdruck, für die Freiheit, Unabhängigkeit und Würde Österreichs einzutreten ... Die österreichischen Arbeiter sind für den Frieden, aber nicht um jeden Preis! Wir Österreicher werden unser Haus selbst bestellen, nach unseren eigenen Grundsätzen und auf unsere Art. Die Konferenz erklärt, daß die österreichische Arbeiterschaft, ohne Unterschied der früheren Richtung, geschlossen organisiert im Gewerkschaftsbund, ihren Weg ohne Kompromiß bis zum siegreichen Ziel zu Ende gehen wird."

Eine entscheidende Schwächung des Bundesheeres allerdings bringt der Rücktritt des Generalstabschefs, Feldmarschalleutnant Alfred Jansa, eines überzeugten Patrioten und Gegners des Nazismus auf inneren und äußeren Druck hin. Als sich Jansa bei Bundespräsident Miklas verabschiedet und ihn als Oberbefehlshaber des Bundesheeres aufmerksam macht, daß dieses zur Verteidigung Österreichs bereitstünde, antwortet Miklas:
„Schuschnigg will nicht, und ich habe nach der Verfassung keine Handlungsfreiheit. Die Politik ist die Sache des Kanzlers."

Donnerstag, 17. Februar 1938

Amnestieverordnung des Bundespräsidenten

Im Bundesgesetzblatt wird heute die Entschließung des Bundespräsidenten Miklas kundgemacht, die gestern in den ersten Morgenstunden in einem Communiqué der Bundesregierung, das der „Wiener Tag" in seiner Extraausgabe veröffentlichte, angekündigt worden ist.

Die Entschließung hat folgenden Wortlaut: Auf Grund des Artikels 78, Absatz 2, lit. c, der Verfassung 1934 ordne ich an:

Niederschlagung des Verfahrens

Wegen der in den Strafgesetz-Paragraphen 58 bis 61 (Hochverrat, Mitschuld am Hochverrat), 65 (Störung der öffentlichen Ruhe), 68 bis 80 (Aufstand, Aufruhr, öffentliche Gewalttätigkeit), 279 bis 305 (Auflauf, Nichtfolgeleistung, Teilnahme an geheimen Gesellschaften, Herabwürdigung der Verfügungen der Behörden und Aufwieglung gegen Staats- oder Gemeindebehörden, Aufreizung zu Feindseligkeiten gegen Nationalitäten, Religionsgenossenschaften, Beleidigung einer gesetzlich anerkannten Kirche oder Religionsgemeinschaft, öffentliche Herabwürdigung der Einrichtungen der Ehe, der Familie, des Eigentums oder der Gutheißung von ungesetzlichen oder unsittlichen Handlungen), 308 (Verbreitung falscher, beunruhigender Gerüchte oder Vorhersagungen), in den Artikeln I bis III der Strafgesetznovelle vom Jahre 1862 (Versuch einer gewaltsamen Umänderung der Verfassung, Aufreizung zum Haß und zur Verachtung wider die Verfassung des Bundes, Schmähungen und Verspottungen verfassungsmäßiger Einrichtungen) und in den Paragraphen 1, 2, 4, 5, 10, 11 und 17 des Staatsschutzgesetzes aus dem Jahre 1936 mit Strafen bedrohten Handlungen sowie wegen Vorschubleistung in Beziehung auf diese Handlungen (Paragraphen 211 bis 219 und 307 St.-G.), ferner wegen aller anderen gerichtlich strafbaren Handlungen, die im Dienste einer politischen Bewegung oder aus politischen Beweggründen begangen worden sind, *ist kein strafgerichtliches Verfahren einzuleiten*, wenn diese Handlungen vor dem 15. Februar 1938 begangen worden und vom öffentlichen Ankläger zu verfolgen sind und sich der Täter zur Zeit der Kundmachung dieser Entschließung im Inland aufhält.

Unter denselben Bedingungen ist ein etwa schon eingeleitetes strafgerichtliches Verfahren einzustellen, soweit es sich auf solche strafbare Handlungen bezieht, und zwar auch dann, wenn vor dem Tage der Kundmachung dieser Entschließung *das Urteil erster Instanz zwar gefällt worden, aber noch nicht in Rechtskraft erwachsen ist*, es wäre denn, daß gegen das verurteilende Erkenntnis erster Instanz zugunsten des Angeklagten ein Rechtsmittel eingebracht worden ist und der Angeklagte eine Entscheidung darüber begehrt, oder daß ein schon rechtskräftig abgeschlossenes Verfahren zugunsten des Verurteilten wieder aufgenommen wird.

Strafnachlaß

Allen Personen, die vor dem Tage der Kundmachung dieser Entschließung nur wegen einer oder mehrerer der angeführten gerichtlich strafbaren Handlungen *rechtskräftig verurteilt* worden sind und sich der Vollstreckung der Strafe nicht durch Flucht ins Ausland entzogen haben, ist die Strafe nachgesehen, soweit sie noch nicht vollstreckt ist. Personen, die mit demselben Urteil auch anderer strafbarer Handlungen schuldig erkannt worden sind, *ist die Strafe erlassen*, wenn diese anderen strafbaren Handlungen verhältnismäßig geringfügig sind oder die Strafe, die ihretwegen allein verhängt worden wäre, den schon vollzogenen Teil der Strafe nicht überstiegen hätte.

Personen, denen Strafnachsicht zuteil wird oder nur deshalb nicht zuteil wird, weil die Strafe schon vollstreckt ist, wird die kraft gesetzlicher Vorschriften als Folge der Verurteilung etwa eingetretene *Unfähigkeit, bestimmte Rechte, Stellungen und Befugnisse zu erlangen, nachgesehen.*

Die gewährte Strafnachsicht tritt außer Kraft, wenn der Begnadigte *bis zum 31. Dezember 1941* wegen einer nach dem Tage der Kundmachung dieser Entschließung begangenen gerichtlich strafbaren Handlung verurteilt wird, es wäre denn, daß diese strafbare Handlung nur ein Vergehen oder eine Übertretung bildet, den Umständen nach geringfügig ist und das erkennende Gericht in einem besonderen Beschluß ausspricht, daß sich der Verurteilte durch die neue Verfehlung der Strafnachsicht nicht unwürdig gemacht habe.

Diese Bestimmungen finden keine Anwendung, wenn die Vollstreckung der Strafe vom Gericht oder im Gnadenweg auf Probe aufgeschoben oder der Verurteilte aus der Strafe bedingt entlassen ist.

Über die Einstellung entscheidet das Gericht, bei dem das Verfahren in erster Instanz anhängig ist oder war, über die Nachsicht von Strafen und Rechtsfolgen das Gericht, das in erster Instanz erkannt hat. Vor der Entscheidung ist der öffentliche Ankläger zu hören.

Im Verfahren vor den Gerichtshöfen bedarf es keiner Beschlußfassung des Senats, wenn der Vorsitzende und der Staatsanwalt übereinstimmend der Ansicht sind, daß die Amnestie anzuwenden ist.

Tritt die Nachsicht einer Strafe infolge eines späteren Urteils außer Kraft, so hat das Gericht, das dieses Urteil fällt, das Gericht zu benachrichtigen, das zur Anordnung des Vollzuges der früher nachgesehenen Strafe berufen ist.

Mit der Durchführung dieser Amnestie ist der Bundesminister für Justiz betraut.

* * *

Der Wiener Tag

Kabinett der Versöhnung

Ein Ritter ohne Furcht und Tadel führt das
österreichische Staatsschiff durch diese wellenreiche
Zeit. Zu den hohen Tugenden des Ritters gesellen
sich in Dr. Kurt Schuschnigg glänzendes Talent
und hervorragende Proben eines den Schwierig-
keiten der Zeit vollauf gewachsenen Staatsmannes.
Wer heute an der verantwortungsvollsten Stelle
das Erbe des Märtyrerkanzlers Dr. Dollfuß zu ver-
teidigen und demnach österreichische Politik zu
machen hat, der hat es fürwahr nicht leicht. Das
gibt alle Welt zu; das gestehen auch diejenigen ein,
die durch eine Flut von Vermutungen und durch
einen Strom böswilliger Gerüchte gewollt oder un-
gewollt die Größe und das Risiko dieser Aufgabe
noch erhöhen. Nur ein Mann, der auf die unver-
siegbare Lebenskraft einer Idee baut und durch den
unermüdlichen Kampf für dieselbe ständig das Ver-
trauen des Volkes rege erhält, nur ein Mensch,
der selbstlos und zu jedem Opfer bereit in Sturm
und Wind auf der Kommandobrücke steht, kann das
leisten, was unser Bundeskanzler in diesen Tagen
für Österreich und dessen Volk getan hat. Schon
Goethe hat einmal gesagt, daß der Mensch mit
seinen höheren Zwecken wächst. Das gilt in erster
Linie für den Politiker, der in schwankender Zeit
unerschütterlich und mutig zu seinem Programm
steht. Daß Dr. Kurt Schuschnigg ein hehres Bei-
spiel staatsmännischer Pflichterfüllung ist, daß er
das von ihm leidenschaftlich geliebte Volk und Land
mit eiserner Energie erfolgreich verteidigt, hat er
in den letzten Tagen neuerlich sonnenklar erwiesen.
Bereitwilligst nahm er die Einladung des Reichs-
kanzlers zu einer Aussprache über den gesamten
Komplex des Verhältnisses zwischen den beiden
Staaten an. Ein ebenso feierliches Bekenntnis
zur deutschen Nation wie zum Frieden nach innen
und außen. Die Konferenz am Obersalzberg hat,
wie gestern amtlich festgestellt wurde, „Überein-
stimmung darüber gegeben, daß beide Staaten an
den Grundsätzen des Übereinkommens vom 11. Juli
1936 festzuhalten entschlossen sind und daß sie das-
selbe zum Ausgangspunkt einer befriedigenden
Entwicklung der Beziehungen zwischen den beiden
Staaten betrachten". Mit dem 12. Februar dieses
Jahres, der für Österreich auch sonst ein denk-
würdiges Datum ist, wurde also die erste Etappe
des gewiß abwechslungsreichen Versuches der
Normalisierung der Beziehungen zwischen Deutsch-
land und Österreich abgeschlossen.

Am Beginn der neuen Etappe steht die Ankün-
digung sofortiger Maßnahmen beider Teile, „die
gewährleisten, daß ein so enges und freundschaft-
liches Verhältnis der beiden Staaten zueinander
hergestellt wird, wie es der Geschichte und den
Gesamtinteressen des deutschen Volkes entspricht".
Eine der so angekündigten Maßnahmen ist die
Umbildung der österreichischen Bundesregierung,
die selbstverständlich keine Änderung des Kurses
bedeutet. Dafür bürgt die Persönlichkeit des
Bundeskanzlers und das Verbleiben der meisten
seiner Mitarbeiter im Amte. In Österreich herrscht
darüber kein Zweifel; wenn im Ausland da und
dort Bedenken aufsteigen, so werden sie sicher durch
die weitere Entwicklung widerlegt werden. Die
noch vom Bundeskanzler Dr. Dollfuß geschaffene
Verfassung und die Vaterländische Front als
alleiniger Träger der politischen Willensbildung
sind die festen Garanten des geraden Weges zu
einem Österreich, in dem alle Bewohner in fried-
licher Eintracht leben und arbeiten. Das Kabinett
des Bundeskanzlers Schuschnigg ist in seiner mehr
als dreieinhalbjährigen Dauer mehrmals umge-
bildet worden. Immer hat sich durch die neuen
Kräfte ein neuer Auftrieb und eine weitere Be-
lebung ergeben; stets war das Fazit ein Fortschritt
im friedlichen Aufbauwerke. Die neuen Männer
bringen sicher den ernsten Willen mit, dem Staats-
leben neue Impulse zu geben und die Zufriedenheit
der Bevölkerung mit den Handlungen der Regie-
rung zu steigern. Auch die Devise der neuen Re-
gierung ist: Sammlung der Kräfte nach den Grund-
sätzen der Verfassung und der Vaterländischen
Front. Ein Wiederaufleben der Parteien, was für
ein Abzeichen immer sie tragen mögen, kommt
durchaus nicht in Frage. Rot-weiß-rot bleibt das
Zeichen des neuen Österreich. Männer aus allen
Berufskreisen haben im neuen Kabinett Sitz und
Stimme; sie haben mit dem Eid in die Hände des
Bundespräsidenten die Pflicht und die Verant-
wortung übernommen, nach den Grundgesetzen
dieses Staates zu wirken. Besondere Berücksichti-
gung hat in der neuen Regierung der Gewerbestand,
die Arbeiterschaft und die Bauernschaft erhalten.
Sie sind die Grundsäulen des Staates, das feste
Bollwerk gegen alle Feinde der Selbständigkeit
und der deklarierten Ziele unserer Heimat.

Ein gutes Omen für den weiteren Verlauf der
Dinge ist in der T...
Mini...

Wiener Zeitung

Die Persönlichkeit Seyß-Inquarts.

Artur Seyß-Inquart wurde am
22. Juli 1892 in Staunern bei Iglau,
jetzt Tschecho-Slowakei, als Sohn des da-
maligen Regierungsrates und Gymnasial-
direktors in Olmütz geboren. Während seine
väterliche Familie eine deutschböhmische ist,
führt seine mütterliche Ahnenreihe über Bil-
lach nach Memmingen in Bayrisch-Schwaben.
Seyß-Inquart besuchte das Gymnasium in
Olmütz und erlebte schon als Schüler, als
welcher er an dem nationalen Jugendleben
eifrig teilnahm, den Nationalitätenstreit
zwischen Deutschen und Böhmen. Nach dem
Studium der Rechte und dem Erwerb des
juristischen Doktorgrades an der Universität
Wien nahm er mit den Tiroler Kaiser-
jägern an den Kämpfen auf den russischen,
italienischen und rumänischen Kriegsschau-
plätzen teil, wurde verwundet und viermal
ausgezeichnet.

Im Jahre 1921 ließ er sich als Rechts-
anwalt in Wien nieder. Er beschäftigte sich
vornehmlich mit Arbeitsrecht und wurde
demzufolge in die Kodifikationskommission
für österreichisches Arbeitsrecht berufen. Par-
teipolitisch ist Seyß-Inquart nie hervor-
getreten, seiner deutschbewußten Haltung ist
er aber stets treu geblieben. Seit der Grün-
dung des Österreichisch-deutschen
Volksbundes, dessen Bestreben es von
jeher ist, die wirtschaftlichen und kulturellen
Beziehungen zwischen Österreich und dem
Reich zu erhalten und auszubauen, gehört
Seyß-Inquart diesem als Vorstandsmitglied,
jetzt als Obmann-Stellvertreter an. Seyß-
Inquart tritt auch für die Ordnung des
Donauraumes auf dem Boden der Anerken-
nung des nationalen Volkstums ein.

Seyß-Inquart, der zu den angesehensten
Rechtsanwälten Wiens gehört und bis
zum Verbot der NSDAP. in
Österreich angehörte, wurde am
17. Juni 1937 von Bundeskanzler Doktor
Schuschnigg zum Staatsrat und zum Ver-
bindungsmann zwischen der nationalen
Opposition und der Bundesregierung er-
nannt.

Freie Stimmen

Freitag, 18. Februar 1938

*** * * Bundesregierung erlaubt freie Betätigung der Nationalsozialisten innerhalb der VF * * * Seyß-Inquart beim deutschen Reichskanzler * * * Mussolini verärgert über Hitler * * ***

Die Dämme brechen. Als letzte Verfügung des Abkommens von Berchtesgaden wird nunmehr den österreichischen Nationalsozialisten die legale Betätigung im Rahmen der Vaterländischen Front und aller übrigen österreichischen Einrichtungen ermöglicht. Um keinen Zweifel daran zu lassen, wie das gemeint sei, wird darüber hinaus noch ausdrücklich betont:
„Ebenso wie es möglich ist, daß einzelne Mitglieder einen bestimmten anderen Programmpunkt der Front – bei voller Anerkennung aller – als ihre besondere Herzenssache betrachten, so kann auch etwa der nationale und soziale Gesichtspunkt bei Anerkennung aller Grundsätze besonders betont werden."

Die NSDAP-Mitglieder machen auch sofort von ihrer neuen Freiheit Gebrauch.
„In den Ländern grüßt man sich mit dem deutschen Gruß und mit ‚Heil Hitler', man singt wieder die alten Kampflieder und marschiert durch die Straßen der Städte ..." schreibt Walter Pembaur, und die deutsche Botschaft in Wien meldet nach Berlin:
„Auf Grund viertägiger genauer und umfassender Beobachtungen muß festgestellt werden, daß der Durchbruch restlos gelungen und viel tiefgreifenderer Art ist, als man mancherorts im Reich annimmt. Nachdem das Ausland Schuschnigg im Stich gelassen hat, mußte er schlagartig erleben, wie seine bisherigen Stützen teils abfielen, teils unter sich uneinig wurden ... In legitimistischen Kreisen herrscht Chaosstimmung, – man hat jede weitere Hoffnung aufgegeben. In jüdischen Kreisen ist man überzeugt, daß es nur noch eine Frage der Zeit ist, wann Österreich politisch und wirtschaftlich mit dem Reich vereinigt wird. Der Zusammenbruch ist ein derart totaler, daß unter der Voraussetzung, daß eine Beschleunigung der Entwicklung dem Führer in sein außenpolitisches Konzept paßt, durch bestimmten Nachdruck seitens des Reiches innerhalb der nächsten Wochen, eine Reihe entscheidender Positionen erobert werden können."

Eine Position wird bereits an diesem Tag erobert, als der Nationalsozialist Dr. Fischböck zum Konsulenten für den Handelsverkehr mit dem Deutschen Reich berufen wird. Die Kapitalflucht aus Österreich setzt schlagartig ein.
„Schillingnoten werden in großen Mengen schwarz über die Grenze

gebracht, sodaß eine Notierung seit gestern abend nicht mehr stattfinden konnte ...“ meldet die deutsche Botschaft in Wien, und setzt fort:

„... diese Entwicklung ist für das Reich zunächst nicht ungünstig, man wird jedoch sehr genau aufpassen müssen, daß die Aushöhlung der österreichischen Währung und damit auch der Wirtschaft, nicht zu weit geht.“

Das Ausland reagiert beunruhigt: Frankreichs Botschafter in Wien, Puaux, meldet an seine Regierung, daß ihm Schuschnigg auf die Frage, was die Westmächte für Österreich tun könnten, geantwortet habe, sie müßten Hitler den Eindruck vermitteln, daß sie bei einer neuerlichen Gewaltanwendung gegen Österreich nicht untätig zusehen würden, und völlig verärgert reagiert Mussolini. Jedenfalls notiert Italiens Außenminister in sein Tagebuch:

„Der Duce war heute morgen ziemlich gereizt gegen Deutschland, wegen der Art und Weise, in der die österreichische Sache durchgeführt worden ist. Die Deutschen hätten uns weiß Gott benachrichtigen können: statt dessen auch nicht ein Wort. Außerdem würde, wenn sie nicht bei den erreichten Positionen stehenbleiben und an den Vollzug des wirklichen Anschlusses denken würden, eine allgemeine Lage entstehen, die vollkommen von derjenigen verschieden wäre, in der die Achse gegründetet wurde und die eine neue Überprüfung der Situation erfordern würde.“

Österreichs neuer Innen- und Sicherheitsminister Seyß-Inquart, befindet sich an diesem Tag in Berlin, um sich bei Hitler, Himmler und Frick vorzustellen. Und um das Ausland nicht noch mehr zu beunruhigen, wird der deutschen Presse die Weisung erteilt, Zurückhaltung zu üben:

„Im übrigen wird gebeten, keinerlei Fristen oder Termine zu nennen, binnen denen Österreich dieses oder jenes durchgeführt haben muß, damit jeder Eindruck vermieden wird, als ob Wien nur noch nach der Parole Berlins arbeite.“

Österreich ist an diesem Tag in Berlin aber auch noch anders vertreten. Um 21.50 Uhr berichtet Willy Schmieger im Radio von den Eiskunstlaufweltmeisterschaften, und der Österreicher Felix Kaspar ist auf dem Weg zu seinem zweiten Weltmeistertitel.

Freitag, 18. Februar 1938

Die Illegalen schwer enttäuscht

Die braunen Gerüchtemacher hatten
seit Samstag Hochbetrieb. Diese Kolpor-
teure der Lüge und Verleumdung, die aus
Weiß Schwarz und aus Schwarz Rot zu
machen verstehen, lassen sich, wie die Er-
fahrung zeigt, auch dann noch nicht beleh-
ren, wenn sie sogar ihr eigener naiver An-
hang, die Trabanten der Dummheit, ver-
lassen. Beschränkte Fanatiker, die nach den
Berliner Ereignissen vom 4. Februar selbst
furchtbare Empfindlichkeit an den Tag leg-
ten, wenn sie ihnen unbequeme Mut-
maßungen zu Ohren bekommen, verloren
über Nacht den letzten Rest ihres Haus-
verstandes. Die Unterredung Schuschnigg-
Hitler wurde als Kapitulation Oesterreichs
vor dem Nationalsozialismus ausgelegt,
die VF. als Faktum der Vergangenheit
hingestellt und die Zukunft Oesterreichs
mit Prophetien und Bildern der illegalen
Phantasie überklebt.

In diese Hitzköpfe fuhr gestern abends
der in Ton und Inhalt gleich vornehm
gehaltene Vortrag des Bundeskommissärs
Walter Adam wie ein eisig-kalter Dusch.
Wir können uns lebhaft vorstellen, wie die
illegalen Störefriede gestern abends vor
ihren Geräuschkisten wie begossene Pudel
einknickten und rasch nach einer Auslands-
station suchten, um allenfalls das Gegenteil
der Ausführungen Adams zu erschnappen.
Aber siehe da: Die gleichlautende Meldung
der deutschen Sender wirkte auf die Flü-
sterpropagandahelden neuerlich wie ein
Dusch. Von einer Ernüchterung kann man
allerdings auch jetzt nicht sprechen.
weil nur Denkende, die noch einen Verstand
besitzen, wieder zur Vernunft kommen kön-
nen.

Schon die Umstände, unter welchen
Oberst Adam sprach, waren ein Beweis da-
für, daß die österreichische Regierung von
den Grundsätzen ihrer Poli... auch nach
der Unterredung Schuschnigg-Hitler um
keine Fingerbreite abgehen werde. Das
gemeinsame österreichisch-deu... Kommu-
niqué hat erstens einmal Wort für Wort
den gleichen Text und zweitens wurde es
— und dies verdient besondere Beachtung
— verlautbart, ehe noch die fertigen Be-
schlüsse über die konkreten Wege zur Er-
weiterung des Juliabkommens vorlagen.

Der Inhalt der amtlichen Mitteilung
bestätigt neuerlich die bereits bekannten
offiziösen Kommentare der Montagblätter.
Das Kommuniqué bekräftigte lediglich all-
gemeine Meinungen, wie die, daß auf dem
Obersalzberg alle Fragen, welche das Ver-
hältnis zwischen Oesterreich und dem Deut-
schen Reich berühren, einer eingehenden
Erörterung unterzogen wurden und daß
die Aussprache insbesondere die Attaken
der Saboteure des Juliabkommens zum
Gegenstand hatte. Wir Arbeiter haben ins-
besondere von Bundeskanzler Schuschnigg
nichts anderes erwartet, als daß er auch in
Berchtesgaden „Dreimal Oesterreich" ver-
teidigt. Uns Arbeitern würde allein die
Feststellung der amtlichen Mitteilung ge-
nügen, daß beide Staatsmänner in Berch-
tesgaden ohne Hintergedanken zum freien
Entschluß gekommen sind, daß ein gedeih-
liches Nebeneinander der beiden deutschen
Staaten und eine friedliche Entwicklung
Oesterreichs nur in der Fortsetzung der im
Juliabkommen festgelegten Politik ver-
bürgt erscheint.

Die Maßnahmen, die im Geiste dieses
Abkommens zum Zwecke der Festigung der
friedlichen Entwicklung unseres Vaterlan-
des heute Nacht getroffen wurden, können
im Grunde genommen nur die bisher Ab-
seitsstehenden und die Illegalen über-
raschen. Denn diese Maßnahmen gewähr-
leisten, wie es in der amtlichen Verlaut-
barung heißt, gerade das, was die Ver-
neiner und Feinde Oesterreichs nie wollten:
Achtung vor Oesterreich und Friede im
Land. Wer von einem Freundschaftsver-
hältnis spricht, muß sich klar darüber sein,
daß ein solches Verhältnis beide Partner
gleichmäßig verpflichtet.

Es steht, und das mögen sich die Ille-
galen besonders gesagt sein lassen, klarer
denn je fest: Wer Oesterreich verneint, ver-
neint auch Hitler. Von ganz besonderer
Bedeutung ist jene Stelle der amtlichen
Verlautbarungen, die davon spricht, daß
beide Regierungen, sowohl die deutsche als
auch die österreichische, ihre beiderseitigen
Maßnahmen als einen positiven Beitrag
zur friedlichen Entwicklung Europas wer-
ten. Deutlicher hätte das ... kurze
Kommuniqué in seinem letzten Satz nicht
mehr werden können.

Die persönlichen Beifügungen Adams,
die den in der „Wiener Zeitung" erschie-
nenen öffentlichen Kommentar über Sein
und Zweck der Unterredung nur um
Haaresbreite erweitern, konnten die Auf-
fassungen der vaterländisch gesinnten Be-
völkerung nur bestärken. Hitler ist Schusch-
nigg nicht als Diktator gegenübergetreten,
sondern als Friedensmittler. Es berührt
ermunternd, wenn Adam erklärt, daß die
beiden Staatsmänner auf dem Obersalz-
berg keine Abmachungen getroffen, son-
dern im Rahmen des Juliabkommens ledig-
lich eine Reihe von Maßnahmen prüfend in
Erwägung gezogen haben, die beiden Tei-
len geeignet scheinen, das friedliche Ver-
hältnis der beiden deutschen Staaten zu
vertiefen.

Die Illegalen haben damit die bisher
schwerste Enttäuschung erlebt. Zu den
größten Mißverständnissen deutscherseits
zählte ja die Meinung, die Illegalen wären
„Unterdrückte" und „Geknechtete", welche
die Regierung die primitivsten Menschen-
rechte vorenthält. In der Unterredung auf
dem Obersalzberg ist auch diese Lüge ge-
bührlich entlarvt worden. Die Stören-
friede und Radaubrüder werden nunmehr
nach Inkrafttreten der allgemeinen poli-
tischen Amnestie innerhalb der gesetzten Be-
währungsfrist, die sich bis 1941 erstreckt,
beweisen müssen, ob auch sie gewillt sind,
Oesterreich zu geben, was Oesterreich vor
allem nötig hat: Ruhe, Friede, Gerechtig-
keit und Ordnung.

Wahrheit

Zehn Gebote für Österreichs Juden, ein Appell an das christliche Österreich.

Höre es, Jude von Oesterreich: Du bist Oesterreicher!

Gleichzeitig der österreichischen und jüdischen Nation anzugehören — je nach Bedarf — ist unmöglich.

Eine jüdische Nation gibt es derzeit nicht.

Der politische Zionismus ist der Judenfeinde liebstes Kind!

Sich zum jüdischen Nationalismus bekennen, heißt vor dem Hakenkreuz kapitulieren!

Nur die jüdische R e l i g i o n hat die Juden durch zweitausend Jahre als Juden erhalten.

Nur die Aufnahme der deutschen Kultur hat Dich zum Europäer gemacht!

Wer vaterlandslos i s t, m u ß nach Palästina: wer sich vaterlandslos m a c h t, s o l l nach Palästina! (In der Tat; nicht mit Worten!)

Laß Dich nicht zurückdrängen, aber dräng' Dich nicht vor!

Du lebst im Glashaus. — Dein Leben sei ein Beispiel!

Christliches Oesterreich! S e i c h r i s t l i c h zu Deinen Juden! — Du wirst Deine treuesten Bürger an ihnen haben.

Alexander Klaus.

Die Wahrheit

Samstag, 19. Februar 1938

* * * Verordnung der Generaldirektion für die öffentliche Sicherheit * * * NS-Demonstrationen in Graz und Linz * * * Heinz Rühmann-Film angelaufen * * *

Das Amt des Frontführers gibt im Einvernehmen mit dem Bundeskanzleramt, Generaldirektion für die öffentliche Sicherheit, nachstehende Weisung heraus:

„Alle parteiamtlichen Abzeichen der NSDAP und ihrer Formationen sind für österreichische Staatsbürger verboten. Abzeichen, die mit oder ohne Kombination das Hakenkreuz zeigen, sind verboten ... Der Wortgruß ‚Heil Hitler!' ist verboten ... Das Absingen der deutschen Nationalhymne ist nur mit besonderer behördlicher Bewilligung gestattet ... Das Zeigen der reichsdeutschen Fahnen, Flaggen und dergleichen, ist österreichischen Staatsbürgern in Österreich nicht gestattet ... Versammlungen mit politischem Einschlag können nur von der Gebietsorganisation der Vaterländischen Front veranstaltet werden, wobei die Teilnahme nationaler Redner in Aussicht genommen ist ... Insbesondere sind verboten: Schmier- und Streuaktionen, ferner das Herstellen und Verbreiten illegaler Schriften, das Abbrennen von Hakenkreuzfeuern, der Verkauf und Ankauf von nationalsozialistischen Spendenmarken, -münzen und dgl., sowie überhaupt jede Unterstützung parteimäßiger oder parteiähnlicher Verbindungen ..."

Es zeugt allerdings davon, zu welch eigentümlicher und ausgeklügelter Kasuistik die österreichischen Behörden Zuflucht nehmen, wenn wenig später eine vom Staatssekretär für das Sicherheitswesen, Dr. Michael Skubl, erfolgte Interpretation dieser Weisung, diese gleichsam wieder aufhebt. Da heißt es nämlich:

„Der Wortgruß ‚Heil Hitler!' ist, soferne er nicht demonstrativ gebraucht wird, stillschweigend zuzulassen. Ein demonstrativer Gebrauch dieses Grußes wird z.B. dann vorliegen, wenn er in öffentlichen Lokalen, auf Straßen und Plätzen, vor Behörden und Organen, vor Amtswaltern und Mitgliedern der Vaterländischen Front, die als solche bekannt oder durch ein Abzeichen kenntlich sind, usw. gebraucht wird. Der Gebrauch des Grußes ‚Sieg Heil!' ist zu tolerieren ...
In der nächsten Zeit erscheint es aus staatspolitischen Gründen geboten, gegen die Teilnehmer an nationalsozialistischen Demonstrationen, gegen Träger nationalsozialistischer Abzeichen und gegen Personen, welche Hakenkreuzfahnen zeigen oder in demonstrativer Weise den deutschen Gruß gebrauchen, zunächst mit Abmahnungen und Verwarnungen und erst im Wie-

derholungs- oder Beharrungsfalle mit der entsprechenden Geld- oder Arreststrafe vorzugehen."

Doch alle Weisungen und halben Rückzieher werden auch an diesem Tag von der Realität überrollt. Der „Nationalsozialistische Soldatenring", eine Geheimorganisation in Heer und Exekutive, organisiert in Graz einen Aufmarsch. In Scharen ziehen Mitglieder dieser Einheit durch die Stadt, begrüßen einander demonstrativ mit „Heil Hitler!" – und die Polizei, viele von ihnen Mitglieder des Soldatenrings, läßt sie gewähren. Am Nachmittag gibt der Grazer Polizeidirektor den Befehl, die nationalsozialistischen Ansammlungen zu zerstreuen, aber der zuständige Inspektor sabotiert alle Befehle und weist seine Untergebenen an, nicht gegen die Nationalsozialisten vorzugehen. So kann sich die Grazer SA ungestört versammeln und den ersten offenen Aufmarsch gegen das österreichische Regime durchführen. Etwa 8000 Personen nehmen an einem Fackelzug teil, dem Hakenkreuzfahnen vorangetragen werden. Eine von ihnen und ein Hitlerbild werden am Grazer Rathaus angebracht.

Ganz anders ist die Situation in Linz. Der oberösterreichische Sicherheitsdirektor, Peter Graf Revertera, trifft sich mit den Führern des nationalen Lagers, um alle Eventualitäten zu besprechen und Demonstrationen zu verhindern. Am Abend marschieren zwar einzelne Gruppen durch Linz und grüßen ihre Bekannten je nach Einstellung mit „Heil Österreich" oder „Heil Hitler", aber es kommt zu keinen Spannungen, und die erregten Nationalsozialisten werden durch ihre eigenen Ordner, vor allem SS-Leute, mit der Aufforderung „Ruhe geben" und „weitergehen" an Ausschreitungen gehindert.

Schließlich teilt noch die RAVAG mit, daß sie die Rede Adolf Hitlers, die dieser am kommenden Tag um 13.00 Uhr im deutschen Reichstag halten werde, auf allen österreichischen Sendern übertragen wird; die Firma Kunz bietet im Sonderangebot „Reisfleisch mit Parmesan" an, die Halbkilodose um 90 Groschen, sowie einen „Riesling Spezial" mit feiner Blume um 2,20 Schilling; und kann man den Annoncen in den Wiener Tageszeitungen Glauben schenken, dann steht die ganze Stadt Kopf vor Lachen. Schuld daran ist Heinz Rühmann, dessen neuer Film „Der Mustergatte" in zehn Kinos angelaufen ist.

Samstag, 19. Februar 1938

Der internationale Wert der deutsch-österreichischen Verständigung.

Innsbruck, 19. Februar.

Die Besprechung von Berchtesgaden zwischen den beiden Führern des deutschen und österreichischen Staates hat in Oesterreich bereits innenpolitische Maßnahmen zur Folge gehabt und die ganze Welt sieht voll Spannung der Rede Hitlers im deutschen Reichstage am 20. Februar entgegen. Für Oesterreich und das Deutsche Reich ist es keine Frage, daß die bisher erzielte Einigung von höchstem innenpolitischem und außenpolitischem Wert ist. Diese Einigung wurde von der internationalen Presse mit mehr oder minder aufrichtigen Gefühlen begrüßt, weil dadurch ein wesentlicher Streitpunkt in Mitteleuropa beseitigt wurde. Es waren nur vereinzelte Pressestimmen in England und in Frankreich, die an das, was in Berchtesgaden vereinbart wurde, manche Befürchtungen knüpften oder doch wenigstens für die Zukunft solche Befürchtungen aussprachen. So zeigen auch Anfragen im englischen Unterhause, daß in nicht gut eingeweihten Kreisen gewisse Bedenken über die Aufrechterhaltung der Unabhängigkeit Oesterreichs entstanden sind.

Man muß sich fragen, was denn eigentlich geschehen ist, daß solche Bedenken entstehen konnten. Der Bundeskanzler Doktor v. Schuschnigg hat bald nach seiner Rückkehr von Berchtesgaden dem Bundespräsidenten eingehenden Bericht erstattet und er hat offenbar die volle Billigung für alle Maßnahmen gefunden, die er dem Bundespräsidenten auf Grund der Besprechung mit Hitler vorgeschlagen hat. Es kam zu einer teilweisen Umbildung der Regierung, zu einem allgemeinen Strafnachlaß und zur Einstellung noch schwebender Verfahren. Die Umbildung der Regierung brachte wohl stark die volle Verständigung mit dem Nachbarreiche zum Ausdruck, indem beide Vertreter und Garanten der Politik, die zum Juliabkommen führte, in der Regierung beibehalten wurden. Es ist dies Minister Dr. Glaise-Horstenau und Dr. Guido Schmidt, der vom Staatssekretär zum Minister erhoben wurde. Als ein weiterer Garant der Verständigung wurde Dr. Seyß-Inquart als Innenminister in die Regierung berufen, welchem der Staatssekretär für Sicherheitswesen Dr. Skubl untersteht. Auch der neue Justizminister Dr. Adamovich steht nationalen Kreisen nahe. Es wurde aber auch als Staatssekretär für Arbeiterschutz Adolf Watzek in die Regierung berufen, der von der freigewerkschaftlichen Richtung stammt. Dadurch kommt der leitende Gedanke einer Sammlung der Kräfte von rechts und links her zum Ausdruck. Der allgemeine Strafnachlaß, der nicht nur ehemalige Nationalsozialisten, sondern auch ehemalige Marxisten umfaßt, ist der sinnfällige Ausdruck dafür, daß die Regierung sich stark genug fühlt, um einen solchen Schritt vornehmen zu können. Er hätte vielleicht schon viel früher erfolgen können, wenn nicht in der Etappe immer wieder Störungen vorgekommen wären. Die Strafnachsicht ist bedingt und die Regierung setzt voraus, daß sich alle diejenigen, die ihrer teilhaftig werden, in den Rahmen der gegebenen Verhältnisse einfügen wollen.

Es besteht also nicht der geringste Grund wegen Oesterreich und seiner Selbständigkeit auch nur die leisesten Bedenken zu äußern, denn es kam in der deutschen und österreichischen Presse deutlich genug zum Ausdruck, daß es drei Grundsätze gibt, an denen nicht gerüttelt werden darf:

1. Die volle Unabhängigkeit Oesterreichs;
2. die Geltung der Verfassung vom 1. Mai 1934;
3. die Geschlossenheit der Vaterländischen Front als Grundlage für die politische Willensbildung in Oesterreich.

Diese Grundsätze waren bereits beim Abschluß des Juliabkommens maßgebend, sie sind bisher aufrecht erhalten geblieben und sie werden auch in Zukunft Geltung besitzen. Die persönliche Aussprache zwischen dem deutschen Reichskanzler und dem österreichischen Bundeskanzler hat sicherlich die entsprechende Klarstellung über die Auslegung des Juliabkommens gebracht, so daß keine Zweifel mehr entstehen können über legale und illegale Betätigung. Dies liegt im beiderseitigen Interesse und ist eine unumgängliche Voraussetzung für die volle Befriedung der Innenpolitik. Wenn das Juliabkommen durch das volle persönliche Ansehen der beiden deutschen Staatsführer gedeckt ist, so kann es keinen Zweifel mehr darüber geben, daß sich das Deutsche Reich aller Einmengungen enthalten wird und auch aller Handlungen, die den Schein einer Einmengung haben könnten.

Wir haben in unserem Artikel „Klärung über das Abkommen vom 11. Juli 1936" gezeigt, daß die innenpolitische Verständigung die Grundlage für eine tragbare Außenpolitik bilden muß. Der besondere Rahmen, in dem sich die Außenpolitik Oesterreichs bewegt, ist durch die Römischen Protokolle und durch das Juliabkommen mit dem Deutschen Reiche gegeben. Dies war der gesamten internationalen politischen Welt bekannt und daran hat die Besprechung von Berchtesgaden nichts geändert. Es hat sich bisher nur um die Fortsetzung der innenpolitischen Befriedung in Oesterreich gehandelt und um das unentwegte Festhalten an den Grundsätzen des Juliabkommens. Dieses diente aber nicht nur zur Wiederherstellung normaler Beziehungen zwischen dem Deutschen Reiche und Oesterreich, sondern es hat auch für die Befriedung des ganzen mitteleuropäischen Raumes wesentliche Dienste geleistet. Wenn an diesem Abkommen festgehalten wird und es zu weiteren Klärungen darüber gekommen ist, so ist nicht einzusehen, warum sich manche ausländische Presse über die Zusammenkunft von Berchtesgaden so aufgeregt hat. Es sind weiter keinerlei Abmachungen über die österreichische Außenpolitik oder über militärische und wirtschaftliche Fragen getroffen worden. Wohl aber wird die Welt eines zur Kenntnis nehmen müssen: Oesterreich darf in keiner gegen das Deutsche Reich gerichteten Mächteverbindung gesucht werden. Hatte seinerzeit Bundeskanzler Dr. Seipel gesagt: „Keine Kombination ohne Deutschland", so ist das, was jetzt geschieht und noch weiter geschehen wird, nichts anderes, als die Ausführung jener außenpolitischen Pläne, die Dr. Seipel vorgeschwebt haben. Oesterreich bildet keinen Streitpunkt der internationalen Politik mehr, die beiden deutschen Staaten haben die Regelung ihres gegenseitigen politischen Verhältnisses in ihre eigene Hand genommen und sich zur deutschen Schicksalsgemeinschaft bekannt. Es besteht keine Möglichkeit mehr für außerdeutsche Mächte, an diesem Verhältnis etwas zu ändern. Wenn auch keine besonderen außenpolitischen, militärischen und wirtschaftlichen Abmachungen zwischen Oesterreich und dem Deutschen Reiche bestehen, so gibt es doch keinen Zweifel mehr darüber, daß sich Oesterreich und das Deutsche Reich über jede einzelne Frage, die ihr gemeinsames Interesse betreffen, ins Einvernehmen setzen und dementsprechend handeln werden.

Innsbrucker Nachrichten

Richard Wagner und das Judentum.

Zum 55. Todestage Wagners.

Von Prof. Friedrich Pöschl.

Alle diese Merkmale jüdischer Musik bespricht und beweist Wagner an Felix Mendelssohn-Bartholdy, dem er zwar Talent, Bildung und Ehrgefühl nachrühmt, von dem er aber sagt, daß er niemals imstande sei, ohne Hilfe dieser Eigenschaften eine tiefe, Herz und Seele erhebende Wirkung zu üben, so wie es unsere großen Meister getan. Mendelssohns Musik ist nach Wagner ein zerfließendes, phantastisches Schattenbild, „bei dessen unbestimmtem Farbenschimmer unsere launenhafte Einbildungskraft willkürlich angeregt, unser rein menschliches inneres Sehnen nach deutlichem künstlichem Schauen aber kaum nur mit der Hoffnung auf Erfüllung berührt wird."

Auch auf einen bekannten jüdischen Opernkomponisten kommt Wagner zu sprechen, den er zwar nicht namentlich nennt, der aber nur Meyerbeer sein kann, der zu jener Zeit in Paris einen übermächtigen Einfluß im Kunstleben hatte. Dem Geschmack des damaligen bürgerlichen Publikums, dem der Theaterbesuch nur Vergnügen und Vertreibung der Langweile bedeutete, kam Meyerbeer entgegen, es war ja seine künstlerische Lebensaufgabe, das Publikum durch eine andere Form der Langeweile, also eben durch seine Opern, über sich selbst zu täuschen. Nur Täuschung ist der Grundzug von Meyerbeers künstlerischer Tätigkeit, er täuscht sich selbst und sein gelangweiltes Publikum mit Opern, denen auch Gefühlskatastrophen beigemischt werden, da dies von Gelangweilten auch gewünscht wird.

Durch alle diese Ausführungen kommt Wagner zu dem Ergebnis, daß die damalige musikalische Kunstepoche unfähig war, bleibende Werte zu schaffen. Diese Unfähigkeit ergibt sich für Wagner einerseits aus Mendelssohns Kunstwirken, andrerseits aus den Erfolgen Meyerbeers, für dessen Schaffen sich die Oeffentlichkeit so sehr begeistern konnte. Dieser Kunst haftete die innere Lebensunfähigkeit an, was darzutun eben den jüdischen Musikern vorbehalten blieb. Solange die Musik in der Zeit eines Mozart und Beethoven ein Lebensbedürfnis in sich hatte, fand sich kein jüdischer Komponist; mit ihrem Verfalle trat der Zersetzungsprozeß ein, Wagner spricht vergleichsweise von einem toten Körper, dessen sich die Würmer bemächtigen und in dem sie eine Viellebigkeit erzeugen, ohne daß jedoch der tote Körper selbst wieder Leben gewinnen könne.

Soweit die Ausführungen Wagners; zieht er schon mit diesen großartig aufgebauten Gedanken einen klaren Trennungsstrich zwischen der volksverbundenen echten Musik und jüdischer Scheinkunst, so lehnt er das Judentum als solches noch schärfer ab, wenn er am Schlusse seiner Schrift den Juden zuruft: „Um gemeinschaftlich mit uns Menschen zu werden, höret auf, Juden zu sein!" Eindeutiger und offener kann eine Absage an dieses Prasitenvolk wohl nicht mehr gegeben werden. Daß das Judentum und seine auch damals schon so getreue Anhängerschaft von Ariern diese Kampfschrift Richard Wagners durchaus ernst nahm und ihre Bedeutung erkannten, geht aus der Tatsache hervor, daß nicht weniger als 170 Gegenschriften erschienen, deren Verfasser sich in blöden Schmähungen und gehässigen Angriffen gegen Wagner überboten.

Hat Wagner schon in dieser und in anderen Schriften das Judentum richtig erkannt und seine Bestrebungen durchschaut, so kommt diese seine naturbedingte Abneigung auch in seinem „Ring des Nibelungen" zum Ausdruck, indem er dort den Alberich und Hagen zur Verkörperung jüdischen Machtstrebens und jüdischer Habgier macht. Sie sind die bösen Mächte der Finsternis, und so wie sie sich das Ziel gesetzt haben, das Hohe, Hehre und Reine, vertreten durch die Götterwelt und den reinem Helden Siegfried, zu vernichten, so will auch das Judentum alle edlen Triebe, die in einem Volke leben, zerstören und will dem Volke, in dem es lebt, den Untergang bringen. Wenn Alberich im zweiten Aufzug des „Siegfried" dem Wotan drohend zuruft:

„Walhalls Höhen stürm ich mit Hellas Herr,
Der Welt walte dann ich!"

so ist dies ein Programmpunkt des Judentums, das die Weltherrschaft erstrebt und sich in den Besitz des Eigentums der anderen Menschen setzen will. Und so wie für Hagen Siegfried nur Mittel zum Zweck ist, um zu dem Besitz des maßlose Macht verleihenden Ringes zu gelangen, so ist für den Juden der treuherzige Christ ein Werkzeug, nur zu gefügig, um seinen Machtplänen zu dienen.

Richard Wagner erhob warnend seine Stimme gegen das Judentum und seinen zunehmenden Einfluß in der Musik und vielleicht sind die Worte Hans Sachsens

Und welschen Dunst mit welschem Tand
Sie pflanzen uns ins deutsch Land

nicht nur aus den geistigen Strömungen des beginnenden 16. Jahrhuderts heraus zu verstehen, als sich der Einfluß des italienischen Humanismus auf deutschem Boden immer stärker geltend machte, sondern diese Worte können auch etwa so gedeutet werden, daß unsere deutsche Kunst auch mit jüdischen Zersetzungsmitteln verderblich durchdrungen werden und diesen schließlich erliegen kann, so daß niemand mehr weiß „was deutsch und echt"; nur dem deutschen Künstler ist es dann vorbehalten, sich diesen Einflüssen zu widersetzen und echte, deutsche Kunstwerke, zu schaffen, eine Aufgabe, in deren Erfüllung niemand anderer führender vorangegangen ist als Richard Wagner selbst. Es deutet also Wagner die Aufgabe des deutschen Künstlers dahin, daß er die heilige Verpflichtung besitzt, die Kunst rein und wahr zu erhalten.

Für unsere heutige Zeit, in der wieder das Judentum in Kunst und Literatur frech sein Haupt erhebt und bodenständiges Schaffen zu verdrängen droht, ergibt sich für jeden, der Wagner liebt und verehrt und der ihm in seiner Kunstauffassung nachstreben will, der die Werke unserer großen Genies als unantastbare Krongüter der Nation betrachtet, die Pflicht, auch seinerseits dazu beizutragen, daß der jüdischen Scheinkunst mit ihrer Hohlheit und Verlogenheit das Handwerk gelegt wird, damit die deutsche Kunst wieder rein und edel, befreit von allen Schlacken jüdischer Künsteleien, erstehe!

Ostland

Die Auswanderung der Juden aus Deutschland im Jahre 1937

Im Jahre 1937 sind schätzungsweise 24.000 Juden aus Deutschland ausgewandert. „Wenn auch einige tausend kapitalkräftiger Auswanderer unter diesen 24.000 sich befinden", schreibt die „Deutsche Wochenschau", Berlin, „so dürften es doch hauptsächlich jüngere Juden gewesen sein, die sich im Auslande eine Existenz aufbauen wollen. Überhaupt ist anzunehmen, daß die Juden unter 30 Jahren in den vergangenen fünf Jahren den Hauptanteil an der jüdischen Auswanderung gestellt haben. Da der Altersaufbau und auch der Kinderreichtum der Juden früher annähernd der gleiche wie der des deutschen Volkes war, kann dies aus den Unterschieden in den heutigen Prozentzahlen des Altersaufbaues geschlossen werden:

	Deutsches Volk Prozent	Juden %
unter 20 Jahren	31	15
20 bis 45 Jahre	41.5	30
über 45 Jahre	27.5	55

Diese Zahlen über die Altersgliederung des deutschen Volkes stammen aus der letzten Volkszählung, die über die Juden aus zuverlässigen, fachmännischen Schätzungen. Die obige Gegenüberstellung zeigt", wie die „Deutsche Wochenschau" weiter ausführt, „daß fast die Hälfte des jüdischen Nachwuchses in dem letzten Jahrfünft aus Deutschland ausgewandert sein muß."

Österreichische Volks-Presse

Sonntag, 20. Februar 1938

* * * Reichstagsrede Hitlers * * * NS-Demonstrationen in ganz Österreich * * * Österreich bei der Eishockey-WM ausgeschieden * * *

Schlag 13.00 Uhr eröffnet Reichstagspräsident Hermann Göring an diesem Tag die Sitzung des deutschen Reichstages und erteilt dem Führer und Reichskanzler Adolf Hitler das Wort.
Hitlers Rede wird in der ganzen Welt mit größter Spannung erwartet, vor allem natürlich in Österreich, wo die RAVAG die Ausführungen des Reichskanzlers auf allen Sendern überträgt. Und diese Rede ist für Österreich durchaus bedrohlich. Zwar dankt Hitler Schuschnigg für die „große und warmherzige Bereitwilligkeit", seine Einladung nach Berchtesgaden angenommen zu haben, weil damit „ein Beitrag zum europäischen Frieden" geleistet wurde, doch kein Wort fällt über die Anerkennung der österreichischen Unabhängigkeit; ja im Gegenteil:

„... Allein zwei der an unseren Grenzen liegenden Staaten umschließen eine Masse von über 10 Millionen Deutschen. Sie waren bis 1866 mit dem deutschen Gesamtvolk noch in einem staatsrechtlichen Bund vereinigt. Sie kämpften 1918 im großen Krieg Schulter an Schulter mit dem deutschen Soldaten des Reiches. Sie sind gegen ihren eigenen Willen durch die Friedensverträge an einer Vereinigung mit dem Reich verhindert worden. Dies ist an sich schmerzlich genug. Über eines aber darf in unseren Augen kein Zweifel bestehen: Die staatsrechtliche Trennung vom Reich kann nicht zu einer volkspolitischen Rechtlosmachung führen, das heißt die allgemeinen Rechte einer volklichen Selbstbestimmung, die übrigens in den 14 Punkten Wilsons als Voraussetzung zum Waffenstillstand feierlich uns zugesichert worden sind, können nicht einfach mißachtet werden deshalb, weil es sich hier um Deutsche handelt! Es ist auf die Dauer für eine Weltmacht von Selbstbewußtsein unerträglich, an ihrer Seite Volksgenossen zu wissen, denen aus ihrer Sympathie oder ihrer Verbundenheit mit dem Gesamtvolk, seinem Schicksal und seiner Weltauffassung fortgesetzt schwerstes Leid zugefügt wird!"

Nach der Rede Hitlers erwacht in vielen Teilen Österreichs eine hellauflodernde Begeisterung der Nationalsozialisten:
„Bei uns ist das Dritte Reich ausgebrochen ...!" schreibt Walter Pembaur in seinen Erinnerungen, und tatsächlich kommt es in Graz zur Demonstration von 10.000 Nationalsozialisten, und insgesamt 35.000 Sympathisanten marschieren in 16

anderen steirischen Orten auf. An einigen Umzügen nehmen Soldaten teil, an anderen Funktionäre der Vaterländischen Front. In Kärnten und Tirol werden an diesem Tag ähnliche Aufmärsche organisiert. 4000 Nationalsozialisten sind es in Villach, 3000 in Innsbruck, 2000 in Spittal/Drau und 1400 in Klagenfurt. Am Abend formieren sich Demonstrationszüge nationalsozialistischer Sympathisanten in Wien. Vor der deutschen Gesandtschaft finden sich etwa 3000 Personen ein, während etwa 2000 über den Ring in Richtung Universität ziehen, nationale Lieder singen und „Heil Hitler" rufen. Auch Rufe wie „Ein Volk, ein Reich!", oder „Sieg Heil!" sind zu hören. Den Abschluß findet die Kundgebung am Dollfußplatz, dem späteren Roosevelt- und heutigen Sigmund-Freud-Platz, wo ein nationalsozialistischer Funktionär den Versammelten den Dank für das Ausharren im fünfjährigen Kampf des Parteiverbots ausspricht.

Die Versuche des Ständestaates, ein Gegengewicht auf die Straße zu bringen, muten dem gegenüber bescheiden an.
Eine Gruppe von 150 Mitgliedern des Österreichischen Jungvolks sammelt sich vor dem Gebäude der Vaterländischen Front Am Hof und zieht unter Absingen des Dollfuß-Liedes und Hochrufen auf Schuschnigg zur Oper. In einer anderen Demonstrationsgruppe werden die Rufe „Heil Front" und „Wir wollen die Unabhängigkeit Österreichs" laut; und vor dem Gebäude der Vaterländischen Front gibt es noch in der Nacht einen Zwischenfall, als etwa 200 nationalsozialistische Demonstranten von etwa 40 Angehörigen des Sturmkorps gestellt werden, die mit Gummiknüppeln auf die Nationalsozialisten einschlagen. Die Polizei trennt die Kämpfenden ...

Die „Reichspost" bringt an diesem Tag eine große Reportage, was das ständestaatliche Österreich alles für seine 100.000 arbeitslosen Jugendlichen tut; sehr viel, wie die Zeitung meint, aber doch noch immer viel zu wenig; und in Prag bei den Eishockey-Weltmeisterschaften ist Österreich zwar in der Vorrunde ausgeschieden, erhält aber den Preis für die fairste Mannschaft.

„Diese Anerkennung stellt einen großen Erfolg des österreichischen Eishockeyteams dar ... Es ist für den Sportruhm Österreichs ungemein bedeutungsvoll, wenn seine Mannschaft bewiesen hat, daß die Sportregeln ihr heilig sind", meint die „Neue Freie Presse".

Sonntag, 20. Februar 1938

Zur Kulturpropaganda

Seit einer Reihe von Monaten besitzt nun Österreich schon eine eigene, dem Unterrichtsministerium angegliederte Stelle für Kulturpropaganda. Der Name ihres staatspolitisch hochverdienten und auch auf dem Gebiet der Kultur selbst von besten österreichischen Traditionen getragenen und dank eigener anerkannter Leistungen angesehenen Leiters bürgt dafür, daß dieses Amt eine gedeihliche Tätigkeit entfaltet. Es ist auch sicher keine leichte Aufgabe, die Begriffe Kultur und Propaganda zu einer fruchtbaren Einheit in der Praxis zu verschmelzen.

Wahre österreichische Kultur ist vornehm, zurückhaltend, wirkt still für sich, widerspricht also eigentlich dem Wesen der Propaganda, die sich laut an die Öffentlichkeit drängt. So ist es wohl auch zu verstehen, daß das genannte Amt den Hauptton seines Wirkens sichtlich auf den ersten Bestandteil seines Namens gelegt hat, während die Öffentlichkeit bisher in Wien vielleicht einige Vortragsabende, in der Provinz noch keine Wirksamkeit verspüren konnte. Eigentlich wartet sie sogar noch auf eine Bekanntgabe der Betätigungsgrenzen dieser neueingerichteten Institution, für die nur ausländische Vorbilder zum Vergleich zur Verfügung stehen. Wäre diese Bedingung erfüllt, würden vielleicht rege kulturelle Kreise selbst mehr Kontakt mit ihrer geistigen Führung suchen und so den Gedanken, dem sie dient, von unten her mit vielfältigem Leben durchsetzen.

Insbesondere würde es die vaterländisch gesinnte Bevölkerung begrüßen — und nur sie hat das Recht, zu billigen oder abzulehnen, was sich im Staat einen wesentlichen Einfluß verschafft —, könnte sie erfahren, ob dem Amt für Kulturpropaganda auch, wie der Name vermuten ließe, eine Sichtung der im Bundesgebiet erscheinenden Geisteserzeugnisse zusteht, sind doch die Bücher die Visitenkarte ihres Entstehungslandes für die ganze Welt. Dabei wird es keinem Österreicher einfallen, zu verlangen, jedes Druckwerk sei ohne Rücksicht auf sein Inhaltsgebiet wie anderwärts mit Kraftsprüchen aus dem Staatsprogramm zu durchspicken, ohne die es an der Geburt verhindert werden müßte. Aber das eine wenigstens wird auch er sich zu fordern berechtigt fühlen, daß nichts verlegt werden darf, was mit den Grundsätzen unseres christlichen und unabhängigen Vaterlandes nicht in Einklang steht, wobei an geschichtliche, politische und weltanschauliche Darstellungen ein strengerer Maßstab anzulegen wäre als an rein literarische.

Sollte diesem Amt überdies das Recht zustehen, dasselbe Gutachten auch für solche Bücher abzugeben, die von außen kommen, aber im österreichischen Handel aufgelegt werden wollen, so könnte uns auch daraus kein Vorwurf gemacht werden. Denn niemand kann uns die Verantwortung für das Bild abnehmen, das sich der fremde Gast in Österreichs Straßen von seiner Selbsteinschätzung macht. Die Verteidigung mit den Waffen gilt im Völkerrecht als unbestreitbar, die geistige sollte es nicht sein?

Um diesen allgemeinen Erwägungen auch gleich ein Beispiel anzufügen, sei der 3. Band von „Geschichte und Kulturleben Deutsch-Österreichs", Verlag Wilhelm Braumüller, Wien und Leipzig, 1937, einer gründlichen Wertung durch die höchste Kulturstelle des Staates empfohlen. Als verantwortlicher Verfasser zeichnet hiefür jener Hans Pirchegger, der bald nach Erscheinen des Bandes — wohl als Belohnung hiefür — zum a. o. Univ.-Prof. in Graz ernannt wurde. Gegen dieses Werk, dessen erste Bände mit vollem Recht in jede Lehrerbibliothek eingereiht wurden, so daß auch der dritte unbesehen als würdig erachtet werden mußte, als Quelle für den Unterricht zu dienen, sah sich seinerzeit schon das „Linzer Volksblatt" in einem Leitartikel veranlaßt, zu protestieren, indem es verschiedene einseitige Zitierungen aus trüben Quellen und auffällige eigene Wendungen nebst einem Verschweigen positiver Elemente unter die Lupe nahm. Oder ist wirklich jene Lehre wahr und ihre Weitergabe an Österreichs Jugend erwünscht, die unter Berufung auf dieses „wissenschaftliche" Werk behauptet, „die österreichischen Länder hätten sich von jeher als Teile des Deutschen Reiches gefühlt"?

Melanchthon

Sturm über Österreich

Sturm über Österreich

Oesterreich

Von V. L. Ostry.

Über vielen hundert Leitartikeln steht in diesen Tagen das Wort Österreich. Viele tausend Zeitungsmeldungen beschäftigen sich mit der Konferenz von Berchtesgaden, mit der Regierungsumbildung in unserem Land und mit den Maßnahmen, die die Bundesregierung, den Vereinbarungen vom Obersalzberg entsprechend, getroffen hat, um den österreichischen Nationalsozialisten die Beteiligung am öffentlichen Leben zu erleichtern. Nicht alles, was in diesen Zeitungsberichten zu lesen steht, ist wahr, vieles ist kraß übertrieben, manches glatt unwahr, allein es kann nicht bestritten werden, daß sich in der abgelaufenen Woche Ereignisse vollzogen haben, deren Bedeutung außerordentlich groß ist.

Die Auswirkungen dieser Ereignisse sind natürlich vor allem in Österreich zu beobachten, sie beschränken sich jedoch keineswegs auf dieses Land. Derzeit sind alle Staatskanzleien damit beschäftigt, die neue Lage zu prüfen, in London tagt ein nicht ganz einiger Ministerrat in Permanenz. Österreich hat seinen Beitrag zu dem Ausgleich mit dem Deutschen Reich bereits zur Gänze geleistet, es hat also eine sehr umfangreiche und außerordentlich weitgehende Vereinbarung, die im Interesse der Aufrechterhaltung des inneren österreichischen und des allgemeinen europäischen Friedens getroffen worden ist, mit großer Beschleunigung erfüllt. Die vereinbarte Gegenleistung soll zweifellos vor allem in der Erklärung über das Verhältnis Deutschlands zu Österreich bestehen, die, wie man erwartet, in der heutigen Rede des Reichskanzlers Hitler enthalten sein wird. Sie wird auch die Grundlage jener Maßnahmen zu bilden haben, zu deren sofortiger Durchführung sich nach dem Wortlaut des gemeinsamen österreichisch-deutschen Communiqués vom 15. Februar beide Teile verpflichtet haben, um ein enges und freundschaftliches Verhältnis der beiden Staaten zueinander herzustellen.

An dem österreichischen Staatsprogramm hat sich durch das Abkommen vom Obersalzberg, wie aus den wiederholten Erklärungen der österreichischen zuständigen Stellen hervorgeht, nichts geändert. Österreich hält an der Bundesverfassung vom Jahre 1934 fest; es ist nach wie vor entschlossen, frei und unabhängig zu bleiben. Die Ereignisse der vergangenen Woche und das starke Echo, das sie außerhalb der Grenzen unseres Landes fanden, haben den Österreichern, denen ihr Land nicht nur eine Heimat, sondern auch ein Vaterland und darüber hinaus eine Idee und ein Programm bedeutet, abermals zum Bewußtsein gebracht, daß sie zusammengehören, und daß sie zusammenhalten müssen. Franz Grillparzer hat diesem Gefühl österreichischer Verbundenheit vor mehr als hundert Jahren in seinem Epilog zu „König Ottokars Glück und Ende" in diesen Worten Ausdruck verliehen: „Wir alle, teils geboren unter euch, teils eingebürgert hier durch eure Huld, wir fühlen uns als eines Landes Genossen, als Österreicher sprachen wir." Österreichische Art ist nicht immer leicht zu verstehen, weil das österreichische Wesen so viele Facetten und Schliffflächen besitzt, aber, wenn es darauf ankommt, dann findet der Österreicher zum Österreicher, was immer sie getrennt haben mag.

In diesem neuen Österreich, das seit seiner Entstehung im Jahre 1918 so wenig ruhige und glückliche Zeiten erlebt hat, weil auf die furchtbare Weltkriegskatastrophe nirgends keine Zeit friedlichen Glücks folgen konnte, sind dennoch gewaltige und großartige Leistungen vollbracht worden. Bedenken wir doch etwa, daß es in unserem Land gelungen ist, den Staatshaushalt trotz aller Schwierigkeiten bei streng korrekter öffentlicher Rechnungslegung in eine dauerhafte Ordnung zu bringen, und daß wir zu einer fast vollkommenen Freiheit im Zahlungsverkehr mit dem Ausland gelangen konnten. Man vergleiche diese österreichischen Erfolge mit dem Zustand, in dem sich in vielen anderen, zum Teil weit reicheren Ländern Budget und Währung befinden, dann wird man ermessen können, was Österreich geleistet hat. Oder blicken wir auf die großartigen Gebirgsstraßen, die in Österreich, die Bewunderung der Welt erweckend, geschaffen wurden. Aber freilich: die Österreicher haben nie viel hergemacht mit ihren großen Schöpfungen. Klagt doch auch Josef Richter zu Beginn des 19. Jahrhunderts in seinen Eipeldauer-Briefen: „Es ist ein bsonders Volk um meine lieben Landsleut. Ich kanns noch nicht recht ausgrübeln, ob das aus lauter Modestie gschieht, weils nicht gern wie Prahlhans ausschaun wolln, ... denk sich der Herr Vetter, daß die vielen Verschönerungen fast alle in schweren Kriegszeiten gschehn sind, und sags der Herr Vetter selber, ob ich nicht Ursach hab, gegn d'jenigen von mein Landsleutn ein bißl bös z'werdn, die bey allen Guten und Schönen, was bey uns geschieht, gar so kalt bleibn, und die in ihrn Blut kein Tröpferl von einer Nazionalehr habn?" Nun, gar so arg mit dem Kaltbleiben und mit dem Fehlen des Nationalstolzes ist es heute freilich nicht mehr. In den vergangenen zwanzig Jahren, die wahrhaftig als Kriegsjahre zählen, auch wenn sie in eine Periode sogenannten Friedens fallen, ist manches geschehen, um das österreichische Nationalbewußtsein erstarken zu lassen, aber noch immer sind sich viele Österreicher zu wenig dessen bewußt, daß ihr Land in mehr als einer Beziehung an der Spitze aller Staaten einherschreitet.

Die österreichische Arbeiterschaft hat sich in einer würdigen Kundgebung des Gewerkschaftsbundes in der abgelaufenen Woche abermals feierlich zu der Selbständigkeit und Unabhängigkeit Österreichs bekannt, wie sie in der Bundesverfassung und in den Staatsverträgen verankert ist. Heute wie eh und je empfinden die Werktätigen in diesem Land aus ganzem Herzen österreichisch. „Tief in den arbeitenden Menschen versteckt ist Österreich", hat Hermann Bahr verkündet und er setzte hinzu: „Eine junge Jugend muß kommen, es zu heben." Ein anderer österreichischer Dichter aber, Anton Wildgans, singt in seinem „Österreichischen Lied" von seiner Heimat: „Wurzelheil, Kraft im Mark, pflichtgewillt, duldensstark, einfach und echt von Wort wohnen die Menschen dort." Und diese österreichischen Menschen, die so gern ein bißchen an sich selbst herumnörgeln und die in ihrer besonderen Art von Schüchternheit gewohnt sind, von ihren Leistungen wenig Aufhebens zu machen, haben sich noch immer bewährt, auch wenn manchmal wilde Stürme über Europa hinbrausten.

Eine reichsdeutsche Aristokratin, Helene Nostitz, schließt in ihrem Erinnerungsbuch das Kapitel, in dem sie einen Besuch im Österreich der ersten düsteren Nachkriegsmonate schildert, mit folgenden Sätzen: „Wie rührend war die liebliche Heiterkeit dieses Volkes selbst mitten im Umsturz und Niederlage. Eine Grazie lag darüber wie der Schimmer auf den Torsen der Antiken, die zerschlagen noch leuchten." Ja, das alte Österreich, das so viele hundert Jahre lang eine entscheidende Rolle in Europa gespielt hatte, sank dahin, aber das neue Österreich hat die Zeiten des Übergangs längst überwunden. Es ist kein Torso, es hat sich zu seinem eigenen starken Leben durchgerungen. Dieses neue Österreich will gut Freund sein mit seinen Nachbarn, vor allem natürlich als deutscher Staat mit dem Deutschen Reich. Der bewährte und immer wieder betätigte Friedenswille der Österreicher ist eine starke Garantie für die Aufrechterhaltung des Friedens der Welt.

Der Wiener Tag

Montag, 21. Februar 1938

*** * * Internationale Reaktionen auf Hitlers Reichstagsrede * * * Josef Leopold abgesetzt * * * Resolution des Gewerkschaftsbundes * * * Weitere NS-Demonstrationen in Wien * * ***

Die am Vortag gehaltene Reichstagsrede Hitlers ist das herausstechendste Medienereignis. Vor allem in Italien wird die Rede breit kommentiert.

„Giornale d'Italia" meint, die Rede Hitlers sei ein getreues Bild des neuen Deutschland gewesen. Nationalsozialismus und Faschismus seien eine neue Ordnung; beide Gegner des Kommunismus, der ein zerstörendes Programm verfolge. Auf den Österreichteil der Rede eingehend, schreibt das Blatt:
„Die warme Begrüßung des Bundeskanzlers Dr. Schuschnigg, begleitet von stürmischen Beifallskundgebungen des deutschen Reichstages, hat in ganz Italien, sowohl in offiziellen Kreisen wie im Volk, lebhafte Befriedigung ausgelöst, desgleichen der Hinweis auf die fruchtbare und freundschaftliche Entwicklung des Abkommens vom 11. Juli 1936, des Werkes des Bundesministers für Äußeres, Dr. Guido Schmidt."

Die offiziöse „Voce d'Italia" stellt in diesem Zusammenhang ausdrücklich fest, daß diese Tatsachen jene Verleumdungen entkräftet hätten, als habe Österreich aufgehört, ein selbständiger Staat zu sein.

Von den größeren deutschen Blättern nimmt nur die „Frankfurter Zeitung" auf die Österreichpassage der Reichstagsrede Bezug:

„Die neuen Vereinbarungen mit Österreich bilden eine Ergänzung der bestehenden Abmachungen des Abkommens vom 11. Juli. Daß der Reichskanzler von den österreichischen Nationalsozialisten ausdrücklich die Anerkennung der bestehenden Gesetze verlangt, wird in den Kreisen der Vaterländischen Front als bedeutsam empfunden."

Fast scheint es so, als wollten sich Österreichs Nationalsozialisten daran halten. Der Landesführer der Nationalsozialisten, Hauptmann Josef Leopold, der in Österreich immer wieder für Unruhe sorgt, wird zu Hitler zitiert, in Anwesenheit Görings und Kepplers abgekanzelt und, wie Hitler wörtlich erklärt, „wegen seiner wahnwitzigen Politik" abgesetzt. Zum Nachfolger wird der Kärntner Major a.D. Hubert Klausner bestellt, dem Hitler noch die Ermahnung mit auf den Weg gibt, sich ein Beispiel an der genialen Arbeit des Gauleiters Bürckel an der Saar zu nehmen, der alle Kräfte in einer „deutschen Front" zusammengefaßt hatte. Leopold wird beauftragt, seine Anhänger zum Gehorsam gegenüber dem neuen Landesleiter aufzufordern.

In Oberösterreich wieder treffen sich die Nationalsozialisten des Bundeslandes zu einer Führerbesprechung und versichern anschließend dem oberösterreichischen Sicherheitsdirektor Peter Graf Revertera, sie würden unter keinen Umständen den legalen und evolutionären Weg verlassen. Sie wenden sich gegen jede revolutionäre Aktion und versichern, daß sie selbst für Ruhe und Ordnung sorgen und sich den Weisungen der Behörden fügen würden.

In der Steiermark hingegen hält sich SA-Brigadeführer Siegfried Uiberreither in keiner Weise an ein Stillhalteabkommen. Im Gegenteil: Er erteilt an diesem Tag seinen illegalen Nationalsozialisten den Befehl zur entscheidenden Bereitschaft.

Aber auch die Arbeiter formieren sich. Am 20. und 21. Februar tagen die Vertrauensmänner und Funktionäre des legalen, von der Ständestaatregierung anerkannten Gewerkschaftsbundes und feilen an einer Resolution, die folgenden Wortlaut hat:
„Die Vertrauensmänner der Arbeiter und Angestellten erklären namens der von ihnen vertretenen Arbeitnehmerschaft, daß sie bereit sind, jederzeit den Kampf für die Erhaltung eines freien und unabhängigen Österreich, in dem sie selbst frei und unabhängig sind, zu führen und sich mit allen jenen zusammenzufinden, die gleich ihnen diesen Kampf ehrlich führen wollen ... Die Vertrauensmänner sind sich dessen bewußt, daß der Kampf für Österreichs Freiheit und Unabhängigkeit ein außerordentlich schwerer ist und daß es des geschlossenen und begeisterten Einsatzes der gesamten auf dem Boden Österreichs stehenden Bevölkerung bedürfen wird.
Die Arbeiter und Angestellten Österreichs kennen in dieser Frage keinen Unterschied der Richtung und stehen geschlossen mit ihren Vertretern hinter dem Bundeskanzler, für ein unabhängiges, freies, soziales, christliches und deutsches Österreich."
Die im Untergrund tätigen Freigewerkschafter allerdings lehnen den Terminus „christlich" ab, der ihrer Meinung nach auf Schuschniggs Forderung in die Resolution aufgenommen wurde und die Anerkennung des austrofaschistischen Kurses bedeutet.

In Wien ziehen in den Abendstunden etwa 3000 bis 4000 Nationalsozialisten unter Absingen des Horst-Wessel-Liedes über den Ring, weitere 8000 versammeln sich am Karlsplatz.

In der Staatsoper spielt man zu dieser Zeit „Die Macht des Schicksals", im Burgtheater: „Trauer muß Elektra tragen" ...

Montag, 21. Februar 1938

Die Deklaration Adolf Hitlers über Oesterreich im deutschen Reichstag

Reichskanzler Adolf Hitler hat gestern um 1 Uhr mittags programmgemäß seine große Reichstagsrede gehalten. Wir veröffentlichen den Inhalt seiner Ausführungen im Innern des Blattes. An dieser Stelle heben wir den mit besonderer Spannung erwarteten Passus hervor, der sich über das zwischen Reichskanzler Hitler und Bundeskanzler Dr. Schuschnigg am 12. Februar getroffene Abkommen bezieht. Reichskanzler Hitler führte wörtlich folgendes aus:

Bekräftigung des Juli-Abkommens

Ich bin glücklich, Ihnen, meine Abgeordneten, mitteilen zu können, daß in den letzten Tagen eine weitere Verständigung mit dem Land erzielt wurde, das uns aus vielerlei Gründen besonders nahesteht. Es ist nicht nur das gleiche Volk, sondern vor allem, es ist eine lange gleiche Geschichte und eine gemeinsame Kultur, die das Reich und Deutschösterreich verbinden.

Die Schwierigkeiten, die sich im Vollzug des Abkommens vom 11. Juli ergeben hatten, zwangen dazu, einen Versuch zu unternehmen, Mißverständnisse und Hindernisse für eine endgültige Aussöhnung beiseite zu räumen. Denn es war klar, daß eine an sich unerträglich gewordene Lage eines Tages gewollt oder ungewollt die Voraussetzungen für eine schwere Katastrophe hätte entwickeln können. Es liegt dann meist nicht mehr in der Macht der Menschen, einem Schicksal Einhalt zu gebieten, das durch Nachlässigkeit oder Unklugheit erst einmal ins Rollen gekommen ist.

Ich bin glücklich, feststellen zu können, daß diese Erkenntnisse auch den Auffassungen des österreichischen Bundeskanzlers, den ich um einen Besuch gebeten habe, entsprachen. Der Gedanke und die Absicht waren dabei, eine Entspannung unserer Beziehungen dadurch herbeizuführen, daß dem nach seiner Auffassung und Weltanschauung nationalsozialistisch denkenden Teil des deutschösterreichischen Volkes im Rahmen der sonst gültigen Gesetze die gleichen Rechte gegeben werden, wie sie auch den anderen Staatsbürgern zustehen. In Verbindung damit sollte eine große Befriedungsaktion eintreten, durch eine Generalamnestie und eine bessere Verständigung der beiden Staaten durch ein nunmehr engeres freundschaftliches Verhältnis auf den verschiedenen Gebieten einer möglichen politischen, personellen und sachlich-wirtschaftlichen Zusammenarbeit. Dies alles ist eine Ergänzung im Rahmen des Abkommens vom 11. Juli.

Ich möchte an dieser Stelle vor dem deutschen Volk dem österreichischen Bundeskanzler meinen aufrichtigen Dank aussprechen für das große Verständnis und die warmherzige Bereitwilligkeit, mit der er meine Einladung annahm, und sich bemühte, gemeinsam mit mir einen Weg zu finden, der ebensosehr im Interesse der beiden Länder wie im Interesse des gesamten deutschen Volkes liegt, jenes gesamten deutschen Volkes, dessen Söhne wir alle sind, ganz gleich, wo die Wiege unserer Heimat stand.

Ich glaube, daß wir damit auch einen Beitrag zum europäischen Frieden geleistet haben. Der sicherste Beweis für die Richtigkeit dieser Annahme liegt in der empörten Wut jener demokratischen Weltbürger, die, indem sie sonst immer vom Frieden reden, keine Gelegenheit vorbeigehen lassen, um zum Krieg zu hetzen. Sie sind erbost und erzürnt über dieses Verständigungswerk. Es kann daher mit Recht angenommen werden, daß es gut und richtig ist. Vielleicht wird dieses Beispiel mithelfen, in einem weiteren Ausmaß eine allmähliche Entspannung in Europa herbeizuführen. Deutschland wird, gestützt auf seine Freundschaften, nichts unversucht lassen, um jenes Gut zu retten, das die Voraussetzung für jene Arbeiten auch in der Zukunft abgibt, die uns vorschweben, den Frieden.

Der Morgen

Neues Wiener Tagblatt

Österreich und Deutschland

Salzburg, 21. Februar.

Die mit größter Spannung in der ganzen Welt er-
wartete Rede des deutschen Reichskanzlers hat vom
Standpunkte Deutschlands aus die großen Probleme, die
gegenwärtig die Welt im Banne halten, klar umrissen.
In erster Linie bot er einen großzügigen Rechenschafts-
bericht über die Leistungen seiner Regierung im Innern,
dann richtete er eine klare und eindeutige Absage an den
Völkerbund, stellte die erneute Kampfansage an den
Bolschewismus in den Mittelpunkt der politischen Pro-
bleme. All diese Ausführungen waren letzten Endes eine
Unterstreichung des bisher bekannten Standpunktes der
deutschen Reichsregierung, der durch die Entwicklung
der letzten Wochen eine Verschärfung erfahren hat. Daß
die Rede des Reichskanzlers begleitet wird durch den
Rücktritt des englischen Außenminister Eden, der auch
mit Problemen zusammenhängt, die Hitler eingehend
besprach, erhöhte die Bedeutung der Reichskanzlerrede.

Mit höchster Spannung wurden die Ausführungen
erwartet, die sich mit Österreich befaßten und von
Berlin aus klare Mitteilungen über das Verhältnis zwi-
schen Österreich und Deutschland bringen sollten. Der
Reichskanzler hat hiebei festgestellt, daß es sich in
Berchtesgaden um die Fortführung des Juli-
abkommens handelte, also eines Vertrages, der die
staatliche Unabhängigkeit Österreichs klar und
eindeutig feststellte. Er hat außerdem unterstrichen, daß
bei der Überwindung mancher Schwierigkeiten, die sich
diesem Abkommen entgegenstellten, die österreichische
Verfassung als Grundlage zu gelten habe. Damit
hat sich der Reichskanzler ausdrücklich auf den Boden der
verfassungsrechtlichen Bestimmungen Österreichs auch be-
züglich der Vaterländischen Front gestellt und
nochmals unterstrichen, daß es in Österreich außerhalb
der Vaterländischen Front keine Parteien oder partei-
ähnliche Gebilde geben könne, dadurch wird selbstver-
ständlich jede legale parteimäßige oder vereins-
mäßige nationalsozialistische Betätigung ausgeschlossen.

Der Reichskanzler hat in warmen Worten dem Bun-
deskanzler den Dank für die Maßnahmen ausgesprochen,
die ergriffen worden sind, und betont, daß auch von
reichsdeutscher Seite alles aufgeboten werde, was die
Aufrechterhaltung freundschaftlicher Beziehungen för-
dern könne.

Damit sind klare Linien gezogen. Die vaterländische
Bevölkerung hat keinerlei Grund, der kommenden Ent-
wicklung mit Sorge entgegenzusehen. Wenn festgestellt
wird, daß Personen, die sich als Einzelpersonen zum Ge-
dankengut des Nationalsozialismus bekennen, gleich be-
handelt werden wie die übrigen Staatsbürger, so ist diese
Feststellung durch die klare Einschränkung bedingt, daß
sie sich an die Gesetze des österreichischen Staates halten
und sich zu den Grundsätzen der Vaterländischen Front
bekennen müssen. Damit erledigen sich alle Gerüchte und
Auffassungen, die man von der Rede des Reichskanzlers
erwartete.

Wenn nunmehr klare Pakte geschlossen sind, so liegt
es an der österreichischen Bevölkerung, in unentwegter
Treue zu ihrem Kanzler und Frontführer am Baue des
Vaterlandes weiterzuarbeiten. In diesem Sinne, wie er
in der Rede des Reichskanzlers klar zum Ausdruck kam
bedeutet der gestrige Tag eine unbedingte Klarstellung
und einen Fortschritt. Die Rede des Bundeskanzlers am
24. d. wird das österreichische Schlußwort i
eben solcher Klarheit sprechen.

Salzburger Chro

Ich bekämpfe den Antisemitismus, weil er unser Christentum schändet.

IRENE HARAND

Gerechtigkeit

Dienstag, 22. Februar 1938

*** * * Allgemeines Versammlungsverbot in Österreich * * * Resolution der illegalen Freigewerkschafter * * * Rundfunkansprache von Seyß-Inquart * * ***

In Österreich wird ein vierwöchiges allgemeines Versammlungsverbot ausgesprochen. Begründet wird es von der österreichischen Bundesregierung damit, daß es die ruhige Durchführung aller in Berchtesgaden getroffenen Vereinbarungen ermöglichen soll. Ausgenommen vom Verbot sind lediglich Veranstaltungen der Vaterländischen Front. Unter dem Titel *„Friede, nicht Kampf ist die Parole“*, erläutert Österreichs neuer Innen- und Sicherheitsminister Dr. Seyß-Inquart diese Maßnahme in einer Rundfunkansprache, die um 13.00 Uhr über alle Sender der RAVAG ausgestrahlt wird. Der Minister kommt im Verlaufe seiner Rede auch auf die nationalsozialistischen Kundgebungen der letzten Tage zu sprechen und sagt dazu:
„... Wir könen aber nicht nur Feste feiern, besonders wenn ein neuer Weg beschritten werden soll, der nach Jahren des Kampfes und der Verneinung zum wirksamen Einsatz aller nationalen und nationalsozialistischen Kräfte führen soll ... Wir müssen von Anfang an unsere Aufgabe darin sehen, in diesen österreichischen Staat und seine Einrichtungen hineinzugehen, nicht um ihn zu bekämpfen, sondern daran mitzuwirken, um ihn nach unserem Willen mitzugestalten ...“

Gleichsam als Gegengewicht zu dieser Rede veröffentlicht „Das Kleine Blatt“ unter dem Titel „Bereit sein!“ einen Leitartikel, in dem es heißt:

„... Es ist festzuhalten, daß selbst Reichskanzler Hitler von den Nationalsozialisten als einem ‚Teil‘ unserer Bevölkerung spricht. Alles wird darauf ankommen, daß nun der andere Teil sein Gewicht mit Nachdruck zur Geltung bringt – und auch zur Geltung bringen kann. Auf daß sich jener ‚Teil‘, der sich gegen das Ganze stellt, Teil bleibe! Das Bekenntnis zu Österreich ist eine Sache der freien Gewissensentscheidung, und kann nur auf dem Boden der Gesinnung abgelegt werden. Die Ereignisse seit dem 12. Februar 1938 haben zweifellos alle Kräfte unseres Volkes, die für die Sicherung der Freiheit unseres Landes überhaupt in Betracht kommen, mobilisiert. Man gebe ihnen die Freiheit und die Möglichkeit des Bekenntnisses und des Einsatzes.“

Wahrscheinlich am 22. Februar, der genaue Termin ist nicht feststellbar, formulieren auch die illegalen Freigewerkschafter ihre Forderungen an die Regierung Schuschnigg. Es ist ein Minimalprogramm in vier Punkten, das auch von den illegalen Re-

volutionären Sozialisten als maßgebend – wenn auch nicht ausreichend – anerkannt wird:
„1. Volle weltanschauliche und gesinnungsmäßige Freiheit der österreichischen Arbeiter und Angestellten, zumindest im selben Maße, wie sie den Nazis gewährt wurde.
2. Volle Selbstbestimmung und Selbstverwaltung der Arbeiter und Angestellten in allen für sie bestimmten Institutionen und sozialen Einrichtungen; Besetzung aller Funktionen mit Personen, die das Vertrauen der Arbeiter genießen. Zu diesem Zweck unter anderem: sofortige Entlassung der Überläufer.
3. Freie, unabhängige Arbeiterpresse.
4. Gewährleistung eines sozialen Kurses, der unter anderem darin besteht, daß den Arbeitern und ihren Vertrauensmännern eine gewisse Bewegungsfreiheit eingeräumt und daß gewisse rückschrittliche Maßnahmen auf dem Gebiet der Sozialpolitik rückgängig gemacht werden."
Die Forderung der Freigewerkschafter, dieses Programm dem Bundeskanzler selbst vorzutragen, wird von diesem zwar akzeptiert, der Zeitpunkt der Unterredung aber nicht festgelegt.

Aber auch in den großen österreichischen Zeitungen wird immer deutlicher die Einbindung der gesamten Arbeiterschaft in den österreichischen Abwehrkampf gefordert. So schreibt „Das Kleine Blatt":

„... Je größer die Mitbestimmungsrechte und Mitentscheidungsrechte der Arbeiterschaft sind und je mehr die Arbeiter und Angestellten das Gefühl haben, daß in ihrem Sinne und dem von ihnen anerkannten und gewählten Vertrauensmännern gearbeitet wird, um so mehr wird die Arbeiterschaft innerlich am Bestand und an der Festigung des unabhängigen Österreich interessiert sein."

Im Veranstaltungsteil der „Neuen Freien Presse" wird die „Blau-Weiß-Redoute" des jüdischen Sportvereins Hakoah in den Wiener Sophiensälen angekündigt. Unter dem Titel „Hakoah-Melodie" soll eine große Tanz- und Sportrevue ablaufen, in der neben allen Spitzensportlern des Vereins auch 250 Jugendliche mitwirken werden; und alle Tageszeitungen bringen den Hinweis der Pressestelle der Vaterländischen Front, daß aus Anlaß der Bundestagsrede von Bundeskanzler Schuschnigg, am 24. Februar, die Gebäude mit österreichischen Fahnen beflaggt zu sein haben.

Dienstag, 22. Februar 1938

Das Weltecho der Hitlerrede

Berlin, 20. Februar. Der „Montag", der die Rede Adolf Hitlers unter der Schlagzeile „Der Führer über sein stolzes Werk und sein großes Ziel" veröffentlicht, schreibt unter anderem, nach dieser Rede Hitlers, auf die mehr als ein Erdteil in schwüler Gewitterstimmung gewartet habe, könnten die Völker und Staaten wieder aufatmen. Die Atmosphäre sei von giftigen Gasen der letzten Tage gereinigt.

Die „Frankfurter Zeitung" bezeichnet die Rede Hitlers als die kämpferischeste, die er jemals seit der Machtergreifung gehalten habe. Nur unüberbrückbare und schwere Gegensätze zwischen den angeblich guten Absichten einzelner Regierungen und der jede Grundlage zu gedeihlichen Gesprächen störenden Hetzkampagne eines leider sehr großen Teiles der Weltpresse bilden den Hintergrund und geben die Erklärung für den sehr ernsten Grundton der Feststellungen, die der Kanzler des Reiches vor aller Welt gemacht habe. Nicht zuletzt trage die zwiespältige Haltung Englands zu dieser beklagenswerten Unfruchtbarkeit aller bisherigen Bemühungen um eine Klärung der europäischen Lage bei.

Vorarlberger Wacht

Das Budapester Echo

Das Budapester Montagblatt „Reggeli Ujsag" hebt in seiner Besprechung der Hitler-Rede hervor, daß Hitler die politische Einsicht des österreichischen Bundeskanzlers gelobt habe, der durch seinen Besuch wesentlich zur Stabilisierung des europäischen Friedens beigetragen habe.

„A Reggel" meint, Hitler habe in seiner Rede zwei Punkte unterstrichen, erstens, daß er es gewesen ist, der Bundeskanzler Dr. v. Schuschnigg nach Berchtesgaden eingeladen habe, und zweitens, daß die Betätigung der Nationalsozialisten in Oesterreich nur im Rahmen der bestehenden österreichischen Gesetze möglich sei, was einer Respektierung dieser österreichischen Gesetze durch Hitler gleichkomme.

Vorarlberger Wacht

Technische Rekordleistung der Pariser Presse

Paris, 20. Februar. Die Pariser Presse wartete am Sonntag im Zusammenhang mit der Hitler-Rede mit einer technischen Rekordleistung auf. Wenige Minuten, nachdem die Berliner Reichstagssitzung geschlossen war, erschien die gesamte Pariser Boulevardpresse mit dem vollständigen Text der Rede, allerdings ohne jeden Kommentar. Der kleine Mann der Straße riß den Kolporteuren die druckfeuchten Blätter förmlich aus der Hand. Die Pariser Sonntagsblätter hatten Rekordauflagen, allerdings hatten auch die Schlagzeilen Rekordgröße erreicht. „Hitler spricht", „Hitler hat gesprochen", „Hitler hat erklärt" lauteten die auffallend großen Titelzeilen. Die zweite Nachmittagsausgabe der Blätter brachte bereits die ersten Funkbilder von der Reichstagssitzung.

Sich meritorisch mit der Rede zu befassen, gab es keine Gelegenheit, doch ging die öffentliche Meinung dahin, daß für Frankreich das Sensationellste an der Hitler-Rede vor allem darin bestehe, daß sie sich in der Hauptsache mit England auseinandersetze und nicht mit Frankreich.

Als die vier wesentlichsten Punkte der Rede Hitlers betrachteten die Pariser Sonntags-Abendblätter die Anerkennung Mandschukuos, die Ankündigung der Verstärkung der deutschen Rüstungen, die Forderung nach den ehemaligen deutschen Kolonien, vor allem aber die Erklärung des deutschen Reichskanzlers über das Recht Deutschlands, die deutschen Interessen überall zu verteidigen.

Vorarlberger Wacht

Eine Prager Stimme zur Hitler-Rede

Prag, 20. Februar. Der „Prager Montag" gibt in seinem Leitartikel, der den Standpunkt der offiziösen Kreise widerspiegelt, eine Beurteilung jener Stelle der Rede des deutschen Reichskanzlers, die sich auf die Auslandsdeutschen bezieht:

„Für die Tschechoslowakei ist jener Passus von Bedeutung, in dem Hitler über die zehn Millionen Auslandsdeutschen gesprochen hat, die Deutschland unter seinen Schutz stellen will. Hitler hat kein Land, das deutsche Minderheiten besitzt, direkt beim Namen genannt und so bezieht sich seine Bemerkung wohl gemeinsam auf verschiedene Staaten. Sie ist so allgemein gehalten, daß es voreilig wäre, aus ihr Folgerungen zu ziehen. Es ist aber selbstverständlich absurd, wenn jemand aus diesem Passus die Schlußfolgerung ziehen wollte, es könnten irgend welche souveräne Rechte oder internationale Vereinbarungen in irgend einer Weise angetastet werden."

Vorarlberger Wacht

Sonntags-Extrablätter in London

London, 20. Februar. Der Wortlaut der Reichstag
rede Adolf Hitlers ist noch Sonntag durch Extrablätter d
englischen Oeffentlichkeit zumindest auszugsweise bekan
geworden, wobei die Berichterstattung durch mehrere Au
gaben ergänzt wurde. Eine amtliche Stellungnahme li
noch nicht vor. Am späten Nachmittag war in den Minis
rien noch die Uebersetzung der Rede im Gange. Es ve
lautet, daß sich das Kabinett voraussichtlich bereits a
Montag mit der Hitler-Rede beschäftigen wird.

Vorarlberger Wac

Befriedigung in Warschau

Warschau, 20. Februar. Die Rede des Reichskanzlers hat in Warschau, soweit sie sich mit den deutsch-polnischen Beziehungen und deren Normalisierung beschäftigte, eine überaus günstige Aufnahme gefunden. Man hebt hier besonders die Worte des Führers hervor, in denen er die Politik des friedlichen Ausgleiches mit Polen als einen der Grundpfeiler der deutschen Außenpolitik bezeichnete.

Vorarlberger Wacht

Eine Schweizer Stimme

Die „Neue Züricher Zeitung" schreibt: Die Rede Hitlers dauerte drei Stunden und war in ihren ersten zwei Dritteln mit den vielen statistischen Angaben über das deutsche Wirtschaftswunder ganz für den innenpolitischen Gebrauch bestimmt. Um so kräftigere Töne fand Hitler in seinem außenpolitischen Exposé, und um so lauter rauschte der Beifall an diesen Stellen durch den Saal. Die ersten Eindrücke können wir nur mit lapidarer Kürze in der folgenden Aufzählung verzeichnen, die die springenden Punkte der Reichstagsrede zusammenzufassen versucht.

1. In der dreistündigen Rede waren genau sechs Minuten dem Verhältnis zwischen dem Reich und Oesterreich gewidmet. Kein Wort von der Unabhängigkeit, keine Silbe von der Selbständigkeit Oesterreichs! Hitler hat es sogar vermieden, Oesterreich als einen Staat zu bezeichnen. Er spricht nur von einem deutschen Land, erwähnt nur ganz im Vorbeigehen das Abkommen vom 11. Juli 1936. Wie nachrollender Donner ertönt in der Reichstagsrede der Hinweis auf die „sehr schwere Katastrophe", die eingetreten wäre, wenn Schuschnigg sich den deutschen Forderungen nicht gebeugt hätte. Dann macht der Reichskanzler eine sibyllinische Andeutung auf die „Arbeit, die ihm vorschwebt", und die durch die Nachgiebigkeit der österreichischen Regierung erleichtert worden ist. Mit anderen Worten: von Gegenleistungen Deutschlands, auf die man in Wien gehofft hat, ist keine Rede!

2. Was an der Rede Hitlers neu ist, liegt in einer
andern Richtung. Deutschland wird Mandschukuo anerk
nen und sich damit dem Beispiel Italiens anschließen. D
über hinaus stellt sich das Reich offen auf die Seite Japa
und wünscht den Sieg dieser Macht im ostasiatischen Ko
flikt herbei.

3. Die Politik der Achse Rom-Berlin wird in volle
Umfang bekräftigt und weitergetrieben. Im spanischen Bür
gerkrieg gilt ein Sieg der Kräfte, die von Deutschland un
Italien als Bolschewismus bezeichnet werden, als unan
nehmbare Störung des europäischen Gleichgewichts und
wird deshalb von den Achsenmächten bis zum äußersten be-
kämpft werden.

4. Gegen die Tschechoslowakei, die zwar nicht ausdrücklich genannt, aber deutlich genug umschrieben wird, erklärt die Reichsregierung, sie übernehme den Schutz der „Volksgenossen" jenseits der Grenze, die sich nicht aus eigener Kraft die politische und weltanschauliche Freiheit sichern können.

5. Die deutschen Kolonialforderungen proklamiert und begründet Hitler neuerdings mit der Uebervölkerung Deutschlands. Eine Präzisierung gibt er dadurch, daß er erklärt, Deutschland verzichte auf den Erwerb von Kolonien in Ostasien.

Vorarlberger Wacht

Mittwoch, 23. Februar 1938

* * * Churchill urgiert Österreich-Erklärung der britischen Regierung * * * Ciano fordert Schuschnigg auf, Österreichs Unabhängigkeit zu unterstreichen * * * Antinazistische Kundgebungen in Österreich * * *

Österreichs Tageszeitungen stehen ganz im Zeichen von zwei Ereignissen.
Zum einen ist es der ungeheure Erfolg der gewerkschaftlichen Resolution für Österreichs Unabhängigkeit, die am Vortag aufgelegt, innerhalb weniger Stunden von mehr als einer Million Arbeitnehmern unterzeichnet wird, zum anderen ist es die für den nächsten Tag anberaumte Kanzlerrede vor der Bundesversammlung, die im In- und Ausland mit höchster Spannung erwartet wird. Nicht nur in London, Paris und Prag, sondern auch in Budapest, Berlin und Rom.

Italiens Außenminister Ciano notiert in sein Tagebuch:
„Schuschnigg hat durch Vermittlung von Chigi die Stelle seiner bevorstehenden Rede übersandt, die Italien betrifft. Sie ist in Ordnung, auch weil sie die Gerüchte über die Änderung unserer Haltung gegenüber Österreich dementiert. Was sollen wir denn tun? Sollen wir einen Krieg gegen Deutschland führen? Beim ersten Gewehrschuß von uns würden sich alle Österreicher, alle ohne Ausnahme, auf die Seite der Deutschen gegen uns schlagen. Habe Schuschnigg gedankt und ihm auch nahegelegt, zu unterstreichen, daß sich die Unabhängigkeit Österreichs auf den Willen und Entschluß des Volkes und nicht auf die unsicheren Garantien ausländischer Staaten stützt. Ein Land, dessen Unabhängigkeit von Dritten gesichert wird, ist innerlich schon am Ende."

Österreichs außenpolitische Isolierung wird in einem Bericht des österreichischen Botschafters in London, Dr. Georg Franckenstein, deutlich. Er schreibt an Außenminister Guido Schmidt:
„Unter den Rednern in der gestrigen Parlamentsdebatte machte nur Churchill eine positive Erklärung zugunsten Österreichs. ‚Wenn es für Italien möglich wäre', so sagte er, ‚seine Pflicht zu tun, indem es Großbritannien und Frankreich in der Verteidigung der Integrität und Unabhängigkeit Österreichs unterstützt, würde ich um diesen Preis nicht zögern, Konzessionen Großbritanniens an Italien zuzustimmen'. Die wiederholten Hinweise auf Österreich in den anderen Reden hatten fast ausschließlich illustrativen Charakter und entbehrten jeder praktischen, Österreich betreffenden Vorschläge."

Franckenstein berichtet weiter, daß zwar der Führer der Labour-Opposition, Attlee, eine Parlamentsdebatte über Österreich verlangt, Premierminister Chamberlain aber dezidiert erklärt habe, derzeit keine Österreicherklärung abgeben zu können. Durchaus kritisch bemerkt Franckenstein in seinem Bericht an das Wiener Außenamt, daß die Passivität der öffentlichen Meinung in Großbritannien, was Österreich betrifft, wohl auch darauf zurückgeführt werden müsse, daß man nicht wisse, ob nun Österreich den Willen habe, sich mit Deutschland zu verständigen oder nicht.

Für Deutschland hingegen scheint der Anschluß Österreichs an diesem Tag schon eine beschlossene Sache zu sein. Jedenfalls heißt es in einem Geheimbericht des Reichsfinanzministeriums, daß nach dem gegenwärtigen Stand der Dinge mit dem raschen Ablauf der weiteren Entwicklung zu rechnen sei. Daher solle nach Auffassung des Reichsaußenministers auf einen schnellen Ablauf der Ereignisse und eine baldige Durchführung der nötigen militärischen und wirtschaftlichen Aufgaben hingewirkt werden.

In Österreich selbst beginnen am Abend die ersten offenen antinazistischen Kundgebungen, wobei dabei auch Sozialdemokraten und Kommunisten erstmals seit Jahren wieder ihre Gesinnung deutlich dokumentieren. Nach einem Bericht der Generaldirektion für die öffentliche Sicherheit kommt es zu Demonstrationszügen über den Ring. Dabei werden Rufe ausgestoßen wie „Heil Schuschnigg!", „Hitler den Tod!", „Rot-Weiß-Rot bis in den Tod!" und „Nieder mit der braunen Mordbande!".
Öfter geht das Schutzkorps willkürlich gegen Nationalsozialisten vor, bearbeitet sie mit Gummiknütteln oder schleppt sie in ihre Kaserne, wo sie Rizinusöl zu trinken bekommen, heißt es in dem Situationsbericht.

Anders scheint die Lage in Oberösterreich zu sein. Jedenfalls notiert der dortige Sicherheitsdirektor Peter Graf Revertera in sein Tagebuch: *„Die Vaterländische Front versagt auf der ganzen Linie, alles kommt zu mir um Rat und Instruktion; von den Braunen angefangen bis zu den Kommunisten. Ein sonderbarer Zustand ..."*

Mittwoch, 23. Februar 1938

Der Sinn des Versammlungsverbotes.

Erläuterungen des Innenministers im Rundfunk.

Der Bundesminister für Inneres und Sicherheitswesen Dr. Seyß-Inquart richtete heute um 1 Uhr mittags im Rundfunk an die Nationalsozialistischgesinnten in Oesterreich die folgende Aufforderung, die, auf Schallplatten aufgenommen, um 19 Uhr und um 22 Uhr wiederholt wurde:

Oesterreicher! Deutsche Volksgenossen!

Die Verkündigung des grundsätzlichen Ergebnisses der Aussprache, die zwischen den Lenkern der beiden deutschen Staaten am 12. Februar am Obersalzberg stattgefunden hat, hat freudigste Zustimmung im deutschen Volke gefunden und zuversichtliche Begeisterung in dem nach seiner Auffassung und Weltanschauung nationalsozialistisch denkenden Teil des deutschen Volkes in Oesterreich erweckt. Kundgebungen der Freude brachten Samstag, Sonntag und Montag diese Stimmung zum Ausdruck, erfüllt von der Bereitwilligkeit und Entschlossenheit, auf dem nunmehr eingeschlagenen Weg dem deutschen Volke und dem österreichischen Vaterland zu dienen.

Wir können aber nicht nur Feste feiern, besonders wenn

ein neuer Weg

beschritten werden soll, der nach Jahren des Kampfes und der Verneinung zum wirksamen Einsatz aller nationalen und nationalsozialistischen Kräfte führen soll. Ernst, Sammlung und äußerste Disziplin sind die wichtigsten Voraussetzungen dafür, daß die in Berchtesgaden gefundene Plattform auch zu jenem Aufbau führt, in welchem der österreichische Nationalsozialist in legaler Form im Rahmen der Front, also auf dem Boden der Gesetze und der Verfassung, sein Gedankengut dafür einzusetzen hat, daß ein so enges und freundschaftliches Verhältnis zwischen den beiden deutschen Staaten hergestellt wird, wie es der Geschichte und dem Gesamtinteresse des deutschen Volkes entspricht.

Wir werden dieses Ziel dann erreichen, wenn wir alle, also jeder einzelne Oesterreicher, die unfruchtbare Stimmung der Verneinung, Ablehnung und des gegenseitigen Bekämpfens niederhalten und mit der Zeit austilgen.

Friede und nicht Kampf im eigenen Volk ist

die Parole in dieser Zeit,

in der das deutsche Volk alle seine Kräfte für seine Ehre, seine Freiheit und sein Recht einzusetzen hat. Wir müssen von Anfang an unsere Aufgabe darin sehen, in diesen österreichischen Staat und seine Einrichtungen hineinzugehen, nicht um ihn zu bekämpfen, sondern daran mitzuwirken, um ihn nach unserem Willen mitzugestalten. Die Maßnahmen zur Zusammenfassung aller aufbauwilligen Kräfte in Oesterreich sind getroffen, ihre Durchführung ist im Gange, gerechte Forderungen werden eine gerechte Beurteilung und Erfüllung finden. Es ist daher jetzt nicht Zeit, weiter Feste zu feiern, sondern das Gebot für jeden Oesterreicher, besonders aber für jeden Nationalsozialisten, ernste Geschlossenheit zur Mitarbeit und eiserne Disziplin im Einsatz zu bewahren.

Um an diese Aufgabe zu erinnern und den notwendigen Weg zu gehen, habe ich mich entschlossen, nach dem Ablauf dreitägiger Freudenkundgebungen nunmehr zur inneren Sammlung und Bereitschaft, zu ernster Arbeit aufzurufen. Dies ist der Sinn der Verfügung, die vorerst öffentliche Kundgebungen untersagt. Dies gilt auch für Veranstaltungen, die noch für den heutigen Tag geplant sein sollten. Wenn der erste Schritt vollzogen ist, werden wir vor die Oeffentlichkeit hintreten und diese

zur gemeinsamen Kundgebung

zur Bestätigung unseres Weges aufrufen.

Der österreichische Nationalsozialist hat sich vor Augen zu halten, daß

die Hoheitszeichen des Reiches und seine Hymnen nicht zu Demonstrationen verwendet und daher gerade im Sinne eines Nationalsozialisten nicht mißbraucht werden dürfen. Auch hier muß die Ordnung abgewartet werden.

Ebenso darf der nationalsozialistische Gruß da nicht verwendet werden, wenn er nicht als Ausdruck der eigenen Anschauung, sondern als Herausforderung für Andersdenkende aufgefaßt werden kann.

Der Weg zur gesetzlichen Betätigung wird geöffnet. Für eine im Sinne der Gesetze verbotene Betätigung ist weder der Platz, noch das Verständnis, noch die Möglichkeit vorhanden. Es ist hier nicht die Gelegenheit, politische Erklärungen abzugeben.

Am 24. d. wird Bundeskanzler Dr. Schuschnigg als verantwortlicher Leiter der österreichischen Politik zu den Ergebnissen des 12. Februar Stellung nehmen. Dann wird der Zeitpunkt gekommen sein, alle Kräfte für das gesamte deutsche Volk und für das österreichische Vaterland zum Einsatz zu bringen.

Die Rundfunkansprache des Innenministers wurde von allen Vaterländischgesinnten, für die die nationalsozialistischen Freudenkundgebungen der letzten Tage eine starke Belastungsprobe bedeuteten, mit großer Genugtuung vernommen und es ist anzunehmen, daß sie auch im Lager der Gesinnungsgenossen des Innenministers mit Verständnis und Bereitwilligkeit seiner Parole zu folgen, aufgenommen wurden. Daß es auch jetzt noch Intransigente gibt, auf die weder der Reichskanzlerappell zur „endgültigen Aussöhnung" noch die Aufforderung des österreichischen Innenministers auch nur den geringsten Eindruck zu machen vermochte, ließen die verlogenen Inhaltsangaben über die Rundfunkansprache des Innenministers erkennen, die alsbald auf dem Wege der gewohnten Flüsterpropaganda kolportiert wurden. Die zweimalige Wiederholung der Ansprache im Rundfunk war daher durchaus zweckentsprechend.

Reichspost

Auslandsstimmen über Oesterreichs Führung.

Rom, 22. Februar.

Die italienische Presse veröffentlicht weiterhin um-
fassende Auszüge aus der Rede des Reichskanzlers Hitler
unter besonderer Hervorhebung der Erklärungen, die sich
auf Oesterreich beziehen. „Giornale d'Italia" widmet
hiebei dem Bundeskanzler Dr. Schuschnigg, dem ver-
antwortlichen Staatsmann, der die Geschicke Oesterreichs
leitet, Worte aufrichtiger und warmer Herz-
lichkeit. „Immer mehr ist das Vertrauen und die
Achtung für Dr. Schuschnigg gestiegen. Die Welt
und das Volk anerkennen seine tiefe Vaterlandsliebe,
hinter der jede persönliche Ambition zurücktritt. Diese
wenigen, aber bewegten Tage haben in entscheidenden
Augenblicken Dr. Schuschnigg mächtig und groß ge-
zeigt, fähig, das schwerste Gewicht der Verantwortung auf
sich zu nehmen."

Bern, 22. Februar.

Der „Berner Bund" beschäftigt sich mit der Lage in
Oesterreich und sagt, man müsse bei Beurteilung dieser
Lage bedenken, daß Bundeskanzler Schuschnigg, der
die Verhandlungen mit Hitler geführt habe, auch weiter-
hin Oesterreichs Bundeskanzler bleibe.

„Schuschnigg ist und bleibt eine moralische
und politische Gewähr. Er gibt sich für
unsaubere Machenschaften nicht her und würde nichts
unterzeichnen, von dem er überzeugt wäre, daß es
gegen die Grundsätze der Ehrlichkeit oder gegen die
Interessen seines Landes verstoßen würde."

Brüssel, 22. Februar.

Die belgische Presse befaßt sich eingehend mit den
Ereignissen in Mitteleuropa. Die katholischen Blätter
„Libre Belgique" und „XX-iema-Siecle" schreiben, daß
der Bundeskanzler als einer der geschicktesten
Diplomaten Europas Maßnahmen getroffen habe, durch
welche das Gleichgewicht in seinem Lande aufrecht-
erhalten bleibe. Die konservative „Gazette" schreibt, der
Bundeskanzler habe es erreicht, daß die Unabhängig-
keit Oesterreichs erhalten bleibt. Im sozialisti-
schen „Pays Réel" wird in herzlicher Weise der großen
Sympathien für Oesterreich Ausdruck gegeben. Oesterreich
müsse bestehen bleiben, es müsse seine Unabhängigkeit
erhalten.

Budapest, 22. Februar.

Der „Pester Lloyd" schreibt zu den Ausführungen
Hitlers Oesterreich gegenüber, daß niemand die Wort
der Freundschaft und der Achtung als treuer Deutsche
und als unerschütterlicher österreichischer Patriot meh
verdient habe, als Bundeskanzler Dr. Schuschnigg, der
mit Heldenmut darum kämpfe, sein Land unabhängig zu
erhalten, aber dabei dessen Deutschtum klar hervortreten
zu lassen. Wir Ungarn, die wir für seine staats-
männische, kluge und mannhafte Persön-
lichkeit die höchste Wertschätzung hegen und auf eine
enge Freundschaft zwischen uns und Oesterreich den größ-
ten Wert legen, begrüßen mit tiefer Genugtuung die
Worte, die Reichskanzler Hitler für die Bekräftigung
der Grundlagen des Abkommens vom 11. Juli 1936
fand. Gleichzeitig schreibt das Blatt über den Bundes-
minister für Aeußeres Dr. Guido Schmidt: „Die
Rangserhöhung könne als ein deutliches Vertrauenszeichen
des Bundeskanzlers Dr. Schuschnigg zu seinem eng-
sten außenpolitischen Berater betrachtet werden. Denn der
Staatssekretär habe sich als ein taktvoller und geschickter
Unterhändler, als ein kluger Diplomat und voraussehen-
der Staatsmann erwiesen. Bei seinen wiederholten Be-
suchen in Budapest habe er auch dort zahlreiche freund-
schaftliche Beziehungen anknüpfen können. Er sei berufen,
die österreichische Außenpolitik in inniger Kooperation
mit dem Bundeskanzler ruhigen Epochen zu-
gegenzuführen".

Aehnlich schreibt „Budapesti Hirlap": „Der in den
letzten Jahren am politischen Horizont aufgetauchte
Staatssekretär Dr. Guido Schmidt sei als ruhiger und
berufener Mitarbeiter des Bundeskanzlers Dr. Schusch-
nigg in die erste Reihe der europäischen Staatsmänner
gelangt. In diplomatischen Kreisen habe sich immer mehr
die allgemeine Ueberzeugung verstärkt, es sei nicht nur
ein neuer Mann an die Spitze des österreichischen aus-
wärtigen Amtes gelangt, sondern ein Mann, auf den die
bekannte englische Redensart vom „richtigen Mann am
richtigen Platze passe".

Im „Uj Magyarsag" wird ausgeführt, daß die Er-
nennung des bisherigen Staatssekretärs zum Außen-
minister auch in Italien und Ungarn begrüßt worden sei.
Die öffentliche Meinung in Italien und Ungarn konnte
sich davon überzeugen, daß die österreichische Außenpolitik
von einem ernsten, überzeugten und guten Freunde ge-
führt werde, der die bestehende österreichisch-italienisch-
ungarische Freundschaft nicht nur weiter pflege, sondern
mit allen Mitteln weiter auszubauen bemüht sei.

Reichspost

Donnerstag, 24. Februar 1938

*** * * Schuschnigg unterstreicht Unabhängigkeit Österreichs * * * Kampfansage an den Nationalsozialismus * * * Proösterreichische Kundgebungen in zahlreichen Orten * * ***

„Österreicherinnen! Österreicher! In historischer Stunde ruft die Vaterländische Front. Bundeskanzler Dr. Schuschnigg wird vor dem Bundestag in einer Rede, die weit über die Grenzen Österreichs hinaus von der ganzen Welt mit Spannung erwartet wird, die Grundsätze der österreichischen Politik und ihre Zielrichtung darlegen. Er wird unserem österreichischen Volke die notwendige Aufklärung über die Ereignisse der letzten Wochen und die Richtlinien für unsere Haltung in der nächsten Zukunft vermitteln. Klarheit ist heute unumgängliche Notwendigkeit ... Die Vaterländische Front will, daß der heutige Tag gleichzeitig zu einer Kundgebung des Willens der österreichischen Bevölkerung wird ...“

Österreich steht an diesem Tag ganz im Zeichen der Rede des Bundeskanzlers. Alles ist vorbereitet, damit möglichst viele Österreicher die um 19.00 Uhr vor der Bundesversammlung angesetzte Rede hören können. Die RAVAG überträgt sie auf allen Sendern, in allen Orten Österreichs sind in Gasthäusern und öffentlichen Gebäuden Hörstuben eingerichtet worden, in Wien wird die Rede auf öffentlichen Plätzen durch „tadellos funktionierende Lautsprecheranlagen“, wie ausdrücklich betont wird, übertragen: etwa vor dem Parlament, auf dem Schwarzenbergplatz, im Dreherpark, am Meiselmarkt, am Richard-Wagner-Platz, am Brigittaplatz, im Schlingerhof und am Genochplatz. Weiters übertragen viele Radiogeschäfte die Rede auf die Straße. Die Bundestheater und die Universität bleiben an diesem Tag geschlossen, Privattheater und Kinos setzen ihre Abendvorstellungen generell um 19.00 Uhr an und beginnen ihr Programm mit der Übertragung der Rede des Bundeskanzlers; – und für das ganze Land ist rot-weiß-rote Beflaggung angeordnet.

Auch das Ausland zeigt an der Ansprache des Bundeskanzlers höchstes Interesse. Fast alle großen europäischen Tageszeitungen haben Sonderkorrespondenten nach Wien entsandt, das diplomatische Korps ist fast vollständig im Parlament vertreten.

Schuschnigg gibt in seiner Rede vorerst einen kurzen historischen Überblick seit 1932, geht dann auf das Juliabkommen und die Unterredung von Berchtesgaden ein und stellt schließlich fest:

„... Der Österreicher, der sein Vaterland frei und unabhängig will, denkt

hiebei an alles andere, nur nicht an den Friedensvertrag. Ganz gewiß nicht auf Grund dieses sehr zeitbedingten Vertrages fordern wir die Anerkennung unseres Rechtes. Maßgebend muß bleiben der feste Wille des österreichischen Volkes und die unabänderliche Überzeugung seiner verantwortlichen Führung, daß unser Österreich Österreich bleiben muß! Wir haben uns unsere Grenzen nicht ausgesucht, wir haben das geographische Bild nicht verschuldet, welches die Landkarte seit 1918 aufweist, aber das, was wir haben, das wollen und werden wir behalten! Das soll und wird leben, weil es auch so wie es ist, dem eigenen Volk, der deutschen Kultur und dem deutschen Schicksal, der Welt, im Geist des Friedens dienen kann.

Wir bekennen uns somit feierlich vor aller Welt zu unserem Vaterland und zu den Grundgesetzen, die für uns die unabänderliche Basis des Rechtes sind. Wir sind ein christlicher Staat, wir sind ein deutscher Staat, wir sind ein freier Staat, und jeder in diesem Lande ist gleichberechtigt vor dem Gesetze ... Einmal steht wie eine Mauer der Freiheitswille des österreichischen Volkes und der innere Wert unseres Landes; und dann haben sich in entscheidender Stunde immer wieder die Tüchtigen und Mutigen zusammengefunden, und die Zweifler und Verzagten sind von der Bildfläche verschwunden ... Und dann, wenn Sie es hören wollen, vertraue ich auf den Herrgott, der unser Land nicht verlassen wird. Dieses Vertrauen setzt aber voraus das Wissen, daß der Herrgott nur denen hilft, die selbst bis zum Äußersten und Letzten zum Einsatz aller ihrer Kräfte und zur Zusammenballung ihres gesamten Willens entschlossen sind. Und weil wir entschlossen sind, darum steht der Sieg außer Zweifel. Darum Kameraden, bis in den Tod: rot-weiß-rot!“

In Wien und in zahlreichen größeren Orten kommt es nach der Rede des Bundeskanzlers zu spontanen proösterreichischen Kundgebungen, aber in Voitsberg in der Steiermark etwa, wo ca. 500 Personen die Übertragung hören, versammeln die Nationalsozialisten etwa viermal so viele Anhänger. Die Teilnehmer tragen Hakenkreuzabzeichen und -armbinden, ihr Fackelzug wird von einer Werkskapelle eröffnet, und nicht nur das Deutschlandlied, sondern auch das Horst-Wessel-Lied werden gespielt und gesungen. Die Behörden registrieren unter den Teilnehmern Angehörige aller Stände, wie Richter, Lehrer, Ärzte, Rechtsanwälte, Gewerbetreibende, Arbeiter und Bauern.

Im Busch-Kino in Wien wird nach der Kanzlerrede, wie schon seit zwei Wochen, noch immer der Film „Finale“ gespielt ...

Donnerstag, 24. Februar 1938

Von der Hitler- zur Schuschniggrede.

Graz, 23. Februar.

Wie ein Donner hat die Rede des Reichs[-]nzlers am Sonntag über Europa, Asien und merika hingehallt. In vielfachem Echo, durch n Standort verschieden gebrochen, klingt sie m Erdball wider. Wie vorauszusehen, hat sie Italien und Japan hellen Jubel ausgelöst, Genf Entrüstung; Moskau hatte sich durch törung der Übertragung gleichsam selbst die hren verstopft; in England war die Antwort e Krise im Außenministerium, die selbst auf as Gesamtkabinett überzugreifen drohte. In aris fand sie die widersprechendsten Deu-ungen. In Österreich hat sie viele Zustim-mung ausgelöst, die noch stärker und einmü-ger gewesen wäre, wenn die Ausführungen ber die Entspannung und Festerknüpfung er Beziehungen eine eindeutigere Unter-treichung der im Juliabkommen garantierten nabhängigkeit enthalten hätte.

Interessant ist natürlich die Wirkung im igenen Lande. In den Blättern von Berlin nd Hamburg, von München und Nürnberg natürlich phrenetischer Beifall. Selbstverständ-lich in hundertprozentiger Zustimmung. Die „Essener Nationalzeitung" bei-spielsweise enthebt sich mit folgenden Worten der sachlichen Besprechung: „Es paßt nicht n die disziplinierte Art der Presse des na-ionalsozialistischen Reiches, an Worte des Führers Unterstreichungen, Erläuterungen und Hervorhebungen anzuhängen. Worte des Führers sprechen immer für sich selbst und es gibt in Deutschland niemand, der sie dem Volke besser begreiflich und besser verständlich zu machen wüßte als er selbst."

Der übrige Teil des Leitartikels aber ist bezeichnenderweise nur eine Unterstreichung der scharfen Philippika des Reichskanzlers gegen die demokratische, vor allem gegen die englische Presse. Das Blatt erhofft zwar auch von dort „eine ruhige und den Wirklich-keitsverhältnissen Rechnung tragende Ant-wort", geht dann aber von diesem Merks an die Presseleute sofort zu einem kräftigen Wink an die Regierungen über, die auch in den de-mokratischen Ländern für die Haltung ihrer Presse verantwortlich seien und von ihr im Guten und Schlechten in die gewünschte Ziel-richtung und Schreibart dirigiert werden müsse. Dann aber findet sich im Blatte eine etwas mysteriöse Andeutung, eine geheimnis-volle Drohung: „Wenn also der Reichskanzler angekündigt hat, daß in Zukunft die deutsche Regierung bei solchen Hetzkampagnen nicht mehr zusehe, sondern antworten, und zwar mit deutscher Gründlichkeit, werde, so mögen sich diejenigen, die dafür die wirkliche Verant-wortung tragen, gesagt sein lassen, daß dann auch der Zeitpunkt einmal kommen werde, wo sie nicht mehr geschont werden. Die Orga-nisation, mit der in solchen Fällen blitz-schnell und wahrscheinlich erfolgreich geschlagen werden kann, ist erfreulicherweise vorhanden."

* * *

Das Zwischenspiel zwischen der Rede des Reichskanzlers und der Rede des Bun-deskanzlers war leider in Österreich nicht von einheitlich erfreulicher Färbung. Psychologisch war dies im Blick auf die tragischen Ereig-nisse der letzten Jahre wohl verständlich, real-politisch ist es aber im Gedenken an Gegen-wart und Zukunft, vor allem auch an den tieferen Sinn der beiden großen zwischen-deutschen Vereinbarungen vom 11. Juli 1936 und vom 12. Februar 1938 in mehr als einem Punkte schädlich, ja gefährlich gewesen. Wir wissen, daß die österreichische Regierung auch im Einverständnis mit dem Treuhänder der Nationalsozialisten, Innenminister Seyß-In-quart, in echt österreichischer Gemütlichkeit und Arglosigkeit Weisung gab, in den ersten drei Tagen der Volksstimme und den Volkskund-gebungen völlig freien Lauf zu lassen. Obzwar die unter allen Umständen freiheitliebenden und die Unabhängigkeit verteidigenden Öster-reicher der Meinung waren, daß angesichts der todtraurigen Vorfälle vom 25. Juli 1934 und den Monaten zuvor die unbeschränkte Am-nestie ein reichlich großes Zugeständnis war und die schönste Feier der Heimkehr der In-haftierten ihre stille Wiedervereinigung im trauten Familienkreise gewesen wäre. Allein wir sind nicht kleinlich; wir haben im staats-politischen Teil die Besprechung von Berchtes-gaden und ihre Folgeerscheinungen bejaht und begrüßt; wir haben in der unpolitischen Spalte aus der Feder unseres Priesterdichters Wo-worsky einen seelenvollen Begleitgruß ge-bracht.

Wir haben über etliche unliebe Begleit-erscheinungen gleichfalls drei Tage ge-schwiegen. Wie sind jetzt und später so loyal, gern anzuerkennen: der Gesamtcharakter der „nationalen Freudenkundgebungen" war un-ter sothanen Umständen würdig. Die Veran-stalter sahen auf Disziplin und Würde. Mit größter Genugtuung konnte man immer wieder bemerken, wie auch in den peripheren Er-scheinungen des Aufmarsches die erwachsenen Männer, besonders solche, die den Weltkrieg mitgemacht, die, wenn auch im kleineren Be-reiche, Verantwortung tragen, sich überzeugt und leidenschaftlich dafür einsetzten, daß die zuweilen etwas grotesk anmutende Begeiste-rung minderjähriger, ja schulpflichtiger Par-teigenossen den seriösen Eindruck nicht störe oder gar zu beabsichtigten oder unbeabsichtigten Herausforderungen ausarte. Leider ist das nicht in allen Fällen mit Erfolg verhindert worden. Grüppchen Heimkehrender haben da manches gerufen, was nicht im Sinne der Berchtesgadener Besprechungen und schon gar nicht des Juliabkommens liegt. An einzelnen Stellen und Häusern, auch an Pfarrhöfen, gab es Konzerte und Volkschöre, die eher an marxistische Kundgebungen erinnerten als an eine völkische Feier zu Ehren einer nationalen Versöhnung. Wir bringen nur die zwei kon-kreten Feststellungen, daß am Samstagabend eine Gruppe Halbwüchsiger nicht bloß auf dem Bischofplatz unpassend johlte, sondern auch ein Fenster einschlug, und daß am Montagabend sämtliche Parterrefenster des Christlichen Ge-werkschaftshauses zertrümmert wurden.

Wer den Aufmarsch der Arbeiter und Bau-ern wie überhaupt der vaterländischen Bevölkerung mitangesehen hat, konnte sich nur freuen, in welch stattlichster Anzahl da die Belegschaft ganzer Betriebe anmar-schierte; auch reichlich Bauern aus der Um-gebung und trotz der knappen Anberaumung auch aus entfernteren Gauen, beispielsweise aus Gnas, richtige Männer der Scholle und der Schwielen. Fast ergreifend ihre Ent-schlossenheit, ihr Bekenntnismut, ihr Kampf-wille. Wir bedauern es aus tiefstem Herzen, daß im Ausklang der Kundgebung durch pro-vozierendes Verhalten andersgesinnter Ju-gendlicher Zwischenfällchen sich nicht völlig vermeiden ließen.

Um so überzeugter müssen alle rechtlich und ruhig Denkenden, alle Verantwortlichen der Vaterländischen Front und des volkspolitischen Referates das Aufmarschverbot be-grüßen, das immerhin nach den turbulenten Ereignissen der letzten Tage eine willkommene Entspannung bietet, noch mehr aber die mit jedem Wort erfreulich mutigen und von tiefer Verantwortung für die Geschehnisse und Möglichkeiten erfüllten Ausführungen des Bundesministers für Inneres Dr. Seyß-Inquart: Losungswort ist nicht Kampf, sondern Friede. Der Weg dazu ist Disziplin und Ernst. Da er sich vor allem auch an seine engeren Gesinnungsgenossen wandte, verdient seine Mahnung dreimal hervorgehoben zu werden, gerade mit Parolen der Gesinnung Andersdenkende nicht zu reizen und das Be-kenntnis-Symbol wirklich als Hoheitszeichen zu achten. Es wird also hoffentlich bald der Unfug verschwinden, daß man unmündige Fratzen mit gewissen Fähnlein über die Straßen torkeln und hüben und drüben ge-heiligte Embleme im Wortsinn in den Kot zerren läßt. Ebenso werden sich bald auch ein-zelne Recken im Pubertätsalter der Lächer-lichkeit ihrer Situation bewußt werden, daß sie mit riesigen Ordnerbinden am Arm mutter-seelenallein die Straßen „bevölkern" oder an mattbeleuchteten Ecken lauern.

* * *

Des Reichskanzlers Rede ist verklungen, des Bundeskanzlers Ausführun-gen halten, noch ehe sie vor den Lenkern des Staatswesens gehalten werden, Deutschland, Europa und die Welt in Spannung. Es ist erfreulich, daß diese große Rede unter fest-lichen Umständen gehalten und angehört wird. Wir erwarten Worte aus dem Mund unseres Kanzlers, vor dessen Schneid und Überzeu-gungskraft der Reichskanzler in ehrenden Wendungen sich verneigt hat, Aufklärungen und Weisungen eines begnadeten Österreichers, der schon im Trubel des zerfallenen Parteien-staates für das Volk und Vaterland eingetre-ten ist, der dann mit Dollfuß und nach Doll-fuß marschiert ist und gekämpft hat für ein christliches und deutsches, für ein unabhängiges und freies Österreich. Die überwiegende Mehrheit des Volkes erwartet Worte im alt-vertrauten Sinne; die durch die denkwürdige Befriedungsaktion zur Vaterländischen Front gestoßenen Gruppen mögen sie nach dem Willen ihres Sprechers Seyß-Inquart hören in loyaler Gesinnung, im Willen zur Samm-lung, nicht zur Zerklüftung und Aufspaltung. In welchem Lager die Österreicher stehen — ihre Parole muß sein: Nicht Bruderkampf, sondern geschwisterlicher Wetteifer für echte österreichische Art und wahres deutsches Wesen.

rl.

Schuschnigg spricht — Oesterreich hört: am Franzensplatz um 19 Uhr.

„Wenn du vom Kahlenberg
Das Land dir rings beseh'n,
Dann wirst du, was ich bin
Und was ich schrieb, versteh'n“ Grillparzer

Der Morgen

Freiheit Oesterreich!

Heute Häuser beflaggen!

Wir zeigen das wahre Oesterreich!

Fackelzug nach der Rede des Bundeskanzlers!

Vorarlberger Wacht

Kanzlerrede im ungarischen Rundfunk.

Budapest, 23. Februar.

Die Rede des Bundeskanzlers Dr. v. Schuschnigg wird von der ungarischen Oeffentlichkeit mit allergrößter Spannung erwartet. Sämtliche Blätter lassen sich über die Vorbereitungen in Wien für den morgigen Tag von ihrem Wiener Korrespondenten berichten. Heute erschien auch die Ankündigung, daß die ungarische Rundfunkgesellschaft ihr morgiges Programm mit Rücksicht auf die Rede des Bundeskanzlers umstellt.

Der Sender Budapest II, der auch die Reichstagsrede Hitlers verbreitet hat, wird morgen um 19 Uhr sich einschalten und die Rede zur Gänze übertragen. Der Sender Budapest I wird eine Reportage der Eröffnung der Sitzung bringen. Außerdem wird um 22 Uhr 40 der Inhalt der Rede des Bundeskanzlers in ungarischer Sprache wiedergegeben werden.

Neues Wiener Journal

Freitag, 25. Februar 1938

* * * Internationale Reaktionen auf die Schuschnigg-Rede * * * Österreichs Juden stehen in Treue zu Österreich * * * Grazer Universität geschlossen * * *

„Das Wort hatte ein Staatsmann“, schreibt die „Neue Freie Presse“ in ihrer Morgenausgabe als einzige Titelzeile über ihren siebenseitigen Bericht, der sich mit der Rede des Bundeskanzlers vor der Bundesversammlung beschäftigt, und *„Bis in den Tod – rotweißrot!“* titelt „Das Kleine Blatt“ seine vielseitige Bildreportage.
Es war eine Rede von historischer Bedeutung, meint die Zeitung, und die „Neue Freie Presse“ stellt fest:
„Ein großer Österreicher und ein guter Deutscher hat gestern eine Rede gehalten, die in ihrer klaren Konzeption, in ihrer staatsmännischen Einsicht, in ihrer tiefen Menschlichkeit und in ihrem felsenfesten Glauben an die Zukunft unseres Landes, den stärksten Eindruck auslöste.“

Auch in den ausländischen Tageszeitungen wird die Ansprache breit kommentiert.
„Abend des Triumphs für das unabhängige Österreich“, überschreibt der „Figaro“ die Meldung seines Wiener Korrespondenten und der „Jour“ erklärt:
„Indem Schuschnigg gestern abend vor der Welt versichert hat, daß Österreich unerschütterlich seine Freiheit verteidigen wird, hat der Bundeskanzler die übrigen Völker klar vor ihre Verantwortung gestellt.“
Im Pariser „Journal“ wieder heißt es:
„Wenn man morgen zu einem Plebiszit schreiten würde, würde die ganze Welt begreifen, daß der Wille Österreichs zur Verteidigung seiner Unabhängigkeit ungeschmälert ist.“

„Popolo d'Italia“ veröffentlicht die Rede unter der Überschrift: *„Schuschnigg bestätigt die Unabhängigkeit und Unversehrtheit Österreichs“,* und „La Stampa“ betont ebenfalls die Lebensfähigkeit des *„unabhängigen, selbständigen, deutschen und christlichen Österreich“.*

Die Londoner „Times“ stellt fest, daß die gestrigen Manifestationen gezeigt hätten, daß in Österreich eine Meinung existiere, die sich mit größter Leidenschaftlichkeit erhoben hätte, um die Regierung in ihrem Kampf um die Unabhängigkeit Österreichs zu unterstützen, und der „Daily Telegraph“ spricht von der bisher bedeutendsten Rede des österreichischen Bundeskanzlers.

Das Budapester Blatt „Magyarorszag“ schreibt über Schuschnigg als Person:

„Ein treuer Deutscher, ein echter Führer des österreichischen Volkes und wahrhaft der Held Europas."

Die „Neue Zürcher Zeitung" meldet unter dem Titel *„Hinreißend und ergreifend":*
„Seine Rede war hinreißend und mitreißend vor allem durch den Schwung und die Konsequenz, mit der Dr. Schuschnigg das Abkommen von Berchtesgaden erläuterte, ergreifend fast zum Schluß in dem Appell zum Patriotismus, zu einem neuen politischen Zusammenleben der Österreicher untereinander, zu gegenseitiger Toleranz und zum sozialen Frieden."

Im Prager Abgeordnetenhaus kommt es schließlich zu einer langen Ovation für Österreichs Bundeskanzler, als der sozialdemokratische Abgeordnete Dymesch erklärt, obwohl sich Österreich in einer viel gefährlicheren Situation als die Tschechoslowakei befinde, habe der Bundeskanzler eine tapfere Rede gehalten, und in der Pariser Kammer fordert der Volksdemokrat Pezet, jede Verletzung der Unabhängigkeit und Souveränität Österreichs müsse vor den Völkerbundrat gebracht werden. Wenn dies aber nicht ginge, so meint er, warum denke Paris nicht an die Möglichkeit einer anderen Aktion, um die Souveränität Österreichs zu sichern?

In Wien meint Staatsrat Dr. Desider Friedmann, Präsident der Israelitischen Kultusgemeinde, laut einer Meldung des „Neuen Wiener Tagblattes", daß die politische Situation in Österreich keine Panikstimmung rechtfertige, und Regierungsrat Dr. Oppenheim, Präsident der Union österreichischen Juden, erklärt, daß Österreichs Judenschaft in unverbrüchlicher Treue zu Österreich stehe.

Am Platz des Wiener Eislaufvereins unterliegt Österreich in einem Eishockey-Länderkampf Weltmeister Kanada nach spannendem Spiel 3 : 4, in St. Moritz gewinnt der Österreicher Josef Gstrein den Riesenslalom zum Abschluß der internationalen Schirennwoche ...
Rot-weiß-rot überall? – Völlig unter geht eine andere Meldung dieses Tages:

„Graz: Als vorbeugende Maßnahme wurde die Hochschule geschlossen. Der Bürgermeister von Graz, Dr. Schmid, wurde beurlaubt."

Freitag, 25. Februar 1938

Die historische Sitzung des Bundestages

Das Parlamentsgebäude auf dem Ring,
as im alten Österreich so viele Stürme
lebt hat und das im neuen Staat Schau-
latz mehr als eines nervenaufpeitschenden
reignisses gewesen ist, war auch in seinem
nnern für das große Ereignis festlich
schmückt worden. Das hohe Gittertor, das
e riesige marmorverkleidete Säulenhalle
it der Rampe verbindet, war nach langer
eit wieder geöffnet worden, ein breiter
ler Teppich lief der Länge nach durch den
aum, der mit seinen Hermen großer
taatsmänner aus dem alten Reich dem
nnern eines antiken Tempels gleicht. Ab-
ilungen des Sturmkorps in schwarzen
niformen, Standartenträger am linken
lügel standen an dem Weg Spalier, den
r Bundeskanzler bis zum linken Seiten-
ngang des großen Sitzungssaales durch-
hritt.

Während der Bundestag seine Sitzungen in
m Saal des alten Herrenhauses abhält, der
ach dem Jahre 1918 stets vom Nationalrat
nützt worden ist, war die gestrige außer-
dentliche Tagung der gesetzgebenden Ver-
mmlung in den weit größeren Saal des
hemaligen Reichsrates einberufen
orden, der in den letzten zwanzig Jahren nur
nz selten für festliche Veranstaltungen ver-
endet worden ist. Der prächtig gegliederte,
armorumkleidete und indirekt durch das
ach aus mattem Glas erleuchtete Raum bot
it seiner hohen Estrade vor den ernsten
tandbildern antiker Philosophen einen ebenso
ürdigen, als festlichen Rahmen für die be-
utungsvolle Sitzung des Bundestages.

Hinter der Präsidententribüne hatte man
elfach gefältelt eine riesige rot-weiß-rote
lagge entrollt, die von dem Sims bis zum
dboden wallte. In dem weißen, senkrecht
rlaufenden Mittelfeld prangte zuoberst ein
astischer österreichischer Doppeladler; rings
n die Köpfe des Wappentieres schimmerten
mattem Glanz die goldenen Nimben.
unter ein riesiges rot-weiß-rotes Krucken-
euz. Vor der Ministerbank steht die Büste
es verstorbenen Bundeskanzlers Dr. Dollfuß
einem großen Beet bunter Tulpen.

Der Bundeskanzler erscheint

Es ist genau sieben Uhr, als stürmische
ufe und die feierlichen Klänge der Bundes-
ymne und des Dollfuß-Liedes aus dem
ebligen Dunkel draußen in das Par-
mentsgebäude hereinzuklingen beginnen.
enige Minuten später betritt Doktor
chuschnigg in der schlichten, feld-
auen Frontuniform, mit Überschwung und
chulterriemen, raschen Schrittes die Halle.

Der Bundeskanzler wird feierlich zum
eiteneingang des Saales geleitet, das ge-
mte Auditorium, Parkett und Galerien,
hebt sich wie auf ein Kommando und bricht
begeisterte, langanhaltende Jubelrufe
s. Hinter dem Bundeskanzler betreten
mtliche Mitglieder des Kabinetts den Saal
d nehmen an dem halbrunden Minister-
ch vor der Rednertribüne Platz.

Es dauert geraume Zeit, bis sich der stür-
ische Beifall gelegt hat, dann eröffnet Prä-
ent Hoyos mit wenigen Worten die
itzung und erklärt:

„Zum Worte gemeldet hat sich Bundes-
nzler Dr. Schuschnigg zu einer Erklärung.
h erteile ihm das Wort."

Dr. Schuschnigg erhebt sich von seinem
tz in der Mitte der Ministerbank und
reitet die wenigen Stufen zu der Redner-
ibüne empor. Im Saal herrscht lautlose
tille.

Rauschende Ovationen

Im Saal selbst sind keine Lautsprecher angebracht. Dr. Schuschnigg spricht unmittelbar zu der riesigen Versammlung, eine gewaltige physische Leistung, wenn man bedenkt, daß er volle zwei Stunden sprach und daß die Akustik des Reichsratssitzungssaales seit Jahrzehnten als sehr schlecht bekannt ist. Dennoch ist jedes Wort seiner Ausführungen gut zu vernehmen, soweit nicht einzelne Passagen in den Beifallsstürmen untergehen, die immer wieder durch den Saal brausen. Bei allen Hinweisen auf den Selbstbehauptungswillen Österreichs, aber auch bei den Worten, die Dr. Schuschnigg an die Arbeiter richtet, erhebt sich das gesamte Auditorium einschließlich der dichtgedrängten Gäste auf den Galerien von den Sitzen und bringt dem Kanzler rauschende Ovationen dar. Die jungen Leute vom Jungvolk und viele andere Männer geben ihrer Begeisterung überdies durch lautes Trampeln Ausdruck. Manchmal dröhnt der Saal minutenlang von den Ausbrüchen der Begeisterung. Niemand gibt das Signal zu den Salven des Beifalls, immer wieder reißt der Redner das Auditorium mit. Dort, wo Dr. Schuschnigg des ermordeten Kanzlers Dollfuß und aller Opfer der blutigen Ereignisse des Jahres 1934 gedenkt, dort, wo er an das österreichische Empfinden des Volkes appelliert, erfaßt die Zuhörer tiefe Rührung.

Nach dem Ruf: „Bis in den Tod rot-weiß-rot!", mit dem der Bundeskanzler seine Rede schließt, ist es, als ob ein ungeheurer Druck von diesem Land genommen worden wäre. Jedermann in diesem Saal fühlt beinahe körperlich die Entspannung, die nun eingetreten ist. Frenetischer Jubel braust auf und will sich nicht beruhigen. Mit Mühe gelingt es schließlich dem Präsidenten Hoyos, sich für sein Schluß- und Dankwort Gehör zu verschaffen. Dann ertönt feierlich die Hymne „Sei gesegnet ohne Ende", die unmittelbar in das Dollfuß-Lied übergeht.

Dr. Schuschnigg erhebt sich, Sturmkorpsmänner bahnen ihm einen Weg zum Ausgang, aber zunächst steigt der Bundeskanzler die Stufen zur Präsidentenestrade empor, um sich durch einen Händedruck von den drei Vorsitzenden und den leitenden Beamten des Hauses zu verabschieden. Dann verläßt er unter stürmischem Jubel den Saal.

Der Wiener Tag

Lebhaftes Echo in Oesterreich.

Die Hakenkreuzfahne auf dem Grazer Rathaus. — Gemeinsamer Aufmarsch in Graz und Linz.

Wien, 25. Februar. (Eig. Dienst.) Nach der Rede des Bundeskanzlers, die etwa gegen 9 Uhr beendet war, zogen die vor dem Parlament und auf dem Ring angesammelten Formationen und Menschenmassen in geschlossenen Zügen, die von Musikkapellen unterbrochen waren, über den Ring, wo vor dem Heldendenkmal eine Defilierung stattfand, die etwa eine Stunde dauerte. Zu irgendwelchen nennenswerten Zwischenfällen ist es nicht gekommen, da in Wien von seiten der NSDAP. die Parole ausgegeben worden war, sich an dieser Kundgebung nicht zu beteiligen. Nur vor der Oper und in der Richtung gegen die Karlskirche kam es beim Erscheinen der Formationen des Sturmkorps zu einzelnen Kundgebungen der Nationalsozialisten.

In Graz und Linz wurde die Übertragung der Rede des Bundeskanzlers gemeinsam von den Anhängern der Vaterländischen Front und den Nationalsozialisten angehört. Die Anhänger der VF. hatten sich in Graz auf dem Franzensplatz versammelt und waren von hier nach Schluß zum Hauptplatz über die Herrengasse marschiert. Schon auf dem Franzensplatz, aber auch auf dem Hauptplatz hatten sich tausende Nationaler und nationalsozialistisch Gesinnter eingefunden, die stürmisch das Hissen der Hakenkreuzfahne auf dem Rathaus verlangten. Bürgermeister Schmid erschien auf dem Balkon und bald darauf wurde auf dem Rathaus an der Seite der Herrengasse auch die Hakenkreuzfahne gehißt, was zu stürmischen Kundgebungen Anlaß gab. Ansonsten verlief auch in Graz, von einigen kleineren, unbedeutenden Reibereien abgesehen, die Kundgebung völlig störungslos.

In Linz fand ein Demonstrationsaufmarsch der VF. statt, an deren Spitze Landeshauptmann Dr. Gleißner marschierte. Zehn Minuten nach den Formationen der VF. marschierte die nationale und nationalsozialistisch gesinnte Bevölkerung unter Führung des volkspolitischen Referenten Breitentaler in der gleichen Front. An dieser Kundgebung nahmen 600 nationalsozialistische Motorradfahrer, 600 Autos und etwa 4000 Personen teil, unter denen man teilweise auch Personen in SA.-Uniform sah.

In Innsbruck und Bregenz fanden nur vaterländische Kundgebungen statt, an denen sich, wie auch in Klagenfurt, die Nationalen und Nationalsozialisten nicht beteiligten.

Freie Stimmen

Der Wiener Tag

Der Freiheitswille des österreichischen Volkes.

Die nun notwendige Sammlung und Kon-
solidierung, der Ausbau der Stellungen der
Front bedürfen einer Zeitspanne ruhiger und
ungestörter Entwicklung.

Wenn die Stunde zu einer Entscheidung, zu
einem feierlichen Bekenntnis und zu einer
Kundgebung des gesammelten Willens gekom-
men ist, dann wird die Front, die heute ohne
Familienmitglieder über 3,000.000 Menschen
Österreicher in sich schließt, Sie rufen, darauf
können Sie sich verlassen, und

**Sie werden in Ihrer erdrückenden Mehrzahl
kommen, darauf verlasse ich mich.**

Die Zeit der Defensive und des
Abwehrkampfes ist vorüber. Es be-
ginnt die Periode der inneren Sammlung, der
Geschlossenheit, des Ausbaues der österreichischen
Stellung, wobei Österreich seinen Ehrgeiz darein-
setzen wird, seine Aufgabe als deutsches Volk-
werk auch weiterhin getreulich zu erfüllen und
seinen Charakter als den eines wahrhaft sozialen
Staates deutlich wahrnehmbar zu festigen und
zu sichern. Und wenn Sie mich nun fragen, wie
es in der einen oder anderen Kundgebung und
Zuschrift der letzten Tage der Fall war:

**„Glauben Sie an die Durchsetzung Ihres
Programms und was haben Sie dafür für
Garantien?“ Dann antworte ich: „Ich glaube
nicht nur, ich weiß es.**

Denn einmal steht wie eine
Mauer der Freiheitswille des öster-
reichischen Volkes und der innere Wert
unseres Landes.

Dann haben sich in entscheidender Stunde
immer wieder die Tüchtigen und
Mutigen zusammengefunden, und
die Zweifler und Verzagten sind von der Bild-
fläche verschwunden. Darüber hinaus gibt mir
die geschichtliche Notwendigkeit und ihre Er-
kenntnis die sichere Überzeugung.

Dann bin ich zutiefst im Herzen davon über-
zeugt, daß das Andenken Engelbert Doll-
fuß' und aller Märtyrer dieses Lan-
des die schwachen Kräfte derer, die heute die
Verantwortung tragen, beschützen.

Und dann, wenn Sie es hören wollen, ver-
traue ich auf den Herrgott, der unser Land nicht
verlassen wird.

**Dieses Vertrauen setzt aber voraus das
Wissen, daß der Herrgott nur denen hilft, die
selbst bis zum Äußersten zum Einsatz aller
ihrer Kräfte und zur Zusammenballung ihres
ganzen Willens entschlossen sind.**

**Und weil wir entschlossen sind, darum
steht der Sieg außer Zweifel.**

Bis in den Tod: Rotweißrot! Österreich!

Das Kleine Blatt

Samstag, 26. Februar 1938

*** * * Strenge Bereitschaft für die Grazer Garnison * * * Keine Reaktion der Weltmächte zur Österreichfrage * * * Jugoslawien hält Anschluß Österreichs für unvermeidlich * * ***

Während „Das Kleine Blatt" Bundeskanzler Schuschnigg als den Helden Europas bezeichnet und in seitenlangen Berichten durchwegs nur positive Reaktionen auf die Kanzlerrede bringt, erscheint in der „Wiener Zeitung" ein Artikel „von besonderer Seite" mit dem Titel *„Der Sinn des deutschen Friedens"*, der wesentlich ernster klingt.

„Es steht außer Zweifel, daß das österreichische Volk aus eigener Kraft, aus eigenem Willen, auf seinen eigenen Füßen stehend, seine Auffassung zur Geltung bringen und seine Zukunft meistern will." Dies kann aber nur geschehen, so setzt der namentlich nicht gezeichnete Artikel fort, *„wenn alle in Betracht kommenden Gruppen, besonders auch jene, die erst jetzt bereit sind, sich der österreichischen Idee zu verpflichten, unter dem Begriff Frieden eine ehrenvolle Vereinbarung verstehen, die unter deutschen Männern ehrlich zu halten ist, nicht aber eine Deckung, hinter welcher der Kampf weitergeführt wird. Diese zweite Auffassung scheint in einem Bundeslande, in der Steiermark, ziemlich weit verbreitet zu sein ... Es wird sich die Notwendigkeit ergeben, einen eindeutigen Klärungsstrich zu ziehen, und zwar schon in allernächster Zeit. Es ist nicht nur jedwede illegale Betätigung verboten, sondern es muß auch jedwede Tarnung der Illegalität ausgeschlossen bleiben."*

Allerdings, getarnt agieren die Nationalsozialisten in der Steiermark keineswegs mehr. Jedenfalls ist dies aus einem dringenden Telegramm des 5. Divisionskommandos in Graz an das Bundesministerium für Landesverteidigung zu entnehmen, das etwa um 18.00 Uhr im Ministerium aufgenommen wird. Darin heißt es:

„Lage derzeit ruhig, aber keineswegs entspannt ... An geschlossenen Formationen der SA wurden in Graz und nächster Umgebung, 10.000 Mann durch die Polizei gezählt ... Die nationale Bewegung hat große Teile der Stadtbevölkerung mitgerissen. Sehr viele Armbinden sowie Abzeichen, große und kleine Fahnen an den Häusern, Kraftwagen und Rädern. Verkauf von Hitlerbildern, Verteilung von Flugzetteln ... Besonders Hoch- und Mittelschuljugend einschließlich Teile der Lehrerschaft radikalisiert ... Teile der Beamtenschaft haben umgeschwenkt, teils aus Konjunktur, teils eingeschüchtert. Bei einzelnen Ämtern auch bei Teilen der Landesre-

gierung bis zu 70 Prozent. Besonders Finanz, ebenso Rathaus, wo ehemals rote Beamtenschaft jetzt Nationalsozialisten; Beamte erwarten vielleicht Machtergreifung durch Nationalsozialisten. In übrigen Teilen Steiermarks Lage besser. Über Erwarten in Obersteiermark Verhalten der Arbeiterschaft bisher ruhig und loyal, jedoch viel ungeklärte Gerüchte, besonders über kommunistische Absichten. Starkes Anwachsen der Bewegung und fester Zusammenhalt der Nationalen, nach meiner Meinung durch Unbeliebtheit führender Persönlichkeiten mitverschuldet ...“

Auf Grund dieser Mitteilung ordnet Bundeskanzler Schuschnigg für die Grazer Garnison strenge Bereitschaft an. Der Staatssekretär für Landesverteidigung, General Zehner, setzt darüber hinaus Truppen aus Wien, Niederösterreich und dem Burgenland Richtung Graz in Marsch.

Außenpolitisch ist in dieser Situation nichts zu erwarten. Die Westmächte schweigen und Österreichs Gesandter in Jugoslawien meldet an diesem Tag ins Wiener Außenamt:

„Die jugoslawische Einstellung gegenüber Österreich wird ... von dem Axiom beherrscht, daß sowohl der Anschluß an Deutschland als auch die Restauration der Habsburger unerwünscht sei, daß jedoch zwischen diesen beiden Übeln der Anschluß das geringere darstelle. Die dritte Möglichkeit, die Bewahrung der Selbständigkeit Österreichs, tritt bei dieser Alternativstellung in den Hintergrund, und es ist vor allem der Ministerpräsident, ... der den Anschluß für unvermeidlich hält und ihn nur so lange als möglich hinauszuschieben wünsche ...“

Die Firma Schiffmann-Moden in der Taborstraße 48 in Wien, der „tägliche Rendezvousplatz aller sparsamen Damen und Herren“, annonciert vier Knäuel Stopfgarn mit Seidenglanz in Cellophanpackung um 10 Groschen, Damen-Büstenhalter mit Tülleinsatz um 69 Groschen, Knaben-Sportanzüge um 6,90 Schilling und als besondere Sensation einen Damen-Wollstoff-Paletot mit Schoß, Seidenbluse und passendem Hut um zusammen 39 Schilling.
Im Radio bringt Andreas Reischek einen Hörbericht vom Fest der Bürgerschaft in St. Wolfgang, und Max Schönherr dirigiert einen „Symphonischen Fasching“, der von der RAVAG um 19.25 übertragen wird.

Samstag, 26. Februar 1938

Ziel und Weg für die österreichische Presse.

Der Bundeskanzler und Frontführer Doktor Schuschnigg hat gestern im Beisein des Vorstandes des Bundespressedienstes, Bundeskommissär Walter Adam, des Vorstandstellvertreters Hofrat Weber und der Referenten des Bundespressedienstes sowie des Präsidenten der Oesterreichischen Pressekammer Gesandten Eduard Ludwig die Chefredakteure sämtlicher Wiener Tageszeitungen und der Tageszeitungen in den Bundesländern empfangen.

Nach herzlichen Begrüßungsworten des Bundeskommissärs Adam, der dem Frontführer und Bundeskanzler die Glückwünsche zu der Kundgebung des 24. Februar verdolmetschte, dankte Bundeskanzler Dr. Schuschnigg der österreichischen Presse für die

verständnisvolle Mitarbeit und Unterstützung in den letzten Tagen

der politischen Entwicklung in Zentraleuropa, ein Verständnis, das wesentlich dazu beigetragen habe, jene ruhige Atmosphäre zu sichern, die im Interesse des Vaterlandes notwendig ist. Auch künftighin werde es vor allem darauf ankommen, daß die österreichische Presse als Vertreterin der öffentlichen Meinung in Oesterreich in allen ihren Schattierungen weiterhin in innerer Geschlossenheit jenes Verständnis für die Erfordernisse der gegenwärtigen politischen Lage aufweise, das wir brauchen, um eine ersprießliche Entwicklung im Lande und in der Welt zu gewährleisten. Oesterreich wolle unter allen Umständen den Konflikt, der die Bevölkerung in zwei oder mehrere Teile zu spalten drohte, überwinden. In diesem Sinne appelliere er an die österreichische Presse diesen Gedanken vor allem in ihrer Arbeit in den Vordergrund zu stellen.

Das Ziel müsse sein, alle Vernünftigen im Lande zu sammeln.

Das sei wahre Friedenspolitik. Oesterreich ist ein deutscher Staat, Oesterreich werde deutsche Politik machen, Oesterreich werde aber auch die Brücke mit der übrigen Welt nicht abbrechen. In der Verfolgung dieses Zieles dürfe sich Oesterreich von lokalen Erscheinungen nicht beeinflussen lassen. Wo lokale Gegensätze auftreten, werde man sie nicht decken und beschönigen, aber man werde sie auch nicht übertreiben. Disziplin halten und alle aufbauwilligen Kräfte in der VF. sammeln; das sei das Ziel und der Weg.

Zum Schlusse dankte der Bundeskanzler nochmals der Presse für ihre verständnisvolle Bereitwilligkeit, dem Vaterlande zu dienen. Daß dies immer so bleiben möge, das sei sein Wunsch und seine Bitte an die österreichische Presse.

2000 Schilling Strafe oder drei Monate Arrest.

In der heutigen „Wiener Zeitung" wird ein Bundesgesetz verlautbart, das folgende Bestimmungen enthält:

Wer vorsätzlich oder grob fahrlässig durch den Inhalt eines Druckwerkes den inneren Frieden oder die zwischenstaatlichen Beziehungen Oesterreichs zu einem anderen Staat ernstlich gefährdet,

begeht eine Verwaltungsübertretung und wird unbeschadet einer allfälligen strafgerichtlichen Ahndung von der Bezirksverwaltungsbehörde, im Amtsgebiet einer Bundespolizeibehörde von dieser, mit Geld bis zu 2000 Schilling oder Arrest bis zu drei Monaten bestraft. Auch ist auf den Verfall des Druckwerkes zu erkennen, und zwar ohne Rücksicht darauf, wem die vom Verfall betroffenen Stücke gehören. Einer allfälligen Berufung kommt keine aufschiebende Wirkung zu.

Das Kleine Volksblatt

Wo liegt das wahre Paradies?

Einer Mitteilung der Budapester Tageszeitung „Uj Magyarsag" nach weiß das in Palästina erscheinende Blatt „Haboker" diese Frage klar und eindeutig zu beantworten. Dieses jüdische Sprachrohr schreibt: „Die Tschechoslowakei steht fest; sie gibt der Welt ein Beispiel, wie ein wahres freies Land aussieht. Für uns Juden bildet dieses Land die gesegnete Oase in der Wüste des europäischen Hasses und der Verfolgung. Ein kleines Paradies, wo die verschiedenen Nationalitäten friedlich nebeneinander leben, wo die Regierung die Minderheitenrechte in allem anerkennt, wo sich die Juden vollster Freiheit und Gleichberechtigung erfreuen, ja als nationale Minderheit sogar anerkannt werden. Nach alledem können wir ruhig unser Haupt zur Ruhe legen, noch ist nicht alles verloren, denn: hier ist ein Land, in dem heute noch der Geist der Freiheit und Nächstenliebe herrscht!"

Dieser Preisgesang wird wohl die Araber in Palästina mehr erfreut haben als die bodenständige arische Bevölkerung im tschechoslowakischen Nationalitätenstaate. Soll es wirklich zu einem Auszuge des auserwählten Volkes aus Palästina nach der demokratischen Insel inmitten des Meeres der europäischen Diktaturen kommen? D. M.

Alpenländische Wochenschau

Aktiver Patriotismus

Der Widerhall, den die gestrigen Ausführungen unseres Bundeskanzlers Dr. Schuschnigg in ganz Europa gefunden haben, zeigt deutlich, daß Österreich eine europäische Angelegenheit ist, beweist aber auch, daß in ganz Europa die Ansicht dominiert, daß der zweite deutsche Staat nur eine deutsche Politik machen kann. In zahllosen Blättern des In- und Auslandes wird der hohe moralische Gehalt und der kulturelle Wert der Rede des österreichischen Regierungschefs hervorgehoben. Im Freundesland wird Dr. Schuschnigg als der Held Europas gefeiert. In der Tat hatte die Rede vor dem Bundestag, an dem die Repräsentanten des Staates und die Amtswalter der Vaterländischen Front direkt teilhatten, während ungeheure Massen durch die Lautsprecher ihren Anteil an dem großen Erlebnis erhielten, eine ganz gewaltige Fernwirkung, weil darin nicht nur persönlicher Mut und tiefe Überzeugung, heißer Glaube, sondern auch höchstes Verantwortungsbewußtsein zum Ausdruck kam. In außenpolitischer Hinsicht ist sich das österreichische Volk seiner deutschen Pflicht vollauf bewußt, in staatspolitischer Richtung strebt es dem Ziele, das ihm durch das Grundgesetz vom 1. Mai 1934 gewiesen ist, zu. Es wandelt mit ehrlichem und aufrichtigem Willen einen neuen Weg, wie ihn in ähnlicher Weise die Portugiesen gehen; es verfolgt eine verfassungsmäßige Idee, die ständig weitere Kreise zieht. Österreich will weder Klassen- noch politische Fronten, auch nicht einen Kampf aller gegen alle um die Macht im Staate, sondern die Einigung und Sammlung der Berufstände zu höchsten Leistungen unter den Fittichen der Eintracht und des Gemeinschaftsgefühles. Daß gerade dieses Österreich, das sich in den Stürmen der Nachkriegszeit ehrenvoll behauptete und aus eigener Kraft sich seine große Position im Leben der europäischen Nationen sicherte, erhalten bleiben muß, das ist, wie gerade diese Tage klarlegen, eine europäische Notwendigkeit.

Die programmatischen Erklärungen des österreichischen Bundeskanzlers, der nach Tagen harten Ringens mit allseits bewunderter Kunst die Leitsätze seiner Politik der Welt unterbreitete, waren eine Bergpredigt des Friedens. Ein großer Teil seiner Darlegungen war dem deutschen Frieden gewidmet, der durch die Abrede von Berchtesgaden zwischen dem Reichskanzler und dem Bundeskanzler zu einem Markstein der deutschen Geschichte wurde. Der Beschluß der beiden Staatsmänner soll nun verwirklicht werden. Die beiden Regierungen haben sich zu Sofortmaßnahmen entschlossen, um ihrerseits Garantien für die Erfüllung des Friedensplanes zu setzen. Es ist selbstverständlich, daß die Abrede ein hohles Schemen bliebe, wenn nicht das ganze deutsche Volk, möge es nun im einzelnen so oder so denken, ihm Leben einhauchen würde. Das eben verkündete Programm des neuen Kabinetts Schuschnigg läßt absolut keinen Zweifel darüber, daß die Männer, die hier die Verantwortung tragen, vom aufrichtigen Willen beseelt sind, das allseits als notwendig erkannte Versöhnungswerk mit bestem Wissen und Gewissen zu fördern. Gerade die österreichische Verfassung ist in hoher Weise geeignet, „aus allen kleinlichen Differenzen des Tages den richtigen Weg des Ausgleiches“ zu weisen. Wir haben uns bis jetzt in einer Abwehrstellung befunden, ohne daß jedoch, eben durch den unaufhaltsamen Fortschritt im berufständischen Aufbau, die so unerläßliche Aufklärungsoffensive gemangelt hätte. Aber der Bundeskanzler hat seine Mitarbeiter in allen Zweigen des österreichischen Staatslebens zu aktivem Patriotismus aufgerufen, also zur Durchdringung des gesamten öffentlichen Lebens mit den Motiven der berufständischen Bewegung, die keine Parteien kennt. Er hat in erster Linie an die Vernunft und an die Einsicht appelliert und ließ keinen Zweifel darüber, daß die teils ererbten, teils anerzogenen Vorurteile leichter zu überwinden wären, wenn die Staatsbürger sich im Bezirke des Menschlichen sammeln würden, wenn der eine die ehrliche Überzeugung des andern achten und wenn alle zusammen im Hinblick auf das gemeinsame Vaterland die Summe ihrer Bestrebungen dem gemeinsamen Ziel der Freiheit und Eigenstaatlichkeit unterordnen würden. Dem wirklichen österreichischen Patrioten eröffnet sich eine immer größere Aufgabe, ein Apostolat der Überzeugungstreue und der gerade in unserem Lande so tiefwurzelnden Menschlichkeitsideale. Der Kanzler will es „nie und nimmer erlauben, daß die Front von der Etappe geschlagen wird“. Aufgabe der Mitglieder der Front ist es, in Hinkunft eine derartige Gefahr in unendliche Ferne zu rücken. Das geschieht, wenn das Gesetz, nach dem die Front vor fünf Jahren angetreten ist, seinen geistigen und sittlichen Gehalt auf möglichst alle Bewohner des Staates ausstrahlen kann. Oft haben wir an dieser Stelle in den vergangenen Jahren das Bibelwort gebraucht: Schwerter umbiegen in Pflugscharen und Pfeile in Sicheln. Hiezu ist Geduld und Ausdauer ebenso notwendig wie innere Überzeugung und charakterfeste Haltung. Nur wer, wie uns allen voran Bundeskanzler Dr. Schuschnigg, durch das eigene Beispiel der Toleranz und des Versöhnungswillens wirkt, wer selbstlos als Österreicher handelt, wird den andern seinen Glauben und seine Überzeugung vermitteln können.

Eine Binsenwahrheit ist es, daß der Radikalismus der seelischen und wirtschaftlichen Not der Zeit entspringt, daß der politische Friede den sozialen zur Voraussetzung hat. Die innere Sammlung, zu der der Bundeskanzler aufgerufen hat, wird sich leichter bewerkstelligen lassen, wenn die Arbeitsstätten sich mehren und füllen; denn in müßigen Stunden schafft der böse Geist der Zwietracht und Unordnung. Der Staat als Hüter der Ordnung und als Protektor der Wohlfahrt spannt alle seine Kräfte an, um Arbeit zu beschaffen. Die Privatinitiative ist niemals vergeblich aufgerufen worden; sie würde sich durch passive Planlosigkeit auch selbst am empfindlichsten treffen. In der neuen Phase des österreichischen Geschehens hat jedoch diese Privatinitiative noch eine erhöhte moralische Pflicht. Sie muß ihren aktiven Patriotismus, der gewiß nicht unbelohnt bleiben wird, auch in der Sphäre des Geistigen und Politischen mit dem Willen der Staatsführung vereinigen, sie muß ein Motor positiver Kräfte für eine Atmosphäre der Zufriedenheit und ein Träger sozialer Gerechtigkeit sein. Der Augenblick verlangt Zuversicht, Vertrauen und Menschenliebe. Er braucht ein großes Geschlecht. Da unsere Generation in eine so große Zeit gestellt ist, darf sie nicht kleinmütig und kleinlich sein, großzügig und tapfer muß sie den Frieden auf allen Gebieten und damit den Sieg der österreichischen Idee sichern.

Wiener Zeitung

Sonntag, 27. Februar 1938

*** * * Starhemberg befürchtet Rotfront-Politik Schuschniggs * * * Revolutionäre Sozialisten für Unabhängigkeit Österreichs aber gegen Schuschnigg * * * 100.000 beim Faschingsumzug in Wien * * ***

Der ehemalige österreichische Heimwehrführer, Rüdiger Starhemberg, sucht von der Schweiz aus noch immer verzweifelt politischen Kontakt nach Österreich. An diesem Tag schreibt er einen langen politischen Brief an den ihm besonders nahe stehenden ehemaligen oberösterreichischen Heimwehrführer Heinrich Wenninger, in dem es vor allem um eine eventuelle Reaktivierung des Heimatschutzes geht, der aber auch das Eingreifen Starhembergs in die österreichische Politik behandelt. Beides lehnt er unter den gegebenen Umständen ab und appelliert dann an seinen Freund:

„Ich möchte Dich noch einmal dringend bitten, alles daranzusetzen, daß sich die Heimatschützer nicht mehr in feindselige Handlungen oder gar Raufhandlungen mit den Nationalsozialisten einlassen ... So wie ich die politische Situation sehe ... wird wiederum das Dümmste gemacht, was man machen kann. Um den Vertragspartner der Berchtesgadener Besprechung betrügen zu können, mobilisiert man die Roten in Österreich. Daß der Kanzler ausdrücklich in seiner Rede erklärt hat, daß in Österreich jeder Versuch einer Rotfrontpolitik ausgeschlossen sei, ist mir ein sicheres Zeichen dafür, daß er eine solche Politik beabsichtigt. Ich bitte Euch, gebt gerade auf diese Tatsache obacht und laßt Euch in keinem Fall, selbst unter dem Schlagwort, es geht um die Unabhängigkeit Österreichs, in eine Front mit den ehemaligen Bolschewiken drängen.“

Von einer einheitlichen Front mit den „ehemaligen Bolschewiken“, wie sich Starhemberg ausdrückt, ist allerdings keine Rede. Zwar ist es den im Untergrund agierenden Revolutionären Sozialisten klar, daß sie den Kampf gegen die Nazigefahr mit den Arbeitermassen führen müssen, sie wollen sich auch von keiner Aktion, die gegen die Nationalsozialisten unternommen wird, ausschließen, oder sich von ihr fernhalten, gleichzeitig sind sie aber sehr bemüht, doch deutlich zu machen, daß all dies nicht als eine Anbiederung an das ständestaatliche System verstanden werden darf.

Demgemäß heißt es in einem langen Artikel, der an diesem Tag in der illegalen „Information“ der Revolutionären Sozialisten erscheint, und aller Voraussicht nach von deren Führer Joseph Buttinger stammt, auszugsweise:

„Wenn wir nicht imstande sind, gegen dieses Regime in kürzester Zeit die Demokratisierung des öffentlichen Lebens durchzusetzen – unter Ausschluß der Faschisten – dann können wir die Nazisierung Österreichs nicht verhindern. Danach sind die Aussichten jeglichen Einsatzes der Arbeiterschaft, wo immer er erfolgt, zu beurteilen. Die bedingungslose Unterstützung des Schuschnigg-Kurses ist die Unterstützung der Gleichschaltung. Wer sich auf diesen Boden stellt, der gibt die einzig wirksame Abwehr der Gleichschaltung preis ... Jede Gelegenheit, einen Widerstand gegen die Nazisierung aufzurichten, werden wir wahrnehmen. Zu einem Betrug an der österreichischen Arbeiterschaft wird sich unsere Partei ... nicht hergeben.“

Der Zwiespalt in diesem Rundschreiben ist real: Die Massenstimmung auch der illegalen Sozialdemokraten ist an diesem Tag noch von der Hoffnung belebt, Österreich gegen den Nationalsozialismus verteidigen zu können. Einzig erfolgversprechende Voraussetzung dafür ist für die Revolutionären Sozialisten die Wiederherstellung der Demokratie, sind die Freiheitsrechte; und hier zweifeln sie, ob der Ständestaat den Mut zur Preisgabe seiner bisherigen Politik aufbringen werde.

Die „Reichspost“ berichtet von einer großen Bauernversammlung in Hollabrunn, auf der Landeshauptmann und Reichsbauernführer Reither sagte, daß mit dem Abkommen von Berchtesgaden ein deutscher Friede geschlossen wurde, der eine große Gefahr für den europäischen Frieden abgewendet habe. Unter anderem schreibt das Blatt:

„Reither betonte besonders, daß die österreichischen Bauern sich von jeher gegen den Einfluß des Bolschewismus gewehrt haben und erinnerte hiebei an das Jahr 1919, wo Österreichs Bauern es waren, die das Eindringen des Bolschewismus in Österreich verhinderten ...“

Aber nicht nur die Politik beherrscht diesen Tag. Das „Kleine Blatt“ berichtet in einer Bildreportage, daß der „Massenmörder vom Dobratsch“ in Kärnten endlich gestellt wurde. Bei dem „Massenmörder“ handelt es sich um einen Wolf, der angeblich über 200 Rehe und Gemsen, 60 Schafe und 30 Kälber gerissen hat. Nun ist er nach vier Jahren bei einer Jagd, an der 65 Schützen und 58 Treiber teilnahmen, erlegt worden.

In Wien drängen sich an diesem Sonntag die Massen auf der Straße. 100.000 Wiener verfolgen den Faschingsumzug durch die Schönbrunnerstraße, der aus allen österreichischen Bundesländern beschickt ist.

Sonntag, 27. Februar 1938

Hymnus auf Österreich

Es ist für den deutschen Geist schicksalhaft, daß er in Stunden ernster und schwerwiegender Entscheidungen in tiefer Gewissenserforschung die Frage nach der geschichtlichen Wahrheit und der Richtigkeit des eigenen Weges aufwerfen muß. (Stellt doch die Wahrheit den höchsten Wert innerhalb des christlich-abendländischen Weltbildes dar.) In seiner großen Rede hat soeben Bundeskanzlers **Dr. Kurt v. Schuschnigg** die Frage nach der **Erfüllung der deutschen Aufgabe Österreichs** mit voller Offenheit aufgezeigt und hiebei die Grundlage der österreichischen Existenz in einem vollendeten **Zusammenklang von klassisch-humanistischen, national-deutschen und christlich-abendländischen Elementen** erkannt. Der Bundeskanzler hat sich hiemit zu jener Form eines abgeklärten Deutschtums von menschheitlicher Weite bekannt, die dem wahrhaft großdeutschen Gedanken ihren geschichtlichen Stempel aufprägt. Das alte, auf ein universales Friedensziel abgestellte Reich hat in bezug auf seine geistigen Prinzipien nach österreichischer Auffassung auch für die Gegenwart seine symbolhafte Bedeutung behalten. **Österreich hat den großen Gedanken des Reichs und der übernationalen Völkerverständigung selbst in den Zeiten bedauernswerter deutscher Zwietracht aufrechterhalten und ihn in seiner reinsten und sublimsten Form für das Weltbild kommender Geschlechter gerettet.** Auch wenn eine im „kleindeutschen" Subjektivismus verwurzelte Geschichtsschreibung es nicht wahrhaben wollte, standen wir in unserem geschichtlichen Entwicklungsprozeß auf zutiefst deutschem Posten. **Österreich bildete durch viele Jahrhunderte ein ehernes Bollwerk eines sich seiner Sendung bewußten Deutschtums.** Es hat sich dem vollen Einsatz seiner volklichen und staatlichen Individualität für die deutsche Sache auch dann nicht entzogen, wenn ihm das eigene Lebensinteresse einen anderen Weg gewiesen hätte. Österreich war sich stets bewußt, daß ein augenblicklicher eigener Vorteil, der sich zum Nachteil anderer auswirken würde, seiner individuellen Mission niemals zu dauerndem Segen gereichen könnte. Diese Erkenntnis wurzelt in dem bei uns Österreichern stets besonders wachen Bewußtsein von der für die christlich-abendländische Kultur richtungweisenden **Rangordnung der Werte.** Österreich ist mit den Wahrheiten und Werten eines geschichtlich fundierten katholischen Christentums verbunden. Aus dieser tiefen Verankerung im christlichen Glaubens- und Gedankengut ergibt sich auch seine unmittelbare **geistige Verbundenheit mit anderen Staaten und Völkern.** Daß dieses echt christliche weltaufgeschlossene Bekenntnis vom übrigen Deutschtum nicht immer voll verstanden und gewürdigt wurde, war seine geschichtliche Tragik. Der Bundeskanzler sagte diesbezüglich in seiner großen Rede:

„Wir wollen gewiß nicht die Geister von 1866 beschwören, wenngleich sich nicht leugnen läßt, daß Österreich damals die großdeutsche Politik, nämlich den Gedanken des Deutschen Bundes, mit seinen Waffen deckte, somit für den großdeutschen Gedanken in Nord und Süd in Ehren kämpfend unterlegen ist. Man soll das, was war, nicht richten und es ist sinnlos, danach zu forschen, warum es so kam und vielleicht damals kommen mußte... Manch stolzes Wort wurde in den Metropolen der beiden Reiche gesprochen; eines der schönsten von ihnen, das der Österreicher und der Deutsche, wo immer seine Heimat ist, am besten nie vergessen möchte, war jenes Franz Josefs: Ich bin ein deutscher Fürst... Seit nunmehr bald hundert Jahren ist die deutsche Frage in diesem Lande nicht so recht zum Schweigen gekommen, großdeutsch, kleindeutsch, großösterreichisch standen einander gegenüber und die besten Köpfe unseres Landes haben immer wieder mit dem Problem gerungen."

Österreich hat sich also nie dagegen gewehrt, sich zu seinem Deutschtum mit all den damit verbundenen Konsequenzen zu bekennen.

Diese Grundhaltung ermöglichte es ihm auch, schon frühzeitig Ideen in sich aufzunehmen, die für kommende Zeit bahnbrechend wirken sollten. Es sind dies der Gedanke der **Völkerverständigung** und der **sozialen Gerechtigkeit.** Sein tief verankertes **Rechtsgefühl** erleichtert ihm auch, für die innenstaatlichen Lebensformen anderer Verständnis zu haben und sich von jeder Schematisierung fernzuhalten. **Die Idee, andere nach seiner Fasson selig zu machen, ist gänzlich unösterreichisch.** Österreich erstrebt im Gegenteil, aus eigener Kraft und auf **eigenem Boden** seinen schicksalhaften Dienst am Deutschtum und an der Menschheit zu leisten. Diesem ehrlichen **Streben nach zwischenstaatlicher Verständigung und Harmonisierung** entsprang auch seine ehrliche Freude über die soeben erfolgte neuerliche **Klärung seines Verhältnisses zum Dritten Reiche,** die im Geiste einer echt deutschen Einsicht jedem der beiden Teile die Rechte und Pflichten zuweisen soll, die der Würde und dem gesamtdeutschen Ansehen entsprechen. Österreich weiß in richtiger Einschätzung seiner Kräfte, daß es nicht mit sensationellen Möglichkeiten rechnen kann. Sein Streben ist, sich in ehrlicher und beharrlicher, dem Wohle und der Fortentwicklung aller dienender Arbeit einen Platz an der Sonne zu erwerben. Diese Erkenntnis dem gesamten Deutschtum und der übrigen Welt zum Bewußtsein zu bringen, stellt eine wahrhaft deutsche und europäische Aufgabe dar. **Kanzler Schuschnigg** hat in seiner historisch bedeutsamen Rede eindrucksvoll aufgezeigt, daß auch ein Kleinstaat **volle Daseinsberechtigung** und **volles Entfaltungsrecht** besitzen kann, wenn er seine geschichtlich gegebenen Aufgaben erkennt. Diese Einsicht am eigenen Beispiel zu beweisen und darüber hinaus dem deutschen Gedanken in seiner wahrhaft universalen und unveräußerlichen Form zu dienen, ist und bleibt der ewige Königsgedanke unseres Staates, der im Interesse einer friedlichen Weiterentwicklung der Menschheit seine Gültigkeit bewahren muß.

Sturm über Österreich

Deutscher Geist in Oesterreich.

Das stolze, ehrliche und selbstverständliche Bekennt-
nis zur deutschen Bindung, das Oesterreich durch den
Mund seines Bundeskanzlers in die Welt sandte, hat
wohl nur diejenigen überrascht, denen durch eine allzu
tiefe Vertrauensseligkeit in eine gewisse Tendenz
deutscher Geschichtsschreibung oder infolge ihres weiten-
Abstandes vom deutschen Raume der Sinn des politi-
schen Geschehens an der mittleren Donau seit einem
Jahrtausend überhaupt unverständlich geblieben ist.
Daß über dieses nationale Bekenntnis des freien und
unabhängigen Oesterreich nur einen Augenblick
Zweifel bestehen konnten, mag vielleicht dadurch ent-
schuldigt werden, daß die politische Entwicklung der
Deutschen keineswegs ungebrochen und einheitlich ver-
läuft, wie etwa bei den englischen oder französischen
Nationalstaaten, sondern in gewissen Perioden der Ge-
schichte auch die verschiedensten Gegensätze aufweist. Da
steht der universale Reichsgedanke dem Willen nach
völkischer Abschließung gegenüber, das heiße Streben
nach Unitarismus und Zentralismus der territorialen
Zersplitterung ohnegleichen, der Kampf deutscher
Mächte untereinander. deren innigster Ver-
bindung. Als Realitäten haben diese geschichtlichen
Perioden Verschiedenheiten der Ansichten gezeitigt, die
wohl den Gedanken eines allgemein-deutschen Lebens
zerstört hätten, wenn nicht geistige Kräfte, die über
allem staatlichen und politischen Geschehen walten und
weben, in einer unübersehbaren Fülle von Gestalten
und Werken diese Einheit jederzeit bekräftigt und ver-
deutlicht hätten.

Unzählbar sind die geistigen Güter, die Oesterreich der
deutschen Kultur geschenkt oder übermittelt hat. Und
ebenso reich fließt der Strom deutschen Lebens aus dem
Westen und Norden in den Donaustaat ein. An allen
großen geistigen Bewegungen im deutschen Lebens-
raum, so weit gespannt wir ihn auch denken mögen, hat
Oesterreich teilgenommen, getrunken sowohl wie ge-
spendet. Und dennoch haben diese allgemeinen
Strömungen des Denkens und Schaffens hier immer
wieder eine besondere, ja gleichbleibende Prägung ge-
wonnen, deutschen Geist gewissermaßen in österreichi-
schen verwandelt. Man hat diese Tatsache vielfach auf
fremde Einflüsse zurückgeführt, denen angeblich Oester-
reich besonders durch seine Lage und seine universale
Stellung als Hausbesitz eines weltbeherrschenden Ge-
schlechtes unterworfen gewesen ist. Allein, dies trifft
nicht so ganz zu: Gewiß, spanische und italienische Ein-
flüsse vor allem haben von der Mitte des sechzehnten
bis zu der des achtzehnten Jahrhunderts viel zur Be-
reicherung österreichischer Kultur beigetragen. In der
Minoritenkirche sehen wir sogar aus viel früherer Zeit
ein Stück französischer Gotik: mancher Palast, manches
Standbild könnte in Italien stehen und nicht am Ufer
der Donau oder in den Alpenländern. Aber verhält
es sich etwa in Süd- und Mitteldeutschland anders?
Hat nicht dort der französische Kultureinfluß lange Zeit
die Bildung der Oberschichten in Adel und Bürger-
tum ganz für sich gewonnen, ist nicht der französische
Park bis in das Herz der Mark Brandenburg ge-
drungen, und hat Preußens großer König nicht in
französischer Sprache geschrieben und gedacht? Der
nationale Genius weiß stets und überall die fremden
Kulturgüter umzuformen in neuer Schöpfung zu neuer
Gestalt. So hat auch der große Kulturauftrieb aus dem
Süden der österreichischen Architektur Elemente in die
Hand gegeben, aus denen sie den Wunderbau des
österreichischen Barocks errichtete. Ungebrochen aber
pulsiert und lebt das mittelalterliche Volksleben über
Reformation und Gegenreformation hinweg in den
Alpenländern und erweckt auch heute Interesse und
Entzücken der ganzen Welt.

Vom Westen her sind die großen geistigen Strö-
mungen durch den deu…

Neues Wiener Tagblatt

Montag, 28. Februar 1938

*** * * Adolf Watzek ruft Arbeiterschaft auf, wachsam zu sein * * * Schwere nationalsozialistische Unruhen in Graz * * * Hitler gegen eine Gewaltlösung in der Österreichfrage * * ***

Erstmals seit seiner Bestellung hält der neuernannte Staatssekretär „für die Angelegenheiten des gesetzlichen Schutzes der Arbeiter und Angestellten", der ehemalige Metallschleifer und Freigewerkschafter Adolf Watzek, eine Rede vor Vertrauensleuten der Wiener Arbeiterschaft. Watzek, ehemaliger Sozialdemokrat, betont vorerst, daß er es für feig empfunden hätte, wenn er in diesen ernsten Stunden für Österreich nicht den Ruf des Kanzlers in die Regierung angenommen hätte, und versichert gleichzeitig, daß er besonders darauf achten werde, die Rechte der Arbeiter zu sichern und auszubauen. *„Nichts werde ich, als einfacher und gerade denkender Mensch tun",* so verspricht er seinen Zuhörern, *„was ich nicht mit meiner Gesinnung vereinbaren könnte."* Auf das Abkommen von Berchtesgaden eingehend, meint dann der Staatssekretär:

„Wir wollen den Frieden und sind bereit, gegen jeden aufzutreten, der den Frieden im Lande zu stören versucht. Wir sind als Österreicher und Deutsche bereit, manches zu vergessen, was uns in der Vergangenheit entzweit hat, nur um des Friedens willen, den wir mit aller Macht erhalten wollen. Wir sind aber nicht bereit, uns selbst, unsere Freiheit und Unabhängigkeit zu opfern, um eines scheinbaren Friedens willen, dessen sicheres Fundament nicht Recht und Menschenwürde sind, sondern der, durch Mittel der Gewalt erzwungen, der Welt nur vorgetäuscht wird."
Watzek appelliert an die Arbeiter, wachsam zu sein. Wenn er von seinem Posten zurücktreten sollte, weil sich die Lage so verändert habe, daß er dies nicht mehr mit seiner Gesinnung verantworten könne, dann würden die Arbeiter wissen, was zu tun sei.

Das Abkommen von Berchtesgaden wird aber an diesem Tag nicht nur von Staatssekretär Watzek angesprochen, sondern auch weiterhin in den internationalen Zeitungen kommentiert.

So wendet sich die Berliner Zeitung „Germania" gegen die *„abwegigen Kombinationen"* ausländischer Blätter über die Zusammenkunft zwischen Hitler und Schuschnigg und schreibt:
„Wenn man gewissen Blättermeldungen glauben soll, so hatte sich auf dem Obersalzberg der Schwächere dem Ultimatum des Stärkeren gebeugt, und Europa stand wieder

einmal am Vorabend einer Katastrophe. Man wird sich allmählich überzeugen, daß es am 12. Februar weder Sieger noch Besiegte gegeben hat, wenn man nicht der Wahrheit gemäß feststellen will, daß es der deutsche Gedanke war, der hier den Sieg über bestehende Meinungsverschiedenheiten davongetragen hat."

Die italienische Zeitung „La Stampa" wieder schreibt an diesem Tag, die Reden Hitlers vom 20. und die Schuschniggs vom 24. Februar miteinander vergleichend und kommentierend:

„Hitler und Schuschnigg haben gesprochen. Über die neue Phase der österreichisch-deutschen Beziehungen ist somit von den beiden höchsten Autoritäten alles gesagt worden, was zu sagen ist ... Hitler gab seiner Freude Ausdruck über die Verständigung von Berchtesgaden, unter Bezugnahme auf das Abkommen vom 11. Juli 1936, in dem die ausdrückliche Anerkennung der Unabhängigkeit Österreichs enthalten ist; Schuschnigg gab seiner Freude Ausdruck über den ehrenvollen Friedensschluß und sagte aufs freimütigste und entschlossenste, daß Österreich das Höchstmaß dessen getan, was es tun könne: ‚Bis hierher und nicht weiter!'"

Die reale Situation ist wesentlich anders. In Graz gibt es seit Tagen schwere nationalsozialistische Unruhen, die Hitler später dazu veranlassen werden, Graz den Titel „Stadt der Volkserhebung" zu verleihen, und Wilhelm Keppler, Hitlers Sonderbevollmächtigter für Österreich, schreibt nach einem Gespräch mit Hitler in einem Aktenvermerk: Nach Meinung Hitlers sei *„das von Schuschnigg unterzeichnete Protokoll ... so weitgehend, daß bei voller Durchführung die Österreich-Frage automatisch gelöst werde. Eine gewaltmäßige Lösung sei ihm (Hitler), wenn es irgendwie vermieden werden könne, jetzt nicht erwünscht, da für uns die außenpolitische Gefährdung von Jahr zu Jahr geringer werde und die militärische Macht von Jahr zu Jahr größer."*

In Wien kursiert in diesen Tagen vor allem in sozialdemokratisch-oppositionellen Kreisen ein Witz, dessen bitter-tragische Ironie bezeichnend ist:
Es gibt noch zwei Geheimklauseln zum Berchtesgadener Abkommen, die bisher streng geheim gehalten wurden: 1. Hitler hat Schuschnigg versprochen, Wien bleibt auf jeden Fall Schnellzugstation, und
2. Schuschnigg und Hitler haben sich geeinigt, daß Dollfuß nicht von den Nazis ermordet wurde, sondern an Blinddarmentzündung gestorben ist ...

Montag, 28. Februar 1938

Die nächsten Aufgaben der VF.

Die Pressestelle der VF. meldet: Eine Bezirksführer- und Amtswaltertagung der VF. Niederösterreich fand gestern im großen Sitzungssaale des Landhauses statt. Der Tagung wohnten bei: Frontführer Bundeskanzler Dr. v. Schuschnigg, Frontführerstellvertreter Minister Zernatto, Bundesminister Ing. Raab, Staatssekretär Ing. Matschnig, Landeshauptmann Reither, Landesstatthalter Kampitsch, die Landesräte Haller, Steinböck, Heitzinger und Kargl, Landtagspräsident Fischer, Bauernbunddirektor Ing. Figl und viele andere. Der Frontführer wurde bei seinem Erscheinen mit großem Beifall und Rufen „Schuschnigg Heil!" begrüßt, die sich wiederholten, als er zu einer kurzen Ansprache das Wort ergriff.

Frontführer Bundeskanzler Dr. v. Schuschnigg

zeigte im Sinne seiner großen Rede vor dem Bundestag den Weg, den die VF. zu gehen haben wird. Er dankte bei dieser Gelegenheit den Amtswaltern der VF. als den Trägern des Frontgedankens in Niederösterreich für das Bild der Disziplin und geschlossenen Gefolgschaftstreue, das sie in den letzten Tagen geboten haben.

Bundesminister Raab

erörterte die wirtschaftlichen Bemühungen der Regierung und die Wechselbeziehungen zwischen Wirtschaft und Politik. Die wichtigste Aufgabe der Regierung in diesem Jahre werde sein, alle Anstrengungen auf wirtschaftlichem Gebiete zu machen, um Tausenden von Menschen, die bisher der ideellen Aufgabe, zu arbeiten und zu schaffen, nicht nachkommen konnten, in den Arbeitsprozeß einzugliedern.

Frontführerstellvertreter Minister Zernatto

behandelte die organisatorischen Aufgaben, die die VF. in der nächsten Zeit zu bewältigen haben wird. Die letzten vierzehn Tage hätten verschiedentlich Unklarheiten gebracht, nicht etwa über den Weg, der zu gehen ist, sondern über Tempo und Gangart; und doch haben diese zwei Wochen manche lehrreiche Erkenntnis über die Organisation der Front gezeigt. Man hat gesehen, wo Mängel in den Reihen der Front aufgetreten sind. Die Politik, die wir nun zu machen haben, ist im Sinne der Rede des Frontführers eine Politik des ehrlichen Friedens und der Versöhnung. Wir sind dazu bereit, jene, die die Absicht haben, auf dem Boden der Verfassung und des Frontprogrammes mitzuarbeiten, in loyalster Gesinnung aufzunehmen.

Die Front ist nicht dazu da, das Dollfuß-Programm zu verwalten, sie hat es zu verwirklichen. Eine politische Bewegung ist nicht zu verwalten, sie muß geführt werden, und wo das bisher nicht in richtigem Ausmaß der Fall war, wird eben von der Verwaltung zur Führung jetzt übergegangen werden müssen. Minister Zernatto dankte dem Landeshauptmann Reither für seinen Entschluß, durch die Uebernahme der Landesführung mehr noch als bisher der Front seine Kräfte zur Verfügung zu stellen. Wir alle, schloß er, stehen unverrückbar in treuer Gefolgschaft zu unserem Führer Dr. v. Schuschnigg. Ich glaube, daß er uns gerade in den letzten Wochen bewiesen hat, wie sehr er nicht nur ein kluger, sondern auch ein mutiger und konsequenter Führer ist — und das wollen wir ihm danken! (Stürmischer Beifall).

Der Generalsekretär des Oesterreichischen Jungvolks Reimitz berichtete über die Jugendbewegung in Niederösterreich. Wir setzten und setzen, erklärte er unter anderm, für alle Zukunft an Stelle der Verneinung den leidenschaftlichen Aktivismus der Jugend, der sich nicht im Hinausschreien von Forderungen kundtut, sondern vor allem in der Arbeit überall dort, wo es für die Jugend entscheidend ist.

Landessekretär Eckert erstattete einen eingehenden Tätigkeitsbericht der Landesführung.

Präsident Eichinger verabschiedete sich als Landesführer mit Worten des Dankes an alle Amtswalter der VF. in Niederösterreich.

Landeshauptmann Reither übernahm die Landesführung mit einem Gelöbnis, sein Amt in objektivster Weise nicht nur im Interesse der Front, sondern auch im Interesse der Berufsstände in der Front zu führen. Der Landeshauptmann schloß seine Rede mit einem Appell, dem Kanzler und Frontführer unbedingte Gefolgschaftstreue zu geloben und ihm zu versichern, daß die VF. Niederösterreich unter allen Umständen gewillt ist, mit ihm und seiner Regierung für das Vaterland zu arbeiten.

Zuletzt wurde eine Reihe von Amtswaltern mit Ehrenkreuzen der VF. ausgezeichnet.

Neue Freie Presse

1813 und 1938.

Nationales Erwachen — heute und vor 125 Jahren.

Es erscheint als eine glückliche Fügung, daß das neue nationale Erwachen des gesamtdeutschen Großvolkes gerade in die Zeit fällt, in der vor 125 Jahren der deutsche Befreiungskrieg gegen die französische Unterdrückung begann. General York brachte — nach dem ersten Aufflammen der Freiheitsbewegung in Tirol anno 1809 — gegen Ende des Jahres 1812 den Stein ins Rollen, so daß sich auch König Friedrich Wilhelm zur befreienden nationalen Tat drängen ließ und Anfang März 1813 sein Volk zur Erhebung aufforderte. Oesterreich schloß sich an, die Rheinbundfürsten fielen von Napoleon ab. Die Völkerschlacht bei Leipzig wurde der Befreiungstag Deutschlands.

Der Anstoß zur nationalen Erhebung ging auch damals von Preußendeutschland aus. Im Frieden von Tilsit hatte Frankreich dem stolzen Staate Friedrichs des Großen unerträgliche Bedingungen diktiert und schwerste Lasten aufgebürdet. Tilsit ist das Vorbild des Versailler Vertrages von 1919 geworden.

In der größten Not seines Landes rief der König den Nichtpreußen Freiherrn von Stein zurück, den er zuvor so ungnädig abgewiesen und entlassen hatte. „Es wurde das entscheidende Ereignis für die deutsche Zukunft, daß die geistigen und gesamtnationalen Kräfte durch Männer, deren Mehrzahl Nichtpreußen waren, geschaffen wurden, die auch das gedemütigte und zum Krüppel geschlagene Preußen auf eine neue hohe Stufe deutscher Staatlichkeit hoben. Der seelenlose Obrigkeitsstaat öffnete sich der Freiheit, freilich unter Widerständen der alten konservativen und bürokratischen Kreise.“ (Vergl. Srbik: Deutsche Einheit. 1. Bd., S. 177.)

In der Gegenwart wiederholte sich dieser Vorgang in der Weise, daß der geborene Oesterreicher Adolf Hitler das preußisch-deutsche Reich Bismarcks nach der Niederlage von 1918 durch seine junge nationalsozialistische Volksbewegung aus Ohnmacht und Selbsterniedrigung befreite. Wie Freiherr von Stein, so wirkte auch Hitler als „Erzieher der Deutschen zur Idee des nationalen Staates“. Es bedurfte jahrelangen Ringens, bis sich die Hitlerbewegung als politische Macht Geltung zu verschaffen vermochte. Erst im Jahre 1932 erhielt Hitler das Staatsbürgerrecht im Deutschen Reich. Zwei Jahre später aber wurde er als Führer des deutschen Volkes anerkannt und zum Staatsoberhaupt des ehemaligen bismarckischen Kaiserreiches gewählt.

Das nationale Erwachen ist heute ebenso wenig wie 1813 eine bloß preußisch-deutsche Angelegenheit; es handelt sich vielmehr um eine gesamtdeutsche Angelegenheit von weittragender Bedeutung für Gegenwart und Zukunft. Aus den Befreiungskriegen ging nur ein deutscher Bund hervor. Es lag darin wenigstens die Anerkennung des Rechtes auf nationale Einheit und die Erinnerung an das erste großdeutsche Reich. Im Weltkrieg unterlagen die beiden deutschen Staaten zwar äußerlich, aber sie haben sich das Recht zur deutschen Nationalrevolution erkämpft und die Kraft zur völkischen Verjüngung errungen. Die ungeheuren Blutopfer fordern eine solche Sinngebung.

Der Marxismus hat uns die Sinngebung des Weltkrieges versagt. Das Fronterlebnis wurde nicht gewürdigt und geehrt, sondern eher lächerlich gemacht. So geriet das Deutschtum in Gefahr, am Sinn seiner nationalen Existenz irre zu werden und an seiner Reichsaufgabe zu verzweifeln. Es war also die Quittung für eine geschichtliche Schuld, wenn der Marxismus in beiden deutschen Staaten niedergeworfen wurde. Deutschland hat schon im Jahre 1932 einen entscheidenden Schlag gegen den Marxismus geführt, indem die damalige Reichsregierung Papen die sozialdemokratische Regierung in Preußen absetzte. Diese Reichsexekution erwies sich als Vorbereitung der nationalsozialistischen Machtübernahme, welche den Marxismus erst innerlich überwand.

Innsbrucker Nachrichten

Glückliche Frauen

die immer — ausgeruht und guter Dinge — ihrem Mann ein freundliches, schönes Heim bereiten. Sie wissen, daß Müh' und Plage des häuslichen Waschtags unnütz sind, daß die Habsburg ihre Wäsche schonend und schön wäscht.

Tüchtige Hausfrauen sind -

treue Habsburg-Kunden

Der Morgen

Dienstag, 1. März 1938

* * * Illegale „Arbeiter-Zeitung" analysiert Berchtesgaden * * * NS-Aufmarsch in Graz im Beisein des Innenministers * * * Kritische Situation in Oberösterreich * * *

„Salata berichtet mir bisher unbekannte und sehr ernste Einzelheiten von der Unterredung Hitler – Schuschnigg. Die Heftigkeit des Reichskanzlers scheint unerhört gewesen zu sein. Bei jedem geringsten Anschein von Widerrede drohte er mit der Besetzung von Salzburg. Nunmehr beabsichtigt Schuschnigg, einen Volksentscheid zu veranstalten und die Entschlüsse über die Zukunft Österreichs von dem Ergebnis abhängig zu machen. Nach seiner Meinung müßten die Aussichten für die Vaterländische Front günstig sein. Wenn es aber nicht so wäre, stünde man dann nicht vor der unmittelbaren Krise? Ist es richtig, das Risiko auf sich zu nehmen?"

Diese Aussage findet sich im Tagebuch des italienischen Außenministers Ciano.

In Paris erscheint eine Nummer der „Arbeiter-Zeitung", unter Österreichs illegalen Sozialdemokraten weiterhin stark verbreitet. In einem langen Artikel *„Schuschniggs Kapitulation vor Hitler"* werden eine eingehende Analyse der Unterredung von Berchtesgaden geliefert und vor allem Hitlers militärische Drohungen gegen Schuschnigg hervorgehoben:

„... Unter dem Eindruck dieser Drohungen machte Schuschnigg in die Hosen. Er unterwarf sich den Befehlen Hitlers. Er fuhr nach Hause und vollzog die Befehle des deutschen Diktators ... Wie es Hitler befohlen hatte, wurde Dr. Seyß-Inquart, der keineswegs ein verschämter ‚Nationalbetonter', sondern ein unverschämter Nationalsozialist ist und von allen reichsdeutschen Zeitungen als solcher bezeichnet wird, zum Innen- und Polizeiminister ernannt; das bei weitem wichtigste Machtinstrument des österreichischen Polizeistaates, die Polizei und Gendarmerie wurde damit den Nazis ausgeliefert ... In Zukunft werden in Österreich sozialistische Arbeiter, die die Unabhängigkeit Österreichs verteidigen, auf Befehl eines Naziministers eingesperrt werden ..."

Noch aber, so meint Otto Bauer, ist nicht alles verloren.

„... Aber so groß die Gefahr ist, so kann sie noch immer abgewendet werden, wenn sich das österreichische Volk ermannt, den Erpressungen Hitlers kraftvollen Widerstand entgegenzusetzen. Ohne die Mitwirkung der Arbeiterschaft ist ein solcher Widerstand freilich undenkbar. Sie ist bereit, gegen Hitler, aber nicht bereit, für Schuschnigg zu

kämpfen. Für die Arbeiterschaft bleibt das Kampfziel die Freiheit im Inneren mit dem Kampfziel der Unabhängigkeit nach Außen untrennbar verknüpft.“

An diesem Tag, als die „Arbeiter-Zeitung“ Arthur Seyß-Inquart einen „unverschämten Nationalsozialisten“ nennt, fährt dieser nach Graz. Dort ist seit einigen Tagen der Teufel los. Die Nationalsozialisten beherrschen die Stadt und Seyß-Inquart hält es für nötig, weitere Exzesse zu verhindern. Nach Verhandlungen mit den örtlichen Behörden überträgt er den lokalen SA- und SS-Formationen die Wiederherstellung der „Ordnung“; gleichzeitig wird den Nationalsozialisten ein Fackelzug zu Ehren des Ministers gestattet. Am Abend zeigt sich Seyß-Inquart bei dieser Kundgebung von etwa 5000 Braunhemden gemeinsam mit dem steirischen Führer der Nationalsozialisten, Professor Dadieu, am Balkon von dessen Wohnung und beantwortet die „Heil-Hitler“-Rufe – wie ein englischer Korrespondentenbericht feststellt – „mit einiger Verlegenheit im Gesicht“, indem er die Hand zum Hitlergruß erhebt. Es ist dies ein öffentlicher Rechtsbruch des Innenministers, denn noch ist der Hitlergruß in Österreich verboten.

In Oberösterreich schlägt Landeshauptmann Gleißner an diesem Tag die Bildung militanter Abteilungen der Vaterländischen Front vor, um Übergriffe der Nationalsozialisten zu bekämpfen, aber der Sicherheitsdirektor, Peter Graf Revertera, bemerkt dazu: es sei bezeichnend für die vollkommene Kopflosigkeit in der Vaterländischen Front, daß man zu diesem Zweck die Liste ihrer Gau- und Bezirksführer durchgehen muß, um festzustellen, wer verläßlich und brauchbar wäre; und schließlich erscheint im „Kleinen Blatt“ ein Artikel, der sich gegen die Unterstellung der Nationalsozialisten wendet, das Bekenntnis der österreichischen Arbeiterschaft zur Unabhängigkeit Österreichs sei von Bolschewiken inszeniert worden.

„Wo manche zu versagen begannen, da setzte die Arbeiterschaft Österreichs eine befreiende Tat ... Es ist ja geradezu absurd, annehmen zu wollen, daß etwa der christliche Präsident des österreichischen Gewerkschaftsbundes bloß deswegen, weil er für soziale Gerechtigkeit eintritt, ‚Bolschewik‘ sein müßte. Dann wären ja auch manche der Päpste ‚Bolschewiken‘ ...“

Faschingsdienstag: Im Wiener „Sascha-Palast“ veranstaltet Fritz Imhoff eine „Lustige Faschingsakademie“ ...

Dienstag, 1. März 1938

1937: Rekord im österreichischen Außenhandel

Seit dem Krisentiefpunkt 1932=33 ist die Entwicklung des österreichischen Außenhandels noch in keinem Jahr so günstig gewesen wie im Vorjahre, schreibt das österreichische Institut für Konjunkturforschung in seiner Uebersicht über das Jahr 1937. Die vorjährige Steigerung des gesamten Außenhandelsvolumens mengenmäßig um 21 Prozent, wertmäßig um 456 Millionen Schilling oder 20 Prozent, ist sogar größer als die in allen drei Jahren 1933 bis 1936. Auf der Einfuhrseite ist es sogar das erstemal, daß eine Steigerung gegenüber 1932 stattgefunden hat. Daher lag die Einfuhr von 1937 nur um ein Geringes über den Ziffern von 1932, mengenmäßig um 883.477 Meterzentner oder 1.5 Prozent, wertmäßig um 61 Millionen Schilling oder 4.4 Prozent. Die Rohstoffeinfuhr war aber von dieser Entwicklung nicht betroffen, denn ihre Steigerung ermöglichte erst die beachtliche Produktionskonjunktur Oesterreichs in diesem Zeitraume.

Mittels Errechnung eines sogenannten Quantumindex, der ein Bild von der Außenhandelsentwicklung unter Ausschaltung der Preisschwankungen vermittelt, und auf Grund eines Vergleiches mit dem Weltindex des Völkerbundes stellt das Konjunkturinstitut fest, daß der Rückgang des österreichischen Außenhandels von 1929 bis 1933 zwar um vieles stärker war als in der ganzen Welt, daß aber die seitdem zu beobachtende Erholung in Oesterreich hinter der des Welthandels praktisch nicht zurücksteht. Oesterreich konnte mit der Weltkonjunktur, soweit sie vom Außenhandel widerspiegelt, gleichen Schritt halten.

Einen guten Einblick in die regionalen Verlagerungen des österreichischen Außenhandels gewährt eine Tabelle, worin die absoluten und perzentuellen Veränderungen gegen 1936 errechnet sind. Aus ihr wird ersichtlich, daß die höchsten Prozentsteigerungen und die relativ bescheidenen Ausweitungen der Ausfuhr in Schillingen gemessen im Verkehr mit Uebersee (Japan, China, Argentinien, Britisch-Indien mit weit über 100prozentigen Steigerungen im Werte von maximal nur 15 Millionen Schilling) zu verzeichnen sind, während die hohen absoluten Steigerungen des Exportes zum Beispiel um 27 Millionen Schilling (Deutsches Reich) und 43 Millionen Schilling (Italien) nur durch niedrige Perzentsätze von 17 und 33 repräsentiert werden.

Vorarlberger Wacht

TON-LICHTSPIELE

Conrad-v.-Hötzendorf-Str. 84, Tel. 40-32. — Bes. W. Suschnig.

Heute 1/2 5, 1/2 7, 1/2 9 Uhr:

ERSTAUFFÜHRUNG!

Das große nationale Filmwerk!

In diesen entscheidenden Tagen steht das deutsche Volk Gewehr bei Fuß. — Sein gigantisches Aufbauwerk erfordert den Frieden!

Sollte jedoch das Schicksal Deutschland zum Krieg bestimmt haben, die Welt soll nach den Worten Reichskanzlers Hitler und Generalfeldmarschalls Göring ein Volk vorfinden: waffenstarrend, kampfentschlossen bis zum letzten Mann und unüberwindlich!

Überzeugender als Worte es vermögen, zeigt dies der Film:

Das gewaltige Zeitfilmgemälde zur Rede d. deutschen Reichskanzlers vom 20. Februar 1938. Unter Protektorat der deutschen Gesandtschaft.

Aus dem Inhalt: Deutschlands Entwaffnung und Entehrung. — Bürgerkrieg. — Ruhrbesetzung. — Hungerjahre und nationale Unterdrückung. — Leo Schlageter. — Adolf Hitler sprengt die Fesseln. — 20 Jahre Weltaufruhr. — Mussolini und Stalin. — Deutschland zum Schutze seines Volkes marschbereit!

Jugendfrei! Karten sichern.

Kartenvorverkauf ab 10 Uhr Kinokasse u. Kartenbüros.

Tages-Post

Vorzeitig demaskiert

Viele Propheten gehen heute herum, die die Seele des Arbeiters für sich gewinnen wollen. Es sind wahre und falsche darunter, solche, die es ehrlich und aufrichtig meinen, und wieder andere, die sich bemühen, den Arbeiter mit Versprechungen und schönen Worten zu locken, um ihn als Vorspann für ihre Zwecke zu mißbrauchen, um ihn dann aber, wenn sie ihr Ziel erreicht haben, wieder in den Zustand der Macht- und Rechtlosigkeit zurückzustoßen. Der österreichische Arbeiter aber ist durch manch bittere Erfahrung und Enttäuschung hellhörig und mißtrauisch geworden und wenn mancher sich noch so bemüht, zum Arbeiter in seiner Sprache zu sprechen, so kann es sein, daß er trotzdem keinen Erfolg hat, denn wenn er es nicht wirklich aufrichtig meint, so klingt eben hin und wieder ein falscher Ton durch, der die Arbeiter stutzig macht.

Mit viel Versprechungen und Lockungen werben die österreichischen Nationalsozialisten seit Jahr und Tag um die Gefolgschaft der Arbeiter. Sie verweisen dabei, daß es im Reich, wo der Nationalsozialismus an der Macht sei, praktisch keine Arbeitslosen mehr gäbe, ohne allerdings die Gründe hiefür anzuführen und zu erwähnen, daß zwischen einem 60-Millionen-Reich und einem 6-Millionen-Reich gewisse Unterschiede bestehen. Der beispiellose Erfolg der Unterschriftenaktion des Gewerkschaftsbundes hat nunmehr klar und offen gezeigt, daß es trotzdem den österreichischen Nationalsozialisten nicht gelungen ist, in der Arbeiterschaft sich einen maßgeblichen Einfluß zu sichern. Woran mag das nun liegen?

Der Grund ist bald gefunden. In dem Liebeswerben um die Arbeiterschaft klingt mitunter ein Ton durch, der die Arbeiter stutzig macht. So schrieb dieser Tage, wie die „Basler Nationalzeitung" berichtet, die „Rheinische Landeszeitung", ein bedeutendes Organ der NSDAP., das in Düsseldorf erscheint, folgenden bemerkenswerten Satz:

„Für den Gewerkschaftsbund ist eigentlich im neuen Oesterreich der Maiverfassung kein Platz mehr."

Diese Melodie ist uns wohlbekannt. Sie ist das Leiblied eines gewissen reaktionären Unternehmertums, das lieber heute als morgen die Gewerkschaften zum Verschwinden bringen möchte, um dann mit den Arbeitern wieder nach Belieben umspringen zu können. Ja, eine Scheingewerkschaft, die nichts zu plaudern hat, oder eine Arbeiterbewegung auf jederzeitigen Widerruf, das würden diese Herren vielleicht noch ertragen, aber eine Gewerkschaft, die die Rechte der Arbeiter geltend macht, und eine Arbeiterbewegung, die in entscheidender Stunde ihren Einfluß und ihre Macht zur Geltung bringt, das ist für sie natürlich unerträglich. Wenn nun ein prominentes Organ der NSDAP. in das gleiche Horn stößt, so ist es weiter nicht mehr verwunderlich, wenn die Nationalsozialisten ihre Leimruten bei der Arbeiterschaft umsonst auslegen. Die „Rheinische Landeszeitung" aber als Vorspann für reaktionäre Unternehmer hat den österreichischen Nationalsozialisten einen recht schlechten Dienst erwiesen, daß sie so offenherzig über künftige Pläne plaudert. Daß dies zugleich eine Einmischung in innerösterreichische Verhältnisse bedeutet, die mit dem Berchtesgadner Abkommen absolut nicht in Einklang zu bringen ist, sei nur nebenbei festgestellt.

Gott sei Dank, sind wir in Oesterreich noch lange nicht so weit, daß diese Herren reaktionären Unternehmer allein zu entscheiden haben, ob wir eine Arbeitervertretung brauchen oder nicht, und gibt es bei uns noch genügend verständige und einsichtsvolle Unternehmer, die die Notwendigkeit einer wirklichen Interessenvertretung der Arbeiterschaft ebenfalls anerkennen. Wenn die Arbeiterschaft aber weiterhin ihren klaren Kopf behält und gegenüber den Lockungen und Versprechungen jener falschen Arbeiterfreunde so kalt und ablehnend wie bisher bleibt, dann wird niemand imstande sein, die Arbeiterorganisationen zum Verschwinden zu bringen. In diesem Kampf aber haben wir einen mächtigen Freund an unserer Seite, nämlich den Kanzler, der wiederholt klar und eindeutig erklärt hat: „Am Gewerkschaftsbund darf nicht gerüttelt werden!" Darum ist unsere Parole für die Zukunft: Jetzt erst recht mit dem Kanzler für den Gewerkschaftsbund!

Vorarlberger Wacht

Mittwoch, 2. März 1938

*** * * Staatsrat Jury bekennt sich zum Nationalsozialismus * * * Situation in der VF ungünstig * * * Beamtenschaft in Graz spricht sich für den Nationalsozialismus aus * * ***

Aschermittwoch. Bundeskanzler Schuschnigg beantwortet den Brief von Otto Habsburg, in dem dieser ihm angeboten hatte, im Notfall selbst die Regierung zu übernehmen, und er lehnt dieses Ansinnen, mit dem Hinweis auf die Gefahr kriegerischer Verwicklungen, ab.

Die RAVAG überträgt auf allen ihren Sendern die Rede des stellvertretenden Bundesleiters des Volkspolitischen Referates, des Staatsrates Dr. Hugo Jury. Der Redner, der seine Zuhörer gleich zu Beginn als *„Österreicher, deutsche Volksgenossen, österreichische Nationalsozialisten“* anspricht und betont, österreichischer Nationalsozialist zu sein, sagt dann weiter:

„Aus der Unsichtbarkeit der Illegalität treten wir in das volle Licht gesetzlichen Wirkens ... an die Stelle geheimer Zusammenkünfte tritt nun das volle, offene Bekenntnis zu unserer Idee und das politische Wirken im Rahmen des verfassungsmäßigen staatlichen Willensträgers, der Vaterländischen Front ... Die Aufgabe des volkspolitischen Referenten wird darin bestehen, alle Volksgenossen zur Gleichberechtigung, Mitbestimmung und Mitarbeit zu führen. Wir stehen bereits mitten in der Arbeit, wir hoffen, in einigen Tagen konkrete Richtlinien und Ergebnisse bekanntgeben zu können ...“

Das ist ein offenes Bekenntnis zum Nationalsozialismus, unverhüllt über alle österreichischen Radiosender ausgesprochen, und dieses Bekenntnis wird auch anderweitig dokumentiert.

So berichtet die Wiener Redaktion der Essener „Nationalzeitung“, daß die Nationalsozialisten in Grazer Ämtern und Betrieben Listen aufgelegt und die Angestellten und Beamten zur Stellungnahme zum Nationalsozialismus aufgefordert hätten: *„... Diese private und unvollständige, aber immerhin charakteristische Aktion brachte den Grazer Nationalsozialisten einen 80-prozentigen Erfolg. Am günstigsten war das Ergebnis interessanterweise im Präsidium der steirischen Landesregierung, wo sich nach Grazer Meldungen 92 Prozent der Beamten für den Nationalsozialismus erklärten.“*

Für die katholische „Reichspost“, die diese Passage des Artikels der Essener „Nationalzeitung“ übernimmt, ist das Beweis für den toleranten und „deutschen“ Kurs der Regierung Schuschnigg.

„80 bzw. 90 Prozent Anhänger des Nationalsozialismus in den Staats-, Landes- und Gemeindeämtern von Graz, in der Aera des vaterländischen Kurses, in der Aera der Verteidigung des österreichischen Staates gegen nationalsozialistische Angriffe – noch nie ist das Märchen von der Unduldsamkeit dieses Kurses, von der Unterdrückung der Andersgesinnten und dgl., drastischer widerlegt worden, widerlegt von nationalsozialistischer Seite ...“
Und die „Reichspost“ kommt zum eigentümlichen Schluß:
„Es wäre nicht unverdienstlich, wenn auch in den Ämtern der anderen Städte Österreichs die so aufschlußreichen Erhebungen der Grazer Nationalsozialisten Nachahmung fänden. Nichts wird dem deutschen Frieden förderlicher sein, als die genaue Erkenntnis dessen, was ist ...“

Was wirklich ist, notiert Oberösterreichs Sicherheitsdirektor, Peter Graf Revertera, nach einer Sitzung beim Landeshauptmann in sein Tagebuch:
„Die derzeitige Lage ist für uns absolut ungünstig und wenn die Nationalen wirklich wollen, und wenn das Reich dies decken würde, wäre es heute schon um die Unabhängigkeit Österreichs geschehen.“

Die Vaterländische Front meldet an diesem Tag, daß sie dem spontanen Verlangen der österreichisch gesinnten Bevölkerung nach umfassenden Versammlungen Rechnung tragen werde. In den nächsten Wochen würden in ganz Österreich mehr als 3000 Kundgebungen unter der Parole „Mit Schuschnigg für Österreich“ stattfinden.
Das „Wiener Journal“ berichtet, daß das Wiener Akademietheater nach längerer Zeit wieder ein Lustspiel von Raoul Auernheimer zur Aufführung bringen werde und der Dichter und Vizepräsident des Österreichischen PEN zu diesem Zweck aus der Schweiz nach Österreich zurückgekehrt sei.
Auernheimer schreibt in seinen Erinnerungen, daß ihn ein Freund davor gewarnt habe:

„‚Warum wollen Sie nach Österreich zurück? Sie kommen in einen Bürgerkrieg.‘ ‚Das mag sein‘, erwiderte ich, ‚aber schließlich ist man doch irgendwo zuhause ...‘ Die einzige Entschuldigung für meine alberne Lesebuchantwort mag sein, daß in jenem Augenblick Millionen Österreicher ebenso dachten. Wir glaubten an die Möglichkeit der Aufrechterhaltung der österreichischen Unabhängigkeit und hatten Ursache, an sie zu glauben.“

Mittwoch, 2. März 1938

Treppenwitz der Weltgeschichte in Paris

Von Dr. Hermann Bessemer

Wenn die ehrenwerten Abgeordneten der französischen Deputiertenkammer im Jahre 1919 so klug und einsichtsvoll gewesen wären, wie sie, neunzehn Jahre später, in der Gegenwart sind, wären sie höchstwahrscheinlich niemals in die peinliche Zwangslage gekommen, sich mit den Problemen zu beschäftigen, die in der vorwöchigen außenpolitischen Debatte im Palais Bourbon im beherrschenden Mittelpunkt der Tagesordnung standen. Diese ebenso banale wie tief melancholische Erkenntnis drängt sich einem auf, wenn man die letzten Sitzungsberichte der Pariser Kammer studiert, die Freitag und Samstag von Kopf bis Fuß auf Oesterreich eingestellt war. Die Franzosen haben ein sehr gescheites Wort für die weisen Gedanken, die dem Menschen leider nur immer zu spät einfallen, sie nennen solch überholte gute Einsicht esprit de l'escalier — Geist, der einem auf der Treppe zufliegt, wenn man schon im Fortgehen begriffen ist und damit nichts mehr Praktisches anzufangen weiß . . .

Wie Treppenwitz der Weltpolitik mutet es an, wenn sich durch die Ausführungen nahezu aller Redner zu der außenpolitischen Debatte wie ein roter Faden der Gedanke zieht, es sei ein Unglück für Frankreich und Europa gewesen, daß zu Saint-Germain und Trianon die österreichisch-ungarische Monarchie zerschlagen und Oesterreich und Ungarn zu schwachen, militärisch entmachteten Kleinstaaten reduziert worden sind. Als neues Merkmal der veränderten französischen Anschauungsweise muß die — im Munde Pariser Berufspolitiker — sensationell klingende Ansicht hervorgehoben werden, daß auch die Tschechoslowakei, die bisher doch aus dem Blickwinkel der Seine-Politiker als hundertfach gesicherter, politisch und wirtschaftlich hieb- und stichfest fundierter „Siegerstaat" galt, durch die Aufteilung der Habsburger Monarchie in Wahrheit nichts gewonnen habe. Die gegebene Situation ist heute vielmehr die, daß man sich in Paris auch um das Schicksal der Moldaurepublik ernste Sorgen macht. „Für Oesterreich und die Tschechoslowakei", rief mit Pathos der Deputierte Ybarnegaray, „müssen wir eintreten, denn im Donau-Europa wird sich das Schicksal Frankreichs und des Kontinents entscheiden."

Ihm sekundierte der elsässische katholische Abgeordnete Oberkirch: „Wenn man aus dem europäischen Gebäude einen Stützpfeiler, nämlich die Unabhängigkeit Oesterreichs, herausschlägt, so kann dies das Ende des Friedens bedeuten. Vom militärischen Standpunkt ist die Tschechoslowakei am meisten bedroht." Der Redner empfahl als Gegengewicht gegen allerhand Gefahren die Errichtung der Monarchie in Oesterreich. Diese Debatte dürfte auf dem Hradschin gemischte Gefühle hervorgerufen haben. Dort residiert ja zurzeit als Präsident der Republik ein illustrer europäischer Staatsmann, der seinen Namen in die Weltgeschichte zeitlich zu allererst durch sein im Jahre 1917 geschriebenes Buch „Detruisez l'Autriche-Hongrie" — Vernichtet Oesterreich-Ungarn" — eintrug. Er gab damit das zugkräftige Losungswort zu dem Zerstörungswerk aus, das sich als der verhängnisvollste Unsinn aller mit den Pariser Vororten verbundenen Friedensdiktate erwies.

Einer der interessantesten Redner in der großen Kammerdebatte war der ehemalige Unterrichtsminister Anatole de Monzie, der seinerzeit, mit ganz wenigen weitblickenden Abgeordneten der Kammer, gegen den Vertrag von Saint-Germain stimmte, als das Friedensdokument, welches den Grabstein über die Doppelmonarchie setzte, der französischen Legislative zur Ratifizierung vorgelegt wurde. Herr de Monzie bezeichnet heute als den eigentlichen Urheber des Vertrags den „Tiger" Georges Clemenceau. Clemenceau aber bezog die Grundelemente seines politischen Konzeptes hinsichtlich der Monarchie von Dr. Eduard Benesch, dem stärksten Geist und schöpferischen Propagandisten der während des Weltkrieges in Paris wirkenden nationalen Emigration, so daß die Kritik des Abgeordneten de Monzie sich eigentlich gegen den derzeitigen Präsidenten der tschechoslowakischen Republik richtet. De Monzie ließ kein gutes Haar an den Friedensverträgen, die das „Unglück für Donau-Europa" seien.

„Heute," sagte der Deputierte, „erhebt sich vor uns die Gefahr einer Abdankung Frankreichs als einer europäischen Großmacht. Wir haben Oesterreich-Ungarn aufgeopfert und sind jetzt nicht imstande, die solide Basis des

europäischen Friedens, nämlich das Gleichgewicht der Mächte, wieder herzustellen."

Der französische Patriot, der in den letzten Ereignissen der Zeitgeschichte ein bedenkliches Symptom der Ungewißheit für sein Land wittert, bewegt sich in seiner harten Verurteilung der schlechten Friedensverträge auf einer Linie mit dem österreichischen Führer und Kanzler, der in seiner letzten denkwürdigen Rede vor dem Bundestag den lapidaren Satz prägte: „Der Oesterreicher, der sein Vaterland frei und unabhängig will, denkt dabei an alles andere, nur nicht an den Friedensvertrag."

Es ist eine späte Genugtuung für Oesterreich, daß die Ideen und politischen Thesen, für deren Richtigkeit alle wahren österreichischen Patrioten, voran die Legitimisten, im Verlauf von neunzehn Jahren mit wechselndem Glück kämpften, nunmehr von der repräsentativen Meinungstribüne eines ehemaligen „Feindesstaates" offizielle Anerkennung und Billigung erfahren. Der französische Außenminister Delbos trug den Stimmen und Stimmungen, die sich in der zweitägigen Diskussion von den verschiedensten Feldern des französischen parlamentarischen Parteienschachbretts erhoben hatten, in seinem Exposé Rechnung, indem er energisch die von Herrn Flandin befürwortete Politik der Isolierung Frankreichs im Westen verwarf und die Erklärung abgab, daß

Frankreich an der bisherigen Linie der aktiven Interessenahme an den Angelegenheiten des Donauraumes festhalten werde.

Das Alpha und Omega eines jeglichen, sei es auch nur des bescheidensten Mitspracherechtes Frankreichs in der europäischen Mitte ist klarerweise die Unabhängigkeit Oesterreichs.

Die Resonanz der Pariser außenpolitischen Kammerdebatte, die mit einem gewaltigen Vertrauensvotum des Hauses für die — allerdings von innerpolitischen Differenzen hart bedrängte — Regierung Chautemps endete, war nach aller Logik der Dinge in Prag besonders nachhaltig. Dort ist ja, seit dem Treffen auf dem Obersalzberg und vollends seit der Kanzlerrede des 24. Februar, Bundeskanzler Dr. v. Schuschnigg geradezu der Held des Tages, der stürmisch gefeiert wird. Das Weltinteresse hat an der Unabhängigkeit und Selbständigkeit Oesterreichs, mag es auch mancherorts lediglich dem heiligen Egoismus nationaler Selbsterhaltungspolitik entspringen, unzweifelhaft das Gute an sich, daß die Scheinwerfer der öffentlichen Meinung und der Staatskanzleien zwischen Paris und London einerseits, Prag, Budapest, Belgrad und Warschau andererseits, unablässig Oesterreich ableuchten.

Oesterreichs Unabhängigkeit ist eben nicht nur eine österreichische und deutsche, sondern, wie Mussolini in seiner Kammerrede am 25. Mai 1935 sagte, eine „österreichische und europäische Angelegenheit".

Freiheit

„Ein Volk — ein Reich"?

In den ersten Tagen nach Berchtesgaden hörte man wieder die alten Rufe „Ein Volk — ein Reich", die wie die meisten Schlagworte durch Kürze an innerer Wahrheit verlieren. Denn ganz abgesehen davon, daß in dieser Parole die schon landläufige Verwechslung der Begriffe „Staat" und „Reich" — welch letzteres unbedingt übernational, ja anational ist — sich ausspricht, ist die zweite ihrer Prämissen gleichfalls unrichtig, denn von den großen abendländischen Nationen ist keine einzige in einem einzigen Staatswesen vereint.

Die größte Nation des Abendlandes, die angelsächsische, zerfällt in zwei Großstaaten: das britische Reich und die Vereinigten Staaten! Bemerkenswert und für die Nur-Völkischen lehrreich ist hier, daß die Vereinigten Staaten ursprünglich mit England staatsrechtlich vereint waren und

ihre Unabhängigkeit erkämpften, weil eben geographische und vor allem wirtschaftliche Momente schwerer wogen als die Gemeinsamkeit des Blutes.

Obwohl zur Zeit des Unabhängigkeitskrieges die Bewohner der damaligen 13 Staaten fast ausschließlich Briten waren. Die Einwanderung nicht-britischer Europäer fand erst viel später, lange nach der Gründung der USA., in größerem Ausmaß statt.

Ganz ähnlich trennten sich die — soweit Weiße in Betracht kommen — rein spanischen Gebiete Süd- und Mittelamerikas von Spanien. Die Franzosen sind — von Splittern wollen wir in diesem ganzen Ueberblick absehen — auf drei europäische Länder verteilt: Frankreich, Belgien und die Schweiz.

Jeder Versuch Frankreichs, sich der französischen Teile Belgiens zu bemächtigen, hat zu Kriegen geführt, in denen Frankreich regelmäßig unterlag.

Ebenso ist die italienische Nation in Europa auf drei Staaten verteilt. In Uebersee leben kompakte französische Volksteile in Kanada (das früher französisch war) und italienische in Tunis!

In Nordeuropa fallen gleichfalls Volks- und Staatsgrenzen regelmäßig auseinander. Außer ganz kleinen oder amorphen, nicht europäischen Nationen hat somit keine Nation den angeblichen Idealzustand der Vereinigung aller gleichsprachigen in einem staatsrechtlichen Gebilde erreichen können, ja in der Regel wurden bestehende staatsrechtliche und volkliche Einheiten durch wirtschaftliche und geopolitische Momente gesprengt! Der historischen Kritik hält also die Parole nicht stand!

Freiheit

Donnerstag, 3. März 1938

*** * * Schuschnigg trifft sich mit illegalen Gewerkschaftern * * * Gewerkschaftlicher Forderungskatalog * * * Bundeskanzler zu weiteren Gesprächen bereit * * ***

Dieser Tag steht in den Wiener Zeitungen im Zeichen der am Vortag gehaltenen Rede von Staatsrat Dr. Hugo Jury, in der vom Redner ein offenes Bekenntnis zum Nationalsozialismus abgelegt wurde. Die katholische „Reichspost" kritisiert diese Rede aus einem ganz bestimmten Blickwinkel:

„Für die Zukunft wird man eine Form finden müssen, die dem Anschein, als plätscherten wir wieder in den Gewässern des Parteienstaates, ausreichend vorbeugt ... Es bekäme dem parteilosen Dollfuß-Staat sicherlich gar nicht gut, wenn von einem bestimmten Datum an im Rundfunk Reden zu hören wären, die, so wie gestern an die österreichischen Nationalsozialisten, etwa an die österreichischen Christlichsozialen, an die österreichischen Großdeutschen, Sozialdemokraten, Liberalen, Demokraten, Zionisten und wie die politischen Parteien einer verabschiedeten Vergangenheit alle hießen, adressiert sind. Das ist die große Errungenschaft der Erneuerungsbewegung, das ist der unantastbare Sinn der Maiverfassung, daß sie keine Parteien mehr kennt, sondern nur noch Österreicher ..."

Kritischer und deutlicher schreibt das „Kleine Blatt":

„Den Nationalsozialisten steht also von nun an die volle Mitarbeit in Österreich frei, und zwar, wie Dr. Jury hervorhob, ohne Opfer an Gesinnung. Den Arbeitern aber, die sich in ihrer überwiegenden Mehrheit auf den Boden des neuen Staates gestellt haben, den Arbeitern, die darüber hinaus spontan und von sich aus nicht nur ein Bekenntnis zur Unabhängigkeit und Freiheit Österreichs abgelegt, sondern sie geradezu mit Leidenschaft gefordert haben, den Arbeitern muß füglich das gleiche zugebilligt werden: kein Opfer an Gesinnung ..."

Am 3. März kommt es aber auch zur ersten und einzigen Begegnung zwischen Bundeskanzler Schuschnigg und Vertretern der illegalen Gewerkschaften.
Von der Unterredung existiert kein Protokoll, doch soll nach der Einleitung des Bundeskanzlers, daß die Schuld vom 12. Februar 1934 geteilt gewesen sei, ein Delegationsmitglied geantwortet haben:
„Herr Kanzler! Vom 12. Februar 34 reden wir gar nicht. Jetzt geht's um unser Land. Wir kommen auch gar nicht, um von Ihnen politische Zusa-

gen zu bekommen. Geben Sie uns nur soviel Freiheit, daß wir kämpfen können, denn mit gebundenen Händen geht das nicht."

Theodor Heinisch, Freigewerkschafter und Betriebsvertrauensmann, erinnert sich, daß er dem Bundeskanzler gesagt habe:
„Herr Bundeskanzler! Uns trennen die offenen Gräber des Februar 1934, aber Sie und wir wohnen im gleichen Haus, und dieses Haus Österreich brennt. Wenn wir den Brand heute gemeinsam löschen, werden wir uns morgen darüber unterhalten, wie es eingerichtet werden soll. Vor uns liegt eine ungeheure Gefahr."

Nach den Erinnerungen des maßgebenden Freigewerkschafters und Delegationsführers Friedrich Hillegeist war Schuschnigg sichtlich beeindruckt.
„Ich sagte Schuschnigg, wir kämen nicht als seine Bewunderer und Freunde, sondern als politische Gegner, die ihrer alten Gesinnung auch heute noch treu geblieben sind, die aber einen Weg suchen, um neben ihm die bedrohte Freiheit unseres Landes zu verteidigen und Österreich als einen selbständigen Staat zu erhalten."

In vierstündigen Verhandlungen legen die Freigewerkschafter ein Forderungsprogramm vor, das im wesentlichen vier Punkte enthält:

1. Bekenntnisfreiheit auch für Sozialisten und Freigewerkschafter in gleicher Weise wie für die Nationalsozialisten.
2. Freie Wahl in der offiziellen Einheitsgewerkschaft.
3. Zulassung einer freien Gewerkschaftspresse mit Rede- und Diskussionsfreiheit.
4. Aufhebung aller durch das vaterländische Regime nach 1934 verfügten Notverordnungen, durch die die wirtschaftliche und soziale Lage der Arbeiter und Angestellten verschlechtert worden war.

Schuschnigg erklärt sich grundsätzlich zu weiteren Verhandlungen bereit, überläßt aber die Detailregelung späteren Gesprächen.

An diesem Tag trifft Wilhelm Keppler, Hitlers Sonderbevollmächtigter für Österreich, wieder in Wien ein. Er soll die Lage sondieren und die Koordination aller nationalsozialistischen Aktionen in Österreich übernehmen; und Alfred Jodl, im Wehrmachtsamt des Reichskriegsministeriums tätig, schreibt in sein Dienst-Tagebuch:
„Die Frage Österreich wird kritisch. 100 Offiziere sollen dorthin kommandiert werden. Der Führer will sie persönlich sprechen. Sie sollen nicht dafür sorgen, daß die österreichische Wehrmacht besser gegen uns kämpfen kann, sondern daß sie überhaupt nicht kämpft."

Das „Flottenkino" in Wien kündigt Ingrid Bergmann, den neuen UFA-Star, in „Walpurgisnacht" an.

Das Gebot der Stunde

Das Echo, das die Rede des österreichischen Bundeskanzlers Dr. Kurt v. Schuschnigg in der ganzen Welt hervorgerufen hat, beweist, welche Bedeutung der Unabhängigkeit Oesterreichs beigemessen wird. Diese Rede hat aber in erster Linie die *österreichische Bevölkerung* aufgewühlt.

Plötzlich zeigte sich die Bedeutung der Vaterländischen Front in ihrer ganzen Größe.

Wie aus dem Boden gestampft tauchten an jenem geschichtlichen Abend Gruppen, ja, ganze Kolonnen und schließlich unübersehbare Massen auf, die in allen Teilen der Stadt mit unbeschreiblichem Jubel laut und vernehmlich ihrer Freude über die Mannhaftigkeit, Tapferkeit und Entschlossenheit des österreichischen Regierungschefs Ausdruck gaben. Und das Publikum, das Spalier bildete, begrüßte mit herzlichen Rufen und mit Tücherschwenken die vorüberziehende Menge. Die Freude des Augenblicks darf uns jedoch darüber nicht hinwegtäuschen, daß *erst jetzt die harte Arbeit beginnt*. Nun gilt es, das Errungene zu erhalten und zu beschützen. Der Weg, den wir gehen müssen, ist *klar vorgezeichnet*. Der *innere Friede* muß mit aller Kraft und mit allen Mitteln angestrebt werden. Es hat sich gezeigt, daß im entscheidenden Momente die *Einigkeit* leicht erzielt werden kann. Die Menschen, die über die Wiener Ringstraße marschierten, gehören weltanschaulich verschiedenen Richtungen an. Trotzdem fanden sie zueinander, als es galt, für ein freies und unabhängiges Oesterreich zu demonstrieren.

Das war nicht Berechnung, das war eine aus dem Herzen kommende einmütige Willensäußerung der Menschen, die das höchste Gut eines Volkes, die Freiheit, höher einschätzen als alle Sonderinteressen.

„*Rot-weiß-rot bis in den Tod!*" war der Ausklang der großen Rede Schuschniggs. Dieser Satz wurde zur Parole der erdrückenden Mehrheit der österreichischen Bevölkerung.

Es ist die patriotische Pflicht der verschiedenen Gruppen in unserem Lande, alles Trennende beiseite zu lassen und auch künftighin die geschlossene Front der Oesterreicher nicht zu durchlöchern oder zu schwächen.

Die Parole vom *inneren Frieden* ist nur so zu verstehen, daß man sich nicht mehr gegenseitig befehdet, daß man vermeidet, Debatten auszulösen, die zu Zwietracht führen können. Insbesondere sollten die Kämpfe verschwinden, welche Haßwellen hervorrufen.

Wir müssen in jedem wirklichen Oesterreicher einen wertvollen Bundesgenossen erblicken, der, wie wir alle, in einem unsichtbaren Schützengraben liegt, um das Wertvollste, was die Menschen besitzen, die Freiheit, zu verteidigen. Kümmern wir uns nicht weiter um seine Haarfarbe und um die Art, wie er den Herrgott anbetet. Die Nadelstiche, die ihm versetzt werden, die Verbitterung, die in ihm ausgelöst wird, schwächen seinen Kampfwillen und schaden der gemeinsamen Sache.

Jetzt ist nicht die Zeit, Tagespolitik zu betreiben, jetzt darf es keine Gegner und noch weniger Feinde im *eigenen* Lager geben, die die Widerstandskraft unterhöhlen und das Bild, das die vaterländische Bevölkerung bietet, verfälschen und verzerren. Wer gegen Menschengemeinschaften hetzt, deren Vaterlandsliebe und deren Freiheitswille offenkundig sind, der stört den inneren Frieden, der will nicht, daß Oesterreich frei und unabhängig bleibe.

Wie schön wäre es, wenn sich endlich die Auffassung durchsetzen könnte, daß das nationale Gefühl, das Einheitsbewußtsein mit den deutschen Menschen jenseits der Grenzen uns zwar die Pflicht auferlegen, die idealen Kulturwerte dieses Menschenkreises im edlen Wettbewerbe mit anderen Kulturgemeinschaften zur höchsten Blüte zu bringen, daß aber keinesfalls im Widerspruche zum unbeugsamen Willen steht, das Vaterland frei und unabhängig zu erhalten. Die Tradition und die Geschichte Oesterreichs sind mit seiner Eigenstaatlichkeit so innig verbunden, daß mit ihrem Verlust auch die spezifisch österreichischen Werte verschwinden würden, die die deutsche Kultur auf allen Gebieten so unendlich bereichert haben.

Aber nicht nur die Oesterreicher, auch unsere Umwelt hat unserem Vaterlande gegenüber Pflichten zu erfüllen. Mit Schmerz mußten wir feststellen, daß gerade in den schwierigsten Tagen der letzten Zeit Sensationsmeldungen durch die Weltpresse gingen, die die Gefahr für unsere Freiheit bedeutend vergrößert und sie in vieler Hinsicht erst herbeigeführt haben. *So* dürfen sich Freunde nicht verhalten! Jetzt, da eine Welle der Glückseligkeit durch die österreichischen Gefilde geht, sollten auch unsere ausländischen Freunde ein erhöhtes Verantwortungsgefühl an den Tag legen.

Sie dürfen keinen Augenblick vergessen, daß Oesterreichs Freiheit ein wertvoller Edelstein in der Krone der Weltkultur ist, der mit großer Behutsamkeit behandelt werden muß. Mit Oesterreich würde ein unschätzbarer Pfeiler des Weltfriedens fallen.

Groß sind die Möglichkeiten, die sich der Umwelt eröffnen, um an der Sicherung unserer Unabhängigkeit mitzuwirken. Erschüttert war die Welt von der Größe und der Wucht unseres Freiheitsdranges; und wir sind von den Kundgebungen der Anerkennung und des Mitgefühls gerührt und begeistert.

Wie leicht wäre es nun, den schönen, ehrlichen Worten auch e h r l i c h e T a t e n folgen zu lassen! Seit der Gründung der „Gerechtigkeit" bitten wir unsere Leser in den vierzig Staaten der Welt, wo unsere Zeitung Anhänger gefunden hat Oesterreich auf wirtschaftlichem Gebiete beizuspringen.

Gerechtigkeit

Neues Leben und seine Voraussetzungen.

W i e n, am 2. März.

Eine Woche nach der Rundfunkansprache des neuen Innenministers bekamen heute abend die österreichischen Radiohörer abermals eine Rede zu hören, die ein Repräsentant der österreichischen Nationalsozialisten hielt, der gleich dem Bundesminister für Inneres und Sicherheitswesen, im Zuge der Verwirklichung des am Obersalzberg zustandegekommenen deutschen Friedens mit einer verantwortungsvollen Funktion in unserem öffentlichen Leben betraut worden ist. Wer sich so, wie Staatsrat Dr. Hugo Jury in seiner Rundfunkrede, zu den Vereinbarungen bekennt, die den deutschen Frieden ausmachen, kann sich gar nicht vergreifen, weder im Inhalt noch im Ton, und nicht ohne Genugtuung — dies vorwegzunehmen drängt es eine pflichtbewußte Publizistik — konnten die Hörer die Korrektheit und loyale Einstellung des Redners feststellen.

Die Stimme eines notorischen und erklärten Nationalsozialisten im österreichischen Rundfunk, dieses Ungewohnte und Außerordentliche, um nicht zu sagen Novum, mag so manchen, in deren Gedächtnis eine bittere Vergangenheit fortlebt, im ersten Augenblick als eine fragwürdige Neuerung erschienen sein. Dieses erste Empfinden ist natürlich und ehrenwert. Gewiß hielt es weder der Erinnerung, daß wir mit dem deutschen Frieden einen Strich unter jene Vergangenheit gemacht und zur Bekräftigung dessen einen Generalpardon verkündet haben, noch der Erkenntnis, daß wer zur ehrlichen Mitarbeit und Mitverantwortung bereit ist, auch mitreden darf, lange stand. Wieviele mögen noch während der Rede unter dem Eindruck ihrer Klarstellungen, ihrer Verdeutlichungen, ihrer Zusagen und wiederholten Bekenntnisse zur Pflichterfüllung gegenüber Oesterreich, gegenüber dem eigenen Vaterland und eigenen Staat bedauert haben, daß die Nationalsozialisten nicht schon immer zu und über Oesterreich so gesprochen haben! Wieviel Bitternisse wären Oesterreich, wären uns und ihnen erspart geblieben. Um wieviel weiter könnte Oesterreich im Ausbau seiner Wirtschaft, im Umbau seiner sozialen und politischen Ordnung sein, wenn der große Kräfteaufwand, den die Verteidigung der Heimat und der österreichischen Eigenstaatlichkeit, des österreichischen Lebensrechtes gegen jahrelange Angriffe erheischte, der konstruktiven Arbeit hätte gewidmet werden können. Geschehen ist geschehen, wir können es nicht ändern, wir können nur ein christliches „Schwamm darüber!" sprechen und das neue Leben, dem der deutsche Friede die Bahn brach, mit Dantes Entschlossenheit beginnen: Hic incipit vita nova.

In die mannigfachen Schwierigkeiten, die uns auf dem Wege zu diesem neuen Leben begegnen werden und deren Ueberwindung dem beiderseitigen guten Willen noch manche Anstrengung auferlegen wird, gewährte die heutige Rundfunkansprache — es wäre unmännlich, dies sich und anderen zu verschweigen — einen ernüchternden Einblick. Die Rede war ihrem Sinn und Zweck nach in erster Linie an die Gesinnungsgenossen des Redners gerichtet, der ihnen für die Zukunft Richtlinien nicht nur geben, sondern auch erläutern und begründen wollte. So gab es sich, daß der Redner gleich zu Beginn die Hörer mit „Oesterreicher, deutsche Volksgenossen, österreichische Nationalsozialisten!" apostrophierte, daß dieser im österreichischen Rundfunk völlig neue Anruf in der Rede mehrfach variiert wurde. Fürs erste Mal mochte hier der gewollte Zweck das ungewöhnliche Mittel rechtfertigen. Für die Zukunft wird man eine Form finden müssen, die dem Anschein, als plätscherten wir wieder in den Gewässern des Parteienstaates, ausreichend vorbeugt. Andernfalls könnte das Exempel Schule machen, zumal die Gleichberechtigung in dem Augenblick, da sie den zur Mitarbeit bereiten Nationalsozialistisch-gesinnten durch den deutschen Frieden zuerkannt wurde, den anderen natürlich nicht geschmälert wurde. Es bekäme dem parteilosen Dollfußstaate sicherlich gar nicht gut, wenn von einem bestimmten Datum an im Rundfunk Reden zu hören wären, die abwechselnd, so wie heute an die österreichischen Nationalsozialisten, etwa an die österreichischen Christlichsozialen, an die österreichischen Großdeutschen, Sozialdemokraten, Liberalen, Demokraten, Zionisten und wie die politischen Parteien einer verabschiedeten Vergangenheit alle hießen, adressiert sind. Das ist die große Errungenschaft der Erneuerungsbewegung, das ist der unantastbare Gewinn der Maiverfassung, daß sie keine Parteien mehr kennt, sondern nur noch Oesterreicher, daß keiner gefragt wird, aus welcher Richtung er komme, sondern nur, was er nunmehr wolle, ob er sich zu Oesterreich bekenne und in der V.F. mitarbeiten wolle. Es kann sich im neuen Oesterreich nicht mehr um Teile, sondern nur noch um das Ganze, um die Gesamtheit, handeln.

Die Schlußsätze der Rundfunkrede enthielten die Mitteilung, daß voraussichtlich in wenigen Tagen schon konkrete Richtlinien bekanntgegeben werden können, die eine praktische Mitarbeit der Nationalsozialisten in der V.F., ohne daß diese in Sektionen oder Gruppen zerlegt würde, gewährleisten. Es ist anzunehmen, daß bis dahin eine Form gefunden wird, die auch den Schein eines verfassungswidrigen Parteiismus bei den österreichischen Nationalsozialisten beseitigt, wie ihn die übrigen Oesterreicher, der Maiverfassung gehorchend, abgetan haben. Es gibt keine Schwierigkeit, die guter Wille nicht zu überwinden vermöchte. Es muß sein, denn es gilt den deutschen Frieden.

Reichspost

Freitag, 4. März 1938

*** * * Schuschnigg weiht engste Vertraute in Plan zur Volksabstimmung ein * * * Schwere Kontroverse zwischen Schuschnigg und Keppler * * * Ehrendoktorat der Technischen Hochschule für Herbert Hoover * * ***

Die zunehmende Spannung um Österreich erreicht einen neuen Höhepunkt: Die innenpolitische Lage verschärft sich, und der Druck auf die österreichische Regierung wird durch die am Vortag erfolgte Ankunft von SS-Gruppenführer Wilhelm Keppler, dem Sonderbeauftragten Hitlers für Österreich in Wien, zunehmend verstärkt. An diesem Tag kommt es zu einer Unterredung Kepplers mit dem Bundeskanzler und Außenminister Schmidt, die, wie Keppler berichtet, *„stürmisch"* verläuft. Der Sonderbeauftragte Hitlers stellt neue politische Forderungen, wie die Zulassung des „Völkischen Beobachters", eine scharfe Devisenbewirtschaftung, sowie die *„Beseitigung der illegalen Bewegung durch formelle Legalisierung des Nationalsozialismus".* Schuschnigg lehnt alle diese Forderungen ab und verzichtet, wie er selbst berichtet, *„auf die Fortsetzung der Konversation mit Herrn Keppler".*

Dieser allerdings berichtet später über die Unterredung etwas anderes und erklärt, Schuschnigg sei bei dieser Besprechung durchaus für den Anschluß gewesen. Schon in seinen alten Aufsätzen und Reden habe er sich dafür ausgesprochen, ebenso wie er immer für den Nationalsozialismus eingetreten sei. Er frage sich immer nur, wann der Anschluß erfolgen solle und seine Meinung – Schuschniggs – sei, man solle unter keinen Umständen darauf drängen.

Daß Keppler hiebei offensichtlich die Unwahrheit sagte, läßt sich aus einem anderen Ereignis erhärten.
Am selben Tag nämlich unterbreitet der Bundeskanzler dem engsten Kreis seiner Vertrauten, zu dem neben Guido Zernatto, dem Generalsekretär der Vaterländischen Front, noch der Wiener Bürgermeister Richard Schmitz, Unterrichtsminister Hans Pernter und der ehemalige Handelsminister Fritz Stockinger gehören, seinen Plan, eine Volksbefragung durchzuführen – und wenig später ist der Plan auch schon verraten.

Über die Ursache gibt es zwei Versionen: Die eine besagt, daß die Sekretärin Guido Zernattos, die sich später als „Illegale" entpuppt, die Information an den Staatsrat und Nationalsozialisten Hugo Jury weitergegeben habe, die andere meint, die Information sei über den Generalsekretär des Gewerbebundes, dem Fritz Stockinger nahestand, zum Wiener Vertreter der Rheinmetall-Borsig-Werke und von diesem zum deutschen Militärattaché in Wien, Generalleutnant Wolfgang Muff, gelaufen ...

Unter dem Titel „Falsches Spiel" erscheint im „Kleinen Blatt" abermals ein Leitartikel gegen jene „nationalen" Kreise, die dem Gewerkschaftsbund bolschewistische Tendenzen unterstellen wollen.

„Man nimmt die gewaltige Kundgebung der Arbeiter für den Frieden und die Freiheit Österreichs zum Anlaß, um die Arbeiter samt und sonders ‚klassenkämpferischer Absichten' oder gar des ‚Bolschewismus' zu bezichtigen. Der altbekannte und bewährte Bürgerschreck für die schätzbaren, aber ach so leicht schreckbaren Bürgersleute! ... Klassenkampf von oben aber ist es, der ihnen diese Gleichberechtigung mißgönnt, der ihnen gerechten Anteil am Ertrag der Wirtschaft verweigert, die Feiertagsbezahlung vorenthält, der ihnen, alles in allem genommen, gestern unter diesem, morgen unter jenem Vorwand, den Gewerkschaftsbund zerschlagen will. Denn im Grunde genommen richtet sich die Aktion vor allem gegen den Gewerkschaftsbund, eine wesensmäßig ‚österreichische' Einrichtung, die in manches nichtösterreichische Konzept eben nicht hineinpaßt ..."

Die „Linzer Tagespost" kündigt für den kommenden Tag eine Rede von Innenminister Seyß-Inquart vor Vertrauensmännern der oberösterreichischen Nationalsozialisten an, die von der RAVAG auf allen Sendern übertragen wird. Die Zeitung schreibt:

„Da die Rede für die Nationalsozialisten von grundsätzlicher Bedeutung sein wird, finden in allen Gemeinden und Städten des Landes, Gemeinschaftsempfänge in geschlossenen Räumen statt. An den Gemeinschaftsempfängen werden nicht nur die Nationalsozialisten teilnehmen, alle Kreise der Bevölkerung sind dazu eingeladen."

Die Wiener Technische Hochschule verleiht an diesem Tag dem ehemaligen Präsidenten der USA, Herbert Hoover, das Ehrendoktorat, und am Abend gewinnt der Wiener Boxer Heinz Lazek im Berliner Sportpalast vor 8500 Zuschauern den Titelkampf um die Europameisterschaft im Schwergewicht durch Disqualifikation seines deutschen Gegners in der zweiten Runde.

Der Rundfunk bringt um 18.35 Uhr einen Vortrag über „Die vollendete Sprach- und Musikwiedergabe des modernen Radioapparates" und überträgt um 19.35 Uhr aus dem Großen Konzerthaussaal in Wien die „Matthäus-Passion" von Johann Sebastian Bach mit den Wiener Symphonikern und dem Wiener Schubertbund. Dirigent ist Willem Mengelberg.

Freitag, 4. März 1938

Internationale Lage und Judenfrage

Seit dem Auftreten des politischen Zionismus gehörte es zu der Ruhmrederei der Führer und Propagandisten derselben, auf ihren großen Erfolg hinzuweisen, die sogenannte Judenfrage zu einem internationalen Problem gestaltet zu haben. Diese Feststellung mag an und für sich nicht unberechtigt sein. Aber wenn jemals das Sprichwort „Wohltat wird Plage" seine Berechtigung hatte, so gerade hier. Denn die Auswirkungen dieser Sachlage sind den Juden nicht zugute gekommen; im Gegenteil, das Hineingeraten in den Wirbel der internationalen Streitfragen hat das Problem nur kompliziert und sich höchst ungünstig ausgewirkt.

Ein Blick auf die heutige internationale Situation genügt, um diesen Tatbestand zu bestätigen. Noch nie war die Judenfrage so kompliziert und verwirrend, wie gerade jetzt. Unsere Talmudweisen sagen: „G-tt hat dem jüdischen Volke eine Wohltat erwiesen, indem er es zwischen allen Völkern zerstreute!" Denn, wenn es ihnen in einem Lande schlecht ergeht, so können sie Schutz und Hilfe in anderen Ländern finden. Das war auch immer so — ist es aber heute nicht mehr. Die Juden sind zum Objekt der internationalen Politik geworden, nicht im günstigen, sondern im ungünstigen Sinne dieses Wortes. Auf ihrem Rücken sollen gewisse Streitfragen ausgetragen werden und wenn Völker und Staaten miteinander in Streit geraten, dann bekomen die Juden die Schläge ab...

Daß der Nationalsozialismus bestrebt ist, seine „Ideologie" nach anderen Ländern zu verpflanzen, ist eine seitens seiner Führer offen einbekannte Tatsache. Diese „Ideologie" findet in der Kulturwelt wenig Anklang und noch weniger die Judenpolitik, die im Sinne derselben zum Programm erhoben worden ist. Deswegen soll die öffentliche Meinung in den anderen Ländern dahin präpariert werden, daß sie für diese Ideen empfänglicher werde und diese dort eine bessere Resonanz finden. Hiezu wird wiederum gerade die Judenfrage als Hebel benützt. Will man einen Kampf gegen den Bolschewismus predigen, dann wird dieser als „verjudet" dargestellt. Mit diesem „schwarzen Mann" kann man ja auch großen Kindern Angst einjagen. Will man sich gegen sogenannte „Greuelmärchen" wehren, dann wird die „jüdische Journalistik" als die Urheberin derselben dargestellt, um so die angekündigten Drohungen plausibler machen zu können. Ja, selbst wenn man den Kampf gegen G-tt führen will, so wird dieser als gegen den „jüdischen G-tt" geführt bezeichnet und taktisch erleichtert.

Jüdische Presse

Tirol bleibt treu!

Innsbruck, 3. Der Tiroler Landtag versammelte sich heute in einer außerordentlichen Sitzung zu einer Kundgebung für die Unabhängigkeit Österreichs und die Bundesregierung. Die Landesführung der VF und ihrer Werke und sämtliche Bezirksführer der VF des Landes wohnten ebenso wie zahlreiche Beamte dem feierlichen Akte bei. Nach dem Einzug des Präsidiums des Landtages und der Mitglieder der Landesregierung mit Landeshauptmann Dr. Schumacher hielt Landtagspräsident Hofrat Bader eine Ansprache, in der er zunächst einen Überblick über die Leiden des österreichischen Volkes seit dem Kriege gab. Unter mehrfachen wörtlichen Anführungen von Äußerungen des Kanzlers über den deutschen Frieden in seiner großen Rede vor dem Bundestage gab er dann der Befriedigung des Tiroler Volkes über das Abkommen vom 11. Juli 1936 Ausdruck und betonte, wie die Tiroler in den Tagen nach Berchtesgaden mit vollstem Vertrauen auf den Kanzler blickten. Wir danken dem Kanzler, sagte Präsident Bader, für seine Tat und hoffen mit ihm, daß dieser Friede auch allseits richtig verstanden wird und daß er ein dauernder sei. Der Tiroler Landtag bekenne sich zu dem freien, selbständigen Österreich und zu seiner politischen Führung, nicht nur, weil die Tiroler gute Patrioten sind, sondern auch, weil das Dollfuß-Programm, das von seinem Nachfolger Dr. Schuschnigg durchgeführt wird, die vollste Zustimmung der Tiroler findet und die Grundlagen der Verfassung: christlich-deutsch, ständisch und sozial sowie der föderalistische Aufbau des Staates dem Tiroler Wesen entsprechen.

Während sich alle Abgeordneten von ihren Sitzen erhoben, richtete nun Landtagspräsident Bader folgende Worte an den Landtag: So glaube ich, Ihnen aufgezeigt zu haben, daß die Grundsätze unserer Verfassung und damit unseres Staates sich mit unseren Grundsätzen in Tirol vollständig decken und daß wir uns mit voller Hingabe, mit Begeisterung und Überzeugung zu unserem Vaterland Österreich bekennen können; daher hat sich der Tiroler Landtag als Vertretung der Tiroler Stände in Anwesenheit der Landesregierung heute hier in diesem Saale versammelt, um seinem Bekenntnis zu einem freien, unabhängigen Österreich in freier Weise Ausdruck zu verleihen. Damit verbinden wir gleichzeitig das Gelöbnis unentwegter und treuer Gefolgschaft für unseren Kanzler und Frontführer Dr. Kurt Schuschnigg und versichern ihn unseres vollsten Vertrauens in seine Führung; und wenn unser Kanzler und Frontführer die Stunde zu einer Entscheidung zu einem feierlichen Bekenntnis gekommen erachtet, dann soll er Tirol rufen und er wird es bereit finden. (Lebhafte Bravorufe.) Bei der großen und erhebenden vaterländischen Kundgebung unseres Landes am 19. September 1937 hat unser verehrter Landeshauptmann Dr. Schumacher dem Kanzler und Frontführer im Namen Tirols das Gelöbnis abgelegt „Tirol bleibt treu!" Dieses Treuegelöbnis zum Vaterland wollen auch wir heute ablegen und ich bitte Sie, mit mir einzustimmen in den Ruf: „Tirol bleibt treu!"

Die Abgeordneten sprachen hierauf mit dem Präsidenten des Landtages diese Worte des Gelöbnisses und sangen begeistert die erste Strophe der Bundeshymne und des Andreas Hofer-Liedes.

Präsident Hofrat Bader teilte schließlich mit, daß er nach der lebhaften Zustimmung des Landtages diese Treuekundgebung telegraphisch dem Bundeskanzler übermitteln werde. Mit dem Rufe „Österreich!" schloß die feierliche Sitzung, aus deren Anlaß der Sitzungssaal mit den österreichischen Farben, Kruckenkreuz und Pflanzenschmuck geschmückt war.

Wiener Zeitung

Der Dank des Burgenlandes

Eisenstadt, 3. Eine denkwürdige Sitzung hielt heute der burgenländische Landtag in Eisenstadt ab, in der auch die Funktionäre des Burgenlandes im Staatsrat, Bundeswirtschaftsrat und Bundeskulturrat anwesend waren.

Landeshauptmann Ing. Sylvester nahm zu den politischen Ereignissen der letzten Wochen Stellung, wobei er wiederholt von lebhaftem Beifall des Hauses unterbrochen wurde. Er sagte u. a.: Unser Volk ist friedliebend und unser Land ist ein neues Land, in dem noch viel geschaffen werden muß. Darum müssen gerade wir Burgenländer für einen ungestörten Frieden immer und überall eintreten und darum müssen wir auch ehrlich bestrebt sein, alle Kräfte unseres Volkes in harmonischer Konzentration zur gemeinsamen Arbeit, zum gemeinsamen Aufbau zusammenzufassen. Unter lebhafter Zustimmung aller Abgeordneten gedachte der Landeshauptmann sodann mit herzlichem Dank der schwierigen Verhandlungen, durch die der Frontführer und Bundeskanzler Doktor Schuschnigg den Weg für den deutschen Frieden geebnet und damit die Möglichkeit des Zusammenwirkens aller brauchbaren Kräfte in Österreich geschaffen habe.

Nach einem wirtschaftlichen Überblick schloß der Landeshauptmann: „Wir wollen niemanden ausschalten, der guten Willens ist. Allerdings unter einer Bedingung: Teilnahme an Ehre und Macht bedingt unumgänglich auch Teilnahme an der Arbeit, an den Sorgen und an der Verantwortung. Wer gewillt ist, nicht nur das eine, sondern auch das andere auf sich zu nehmen, ist uns willkommen. Wir alle, die wir unsere Heimat lieben, die wir uns zum Burgenland bekennen, wollen zusammenstehen und mit Schuschnigg für Österreich wirken." (Langanhaltender Beifall.)

Es meldeten sich dann die Vertreter der einzelnen Stände zum Worte, und zwar der Landtagsabgeordnete Landesbauernführer Bauer namens der Landwirtschaft, Vizepräsident Greger namens Handel und Gewerbe, Kommerzialrat Direktor Rigal namens der Industrie, Abg. Schedl namens der Arbeiterschaft und Landesrat Doktor Posch namens des Berufsstandes der öffentlich Angestellten. Sie dankten übereinstimmend namens der von ihnen vertretenen Berufsstände dem Bundeskanzler für seine entscheidende Tat und gelobten ihm und der burgenländischen Landesregierung Treue, unbeirrbare Gefolgschaft und Mitarbeit am weiteren Aufbauwerk für ein freies, unabhängiges Österreich.

Der Landtag beschloß sodann einstimmig und unter lebhafter Zustimmung eine vom Landtagspräsidenten Koch vorgeschlagene Resolution:

„Der burgenländische Landtag hat in seiner Sitzung vom 3. März 1938 nach Verabschiedung einer reichen, dem weiteren Aufbau des Burgenlandes gewidmeten Tagesordnung beschlossen, dem Bundeskanzler und Frontführer Dr. Schuschnigg den Dank des burgenländischen Volkes dafür auszusprechen, daß er in schweren Stunden der Heimat den Frieden rettete und so die unerläßliche Vorbedingung für ein weiteres hoffnungsvolles Aufblühen Österreichs und damit des Burgenlandes schuf. Der burgenländische Landtag dankt aber auch dem treuen Weggefährten des Bundeskanzlers und Frontführers, dem Landeshauptmann und Landesführer Ing. Sylvester für seine, dem burgenländischen Volk und dem Frieden im burgenländischen Volk gewidmete Tätigkeit. Der Landtag weiß sich eins mit der burgenländischen Bevölkerung, wenn er zugleich der unverbrüchlichen Treue und dem unbeirrten Festhalten aller Burgenländer ohne Rücksicht auf Volkszugehörigkeit und Religionsbekenntnis an der Unabhängigkeit und Freiheit unseres Vaterlandes Österreich Ausdruck gibt."

Wiener Zeitung

Verboten ist . . .

Polizei und Gendarmerie haben kürzlich Instruktionen erhalten, wonach in Beziehung auf das Tragen von Hakenkreuzen, den Hitler-Gruß, das Singen nationalsozialistischer Lieder usw. keine Änderung der bestehenden Verbote eintritt. Der Inhalt dieser Instruktionen wurde in Versammlungen der V. F., die am 24. Februar in Wien-Währing stattfanden, auszugsweise durch Lautsprecher bekanntgegeben.

Die Weisungen lauten:

1. Abzeichen: Alle parteiamtlichen Abzeichen der N. S. D. A. P. und ihrer Formationen sind für österreichische Staatsbürger verboten. Abzeichen, die mit oder ohne Kombination das Hakenkreuz zeigen, sind verboten.

2. Gruß: Der Wortgruß „Heil Hitler" ist verboten.

3. Uniformen: Das Tragen von Uniformen oder Uniformstücken ist verboten (§ 12 Ordnungsschutzgesetz). Das gilt auch für deutsche Reichsangehörige, sofern nicht eine Sonderbewilligung im Einzelfalle erteilt wird.

4. Lieder: Das Absingen der deutschen Nationalhymne ist nur mit besonderer behördlicher Bewilligung gestattet.

5. Fahnen: Das Zeigen der reichsdeutschen Fahnen, Flaggen und dergleichen ist österreichischen Staatsangehörigen in Österreich nicht gestattet. Für deutsche Reichsangehörige gelten die bereits bestehenden bezüglichen Vorschriften der Generaldirektion für die öffentliche Sicherheit. Das Beflaggen von Gaststätten, in denen Ausländer wohnen und das Aufstellen von ausländischen Wimpeln auf Tischen, an denen Ausländer in Gaststätten sitzen, wird großzügiger Weise gestattet werden.

6. Vereine: Vereinsfragen, betreffend nationale Vereine, werden von der V. F. behandelt, wobei der politische Dienst in jedem Falle mit dem volkspolitischen Referat Fühlung hält.

7. Versammlungswesen: Versammlungen mit politischem Einschlag können nur von der Gebietsorganisation der V. F. veranstaltet werden, wobei die Teilnahme nationaler Redner in Aussicht genommen ist.

8. Presse und Literatur: Auf diesem Gebiet hat der bisherige Zustand aufrecht zu bleiben.

9. Bekenntnis: Das Bekenntnis einzelner zum nationalsozialistischen Gedankengut mit den durch das Bekenntnis zu den Grundsätzen der V. F. bedingten Einschränkungen ist vom Standpunkte der V. F. aus weder als unzulässig noch als politischer Diffamierungsgrund anzusehen.

10. Parteibetätigung: Organisierte, das heißt vereinsmäßige oder vereinsähnliche sowie militante Betätigung im Sinne der N. S. D. A. P. ist auch nicht mit der Einschränkung im Sinne des Punktes 9 statthaft, sondern nach Maßgabe der bestehenden Gesetze und Verordnungen strafbar. Insbesondere sind verboten: Schmier- und Streuaktionen, ferner das Herstellen und die Verbreitung illegaler Schriften, das Abbrennen von Hakenkreuzfeuern, der Verkauf und der Ankauf von nationalsozialistischen Spendemarken, -münzen oder dergleichen sowie überhaupt jede Unterstützung parteimäßiger oder parteiähnlicher Verbindungen.

11. Haltung gegenüber der V. F.: Jede feindselige oder herabwürdigende Haltung gegenüber der Regierung und ihren Mitgliedern oder gegenüber der Vaterländischen Front und ihren Organen (Amtswalter) ist selbstverständlich nach den bestehenden Bestimmungen wie bisher zu verfolgen. Das gleiche gilt für abfällige Äußerungen über die vorangeführten Faktoren des öffentlichen Lebens.

12. Radioübertragungen: Öffentliche Radioübertragungen aus Deutschland sind im allgemeinen nicht zu beanstanden. Lediglich die öffentliche Übertragung von Parteiveranstaltungen, soweit sie nicht vom österreichischen Rundfunk übernommen werden, ist unzulässig.

Der Österreicher

Samstag, 5. März 1938

*** * * Mussolini kritisiert den österreichischen Bundeskanzler * * * Weitere Verhandlungen zwischen Regierung und Freigewerkschaftern * * * Kardinal Innitzer ruft zur Versöhnung auf * * ***

„Die Nachrichten aus Österreich werden immer schlechter: In der Steiermark beherrscht der Nationalsozialismus alles, die Straßen und die Kasernen. In den anderen Provinzen macht er rasche Fortschritte. Man beginnt von Seyß-Inquart als Bundeskanzler zu reden, mit der besonderen Aufgabe, Totengräber der österreichischen Unabhängigkeit zu sein. Der Duce kritisiert sehr stark die Rede von Schuschnigg: er findet, daß er es gegen Deutschland und den Führer an Takt hat fehlen lassen. Er hat das Maul aufgerissen, ohne dazu die Möglichkeit oder die Mittel zu haben."
Eine Tagebucheintragung des italienischen Außenministers Ciano de Cortellazzo ...

An diesem Tag ist Seyß-Inquart in Linz und hält eine Rede vor 500 nationalsozialistischen Vertrauensmännern. Der Sender Linz der RAVAG überträgt sie ab 19.10 Uhr, der Sender Wien von 22.25 Uhr bis 23.30 Uhr.
Nach einem historischen Überblick über die deutsche Mission Österreichs führt der Minister aus:

„Adolf Hitler, der Führer und Reichskanzler des deutschen Volkes, ist ein Sohn dieses oberösterreichischen Landes. Die Befreiung der deutschen Nation von der Schmach und dem Zwang der sogenannten Friedensverträge nach der erschütterndsten Niederlage ihrer Geschichte, hat auch für Österreich die außenpolitische und militärische Freiheit miterringen geholfen. Das verdanken wir Österreicher dem Führer und Reichskanzler. In einer Frage herrscht völlige Klarheit: das politische Gewissen fordert immer das tatbereite Bewußtsein der Zugehörigkeit zum deutschen Gesamtvolk. Derjenige, der sich in eine Front gegen das Gesamtvolk begeben würde, könnte nicht von sich behaupten, einer deutschen Aufgabe zu dienen ..."

Der Bundeskanzler hofft, daß durch diese Rede des Innenministers, die einerseits an ihrer nationalsozialistischen Gesinnung keinen Zweifel offen läßt und andererseits gewisse Formen der Legalität einzuhalten versucht, die Nationalsozialisten beruhigt werden; noch dazu, wo Seyß-Inquart auch ankündigt, daß in Absprache mit dem Bundeskanzler *„ergänzende Neu- und Umbesetzungen der Gemeindevertretungen, Landtage und Landesregierungen"* unter besonderer Heranziehung des Volkspolitischen Referats erfolgen werden.

Diese Ruhe ist nicht zuletzt deshalb dringend notwendig, weil die Verhandlungen von Regierungsvertretern mit den illegalen Freigewerkschaftern und Vertrauensleuten der Revolutionären Sozialisten und Kommunisten im Sinne der Aussprache vom 3. März beginnen. Allerdings werden die Verhandlungen mit einer Langsamkeit geführt, als ob Wochen und Monate zur Verfügung stünden. Sehr bitter bemerkt Friedrich Hillegeist über die Situation:

„Bei den Verhandlungen mit Rott, Watzek und Staud, ging es nur sehr langsam vorwärts. Die Einheitsgewerkschaft ... scheute vor jedem Zugeständnis in der Richtung von freien Wahlen in den einzelnen Gewerkschaften zurück. Verschiedene Funktionäre mochten wohl vor allem persönlich um ihre Sessel bangen ...“

Auch die katholische Kirche meldet sich zu Wort. Bei einer Veranstaltung der Katholisch-Deutschen Studentenschaft, im Festsaal der Universität Wien, in der ein Treuegelöbnis zu Schuschnigg und seinem Kurs abgelegt wird, erklärt Kardinal-Erzbischof Dr. Theodor Innitzer:

„Im Sinn des von Bundeskanzler Dr. Schuschnigg verkündeten deutschen Friedens, werden wir jedem die Hand reichen, der von ehrlichem Idealismus erfüllt von der anderen Seite kommt ... Das Volkstum ist immer ein wahrer und realer Wert im natürlichen Bereich gewesen, und die Kirche hat es bei vielen Völkern geehrt und gepflegt; pflegen wir es bis ins Heiligtum der Kirche hinein! Was bisher in Österreich ein feindliches Gegenüberstehen war, möge jetzt zu einer freundschaftlichen Auseinandersetzung werden, die auch für uns fruchtbar und anregend sein wird, wenn wir nur unseren Prinzipien treu bleiben und stark sind. Andererseits dürfen auch wir erwarten, daß diejenigen, die bisher noch abseits stehen, ebenso unsere religiösen Werte achten und das, was wir heilig nennen, nicht geringschätzig machen.“

Weniger optimistisch und verbindlich sind die Worte des Vorsitzenden der Katholisch-Deutschen Studentenschaft, Dr. Burghardt:
„Wenn der Kanzler die Worte gebraucht hat, ‚Österreich wird deutsch sein oder es wird nicht sein‘, so kann man auch sagen ‚Österreich wird christlich sein oder es wird nicht sein‘. Der organisierte Katholizismus ist der Garant der Dollfußstraße und sonst niemand!“

Das Saschapalast-Kino im dritten Wiener Gemeindebezirk kündigt für den kommenden Tag eine große Filmmatinee an: „Deutschland marschiert“ ...

Samstag, 5. März 1938

Aufnahme: Photo Scherb

Begeisterte Wiener schmücken Hitler-Bild

Im Parteienraum der Reichsbahnzentrale für den Deutschen Reiseverkehr in der Kärntnerstraße befindet sich dieses eindrucksvolle Hitler-Bild, das durch die Glasfassade weithin auf die Straße sichtbar ist. Der Jude Ezechiel Lebenschuß geriet darüber in solche Aufregung, daß er eine der Auslagenscheiben mit einem Fußtritt zertrümmerte.

Nach dem Friedensschluß von Berchtesgaden haben begeisterte, dankbare Wiener das Gemälde immer wieder mit Frühlingsblumen reich geschmückt, wie auf dem Bilde ersichtlich ist.

Österreichische Volks-Presse

Wo Adolf Hitler in Wien wohnte!

Freunde unseres Blattes haben uns die Abbildungen von fünf Wiener Wohnhäusern übermittelt, in denen der heutige Führer und Reichskanzler in den Jahren 1907, 1909 und 1913 ein ärmliches Quartier innehatte. Adolf Hitler nennt in seinem Buche „Mein Kampf“ die fünf Jahre, die er erst als Hilfsarbeiter, dann als kleiner Maler in der „Phäakenstadt“ verbrachte, die traurigste Zeit seines Lebens. „Fünf Jahre Elend und Jammer sind im Namen dieser Stadt für mich enthalten.“ Aber er fügt hinzu: „Ich danke es der damaligen Zeit, daß ich hart geworden bin und hart sein kann. Und mehr noch als dieses preise ich sie dafür, daß sie mich losriß von der Hohlheit des gemächlichen Lebens, daß sie das Muttersöhnchen aus den weichen Daunen zog und ihm Frau Sorge zur neuen Mutter gab, daß sie den Widerstrebenden hineinwarf in die Welt des Elends und der Armut, und ihm so die kennenlernen ließ, für die er später kämpfen sollte.“

Die Häuser, in denen Adolf Hitler damals wohnte, sind denn auch tatsächlich alle in Arbeitervierteln gelegen. Einmal mußte der Mann, der seither aus eigener Kraft zum Führer der deutschen Nation aufgestiegen ist, sogar in einem Männerheim der Stadt Wien Zuflucht nehmen. Wir veröffentlichen die fünf Bilder auf Seite 8 der heutigen Folge und geben ihnen als Begleittext einen auf Wien Bezug habenden Abschnitt aus Hitlers „Mein Kampf“ mit.

Österreichische Volks-Presse

Sonntag, 6. März 1938

* * * Guido Zernatto zu Berchtesgaden * * * NS-Demonstrationen steirischer Schüler * * * Österreich-Matinee im Theater in der Josefstadt * * * Rapid-Wien besiegt die Austria 3 : 0 * * *

Ernst Lothar veranstaltet im Theater in der Josefstadt eine „Österreichische Matinee". Anwesend sind dabei auch Bundeskanzler Schuschnigg und Guido Zernatto. Verschiedene Schauspieler lesen aus den Werken von Richard Beer-Hofmann, Hermann Broch, Alfred Polgar, Stefan Zweig, Franz Werfel und Guido Zernatto; lauter Emigranten von morgen; aber auch aus dem Werk von Josef Weinheber, dessen nationalsozialistisches Bekenntnis sich noch nicht manifestiert hat. Ernst Lothar selbst liest Grillparzers *„Sie sollen ihn nicht haben, den grünen Donaustrand!"* ... Angeführt vom Bundeskanzler, der in seiner Loge aufsteht, bricht ein Applaussturm los ... Fünf Tage trennen Österreich noch von der Katastrophe ...

Am Abend hält Guido Zernatto eine Rede im Rundfunk. Ausdrücklich beruft er sich dabei auf die beiden letzten Ansprachen von Hugo Jury und Seyß-Inquart und betont dabei die Autoritätsverhältnisse:

„Die Autorität des Staates, die Autorität des Bundeskanzlers und Frontführers, die Autorität derjenigen Männer, die mit ihm das Schicksal unseres Vaterlandes lenken, wird dafür sorgen, daß der Weg, auf den man sich mit Manneswort geeinigt hat, auch gegangen wird ... Was abgemacht wurde, haben ehrliche Männer miteinander abgemacht, ohne List und ohne Nebenabsichten ..."

Das „Manneswort" muß also die fehlenden vertraglichen Sicherungen ersetzen, und daß diese Sicherungen nichts wert sind, kommt im Leitartikel der „Reichspost" an diesem Tag überdeutlich zum Ausdruck. Unter dem Titel *„Übel der Übergangszeit"* schreibt das Blatt:

„Die Großtat der Generalamnestie, die Berufung von Vertrauensmännern der Nationalsozialistischgesinnten in die Regierung, in die Vaterländische Front, in die öffentlichen Körperschaften, die Abberufung bewährter Funktionäre von Posten, wo sie durch ihre unerschrokkene vaterländische Betätigung bei den bisher Abseitsgestandenen mißliebig geworden waren, das gewiß ganz unverhoffte Geschenk der durch nichts als durch die Verfassung und durch die Gesetze begrenzten vollen Gleichberechtigung und Bewegungsfreiheit des Nationalsozialismus, dieses ganze großzügige und großmütige Entgegenkommen hätte ein anderes, ein wür-

digeres Echo verdient, als es leider vielfach, man braucht nur an Graz und ein paar andere Landeshauptstädte zu denken, laut geworden ist ... Es empfiehlt sich wahrhaftig nicht, dem bereitwilligen Glauben an den aufrichtigen Friedenswillen des österreichischen Nationalsozialismus viele solcher Belastungsproben zuzumuten ...“

Das ist die Realität des sogenannten „deutschen Friedens“, von der „Reichspost“ weitgehend unverhüllt ausgedrückt; weil jedes abgeschlossene Ergebnis mit den Nationalsozialisten binnen weniger Stunden widerrufen wird, bzw. eine Lawine neuer, unerfüllbarer Forderungen auslöst, und Minister Seyß-Inquart – wie Schuschnigg in seinen Erinnerungen schreibt – sich immer mehr darauf beschränkt, mit gekreuzten Armen zuzuschauen.

„Die Nachrichten aus den Ländern – voran aus der Steiermark und Kärnten – bestätigen den sich vollziehenden Umbruch. In Graz, Fürstenfeld und Knittelfeld haben sich Lehrer und Schüler mit dem deutschen Gruß begrüßt. Der Gruß wird untersagt. Nun ziehen die Schüler in langen Demonstrationszügen durch die Straßen der Städte und erklären, erst dann wieder ihre Schule zu besuchen, wenn der Hitlergruß erlaubt ist.“

In Hütteldorf steigt vor 21.000 Zuschauern der alte Fußballschlager Rapid gegen Austria. Der Rapidplatz wird infolge der Zuschauermassen polizeilich gesperrt, aber zufrieden sind nach dem Spiel nur die Rapidanhänger und auch sie nur mit dem Resultat. Nach schwachen neunzig Minuten beider Mannschaften, siegen die Hütteldorfer durch Tore von Pesser, Binder und Schors 3 : 0 und liegen nun in der Tabelle sechs Punkte vor dem Sportklub und sieben vor der Austria.

Das „Neue Wiener Tagblatt“ bringt in seiner Bücherrubrik eine anerkennende Rezension des Berta-von-Suttner-Romans *„Nur eine Frau“* der jungen Schriftstellerin Hertha Pauli, der Schwester des Physikers und späteren Nobelpreisträgers Wolfgang Pauli; im „Kleinen Blatt“ wird ein Gratishoroskop angeboten – 30 Groschen in Marken erbeten, Dank und Anerkennung aus Europa und Übersee – weil man *„in diesen kritischen Zeiten“* notwendiger denn je *„einen verläßlichen Führer und Berater“* benötigt.

Im Ufaton-Kino in der Taborstraße zeigt man Leni Riefenstahls Film über den Parteitag der NSDAP 1935: „Tag der Freiheit“.

Sonntag, 6. März 1938

Kurs „Österreich“

Sturm über Österreich

Dr. Seyß-Inquart an die Nationalsozialisten.

In seiner gestrigen Linzer Rede teilte Bundes-
minister Dr. Seyß-Inquart folgende vom
Bundeskanzler genehmigte Weisungen an die öster-
reichischen Nationalsozialisten mit:

Der Herr Frontführer und Bundeskanzler hat mir
erklärt, er hoffe, daß eine Zeit kommt, in der irgendwelche
Behinderungen in Gruß, Lied, Fahne oder Abzeichen
nicht mehr vorhanden sein werden. Diese Zeit werde ge-
kommen sein, wenn der Gebrauch des Grußes, des Liedes,
der Fahne oder des Hakenkreuzabzeichens nicht mehr den
Charakter des Protestes und der Demonstration
gegen Staat und Führung in sich trage, wenn die
Feststellung verschiedener Gesinnung nicht von den Er-
wägungen bestimmt ist, den andern niederzuschlagen
oder wirtschaftlich zu vernichten, sondern wenn sich
jeder gute Oesterreicher auch stolz einen guten Deutschen und
jeder einzelne Deutschbewußte sich freudig einen guten Oester-
reicher nennen hört. Wir wollen schleunigst alles tun, um als
gute Deutsche auch beste Oesterreicher zu sein. Für
uns alle muß es unerträglich sein, die Symbole als
Mittel der Demonstration bewertet und benützt zu
sehen.

Der Wortgruß.

Es gilt daher für Gruß, Abzeichen, Fahne und
Lied folgendes: Der Wortgruß: Heil Hitler! ist in Oester-
reich nicht zu beanstanden, wenn er als üblicher
Gruß verwendet wird. (Langanhaltender Beifall.) Die Ver-
wendung dieses Grußes in Aemtern, Behörden,
Schulen oder Hochschulen oder Amtsstellen der
Front ist an diesen Orten unzulässig.

Der deutsche Gruß durch Erheben der ausgestreckten
rechten Hand ist in gleicher Weise wie der Wortgruß Heil
Hitler! zulässig.

Das Deutschlandlied.

Das Absingen des Deutschlandliedes ist bei
feierlichen Veranstaltungen nationalen Charakters
unter der Voraussetzung zugelassen, daß vorerst die
erste Strophe der Bundeshymne, der Hymne
Ottokar Kernstocks, gesungen wird. Ich bin der Meinung,
daß das Deutschlandlied für uns ein zu feierliches Bekenntnis
ist, um es bei jeder Gelegenheit auch auf den Gassen oder
in Gasthäusern zu singen. Das Absingen der Bundes-
hymne soll durch Mitsingen des Textes des Deutschlandliedes
nicht gestört werden. Im übrigen gelten die Vor-
schriften, die für das Singen und Spielen der Hymnen
andrer Staaten gegeben sind. Unter diese Vorschriften
fällt insbesondere das Absingen und Spielen des Horst
Wessel-Liedes.

Die Hakenkreuzfahnen.

Auch für das Hissen von Hakenkreuzfahnen durch
österreichische Bundesbürger gelten die allgemeinen
Flaggenvorschriften. Es ist jedoch vorgesehen, daß bei
besonderen Anlässen, zum Beispiel aus Anlaß des Be-
suches einer hohen Persönlichkeit aus dem Reiche sowie zur
Feier gemeinsamer Gedenktage, über behördliche An-
ordnung auch österreichische Staatsbürger neben den öster-
reichischen Bundesfarben auch die Hakenkreuzfahne zeigen
können. (Heilrufe.)

Das Hakenkreuzabzeichen.

Inwieweit das Hakenkreuz als Abzeichen Verwendung
finden darf, bleibt besonderer behördlicher Be-
stätigung vorbehalten. Den nationalen Vereinen
wird auf Wunsch gestattet werden, das Hakenkreuzabzeichen
in einer zu genehmigenden Verbindung in das
Vereinsabzeichen aufzunehmen. Nach dieser für
kürzeste Frist in Aussicht genommenen Bewilligung solcher
Abzeichen werden die Behörden angewiesen sein, gegen das
Tragen eines behördlich nicht bewilligten Haken-
kreuzes als Abzeichen einzuschreiten.

Heute darf das Hakenkreuzabzeichen vor Behörden, bei
Ausübung eines öffentlichen Amtes, in
Schulen, Hochschulen oder Amtsstellen der Front
nicht getragen werden. Das parteiamtliche Hakenkreuz-
abzeichen ist für alle Reichsangehörigen frei.
Oesterreichischen Staatsangehörigen ist es
nicht gestattet, das parteiamtliche Abzeichen
oder eine Nachahmung desselben zu tragen.

Neues Wiener Tagblatt

Das kleine Blatt 6. März 1938

....ob Männer was vom Wäschewaschen verstehen?

Nun, Persil und Henko, diese beiden Waschmittel, die heute von Millionen Hausfrauen aus Überzeugung und mit Begeisterung verwendet werden, sind von Männern erfunden worden. Von Männern der Wissenschaft und der Praxis, die überzeugt waren, daß die Kräfte der Hausfrau zu kostbar sind, sie am Waschtrog in unnötiger Plage zu verschwenden. — Wahrlich, Persil und Henko haben die Mühe und Plage des Waschtages verscheucht. Die Persil-Henko-Methode bedeutet müheloses Waschen, größte Schonung des Waschgutes und vor allem

blendend weiße, hygienisch saubere Wäsche

Montag, 7. März 1938

*** * * Vertrauensleutekonferenz der Revolutionären Sozialisten, Kommunisten und Freigewerkschafter * * * Freiheitskampf Österreichs wird unterstützt * * * Forderung nach gewissen Mindestrechten * * * Warnung Mussolinis vor einer Volksabstimmung * * ***

„Es ist notwendig darauf hinzuweisen, daß sich die Nazis in Wahrheit nur mehr mit Gewalt von der baldigen Übernahme der Gewalt abhalten lassen, daß daher alles, was jetzt getan wird, nur einen Sinn hat, wenn es die Einleitung zu einer Politik ist, die vor dem Einsatz der zur Verhinderung der Machtübernahme der Nazis notwendigen Gewalt nicht zurückschreckt.“

Dieser komplizierte Satz ist Teil eines langen Schriftstückes, das Joseph Buttinger als Instruktion an diejenigen Revolutionären Sozialisten ausgibt, die an diesem Tag an der großen Vertrauensleutekonferenz im Floridsdorfer Arbeiterheim teilnehmen. Etwa 350 Personen sind anwesend. Freigewerkschafter, Revolutionäre Sozialisten, Kommunisten. Erstmals kommen sie nach vier Jahren ohne Polizeiaufsicht zusammen. Die Hauptsprecher der Versammlung sind Friedrich Hillegeist, der über die Verhandlungen mit Schuschnigg Bericht erstattet und Karl Mantler, der Vorsitzende der illegalen Gewerkschaften.

In der Debatte werden drei Möglichkeiten der Stellungnahme der Arbeiter erörtert:

1. Vorbehaltlose Unterstützung der Regierung im Kampf gegen die Nationalsozialisten.
2. Abseitsstehen der Arbeiterschaft mit der Begründung, daß es die Auseinandersetzung zwischen zwei mehr oder weniger faschistischen Regimen sei.
3. Die Arbeiterschaft unterstützt den Kampf Österreichs mit allen Kräften, kämpft jedoch gleichzeitig um die eigene Freiheit und verlangt von der Regierung gewisse Mindestrechte.

In der stundenlangen Diskussion, an der unter anderem Otto Leichter, Karl Mantler, Otto Horn, Karl Hans Sailer, Oskar Deubler, Rosa Jochmann und Franz Olah teilnehmen, wird bald klar, daß die zweite Alternative – Abseitsstehen – einhellig abgelehnt wird. Während aber die Kommunisten für eine vorbehaltlose Unterstützung der Regierung Schuschnigg eintreten, setzt sich schließlich doch die Haltung der sozialistischen Mehrheit durch, die für den dritten Weg eintritt.
Die Arbeiter unterstützen den Kampf Österreichs mit allen Kräften, verlangen aber von der Regierung ein Mindestmaß an Freiheitsrechten. Vom jungen Gewerkschafter Franz Olah, erst wenige Tage vorher aus der Haft entlassen, soll der Satz stammen:

„Nur freie Menschen und nicht Sklaven können für Österreichs Freiheit kämpfen."

Es werden zwei Verhandlungsausschüsse bestellt, einer für die gewerkschaftlichen und der andere für politische Fragen; sie sollen nunmehr in konkrete Verhandlungen eintreten.

„Alle beherrschte die bange Frage, ob es gelingen werde, den Staat und damit eine Existenzgrundlage für die sich wieder erhebende Arbeiterbewegung zu gewinnen. All dies kam zum Ausdruck, als am Ende der Versammlung alle Teilnehmer sich spontan erhoben und das seit 1934 verbotene ‚Lied der Arbeit' sangen: laut und vernehmlich, ohne Angst und in dem Gefühl, daß die Arbeiterschaft sich diese Rückkehr ertrotzt und erkämpft und daß die Gesinnungstreue moralisch gesiegt hatte."

Am Abend unterrichtet Bundeskanzler Schuschnigg die meisten Minister und Landeshauptleute, daß er eine Volksabstimmung beabsichtigt. Auch Mussolini ist über den österreichischen Militärattaché in Rom, Oberst Liebitzky, davon unterrichtet worden: – und Mussolini rät ab.
In den Tagebucheintragungen des italienischen Außenministers Ciano de Cortellazzo findet sich jedenfalls unter diesem Datum:
„Der Duce hat zwei Unterredungen mit dem österreichischen Militärattaché gehabt, welchem er auftrug, Schuschnigg vom österreichischen Volksentscheid abzuraten."

Liebitzky berichtet dies dem Bundeskanzler. Mussolini rate zuzuwarten, die Lage werde sich bessern. Eine bevorstehende Entspannung zwischen Rom und London verspreche Erleichterungen des derzeitigen Drucks auf Österreich. Hinsichtlich der Volksabstimmung warne er. Wörtlich: „È un errore!" Denn sollte sie gut ausfallen, werde man sie als unecht erklären; sei sie schlecht, werde die Lage der Regierung unhaltbar; und wenn sie mittelmäßig ausfiele, dann bliebe sie wertlos.
Aber Schuschnigg ist überzeugt: Nur Hitler hat die Volksabstimmung zu fürchten.

Anders sieht die Situation Wilhelm Keppler, Hitlers Sonderbeauftragter für Österreich. Nach einem mehrtägigen Aufenthalt in Wien, berichtet er:
„‚Heil Hitler!' und Hitlergruß werden geduldet ... Schon jetzt sind die gestanzten Hakenkreuze zwar nicht offiziell genehmigt, aber werden überall geduldet ..."

Die RAVAG überträgt an diesem Abend aus Graz Beethovens 8. Symphonie mit dem Grazer Städtischen Orchester unter Rudolf Moralt, das Jüdische Kulturtheater in Wien spielt „Das große Los" ...

Montag, 7. März 1938

Muß das so sein?

In den letzten Tagen ist der Oeffentlichkeit die endgültige Absage Toscaninis an die diesjährigen Salzburger Festspiele bekannt geworden. Wer objektiv den Anteil würdigt, den der große Dirigent an der Ausgestaltung und der von Jahr zu Jahr glanzvoller sich gestaltenden Durchführung dieser Festspiele genommen hat, wird über seinen nunmehrigen Entschluß großes Bedauern empfinden. Aber nicht geringer ist das allgemeine Staunen über die reichlich eigenartige und der Logik entbehrende Motivierung seines Schrittes. Als Toscanini im vergangenen Jahre mit aller Entschiedenheit gegen die intensivere Mitwirkung Furtwänglers bei den Salzburger Festwochen Stellung nahm, begründete er dieses Verhalten mit der Ueberzeugung, daß die Kunst nicht mit der Politik verquickt werden dürfe. Dieser vermeintliche Zusammenhang zwischen Kunst und Politik war aber für den Maestro durch nichts anderes gegeben als durch die Tatsache, daß Furtwängler, der als Dirigent gleichfalls Weltruf genießt, Angehöriger eines Staates ist, dessen Regime Toscanini ablehnend gegenübersteht. Er selbst war es also, der schon damals Kunst und Politik verquickte, aber um seines Namens und seiner Verdienste willen entsprach man seiner Forderung und Furtwängler trug durch eine vornehme Geste zur Lösung des Konfliktes bei.

Nun sind die Kanzlerbegegnung von Berchtesgaden und der an jenem Tage abgeschlossene „Deutsche Friede" für Toscanini Anlaß geworden, Oesterreich und den Salzburger Festspielen mißmutig und grollend einen Scheidebrief zu übermitteln — unerachtet aller Aufklärungen, die ihm gegeben wurden, und aller Bemühungen, ihn von seinem Entschlusse abzubringen. Dieses unnachgiebige Verhalten, das erst recht eine — von ihm angeblich so leidenschaftlich perhorreszierte — Verquickung von Kunst und Politik darstellt, läßt nicht nur naheliegende Vermutungen aufkommen über die Einflüsse, die sich bei Toscanini wirksam geltend machten, sondern zwingt auch zu der Schlußfolgerung, daß der Maestro die Bedeutung und den Anteil aller anderen Mitarbeiter verkennt, die zur künstlerischen Weltgeltung der Salzburger Festspiele gleichfalls entscheidend beigetragen haben. Toscanini hätte doch wohl nicht übersehen oder nicht vergessen dürfen, welche einzigartigen Kräfte an Sängern und Musikern ihm die Festspielleitung zur Verfügung stellte, ohne die er auch seine Dirigententriumphe nicht hätte erringen können. Er hätte wohl auch nicht vergessen dürfen, in welch weitestgehendem Maße man allen seinen künstlerischen und persönlichen Wünschen und Forderungen Rechnung trug und welch entscheidenden Einfluß man ihm auf Planung und Durchführung des Umbaues im Festspielhause eingeräumt hat.

Oesterreich vermag nicht nur selbst höchste und reifste Kunst zu entfalten, es weiß auch große ausländische Künstler würdig zu ehren. So groß Toscaninis Erfolge in aller Welt auch sein mögen, nirgends, auch nicht bei seinen Besuchen in Palästina, ist ihm soviel Liebe, Verständnis, Anerkennung und Ehre entgegengebracht worden wie gerade bei uns. Wenn Toscanini dies alles einmal in besinnlicher Stunde zu erwägen und ruhig zu beurteilen imstande sein wird, dann wird er im Rückblick auf sein jetziges Verhalten gegenüber unserem Lande und dem deutschen Volke Oesterreichs zweifellos die richtige Antwort finden auf die Frage: Mußte das wirklich so sein?

Wiener Montagblatt

*

zum nationalsozialistischen Gedankengut mit den durch

BEZIRKSRAT **ANTON KRAL**
(Mitarbeiter Dr. jur. Otto Kral)
Inhaber d. konzess. Gebäude- u. Güterverwaltungs-,
Realitäten- und Hypothekenvermittlungsbüros
Wien, IV., Argentinierstr. 40, Tel. U-45-4-96

Der Österreicher

Treuekundgebung der Tiroler Bauernschaft.

Innsbruck, 6. März.

Im großen Sitzungssaal der Tiroler Landesbauernkammer versammelte sich am Samstag nachmittags der Landesbauernrat gemeinsam mit der Bauernkammer zu einer Sitzung, um einen Bericht des Landesbauernführers Landesrat Obermoser über die politische Lage entgegenzunehmen und über wirtschaftliche Fragen zu beraten. Der Versammlung, die zu einem machtvollen Bekenntnis der Tiroler Bauernschaft für die Unabhängigkeit und Selbständigkeit unseres Vaterlandes und der Treue zu Bundeskanzler Dr. Schuschnigg wurde, wohnten auch Landeshauptmann und Landesführer der V. F. Doktor Schumacher, Abt Schuler von Wilten, Bürgermeister Bundeswirtschaftsrat Franz Fischer und die Funktionäre des Bauernbundes und der Bauernkammer bei.

Nach Begrüßungsworten des Präsidenten der Landesbauernkammer für Tirol, Oekonomierat Raitmair, ergriff Landesbauernführer Landesrat Obermoser das Wort zu einer eingehenden Darlegung der derzeitigen Lage. Er gab einen umfassenden Rückblick über die Geschichte unseres Landes in den letzten Jahren, wobei er insbesondere auf den Wendepunkt durch die Aufrichtung der Maiverfassung 1934 hinwies.

Diese Verfassung sei das heiligste und alle Funktionäre des Bauernbundes seien gewillt, sie unter allen Umständen zu verteidigen und aufrechtzuerhalten. Daran dürfe nicht gerüttelt werden.

Zum Schlusse richtete der Landesbauernführer an die Versammelten den Appell, alles daranzusetzen zur Ehre unseres Vaterlandes. Die Bauernschaft Tirols habe Vertrauen zu Bundeskanzler Dr. Schuschnigg. Wenn wir dieses Vertrauen haben, so wird sich, so sagte der Bauernführer, auch in wirtschaftlicher Hinsicht manches bessern und das Bewußtsein immer mehr zum Vorschein kommen, daß wir uns freuen dürfen, daß wir ein eigenes Vaterland haben, das immer heißen möge: Oesterreich!

Hierauf richtete Landeshauptmann und Landesführer der V. F. Dr. Schumacher an die Versammelten das Wort und versicherte unter anderm, daß er nach seinen besten Kräften auch als Landesführer der V. F. bestrebt sein werde, mit dem tragenden Berufsstand des Landes, dem Bauernstand, engste Verbindung zu halten. In diesem Zusammenhang teilte Dr. Schumacher mit, daß Bundeswirtschaftsrat Muigg vom Bundeskanzler zum Landesführerstellvertreter der V. F. ernannt wurde. (Lebhafter Beifall.) Tirols Bauern mögen wie bisher zusammenhalten im Sinne des Wortes Andreas Hofers. Das sei der besondere Wunsch des Landeshauptmannes.

Die versammelten Bauernvertreter beschlossen einstimmig, an Bundeskanzler und Frontführer Dr. Schuschnigg folgendes Telegramm zu senden:

„Heute versammelter Landesbauernrat und Landesbauernkammer danken Ihnen im Namen der Tiroler Bauernschaft für Ihre mannhafte und ehrliche Haltung i den für das österreichische Schicksal maßgebenden letzte Tagen und versichern, daß die Tiroler Bauernschaft in u verbrüchlicher Treue zu Ihrer Führung an der Sicheru und Vollendung Ihres Werkes in Treue mitarbeiten wi

Gez. Obermoser, Raitmair."

Das Andreas-Hofer-Lied beschloß das einstimmige Tre bekenntnis der Tiroler Bauern zu Bundeskanzler Do Schuschnigg und für ein freies und selbstän ges Oesterreich.

Innsbrucker Nachrich

Dienstag, 8. März 1938

*** * * Bekanntgabe der Volksabstimmung an ausgewählte Vertrauensleute und Journalisten * * * Stimmung in der VF unsicher * * * Innenminister ist über Datum der Volksabstimmung nicht informiert * * ***

Bundesminister Dr. Edmund Glaise-Horstenau hält an diesem Tag auf Einladung des deutschen Auslandsinstituts in Stuttgart einen Vortrag zum Thema *„Das Jahr 1000 als deutsches Schicksalsjahr"*. Glaise-Horstenau, der betont, nicht als Politiker, sondern als Historiker zu sprechen, führt dabei unter anderem aus:

„Das klein gewordene, als Strandgut der Katastrophe zurückgebliebene Österreich, ragt als deutsches Land tief in den mit Staaten fremder Völker erfüllten Donauraum hinein. Es kann nur in der nahen Anlehnung an das große, von Adolf Hitler zu neuem Glanz emporgeführte Reich politisch, kulturell und wirtschaftlich gedeihen, in der Anlehnung, die zu festigen, eben erst wieder zu Berchtesgaden die Führer der beiden deutschen Staaten bekundet haben. Dieses Österreich fühlt sich bei allem staatlichen Eigenleben als vollwertiges Glied jenes großen deutschen Volkes, das über alle Grenzen hinweg in der Gemeinsamkeit von Blut und Boden und Kultur und Geist begründet und verbürgt ist."

Das ist die Diktion eines österreichischen Ministers, der von Bundeskanzler Schuschnigg als „betont national" in die Regierung aufgenommen wurde, an dem Tag, an welchem Schuschnigg Bundespräsident Miklas von seinem Plan einer Volksabstimmung informiert und in einer vertraulichen Pressekonferenz in der Wiener Zentrale der Vaterländischen Front, Am Hof 4, leitende Beamte und ausgewählte Chefredakteure Wiener Tages- und Wochenzeitungen mit dieser Volksabstimmung vertraut macht.

Die Stimmung in der Vaterländischen Front ist durchaus unsicher. Wie wird Innenminister Seyß-Inquart, wie wird Hitler diese Nachricht aufnehmen? Diese Unsicherheit ist auch dem vertraulichen Brief des oberösterreichischen Landesstatthalters Wenninger zu entnehmen, den er an Rüdiger Starhemberg schreibt:

„Morgen abend, 9 Uhr, wird verlautbart, daß Sonntag, dem 13. März, eine Volksbefragung stattfindet. Parole: ‚Sind Sie für ein freies, unabhängiges, deutsches, christliches, soziales, ständisch gegliedertes Österreich?' Seyß weiß nichts davon und soll überrascht werden. Der Kanzler hat die Sache am Montag mit den Landeshauptleuten besprochen. Ich habe, als mir Gleißner da-

von Mitteilung machte, sofort die allerschwersten Bedenken geltend gemacht, nicht wegen des Ausganges, denn ich glaube, daß wir eine Mehrheit erhalten werden, wenn auch vielleicht nicht sehr groß. Die Gefahr sehe ich darin, daß ich fürchte, daß Seyß auf Grund dieser hinterlistigen Vorgangsweise zurücktritt, dann haben wir innere Unruhen, die zur Einmengung Deutschlands führen werden. Die Beschleunigung ist deshalb erfolgt, damit die Volksbefragung vollzogen ist, bevor die Nationalsozialisten in die Landesregierungen etc. einziehen. Der Kanzler glaubt, daß die Nationalsozialisten dagegen nichts einwenden können, weil Hitler selbst ja wiederholt die Volksabstimmung in Österreich verlangte. Er glaubt auch, daß die Nationalsozialisten gar nicht die Parole ausgeben werden, dagegen zu stimmen, weil sie dadurch bekunden würden, daß sie nicht für ein unabhängiges Österreich seien. Das ist alles möglich, aber die Tatsache, daß der Innenminister nicht vorher gefragt wird, in einer Sache, die doch vor allem sein Ressort betrifft, bleibt bestehen, und ich glaube nicht, daß Seyß dies hinnehmen kann. Dabei soll das Verhältnis zwischen dem Kanzler und Seyß ohnedies schon ziemlich gespannt sein."

Bundeskanzler Schuschnigg, der an diesem Abend nach Innsbruck fährt, um dort vor Vertrauensleuten der Vaterländischen Front die Volksabstimmung offiziell bekanntzugeben, informiert vorher noch Innenminister Seyß-Inquart von seinem Plan, ohne ihm den Termin bekanntzugeben. Wie der Innenminister darauf reagierte, darüber gibt es zwei Versionen:

Seyß-Inquart selbst erklärte beim Kriegsverbrecherprozeß in Nürnberg:

„Der Plan war für mich zu überraschend und weittragend, als daß ich endgültig Stellung nehmen konnte. Ich fragte aber Schuschnigg, ob die Absicht unabänderlich sei, und als er dies bejahte, äußerte ich schwere Bedenken, denn diese Abstimmung werde in dieser Form von den Nationalsozialisten als Affront aufgefaßt werden ..."

Guido Zernatto wieder erklärte später, der Innenminister hätte ihm an diesem Tag gesagt, er sei davon überzeugt, daß die Vaterländische Front eine klare Mehrheit erzielen werde.

Die „Neue Freie Presse" bringt in ihrer Abendausgabe einen großen Artikel über die Maßnahmen zur Bekämpfung der Arbeitslosigkeit, und im „Kleinen Blatt" findet sich die Annonce eines Gasthauses im 6. Bezirk: Menü, bestehend aus Suppe, Braten, Mehlspeise; Preis 80 Groschen.

Dienstag, 8. März 1938

Ein deutscher Frühling über Oesterreich

Die programmatischen Erklärungen Seyß-Inquarts in Linz.
50.000 auf den Straßen der Stadt. — „Das geistige volksdeutsche Reich ist Tatsache."
„Mitarbeit und Mitverantwortung." — Neubesetzung der öffentlichen Körperschaften.

Linz, 6. März. Um 20 Uhr erwarteten im Landschaftlichen Redoutensaal über 500 Vertrauensleute der Nationalsozialisten des Landes den Minister. Andauernde „Sieg-Heil!"-Rufe begrüßten ihn bei seinem Eintritt. Vorn an der Stirnseite des Saales saßen an dem Tisch neben dem Rednerpult der volkspolitische Referent Ing. Breitenthaler, der Leiter des Hilfswerkes Franz Langoth, die nationalsozialistischen Führer Aigruber und Dr. Kaltenbrunner.

Ing. Breithenthaler eröffnete die Versammlung. Wir begrüßen mit hoch aufbebenden Herzen, sagte er, Innenminister Dr. Seyß-Inquart, jenen Mann, der unsere und Österreichs Hoffnung ist. Unser Kapital ist die Macht und unsere Pflicht, diese Macht zu mehren, alles zu tun, was sie mehren, und alles nicht zu tun, was sie mindern kann. Hört, was er euch zu sagen hat.

Neuerlich stürmisch begrüßt, führte Minister Dr. Seyß-Inquart u. a. aus:

Sie haben sich hier als Vertrauensmännner der national und nationalsozialistisch eingestellten Oberösterreicher versammelt, damit Sie jene Mitteilungen und Weisungen hören, die ich als Bundesleiter des Volkspolitischen Referats der VF. Ihnen im Einvernehmen mit dem Bundeskanzler und Frontführer für die nächsten Aufgaben und den einzuschlagenden Weg geben werde. Die Tatsache, daß meine Worte im Rundfunk übertragen werden, gibt jedem Österreicher und vor allem jedem österreichischen Nationalsozialisten die Möglichkeit, meine Ausführungen unmittelbar zu hören und seine eigene Haltung entsprechend einzurichten. Nach meiner Darlegung soll und darf es keine Unklarheiten mehr geben und kann jeder den Umfang seines politischen Rechtsbesitzes übersehen, in dessen Wahrung und Verteidigung er jeden Schutz finden, für dessen Überschreitung aber in Hinkunft er verantwortlich gemacht wird und alle Rechtsfolgen nach sich zieht.

Das Erbe deutscher Geschichte.

Ich will Ihnen daher auseinandersetzen, auf welchen Grundlagen wir stehen und handeln und welchen Weg wir gehen müssen, der uns gegeben ist, um unsere Aufgaben zu erfüllen.

Was sind wir und wo stehen wir? Wir sind Deutsche, ebenso auch Österreicher und stehen auf österreichischem Boden. Was ist und bedeutet Österreich? Die Ostmark des deutschen Volkes im Alpen- und Donauraum. Als erste Tat der geeinten deutschen Stämme, vorgeschoben aus den alten Stammeskörpern, hatte dieser deutsche Volksteil in Österreich vorerst den Kern zu schützen. Diese Aufgabe Österreichs hat Österreich mit unendlicher Hingabe und immer wieder gebrachten ungeheuren Blutopfern erfüllt. Dann aber wuchs ihm die Aufgabe, den Alpen- und Donauraum zur deutschen Mitte hin zu organisieren. Die überzeugende Bedeutung dieser Aufgabe ließ Österreich zur Führung im Reich aufsteigen und Mitteleuropa und seine Völker ordnen.

Immer hat es eine deutsche Sendung zu erfüllen. Sein großer, aber leidvoller Weg in der deutschen Geschichte führte, weil dieses Österreich seine opferreiche Mission nie vergessen konnte, zu seiner heutigen Gestalt.

Es wurde ein kleiner Staat, blieb losgetrennt vom Kernstaat, doch geblieben ist ihm seine Aufgabe, seine durch die Lage und die Begabung seiner Bevölkerung begründete unveräußerliche Mission. Österreich ist deutsch und nur deutsch.

Die Garantie des deutschen Volkes.

Im Sinne seiner Verfassung, bekräftigt durch die Vereinbarungen vom 11. Juli 1936 und 12. Februar des Jahres 1938, ist Österreich frei und unabhängig. Was heißt das? Wir gründen unser selbständiges und unabhängiges Dasein nicht auf die Friedensverträge. Diese Verträge als Grundlage oder gar als Rechtsgrundlage für die österreichische Unabhängigkeit lehnt mit dem Frontführer das deutsche Volk in Österreich einmütig ab.

Für uns bedeutet die österreichische Unabhängigkeit die freie Entschließung, das freie Selbstbestimmungsrecht aus eigener Kraft und hier im Lande getragener Verantwortung. (Zustimmung.)

Wir wissen um die guten Freundschaften, die wir in der Welt haben, und sind entschlossen, sie ebenso festzuhalten, die österreichische Unabhängigkeit aber ruht in der Garantie des deutschen Volkes.

Im deutschen Volk selbst stellen die Vereinbarungen vom 11. Juli und 12. Februar und die Erklärung des Führers und Reichskanzlers den Sachverhalt völlig klar. Die Österreicher gehen ihren politischen Weg ohne Einmischung von Partei- und Reichsstellen in der klaren und unerschütterlichen Gewißheit, daß das deutsche Volk in Österreich nur einen deutschen Weg gehen wird.

Das volksdeutsche Reich — Tatsache.

Daß dieser Weg ein volksdeutscher Weg ist, ist klar. Über alle staatlichen Grenzen, die ihre historische Begründung haben, hinweg fühlen und wissen wir um die Gemeinschaft des deutschen Volkes. In diesem Volkskörper soll der Blutlauf lebendig und ohne Abschnürung kreisen, ob sie nun als Glieder im Kernstaat, im selbständigen Staat oder in Volksgruppen in anderen Völkern leben.

Die Gemeinsamkeit des Schicksals und des Lebens des gesamtdeutschen Volkes ist heute schon zur Tatsache geworden. Das geistige volksdeutsche Reich ist heute bereits Tatsache; nicht nur eine kulturelle und geistige, sondern auch eine Tatsache von politischer Bedeutung.

Und dieses volksdeutsche Reich des gemeinsamen Schicksals, der gemeinsamen kulturellen Leistung, aber auch des eigenen inneren Aufbaues bleibt unser Ziel.

Arteigen und bodenständig.

Wer seine Kenntnisse aus dem Wissen um die stolze Vergangenheit unseres Vaterlandes und aus dem Glauben an die Zukunft Österreichs empfängt, weiß letzten Endes um seine wahre Unabhängigkeit. Diese könnte nur gefährdet werden, wenn hier Kräfte zur Wirksamkeit kämen, die Österreich vom deutschen Weg abzudrängen versuchen und gegen das Reich in Stellung bringen wollten.

Was dieses Volk sich an gesellschaftlichen Einrichtungen und geistigen und kulturellen Werten schafft, soll seiner Art entsprechen und aus dem Heimatboden entstanden sein.

Das ist der letzte Sinn unserer Überzeugung, unserer nationalen Überzeugung, daß unsere geistigen und leiblichen Werte und Kräfte im deutschen Volkstum ruhen und begründet sind.

Alles für die Volksgemeinschaft.

Diese Überzeugung gibt uns auf dem Boden dieses Staates die soziale Verpflichtung, alle diese Kräfte und Werte für die Volksgemeinschaft einzusetzen. Dieses Gedankengut ist vor allem aus dem Erlebnis der Grenzmark und ihrer Volksgrenzen gewonnen und ist daher österreichisch. Adolf Hitler, der Führer und Reichskanzler des deutschen Volkes, ist ein Sohn dieses oberösterreichischen Landes. Volksnot und Grenzlandnot hat der Führer des Deutschen Reiches in seinen österreichischen Lehrjahren kennen und mitleiden gelernt. Dieses Wissen hat seinen weiteren Weg und die Befreiung des Deutschen Reiches und Volkes aus der Schmach und dem Zwang der sogenannten Friedensverträge mitbestimmt. Diese Befreiung der deutschen Nation nach der erschütterndsten Niederlage ihrer Geschichte hat auch für Österreich die außenpolitische und militärische Freiheit miterringen geholfen. Das danken wir Österreicher dem Führer und Reichskanzler.

Verteilung der Verantwortlichkeit.

Diese klare Erkenntnis führt zu klaren Entscheidungen und Einstellungen und zu richtiger Verteilung der Verantwortlichkeiten zwischen Volk und Staat.

Im Zuge der Verwirklichung dieses Ideengutes soll jeder österreichische Nationalsozialist, der das richtig sieht und sich dazu positiv einstellt, zur Mitarbeit herangezogen werden, zur Mitverantwortung verpflichtet werden. Das ist der letzte Sinn des 12. Februar dieses Jahres.

Freie Stimmen

Mittwoch, 9. März 1938

*** * * Schuschnigg kündigt in Innsbruck Volksabstimmung an * * * Demonstrationen für und gegen Österreich * * * Illegale Kommunisten rufen zum Kampf um Österreichs Freiheit auf * * ***

„Aber jetzt will und muß ich wissen, ob das Volk von Österreich dieses freie und deutsche und unabhängige und soziale, christliche und einige, dabei keine Parteienzerklüftung duldende Vaterland will. Jetzt muß ich wissen, ob wirklich die Parole ‚Brot und Frieden im Lande', unsere Landsleute und seine Front, die unüberwindlich ist, zusammenführen kann und ob der Gedanke der Gleichberechtigung aller im Lande, sofern sie zu Volk und Heimat stehen, allen ausnahmslos eine Parole ist, der sie zu folgen vermögen. Das muß ich jetzt wissen, und darum Landsleute und Österreicher, Männer und Frauen, rufe ich Sie in dieser Stunde auf: Am nächsten Sonntag, am 13. März des Jahres, machen wir Volksbefragung!"

Kernsätze aus der Rede Bundeskanzler Schuschniggs im Innsbrukker Stadtsaal vor Amtswaltern der Vaterländischen Front. Nach diesen Worten kommt es zu stürmischem Beifall, eine Musikkapelle intoniert das Andreas-Hofer-Lied, das die Versammelten stehend mit erhobenem Schwurfinger mitsingen.
Schuschnigg erklärt dann weiter:

„Ich habe die Verantwortung für diesen Entschluß ganz allein auf mich genommen und ich stehe und falle mit allem, was ich will und denke, mit diesem Bekenntnis, das das österreichische Volk ablegen soll, aber ich glaube, diese Verantwortung konnte und mußte übernommen werden, weil ich mir nicht vorstellen kann, daß auch nur ein Mann und eine Frau, die wissen, worum es geht, heute gegen diese Parole sein könnten ... Laßt Euch durch nichts irre machen. Landsleute und Österreicher! ... Erinnert Euch an das Mahnwort, das wir früher, auch in ruhigen Zeiten, oft im Lande zitiert haben, wenn einmal von 1809 gesprochen wurde: ‚Mannder, s'ischt Zeit!'"

Nach der Rede, die von der RAVAG ab 21.00 Uhr übertragen wird, kommt es in der Wiener Innenstadt und auch in anderen Städten zu proösterreichischen Kundgebungen. In einigen Wiener Bezirken finden halblegale Konferenzen sozialistischer und kommunistischer Vertrauensleute statt. Aber was die Stunde wirklich geschlagen hat, zeigt ein Vorfall spätabends in der Wiener Kärntnerstraße, wo ein Trupp vaterländischer Österreicher und eine Gruppe von Nationalsozialisten einander gegenüberstehen. Nachdem die Illegalen „Heil Wache!" rufen, schreitet die Polizei ein – und schützt die Regimegegner. Angehörige der Vaterländischen Front werden von der Polizei an Plakatierungsaktionen gehindert und durch Messerstiche der Nationalsozialisten verletzt. Der Wiener Bürgermeister Schmitz sieht sich daraufhin genötigt, seine unbewaffneten Leute zurückzuziehen.

Aus Ried im Innkreis berichtet die Gendarmerie an diesem Tag, daß fast jede Person auf der Straße das Hakenkreuz trägt und daß unter der Bevölkerung *„ein außergewöhnlicher Grußwille durch Heben der rechten Hand besteht"*, so daß man von einer *„Hakenkreuzpsychose"* sprechen könne; *„die vaterländische Bevölkerung zeigt sich wenig auf der Straße und ist eingeschüchtert und deprimiert"*.

Innenminister Arthur Seyß-Inquart schreibt an den Minister ohne Portefeuille Guido Zernatto einen kryptischen Brief – den Hitler noch am selben Tag als politisches Meisterwerk bezeichnet. Der Innenminister stellt darin fest, daß er die Volksbefragung unter gewissen Bedingungen akzeptiert und meint dann: *„Da es sich ... im vorliegenden Fall nicht um ein grundsätzliches Bekenntnis zum Staat, sondern um eine Stellungnahme zur Regierung und augenblicklichen Lage handelt, wird mit einer bejahenden Einstellung der Nationalsozialisten nur dann zu rechnen sein, wenn die Regierungszusammensetzung die Voraussetzung für eine solch positive Einstellung der Nationalsozialisten bietet ..."*

Österreichs illegale Kommunisten, die sich schon auf der Konferenz vom 7. März im Floridsdorfer Arbeiterheim für eine bedingungslose Unterstützung der Regierung Schuschnigg ausgesprochen hatten, veröffentlichen einen schon früher beschlossenen aktualisierten Aufruf, in dem es heißt:

„Wir reichen unsere Hand euch Arbeitern ohne Unterschied der Partei, euch Bauern, euch Katholiken, euch Männern und Frauen des Geistes, der Technik und der Wissenschaft, euch allen, die ihr Österreich liebt und entschlossen seid, für eure Freiheit und Unabhängigkeit mutig, kompromißlos und mit aller Konsequenz einzutreten und zu kämpfen. ... Die Kommunistische Partei fordert alle Arbeiter und Werktätigen auf, bei der von Bundeskanzler Dr. Schuschnigg veranstalteten Volksbefragung mit ‚Ja' zu stimmen. Euer ‚Ja' gilt einem freien, unabhängigen und sozialen Österreich, das ein Bollwerk des Friedens, des Fortschritts und der Freiheit gegenüber den faschistischen Kriegsbrandstiftern werden soll."

Mittwoch, 9. März 1938

Stand der Rüstung

Die Rüstungswelle, die seit 1932 mit stets steigender Intensität die ganze Welt ergriffen hat, ist mehr als ein Symptom wachsender politischer Gegensätze, sie ist der Beweis der allgemeinen Erkenntnis, daß die Versuche, eine nicht auf militärische Macht, sondern auf vertraglichen Bindungen und Sicherungen beruhende internationale Ordnung zu schaffen, mißlungen sind. Dieses Mißlingen, im tiefsten Grunde durch die irrsinnigen Friedensdiktate verursacht, die jedes Vertrauen auf den Geist des Friedens und auf den Einfluß rechtlicher Erwägungen zerstört haben, da sie rein brutale Machtgebote waren, führte notwendigerweise zum alten Grundsatz: Si vis pacem, para bellum!

Die Rüstungsvorsorgen erstrecken sich, der immer stärker „totalen" Natur des modernen Krieges folgend, auf alle Lebensgebiete. In den von altersher gewohnten Vorsorgen in personeller und waffentechnischer Hinsicht ist die „Wehrwirtschaft" im weitesten Sinne,

die Ausrichtung des ganzen Lebens der Nation auf den Kriegszweck getreten.

Man mag dies bedauern oder begrüßen — die Tatsache an und für sich zu ändern ist niemand mehr imstande.

In personeller Hinsicht sehen wir fast überall eine viel stärkere Erfassung des vorhandenen Menschenreservoirs, als dies in der Zeit vor 1914 (trotz der seit 1908 ständig bestehenden internationalen Hochspannung) der Fall war. Die Friedensstände der großen Militärmächte sind — bei ungefähr gleich gebliebener Bevölkerungszahl — merklich höher als in der Vorkriegszeit. Dies bedeutet, da die Summe der zur Verfügung stehenden Waffenfähigen infolge der allgemeinen Ueberalterung zumindest der Völker weißer Rasse vermutlich kleiner ist als 1914, eine geringere „Expansion" der mobilisierten Armee im Verhältnis zum Friedensstand. Die plötzliche Steigerung der Heeresstärken in manchen Ländern hat einen sehr fühlbaren Offiziersmangel zur Folge gehabt, der sich auf die Ausbildung und auf das „Eingespielt-sein" der unteren Einheiten auswirken muß. Die sehr weit vorgetriebene vormilitärische Jugenderziehung kann hier nur wenig ausgleichen. Es ist daher kaum anzunehmen, daß die Armeen von heute — sei es wo immer — im Ernstfall die Präzision und Durchschlagskraft von 1914 voll erreichen werden. (Sehr interessant wären Vergleiche der Ergebnisse der Scharfschießübungen 1913 und 1937 in den einzelnen Ländern.)

Waffentechnisch ist entgegen vielfach verbreiteten Meinungen die Situation gegenüber 1918 nicht wesentlich geändert. Gewehr und Maschinengewehr ist in vielen Staaten unverändert geblieben. (Auch die Ausrüstung mit MG dürfte nicht wesentlich über dem Stand vom Kriegsende liegen.)

Mit Ausnahme der Spezialwaffen wie Panzerabwehr- und Fliegerabwehrkanonen ist auch die artilleristische Ausrüstung so ziemlich auf dem Stand von 1918 geblieben.

Ja Frankreich z. B. hat noch immer seine alte Feldkanone M 1897 beibehalten. Die Modernisierung beschränkt sich fast überall auf Einzelverbesserungen, die die Portee erhöhen, ohne sensationelle Veränderungen zu bringen.

Todesstrahlen und sonstige „ganz geheime" Kriegsmittel dürften aber mehr der Phantasie als der Wirklichkeit angehören. Die ziemlich kräftige Entwicklung der Panzerwaffe dürfte, wie die Erfahrungen in Spanien zeigen, durch die gleich schnelle Ausbildung der Abwehrmittel mehr als ausgeglichen sein.

Die grauenhaften Folgen eines Luftangriffes auf offene Städte lassen es begreiflich erscheinen, daß die Phantasie sich mit der Luftrüstung am intensivsten befaßt.

Die Leistungsfähigkeit der Flugwaffe hat sich gegenüber 1918 zumindest verdoppelt.

Die Zahl der zum Einsatz kommenden Apparate dürfte aber — genauere Zahlen sind nirgends erhältlich — nicht viel größer sein gegen 1918 als man gewöhnlich glaubt. Man darf nicht vergessen, daß Deutschland im Weltkrieg 17.000 ausgebildete Flieger hatte und daß trotzdem die Entente zu Kriegsende über die unbestrittene Luftsuprematie verfügte. Ihr Fliegereinsatz muß also ein Vielfaches des deutschen gewesen sein. Keine der heute genannten Ziffern nähert sich diesen Zahlen!

Die Luftabwehr hat an Wirkung und Zahl zweifellos wesentlich stärker zugenommen als die offensive Luftrüstung. So dürfte der Luftkrieg zwar Leiden und Zerstörung ohne Maß, nicht aber Entscheidungen bringen.

Ueber das Maß der nötigen wirtschaftlichen Kriegsvorsorgen fehlt die Erfahrung weitestgehend.

Wirtschaftliche Kriegsvorsorgen im heutigen Sinne kannte man 1914 nicht. Die allgemein angenommene kurze Kriegsdauer („Im Herbst werdet ihr zuhause sein") ließen sie nicht wesentlich erscheinen.

Auch darf nicht vergessen werden, daß 1914—1918 der erste Krieg moderner Massenheere war. Schließlich aber brachten wirtschaftliche Momente die Entscheidung. Welche Bedeutung sie in der Zukunft haben werden, ist leicht verständlich,

wenn man den ungeheuren Materialverbrauch des modernen Krieges erwägt.

Bei einer Marschfahrt von 2½ Stunden auf guten Straßen und ohne Tanks verbrauchte eine amerikanische motorisierte Division 50.000 Liter Benzin. Der Verbrauch eines modernen Heeres mit Panzern und Fliegern muß

Dimensionen annehmen, die die Produktion nicht mehr bewältigen kann.

Um so weniger bewältigen, wenn ihr durch die Mobilmachung Menschen im ungefähren Ausmaß von 25 bis 30 Prozent des Beschäftigtenstandes entzogen werden. An eine ausreichende Lagerhaltung ist aber bei diesen Ziffern kaum zu denken. Vielleicht liegt hierin die beste Friedensgarantie.

Freiheit

Erhöhung der Paßgebühren.

Amtlich wird mitgeteilt: Die Regierung hat auf Grund des Verfassungsgesetzes über außerordentliche Maßnahmen im Bereiche der Verfassung ein Gesetz über Reiseurkunden beschlossen, das in dem am 28. Februar ausgegebenen 20. Stück des Bundesgesetzblattes unter der Nr. 53 verlautbart wird. Durch dieses Gesetz werden die Reiseurkunden in erster Linie stempelgebührenrechtlich neu geregelt. Neben der Erhöhung des Satzes der Stempelgebühren werden aber auch die gesetzlichen Bestimmungen dem auf dem Gebiet der Reiseurkunden derzeit bestehenden Verhältnis angepaßt.

Außer den schon bisher begünstigten Personen, die nur oder nicht einmal auf den üblichen Taglohn angewiesen sind, werden die Handlungsreisenden, dann die als solche tätigen Handelsagenten und die allein reisenden Kinder (unter 15 Jahren) begünstigt. Außerdem ist die Stempelgebühr nach der Gültigkeitsdauer der Reiseurkunde abge-

Die einmaligen Gesamtkosten eines Reisepasses (einschließlich der durch das neue Gesetz nicht berührten Bundesverwaltungsabgaben und der Schreibgebühren) einer nicht begünstigten Person betragen für einen Fünfjahrpaß 40 S (34 S Stempelgebühr + 5 S Verwaltungsabgabe + 1 S Schreibgebühr), für einen Zweijahrpaß 20 S (16 S + 3 S + 1 S).

Ein Hilfsarbeiter wird dafür 2.50 S (2 S Stempelgebühr + 50 g Schreibgebühr), beziehungsweise 1.50 S (1 S Stempelgebühr + 50 g Schreibgebühr), ein Handlungsreisender 22.50 S (16.50 S + 5 S + 1 S), beziehungsweise 11 S (7 S + 3 S + 1 S) aufzuwenden haben.

Die neuen Stempelgebühren treten mit 1. März 1938 in Wirksamkeit. Reiseurkunden, die vor dem 1. März 1938 ausgestellt wurden, laufen, falls sie nicht schon nach ihrem Inhalt vorher außer Geltung treten, vorzeitig ab, und zwar die vor dem 1. Jänner 1938 ausgestellten Reisepässe mit 31. Dezember 1938 und die nach dem 31. Dezember 1937 ausgestellten Reisepässe ein Jahr nach ihrer Ausstellung.

Land-Zeitun

Arbeitslosenstatistik und Wirtschaftsbesserung

Im Jahresdurchschnitt

hat sich die Zahl der unterstützten Arbeitslosen in Oesterreich im Jahre 1937 um 27.000 gegen das Vorjahr verringert. Nun haben im Jahre 1937 infolge der Novellierung der Arbeitslosenversicherung fast überhaupt keine Aussteuerungen stattgefunden. Der Einwand, daß es sich bei den 27.000 um Aussteuerungen handelt, ist daher nicht zutreffend. Wir bekämen jedoch ein ganz falsches Bild, wenn wir glaubten, daß es nicht mehr als 27.000 waren, welche im abgelaufenen Jahre wieder in Arbeit und Verdienst kamen. Es werden ja auch viele Arbeiter eingestellt, die entweder nicht mehr im Genuß der Arbeitslosenunterstützung gestanden sind, oder die als Jugendliche überhaupt noch nie in den Arbeitsprozeß eingeschaltet waren. Es ist daher notwendig, sich auch über die Zahl der Einstellung der Nichtunterstützten, der Jugendlichen wie der älteren Arbeiter Klarheit zu verschaffen. Darüber erhält man durch eine Untersuchung der Zunahme der gegen Arbeitslosigkeit und Krankheit Versicherten das beste Bild, wenn es auch da noch nicht ganz vollständig ist.

Die Zahl der gegen Krankheit Versicherten

hat viel mehr zugenommen, als die Zahl der Unterstützten abgenommen hat. Im Durchschnitt des Jahres 1936 gab es in ganz Oesterreich 1,214.000 gegen Krankheit versicherte Personen. Im Durchschnitt des Jahres 1937 stieg die Zahl der gegen Krankheit Versicherten auf 1,259.000, also um 45.000 Personen. Daraus geht hervor, daß die Zahl der Arbeitslosen noch viel mehr abgenommen hat, als bei einer Untersuchung der Zahl der Unterstützten sich ergibt. Gegen Krankheit müssen in Oesterreich mit wenigen Ausnahmen alle ständigen Arbeiter versichert sein. Die Zahl der Krankenversicherten ist der sicherste Anhaltspunkt für die Beurteilung der Abnahme oder Zunahme der Beschäftigtenzahl. Gegen eine Jahresdurchschnittsziffer kann auch nicht eingewendet werden, daß es sich bei der Abnahme der Arbeitslosigkeit im abgelaufenen Jahr nur um eine saisonbedingte Erscheinung gehandelt hat. Die Ziffer von 45.000 neugeschaffenen Arbeitsplätzen im Jahre 1937 ist absolut hieb- und stichfest.

Der Erfolg der Arbeitsbeschaffungsaktion

im Jahre 1937 ist nicht zu verkennen. 45.000 Personen wieder in Arbeit und Verdienst zu bringen, ist unter den gegebenen Verhältnissen in Oesterreich eine große wirtschaftliche Leistung gewesen. Es steht daher sehr wohl dafür, auf der beschrittenen Bahn zu bleiben und im heurigen Jahre die Arbeitsbeschaffung durch die öffentliche Hand zu vergrößern und dazu noch die Initiative der Privatunternehmer, verschiedene Hemmnisse wegzuräumen. Wir zählen im Durchschnitt des vergangenen Jahres 321.000 zur Vermittlung vorgemerkte Arbeitslose. Wenn auch in Oesterreich wegen der besonderen Verhältnisse in den Landeshauptstädten immer ein gewisser Stock von Arbeitslosen übrig bleiben wird, so bedeutet es doch sehr viel, wenn es möglich sein wird, im heurigen Jahr wieder einige Zehntausend an einen Arbeitsplatz bringen zu können. Es ist vorerst schwer abzuschätzen, wie sich das vorgesehene Arbeitsbeschaffungsprogramm für das Jahr 1938 praktisch auf den Arbeitsmarkt auswirken wird. Berechnungen von ernst zu nehmenden Volkswirtschaftern zufolge wird es möglich sein, durch das zusätzliche Arbeitsbeschaffungsprogramm der Regierung zirka 150.000 Arbeitsplätze zu schaffen. Wenn auch diese Zahl nur für eine Saison gilt, so bedeutet es doch für einen Arbeitslosen schon sehr viel, wenigstens wieder einmal auf ein halbes Jahr arbeiten und ordentlich verdienen und leben zu können.

Vorarlberger Wacht

Donnerstag, 10. März 1938

* * * Hektische Wahlvorbereitungen in Österreich * * * Hitler bereitet Einmarsch vor * * * Westmächte schweigen zur Situation in Österreich * * * Illegale Sozialdemokraten unterstützen Volksabstimmung * * *

„Die deutschen und österreichischen Sozialdemokraten haben zur Zeit der Weimarer Republik heiß um den Anschluß gerungen. Damals wäre der Anschluß eine große Friedenstat gewesen. Heute sind die österreichischen Arbeiter, die ein freies Österreich wollen, zu jedem Kampf gegen den Anschluß bereit und sie warten auf ein Echo in der demokratischen Welt. Es ist Ehrensache der Weltdemokatie, daß dieses Echo nicht ausbleibt."
Worte des sozialdemokratischen Abgeordneten De Witte im Prager Abgeordnetenhaus. – Aber das Echo bleibt aus.

Das Echo bleibt auch in Frankreich aus, denn in den Mittagsstunden tritt die dritte Regierung des Ministerpräsidenten Camille Gabriel Chautemps zurück. Sofort tauchen in Paris Gerüchte auf, der französische Ministerpräsident sei nicht zuletzt wegen der zu erwartenden Komplikationen im Fall Österreich zurückgetreten ...
– Aber auch Großbritannien schweigt.
Als in der an diesem Tag stattfindenden Unterhausdebatte der Labour-Abgeordnete Henderson den Premierminister fragt, ob die Regierung Seiner Majestät bereit sei, eine Unabhängigkeitserklärung für Österreich abzugeben, antwortet Chamberlain: *„Nein, ich habe keine Erklärung abzugeben!"*
Darauf Henderson:
„Will der Herr Premierminister in Anbetracht der besonderen Lage Österreichs nicht wenigstens die Hoffnung der Regierung ausdrükken, daß diese Volksabstimmung unbeeinflußt von außen und frei von jedem Druck einer fremden Macht stattfinde, damit das Volk in der Lage ist, sein Selbstbestimmungsrecht unbehindert auszuüben?"
Chamberlain schweigt. Aber aus den Bänken der Konservativen werden „Nein!"-Rufe laut.
Darauf fragt der Labour-Abgeordnete Will Thorne:
„Merkt der Herr Premierminister, daß die Rufe, die aus seinen Reihen ertönen, von denjenigen kommen, die eine deutsche Invasion Österreichs begrüßen würden?"
Chamberlain schweigt ...

Es schweigt auch Rom, und es schweigt die deutsche Presse, die die vertrauliche Anweisung erhält, kein Wort über die Vorgänge in Österreich zu schreiben, bis nicht eine ausdrückliche Gegenweisung des Propagandaministeriums vorliege.

Österreichs Nationalsozialisten bekommen von Berlin die Mitteilung, daß sie für den 11. März Handlungsfreiheit besäßen, und Alfred Jodl schreibt über die gespannte Situation in sein Dienst-Tagebuch:

„Führer ist entschlossen, das nicht zu dulden. ‚Fall Otto vorbereiten' ... Führer will österreichischer Regierung Ultimatum übermitteln. Ein persönlicher Brief geht an Mussolini unter Darlegung der Gründe, die den Führer zum Handeln zwingen. 18.30 Uhr ergeht Mobilmachungsbefehl ...“

Während also in Berlin eine fieberhafte Tätigkeit zur Vorbereitung der Invasion beginnt, schickt sich in Österreich der immer noch halbwegs funktionierende Behördenapparat an, die Volksbefragung vorzubereiten, die in wenigen Tagen organisiert werden muß. Alle Tageszeitungen rufen auf ihrer ersten Seite zur Volksbefragung auf, deren Parole lautet:

„Für ein freies und deutsches, unabhängiges und soziales, für ein christliches und einiges Österreich! Für Friede und Arbeit und die Gleichberechtigung aller, die sich zu Volk und Vaterland bekennen.“

Millionen von Flugzetteln werden gestreut, sogar aus Flugzeugen abgeworfen, Lautsprecherwagen, die Parolen der Abstimmung erläuternd, fahren durch die Straßen.

„Gut österreichisch – gut deutsch!“
„Deutsch sein heißt treu sein! Deutsch sein heißt frei sein!“

Der Versuch ist deutlich erkennbar, durch Betonung des Deutschtums, durch Hervorkehrung des Anspruchs, daß die Österreicher die besseren Deutschen sind, Angriffe aus dem Dritten Reich zu unterlaufen. Fast makaber mutet im Rückblick ein Aufruf der Katholischen Aktion an, in dem es heißt, es geht um die *„Zukunft dieser freien, deutschen, christlichen Ostmark ...“*

Im Café „Meteor“ in der Ungargasse im dritten Wiener Bezirk, treffen sich auch an diesem Tag, wie so oft in den letzten Tagen, die illegalen Sozialdemokraten und feilen an ihrer Erklärung zur Volksbefragung. Mantler und Buttinger, Danneberg und Eifler, Olah und Czernetz, und viele andere sind da. Sie haben Kontakt mit Otto Bauer in Brünn, und sie beschließen in der Nacht mit einer Gegenstimme und einer Stimmenthaltung, die „Ja-Parole“ für die Volksabstimmung auszugeben.

In den Straßen Wiens randalieren die Nationalsozialisten und verprügeln jüdische Bürger; das Kabarett „Simplizissimus“ kündigt für diesen Abend noch die „Höhnende Wochenschau“ von Fritz Grünbaum und Karl Farkas an.

Donnerstag, 10. März 1938

„Jüdische Verbrecher"

In einer neuen Wiener antisemitischen Zeitschrift werden die Juden als ein Volk bezeichnet, das verbrecherisch veranlagt und dessen Anteil an politischen Mordtaten besonders groß ist. Schon der einfache Mann aus dem Volke wird die Unwahrheit dieser Behauptung leicht erkennen.

Er weiß, daß nur in den allerseltensten Fällen bei Begehung von Bluttaten ein Jude als Täter in Frage kommt.

Wir wollen aber an der Hand von unwiderlegbaren Tatsachen nachweisen, wie lächerlich es ist, zu behaupten, daß die Juden mehr Verbrecher stellen, als die anderen Menschengruppen.

Die polnischen Kriminalbehörden haben errechnet, wie viele vorsätzliche Tötungen von Menschen 400.000 Einwohner in Polen während eines Jahres begangen haben. Unter Benützung dieses amtlichen polnischen Materials hat der Schweizer Universitätsprofessor Hersch in der Wiener Gesellschaft für Anthropologie und Soziologie der Juden einen Vortrag gehalten, wobei er eine interessante Berechnung bei 1000 polnischen Menschen verschiedener Religion machte.

Es stellte sich heraus, daß auf 1000 jüdische Polen in Galizien ein einziger Mord auf 500 Jahre käme. Seit Christi Geburt wären es also pro tausend Menschen nur 3 Morde gewesen.

Man weiß, daß auf dem Lande viel weniger Verbrechen begangen werden, als in der Stadt. Man müßte also, da die Juden zumeist in Städten wohnen, das Verbrechertum der Nichtjuden in den Städten vergleichen. Das ist aber nicht möglich, weil die polnischen Kriminalbehörden ihre Berechnungen ohne Rücksicht auf den Wohnort durchgeführt haben. Glücklicherweise gibt es besondere Berechnungen für Warschau.

Da stellt sich heraus, daß in Warschau auf 100.000 Nichtjuden während der Dauer eines Jahres mehr als 8 Verbrechen der vorsätzlichen Tötung von Menschen entfallen. Auf 100.000 Warschauer Juden entfällt keine einzige solche Missetat.

Erst auf 300.000 Warschauer Juden entfällt ein Mord.

Die Antisemiten behaupten auch, daß die Juden besonders zu politischen Straftaten hinneigen. Auch da kann man nur dann ein wahrheitsgetreues Bild gewinnen, wenn man die Verhältnisse in der Stadt berücksichtigt. Sehen wir also, wie es in Warschau mit den politischen Verbrechen der Juden ausschaut. Auch bezüglich der politischen Verbrechen wurde die Berechnung bei 100.000 Menschen auf Grundlage eines Jahres durchgeführt.

Das Ergebnis lautet: Auf 100.000 Warschauer Juden entfallen 13 und auf 100.000 Warschauer Nichtjuden 60 politische Delikte.

So sehen im Lichte der Tatsachen der „jüdische Bolschewismus" und die „jüdische Zersetzung" aus...

Weiter: Die Juden werden von Antisemiten als Wüstlinge, als Menschen hingestellt, die auf geschlechtlichem Gebiet unmoralisch handeln. Die eindeutigen Ziffern der polnischen amtlichen Berechnungen sagen uns das Gegenteil. In ganz Polen stellte sich nämlich der Anteil an den Vergehen gegen die Sittlichkeit und gegen die Familie bei 100.000 Juden während eines Jahres auf ein Viertel und in Warschau auf ein Siebzehntel. Einige Arten von Geschlechtsdelikten kommen in den Jahren 1924 und 1925 bei Juden überhaupt nicht vor. Das gilt von der unnatürlichen sexuellen Betätigung, Bigamie, Notzucht, Zuhälterei und dergleichen.

Die Antisemiten sagen: „Die Juden sind Schwindler, Hehler, Betrüger, sie ruinieren das wirtschaftliche Leben, indem sie es mit Unmoral durchsetzen." An und für sich wäre es nur natürlich, wenn es verhältnismäßig mehr jüdische Betrüger und Hehler gäbe, denn diese Straftaten kommen besonders bei Menschen öfter vor, die sich mit dem Handel befassen. Es gibt doch auch unter den Kassenbeamten natürlich mehr Defraudanten, als unter Menschen, die diesem Beruf nicht angehören. Ebenso kommt strafbare Unterbrechung der Schwangerschaft fast ausschließlich bei Hebammen und Aerzten vor. Und daß es verhältnismäßig mehr jüdische Kaufleute als nichtjüdische gibt, ist eine bekannte Tatsache.

Das Kleine Volksblatt

Trotzdem hat es, nach der amt-
lichen polnischen Statistik, unter
100.000 Juden in Warschau rund 15
und unter 100.000 Nichtjuden in
Warschau 80 Straffällige gegeben,
die sich der unerlaubten Spekulation
und der Hehlerei schuldig gemacht
haben. Unter 100.000 Juden gibt es
12 Fälle von Betrug und unter
100.000 Nichtjuden 27 Fälle. Bei Ver-
untreuung ist das Verhältnis von
3 Juden zu 8 Nichtjuden.

Prof. Hersch hat auch das Ver-
brechertum der Frauen studiert.
Das Verhältnis der Kriminalität der
Frauen und der Männer stellt sich im all-
gemeinen in Polen auf 1 : 5. Das Verhält-
nis der Kriminalität der jüdischen und der
nichtjüdischen Frauen beträgt 1 : 2. In
Warschau selbst ist es noch krasser. Hier
stellt sich das Verhältnis der Kriminalität
der jüdischen und der nichtjüdischen
Frauen, auf 10.000 Personen berechnet, auf
7 gegen 35, also etwa wie 1 : 5.

Also sogar bei den eigentlichen kauf-
männischen Delikten ist das Gegenteil da-
von wahr, was die Antisemiten behaupten.

Unter 100.000 Nichtjuden in Rus-
sisch-Polen gab es 100 Diebe, unter
100.000 jüdischen Menschen 36. Das
Verhältnis in Galizien ist: von 16 Ju-
den zu 100 Nichtjuden. Das Verhältnis
bei Brandstiftung ist in War-
schau bei Annahme von 100.000 Men-
schen während eines Jahres 40 Juden
zu 100 Nichtjuden. Bei Sprengver-
brechen und anderen Delikten
gegen die öffentliche Sicherheit: In
Warschau 1 Jude gegen 6 Nichtjuden;
schwere Körperverletzung
1 Jude gegen 11 Nichtjuden. Noch
einmal müssen wir betonen, daß wir
sowohl bei Juden als auch bei Nicht-
juden eine Zahl von 100.000 Menschen
und den Zeitraum eines Jahres an-
genommen haben.

So sprechen die Ziffern. Diese
Ziffern sind aber nicht etwa willkürlich
aus irgend einem Zeitabschnitt heraus-
gegriffen, der für die Juden aus irgend
welchen Gründen besonders günstig ge-
wesen wäre. Die Statistik umfaßt sechs
Jahre (1923 bis 1928) und 900.000 Fälle.
Sie wird hier nicht zum ersten Male ver-
öffentlicht, sondern war schon im offi-
ziellen Organ des amerikanischen Instituts
für Strafrecht und Kriminalistik behandelt
worden, einem Blatt von absoluter wissen-
schaftlicher Autorität.

Gegenüber dieser eindeutigen und
geradezu erschütternden Sprache der
Ziffern aber brüllen die Antisemiten:
Hinaus mit den Juden, hinaus be-
sonders mit den Ostjuden...

B. H.

Gerechtigkeit

Mit Schuschnigg für Oesterreich!

Grazer Volksblatt

Nationalsozialistische Kundgebungen in Linz.

r. Linz, 9. März. Nach der Rede des Bundeskanzlers kam es in Linz zu Treuekundgebungen der vaterländischen Bevölkerung und zu großen Demonstrationen der Nationalsozialisten. Über die Landstraße zogen vom Kolping-Haus her zahlreiche Anhänger der Vaterländischen Front, die „Heil Schuschnigg!" und „Heil Österreich!" riefen. Daraufhin füllten sich die Straßen der inneren Stadt mit Menschen und es ertönten immer mehr „Heil-Hitler!"- und „Sieg-Heil!"-Rufe. Als dann die nationalsozialistischen Formationen von Urfahr her mit einer Hakenkreuzfahne unter Absingung nationalsozialistischer Kampflieder und Sieg-Heil-Rufen aufzogen, schlossen sich ihnen viele Passanten an. Die Demonstration der Nationalsozialisten richtete sich dagegen, daß erst die Jahrgänge von 1914 zur Wahl zugelassen werden und daß die Wahlen ganz unvorbereitet angesagt wurden. Die Menge verhielt sich äußerst diszipliniert, so daß es nur zu vereinzelten kleineren Zwischenfällen kam. Die Demonstration währte mehr als eine Stunde. Die Demonstranten hißten schließlich eine Hakenkreuzfahne auf dem Linzer Rathaus.

Tages-Post

Wer die Heimat liebt, stimmt für Oesterreich.

Grazer Volksblatt

Freitag, 11. März 1938

*** * * Österreichische Nationalsozialisten lehnen Volksabstimmung ab * * * Mussolini ist für Schuschnigg nicht zu sprechen * * * Britischer Premier lehnt jede Stellungnahme zu Österreich ab * * * Paris schweigt * * * Schuschnigg tritt zurück * * ***

„Arbeiter! Genossen! Die Form, in der Schuschnigg die Volksabstimmung diktiert, stellt Euch vor die Entscheidung, entweder mit ‚Ja‘ zu stimmen oder dem Hitler-Faschismus zur Macht zu verhelfen. Ein Sieg Hitlers bedeutet nicht nur die blutige Unterdrückung und grenzenlose Ausbeutung der österreichischen Arbeiter, er bedeutet auch eine Niederlage der Arbeiterbewegung der ganzen Welt ... Die österreichischen Arbeiter können daher auf Schuschniggs Frage am Sonntag nicht mit ‚Nein‘ antworten. ... Der kommende Sonntag ist nicht der Tag, an dem wir mit dem österreichischen Faschismus abrechnen und dem autoritären Regime alle Verbrechen, die seit dem Februar 1934 an der österreichischen Arbeiterschaft begangen worden sind, heimzahlen, indem wir gegen Schuschnigg stimmen. Am kommenden Sonntag manifestieren wir unseren glühenden Haß gegen den Hitler-Faschismus. An diesem Tag muß daher die gesamte Arbeiterklasse mit ‚Ja!‘ stimmen ...“
Ein Ausschnitt aus dem Flugblatt der Revolutionären Sozialisten. In der Nacht vom 10. auf den 11. März beschlossen, wird es vor allem noch in Wien verbreitet.

Karl Hans Sailer, im Sozialistenprozeß 1936 einer der Hauptangeklagten, soll um 19.00 Uhr im Rundfunk sprechen – im Namen der alten Sozialdemokratie und ihres Gewerkschaftsflügels. Fast scheint es so, als sollte das ständestaatliche Regime erste Schritte zur Demokratisierung unternehmen.

„Nach der Volksabstimmung – Wahlen in den Gewerkschaftsbund“ meldet „Das Kleine Blatt“. Aber wie so oft in den letzten Tagen, werden die Schlagzeilen der Zeitungen von der Realität überrollt.

Die „Wiener Neuesten Nachrichten“, ein von der Regierung geduldetes Organ der Nationalsozialisten, lehnen die Volksabstimmung ab ...

„... wegen der verfassungswidrigen Tendenz der Befragungsparole, wegen der Friede und Arbeit gefährdenden Ungesetzlichkeit der Durchführung der Volksbefragung, müssen wir österreichischen Nationalsozialisten die Beteiligung an dieser in der österreichischen Verfassung nicht vorgesehenen und daher rein privatinitiativen und in ihrem Ergebnis unkontrollierbaren ‚Volksbefragung‘ ablehnen.“

Noch läßt Schuschnigg die Zeitung verbieten, aber die Regierung ist nicht mehr Herrin der Lage; und das Ausland schweigt.
Gesandter Hornbostel versucht mit Rom in Kontakt zu kommen, der einzige Bescheid, den er jedoch erhält, lautet: der Duce sei nicht da und Ciano nicht zu erreichen. Außerdem verfüge die italienische Regierung nicht über die notwendigen Unterlagen, um die Situation beurteilen zu können. Sie müsse sich deshalb jeder Stellungnahme enthalten.

Gesandter Vollgruber meldet aus Paris:
„... Wäre England bereit, die Unabhängigkeit Österreichs nötigenfalls auch mit dem Säbel in der Hand zu verteidigen, dann würde Frankreich auch schon zur Erhaltung der Unabhängigkeit Österreichs einen Krieg führen. Ist dieses nicht der Fall, wird Frankreich wohl, außer es ändert sich in der Zwischenzeit etwas an der Haltung Italiens, auf die Vergewaltigung der Tschechoslowakei warten und erst dann losschlagen, denn dann muß nach Ansicht der maßgebenden französischen Stellen, England in den Krieg hineingezogen werden ..."

Und Großbritannien antwortet an diesem Tag auf die Bitte Schuschniggs um Rat:
„... Die Regierung Seiner Majestät kann die Verantwortung nicht übernehmen, dem Kanzler zu raten, einen Kurs einzuschlagen, der sein Land Gefahren aussetzen könnte, für die die Regierung Seiner Majestät nicht in der Lage ist, Schutz garantieren zu können."

Das ist alles. Österreich bleibt allein ...

Ernst Lothar probiert im Theater in der Josefstadt das neue Stück von Carl Zuckmayer, „Bellmann", mit Paula Wessely, Attila Hörbiger und Anton Edthofer.
„... Und so geschah es am Morgen des Katastrophentages, daß im Dämmer eines schwach beleuchteten Bühnenhauses, eine Handvoll Menschen die Welt draußen, die Lage, die Gefahr, die Krise, von der unser aller Schicksal abhing, völlig vergaß und für ein paar Stunden ganz jenem unwiderstehlichen Zauber erlag, den das Theater ausübt; daß über Striche, Stellungen, Änderungen diskutiert und gekämpft wurde, als gäbe es nichts Wichtigeres, Bedeutsameres auf der Welt. Als wir am Nachmittag das Theater verließen und aus seinem künstlichen Licht unter den grellen, immer noch strahlenden, immer noch von Papier durchwirbelten Frühlingswind traten, war alles vorbei ..."

Um 19.50 Uhr tritt Bundeskanzler Schuschnigg zurück.
„... So verabschiede ich mich in dieser Stunde von dem österreichischen Volke mit einem deutschen Wort und einem Herzenswunsch: Gott schütze Österreich!"

Freitag, 11. März 1938

Österreicher, glaubt nicht den Gerüchtemachern!

Das Amt des Frontführers verlautbart: Wie nicht anders zu erwarten, hat der heutige Tag eine Unzahl von Fragen aufgeworfen und eine **Unzahl von Gerüchten** erzeugt. Es ist notwendig festzustellen, daß keine Nachricht, sofern sie nicht offiziell durchgegeben wird, richtig ist. Es wird festgestellt: Die genaue Belehrung über den Wahlvorgang ist überall angeschlagen. Es gilt nur die offizielle Verlautbarung und die Verordnung der Landeshauptleute bezw des Bürgermeisters von Wien

Die Volksbefragung findet am Sonntag dem 13. März statt. Alle Gerüchte über Verschiebungen oder Veränderungen sind unzutreffend.

Es besteht selbstverständlich die Möglichkeit vollkommen freier, geheimer Stimmabgabe für jedermann. Jeder kann seinen Willen nach freiem Entschluß fassen.

Auch Stimmzettel mit dem Aufdruck „Nein" werden zur Verfügung sein.

Das Bekenntnis zur Politik des Bundeskanzlers und Frontführers soll ein freies, klares sein und niemand das Gefühl geben, daß er seine Meinung nicht äußern kann.

Die Volksbefragung richtet sich gegen niemand, sie hat keine negative Parole. Es ist vollkommen unrichtig, wenn behauptet wird, daß die Volksbefragung sich gegen die Politik des 11. Juli und des 12. Februar richtet.

Im Gegenteil, der Frontführer will, daß das Volk von Österreich geschlossen auch der Fortsetzung dieser klaren Linie seiner Politik seine Zustimmung gibt.

Es soll jeder stimmen.

Das Kleine Blatt

Massendemonstrationen in Wien.

Aufmärsche von Zehntausenden. — Scharfes Eingreifen der Polizei; Abriegelung von Stadtteilen. — Zusammenstöße mit 25 Verletzten. — Arbeiterversammlungen für Dr. Schuschnigg. — Lebhafte Wahlpropaganda.

Telephonbericht unseres Korrespondenten.

Wien, 10. März.

Vom Nachmittag bis in die späten Nachtstunden hinein war Wien heute in einen Taumel von Kundgebungen verwickelt. Sowohl die Anhänger Dr. *Schuschniggs* als auch die Nationalsozialisten hatten *ungeheure Massen mobilisiert,* die in großen Demonstrationszügen in der Inneren Stadt unter Ausbringung von Heil- und Hoch-Rufen aneinander vorbeidefilierten. Es kam vielfach zu Zusammenstößen, ohne daß jedoch wesentlichere Verletzungen zu verzeichnen gewesen wären. *Die Polizei hatte ein Massenaufgebot zur Verfügung gestellt.* Alle Überfallsautos, selbst die ältesten Typen, mußten herangezogen werden, um die immer wieder an anderen Stellen sich entladenden Demonstrationen einzudämmen.

Die Polizei riegelte vielfach einzelne Teile der Stadt, so auch vorübergehend die Innere Stadt ab, worauf die Trupps der Demonstranten in die Seitengassen abschwenkten, um dort abermals zu demonstrieren. *Die Zahl der beiden großen Demonstrantengruppen wird auf 40.000 bis 50.000 geschätzt, wobei zum überwiegenden Teile auf seiten der Nationalsozialisten Jugendliche aufmarschierten, und zwar von sieben Jahren an, also Elementar-, Mittel- und Hochschüler.* Auch auf seiten der Vaterländischen Front sah man viele Jugendliche.

In vielen Fällen griff die Polizei schärfer ein, wenn die Demonstranten ihre Weisungen nicht befolgten. Berittene Wachleute gingen mit gezückten Säbeln und Gummiknütteln auf die Menge los, ohne daß jedoch ernstere Verletzungen zugefügt wurden. Bemerkenswert ist die Tatsache, daß die einzelnen Züge der Demonstranten sich im allgemeinen damit begnügten, einander anzuschreien und Lieder zu singen. Seitens der Hitler-Anhänger wurde indessen vielfach versucht, die Passanten oder die vorüberfahrenden Automobilisten zu Zustimmungskundgebungen zu bewegen. *In zwei Fällen wurden Kraftwagen, deren Besitzer sich geweigert hatten, mitzudemonstrieren, zertrümmert. Auch ein Autobus wurde von den Demonstranten angegangen. In diesem Falle griff die Polizei jedoch sehr scharf ein.*

Die Stimmung war in den Abendstunden bis zur Siedehitze gespannt und es muß als wahres Wunder angesehen werden, daß keine schwereren Zusammenstöße erfolgt sind. Man scheint für morgen sehr energische Maßnahmen — etwa die Verhängung des Standrechts — zu erwägen, um in den nächsten Tagen ähnliche Vorkommnisse zu verhindern.

In den Abendstunden haben auch zahlreiche *Arbeiterversammlungen* stattgefunden, in denen große Begeisterung für die neuen Abmachungen mit der Regierung und ein *einmütiges Eintreten für Dr. Schuschnigg* zum Ausdruck kamen. Auch die Arbeiter wollten nach den Versammlungen in die Stadt marschieren, wurden jedoch von den Anhängern der Vaterländischen Front davon abgehalten, da sonst unter Umständen schwerere Zusammenstöße unvermeidbar gewesen wären. Morgen sollte Altbürgermeister *Seitz* in einer Versammlung in Floridsdorf sprechen, doch hat er erklärt, daß er derzeit nicht in der Verfassung wäre, vor einer großen Menge eine Rede zu halten.

Als Vertreter der Arbeiterschaft soll zunächst der frühere Landeshauptmann-Stellvertreter von Niederösterreich *Hellmer,* ein Sozialdemokrat, als Leiter der SAG in die Vaterländische Front aufgenommen werden.

Wie in den späteren Abendstunden verlautete, wurden bei den Zusammenstößen im Laufe des Abends etwa 25 Personen zumeist leicht verletzt. Gegen 22 Uhr massierten sich auf dem Graben und in der Umgebung des Stefansplatzes die ersten größeren Arbeitergruppen, die in „Pfui Hitler!"- und „Nieder mit Hitler!"-Rufe ausbrachen und Hochrufe auf Rot-Weiß-Rot, sowie Österreich ausstießen.

Gegen 23 Uhr zogen die Trupps in die äußeren Bezirke ab, wo es noch zu kleineren Zusammenstößen kam. In den späteren Nachtstunden trat dann völlige Ruhe ein.

Während des ganzen Tages wurde eine sehr intensive Propaganda für die Abstimmung am Sonntag entfaltet, wobei vielfach mit großer Begeisterung der Mehrheit der Bevölkerung für die Volksbefragung zum Ausdruck kam.

Nach Einbruch der Dunkelheit überflogen Aeroplane die Stadt, auf deren Flügeln das Wort „Ja" in Glühbirnen zu lesen war. Die Straßen waren mit Flugzetteln übersät. Militärkapellen und Lautsprecher sorgten dafür, daß sich größere Menschenmassen ansammelten, worauf dann Propagandareden gehalten wurden. Immer wieder kam es zu Kundgebungen für den Kanzler und Frontführer. Auch Jungvolktruppen marschierten durch die Straßen.

Pester Lloyd

Strich hinter die Vergangenheit!

Nach Tagen politischer Hochspannung,
Verworrenheit wie Ueberbegeisterung, ist
nun durch eine Reihe von offiziellen Reden
berufener Führer eine vollständige Klä-
rung der Lage und allenthalben Beruhi-
gung eingetreten. Jeder Oesterreicher, der
Deutsch versteht, weiß nun, wie er dran ist
— und der Alltag geht weiter. Wie wer-
den wir uns da künftig verhalten?

Wenn nicht alle Zeichen trügen, mar-
schiert nach Jahren der Kriegsvorbereitun-
gen, der Kriegsdrohungen und der Kriegs-
gefahr in Europa wiederum der Friede.
Bei aller Entschiedenheit der Selbstbe-
hauptung sind es doch versöhnliche Worte,
die von einer Grenze über die andere hal-
len. Zum ersten Male scheinen die Staa-
ten mit gegensätzlichem inneren Regime
einander zu suchen und ein friedfer-
tiges Nebeneinanderleben beginnen zu
wollen. Es ist nun sicher mehr als ein Zu-
fall, daß just an dieser weltpolitischen
Wende unser Oesterreich im eigenen Lande
einen ähnlichen Beweis von Willen zu
Friedfertigkeit und Verträglichkeit zu er-
bringen begonnen hat. Wer die jüngsten
Reden österreichischer Politiker, die drei
Reden Schuschniggs, die Reden Dr. Jurys
und Sey-Inquarts und sozusagen als
Schlußwort die Feststellungen des General-
sekretärs der Vaterländischen Front, ge-
hört oder gelesen und gründlich in sich auf-
genommen hat, muß die Ueberzeugung ge-
wonnen haben, daß wir es hier mit Män-
nern zu tun haben, die nicht nur bei jedem
Wort wissen, was sie sagen, sondern auch
entschlossen sind, jedem Wort, womit sie
etwas ankündigen, die Tat folgen zu
lassen. Und diese Taten zusammen bedeu-
ten Befriedung, Frieden nach langer in-
nerer Fehde. Es werden die Tore ins
österreichische Vaterhaus vor allem jenen
Bevölkerungskreisen weit geöffnet, die na-
tionales Gedankengut und nationale Ge-
fühlswerte besonders hochhalten. Daß diese
Verbindung zwischen Österreichertum und
Nationalismus möglich ist, wenn sie nur
ehrlich gewollt wird, haben gerade die
Männer, die wir jüngst sprechen hörten,
mit ihrer eigenen Person bewiesen.

Es soll nun Schluß sein mit der zer-
setzenden Illegalität und damit Schluß
mit der Verpönung nationalsozialistischer
Gesinnung; es werden die Nationalsozia-
listen Achtung, Verständnis und Raum in
Oesterreich finden, soferne sie dieses Oester-
reich bejahen und nicht als Partei auf-
treten. Darüber hat die Staatsführung
vollständige Klarheit geschaffen, aber auch
die mit ihr verbundenen nationalsoziali-
stischen Führer haben eindeutige Weisun-
gen erlassen. Es steht zu erwarten, daß sie
der Großteil ihrer Anhänger beachten
wird; hielten doch auch in den letzten Ta-
gen des überschwenglichen Freudenaus-
bruches, von einigen Aeußerlichkeiten ab-
gesehen, die alten Anhänger der national-
sozialistischen Politik im großen und gan-
zen anerkennenswerte Disziplin.

Gewiß, es wird die äußere und innere
Umstellung kaum ohne alle Reibung und
nicht von heute auf morgen vor sich gehen.
Haben doch auch die Völker nach den mehr
als vier Jahren Weltkrieg lange gebraucht,
bis dieser und jener Staat wieder zueinan-
der fanden oder zueinander zu finden be-
gonnen haben. Der mehr als vierjährige
Krieg in Oesterreich wird auch noch dort
und da Nachwehen haben: es wird aber
zur Klärung und Reife kommen, wenn
wir selbst darnach sind, wenn wir alle mit-
sammen den ernsten Willen dazu haben.
Wir Sozialisten haben ja auch jahrelangen
inneren Ringens bedurft, bis wir die Syn-
these zwischen dem Dauerhaften an unse-
rem alten Gedankengut mit dem neuen
österreichischen Staatsgedanken fanden und
uns vorbehaltlos und entschieden zum Pro-
gramm Schuschnigg bekennen konnten.
Auch die Nationalsozialisten werden diesen
Weg gehen, zumal da er ihnen leichter ge-
macht worden ist als uns. Neidlos aber
und herzlich freut sich die österreichische Ar-
beiterschaft über den Friedensschluß und
erwartet in Ruhe und Geduld, daß die
neuen Truppen der österreichischen Front
ihre mit den erhaltenen Rechten verbun-
denen Pflichten erfüllen.

Diese Pflichten sind für jeden Oesterrei-
cher gleich. Daraus ergeben sich auch für
alle gleiche Rechte. Kein ernst zu nehmen-
der Politiker wird jetzt, da die Nationalen
in die VF. einziehen, etwa die Arbeiter-
schaft an die Wand drücken wollen. Auch
hier [illegible] einer gedeihlichen Fortent-
[illegible] lung unseres Vaterlandes gegenseiti-
ges Verständnis und nicht zuletzt Ver-
trauen über alle nach wie vor bestehenden
weltanschaulichen und sozialen Gegensätze
hinweg unerläßlich sein. Die Arbeiter, aus
welchem „ideologischen" Lager immer sie
stammen, haben sich in ihrer weit über-
wiegenden Mehrheit als gute Oesterreicher
erwiesen; sie haben also schon darum An-
spruch auf gleiche Behandlung, gleiche Be-
wegungsfreiheit wie jede andere weltan-
schauliche oder berufliche Gruppe inner-
halb der Volksgemeinschaft. Es ist an der
Zeit, ihr innerhalb des gesetzlichen Rah-
mens das ersehnte Eigenleben und eine
freiere Betätigung in ihren Organisationen
sowie nicht zuletzt deren Demokratisierung
wiederzugeben. Die Arbeiterschaft hat ja
schon bewiesen, daß sie der Erfüllung die-
ser ihrer Herzenswünsche würdig ist und
wird sie durchzusetzen trachten, ohne andere
Bevölkerungsschichten in ihren berechtigten
Bestrebungen beeinträchtigen zu wollen.

In den letzten Tagen hat man häufig
ein Abzeichen gesehen, worauf „Freiheit!
Brot!" steht. Freiheit — die erste Frei-
heit, die wir Oesterreicher wollen, die Frei-
heit unseres Bundesstaates, ist durch Ver-
trag und Manneswort gesichert. Freiheit
der Weltanschauung und politische Gleich-
berechtigung aller Oesterreicher sind da
oder auf dem Wege. Wir wollen nun,
allen Mitgliedern der Regierung, die zu
uns sprachen, folgend, Frieden schließen,
wollen dem alles Volksleben vergiftenden
Gedanken der Gewalt entsagen, wollen
hinter die Vergangenheit einen dicken
Strich ziehen, wollen den gemeinsamen
wirtschaftlichen Fragen gegenüber der All-
tagspolitik wieder den gebührenden Platz
einräumen und wollen so mit frischem Mut
gemeinsam alle Kraft einsetzen für die Ver-
wirklichung der anderen Parole: Brot für
alle Bürger unseres Staates, für alle Kin-
der unserer geliebten Heimat!

Wahrheit

Samstag, 12. März 1938

*** * * Neue nationalsozialistische Regierung in Österreich * * * Einmarsch deutscher Truppen * * * Illegale KPÖ ruft zum Widerstand auf * * * Zahlreiche Ergebenheitsadressen an Hitler * * ***

Seit Mitternacht hat Österreich eine nationalsozialistische Regierung, und das Land gleicht einem Tollhaus. Hakenkreuzfahnen, Fackelzüge und „Heil-Hitler"-rufende Massen. Noch in der Nacht treffen Reichsführer-SS Heinrich Himmler und SS-Führer Reinhard Heydrich in Wien ein, und kurz darauf werden die ersten Verhaftungen vorgenommen. 75.000 Österreicher werden es binnen weniger Wochen sein.
Um 5.30 Uhr in der Früh beginnt der deutsche Einmarsch. Einer der letzten Befehle des Bundesministeriums für Landesverteidigung erreicht die höheren Kommandos des Bundesheeres im Laufe des Vormittags:
„... Der Empfang der deutschen Truppen durch das österreichische Heer hat in Erinnerung an die Waffenbrüderschaft 1914/18 zu erfolgen; zum Empfang Ehrenabteilungen bereitstellen, Begrüßung durch Offiziere und – wo dies noch nicht erfolgt – beflaggen. Österreichische Truppen bleiben in der ständigen Garnison in den Kasernen, ein Mitmarschieren kommt nicht in Frage."

Als einzige politische Gruppierung beschließt die illegale KPÖ noch in der Nacht ein Manifest, das der ausländischen Presse in Prag übergeben wird, darin heißt es:
„Volk von Österreich! Wehre Dich, leiste Widerstand den fremden Eindringlingen und ihren Agenten. Schließt Euch zusammen, nun erst recht, zur Front aller Österreicher ... Laßt Euch nicht beugen, trotzt dem Terror! Macht die Betriebe zu Zentren des Widerstandes! ... Der Kampf geht weiter; durch seine eigene Kraft und die Hilfe der Weltfront des Friedens wird ein freies, unabhängiges Österreich wiedererstehen ..."

Und Widerstand gibt es, es gibt ihn seit dem ersten Tag. So schreibt das „Wiener Abendblatt":
„... In Hallein ist es in den gestrigen Abendstunden im Zusammenhang mit einer Kundgebung der nationalsozialistischen Bevölkerung, zu Ausschreitungen von kommunistischen Elementen gekommen ... Es gab mehrere Verletzte. Es wurden in verschiedenen Geschäften, in der völkischen Turnhalle und in Gastlokalen die Fenster zertrümmert."
Um 12.30 Uhr trifft Adolf Hitler in Mühldorf ein, um 16.00 Uhr in seiner Geburtsstadt Braunau/Inn und um 19.00 Uhr in Linz. Und es fehlt nicht an Treuekundgebungen.
Die neue nationalsozialistische Führung der Stadt Wien telegraphiert nach Linz:

„In dieser erhabenen Stunde deutscher Schicksalsverbundenheit grüßen wir Sie, unseren geliebten Führer, aus übervollem, dankbarem Herzen. Zur immerwährenden Erinnerung an diesen Tag und um dem Geiste, der nunmehr die Stadt Wien beseelt, sichtbaren Ausdruck zu verleihen, hat die neue nationalsozialistische Führung der zweitgrößten deutschen Stadt, dem Platz vor dem gotischen Rathaus den Namen ‚Adolf-Hitler-Platz' gegeben. Diesen Beschluß bitten wir als ersten Treuegruß unserer Stadt entgegennehmen zu wollen."

Kardinal Innitzer wieder ruft die Katholiken der Erzdiözese Wien auf, *„Sonntag dem 13. zu beten, um Gott dem Herrn zu danken für den unblutigen Verlauf der großen politischen Umwälzung und um eine glückliche Zukunft Österreichs zu bitten. Selbstverständlich möge allen Anordnungen der Behörden gerne und willig Folge geleistet werden."*

In Linz wird inzwischen Hitler triumphal empfangen:

„... Wenn die Vorsehung mich einst aus dieser Stadt heraus zur Führung des Reiches berief, dann muß sie mir damit einen Auftrag erteilt haben und es kann nur ein Auftrag gewesen sein, meine teure Heimat dem Deutschen Reich wiederzugeben."

In Wien wird an diesem Samstag noch Fußball gespielt. Austro-Fiat besiegt in der Wiener Liga BAS 2 : 0 und führt nun in der Meisterschaft; der bisherige Spitzenreiter, der jüdische Sportklub Hakoah, ist in der Tabelle nicht mehr berücksichtigt.

Die Wiener Tageszeitungen bringen noch ein fast komplettes Theaterprogramm. Allerdings: Das Jüdische Kulturtheater, die Jüdischen Künstlerspiele und das Kabarett Simplizissimus scheinen nicht mehr auf.
In der Staatsoper wird „Tristan und Isolde" angekündigt, und im Akademietheater „In Ewigkeit Amen".

Samstag, 12. März 1938

Preis 20 Groschen

Monatsbezugspreis: Für Wien und die österreichischen Bundesländer (Postsparkassenkonto 30.856) S 5·—

Redaktion, Verwaltung, Expedition und Druckerei: Wien, 8. Bezirk, Strozzigasse Nr. 8

Fernsprecher A 22-5-65 Serie

Reichspost

Unabhängiges Tagblatt für das christliche Volk

[illegible]

Fernsprecher [illegible] Serie

Nr. 71 | Wien, Samstag, den 12. März 1938 | 45. Jahrgang

Die im redaktionellen Texte enthaltenen entgeltlichen Mitteilungen sind durch ein vorgesetztes + gekennzeichnet.

Die Volksbefragung abgesagt.

In den Nachmittagsstunden des Freitag wurde amtlich verlautbart:

Wien, 11. März.

Der Bundeskanzler und Frontführer hat sich nach Berichterstattung an den Bundespräsidenten entschlossen, die für den 13. d. angesetzte Volksbefragung zu verschieben.

Rücktritt der Regierung Schuschnigg.

Im Laufe der späteren Abendstunden wurde vom Bundespräsidenten

Bundesminister Seyß-Inquart mit der Führung der Regierungsgeschäfte betraut.

An alle öffentlichen Funktionäre

ist die Weisung ergangen, auf ihren Posten zu verbleiben, bis ihre eventuelle Enthebung ordnungsmäßig erfolgt.

Der Nationalsozialismus übernimmt die Macht im Staate!

Ein vollständiger Sieg nach fünfjährigem, hartem Kampf.

Innsbruck, 12. März.

Die ungeheure Dynamik der Nationalsozialistischen Bewegung in Oesterreich, die trotz fünfjähriger brutalster Unterdrückung nicht nur nicht vernichtet werden konnte, sondern, genährt vom unbändigen Glauben an den endlichen Sieg, immer weiter wuchs, hat in hinreißendem Schwung einen so unerhörten Proteststurm in allen Ländern Oesterreichs erweckt, daß die jetzt erfolgte Lösung kommen mußte.

Die unerträgliche Spannung der letzten Tage, die ausgelöst war durch die überstürzte Verkündigung einer Volksbefragung in einer Form, die bisher in europäischen Staaten unbekannt war und jedem Wahlschwindel Tür und Tor geöffnet hätte, ist mit einem Schlag beendet.

Befreit atmet das ganze Volk auf! Lachende Gesichter, glänzende Augen, Freude und Frohsinn, das ist das Bild, das sich uns heute bietet.

Das Schönste aber ist, daß diese Freude nicht getrübt ist durch irgendwelche Ausschreitungen, daß der Sieg ohne jedes Blutvergießen und ohne jede unerhörte Härte errungen werden konnte. Das verdanken wir zu allererst der hervorragenden Disziplin der Nationalsozialisten im Lande, die sich in einer unerhörten Schule fünfjähriger Unterdrückung zu einem Wunder an Beherrschtheit ausbildete. Wenn gestern noch provozierende Scharen von Halbwüchsigen die Straßen mit ihrem Geschrei erfüllten, ohne daß die abgetretene Leitung des Sicherheitsdienstes Anlaß zum Einschreiten gegeben sah, so ließen sich die Nationalsozialisten dadurch zu keiner unbesonnenen Handlung hinreißen, und wer die Haltung der nationalsozialistischen Formationen und Parteianhänger am gestrigen Mittag beobachten konnte, als es noch Polizeibefehl war, brutal gegen sie einzuschreiten, sah mit Staunen und Bewunderung eine völlig disziplinierte Menge, die jedem Winke ihrer Führer auf das Wort gehorchte. Aber auch die ganze nationale Bevölkerung Innsbrucks verhielt sich in musterhaft disziplinierter Weise. Als am späten Nachmittag die SA. und SS. sowie die HJ. durch die Stadt marschierten, säumte dichtes Spalier von jubelnden Menschen den Zug. Von diesem Zeitpunkte an wurden die Hauptstraßen nicht mehr leer. Jeder hatte das Gefühl: nun kommt die Entscheidung. Und als dann gegen halb 8 Uhr die Nachricht von der Abdankung Schuschniggs eintraf, erbrauste aus der Menschenmasse ein derartiger Jubel auf, wie ihn Innsbruck wohl überhaupt noch nie vernommen hatte. In der Maria-Theresien-Straße standen die Menschen Kopf an Kopf. Und als dann vom Rathaus die vorher vom Gasthaus „Alt-Innsprugg" wehende Hakenkreuzfahne flatterte, das erste Sinnbild der Machtergreifung nach fünfjährigem härtestem Kampfe, wußten sich die Menschen kaum mehr zu fassen. Sie umarmten und küßten einander und viele sah man vor Freude weinen.

Der ehemalige Landeshauptmann Schumacher hatte bereits kurz nach 7 Uhr seine Kanzlei verlassen. Gegen 9 Uhr wurde das Landhaus nach Uebergabe durch das dort stationierte Militär an die SS. bereits von den Führern der Nationalsozialistischen Bewegung besetzt, die bis zur Stunde noch im Landhaus tagen.

Während dessen zogen durch die Maria-Theresien-Straße zu Tausenden und aber Tausenden die Nationalsozialisten

Bewegung fühlt sich im tiefsten zum Danke an alle verpflichtet, die in diesen fünf harten Jahren niemals den Mut sinken ließen und sich in den letzten stürmischen Tagen so beherrscht zeigten. Und nun beginnt der Aufbau unseres glücklicheren und schöneren Vaterlandes, denn es wehen die Hakenkreuzfahnen siegreich in der Heimat des Führers Adolf Hitler.

und Gesinnungsanhänger mit Fackeln, stürmisch von der Bevölkerung bejubelt. Wer diese ungeheuren Massen, die stundenlang marschierten, gesehen hat, begreift erst, welche Unterdrückung und welches Unrecht fünf Jahre lang den Willen unseres Volkes gebeugt hat.

Nun ist der Sieg errungen. Unblutig, frei von Schuld, mit reinstem Gewissen. Die nationalsozialistische

Innsbrucker Nachrichten

Arbeiter-Woche

Sonntag, 13. März 1938

*** * * Rücktritt von Bundespräsident Miklas * * * Antisemitische Ausschreitungen in Wien * * * Gleichschaltung der Presse * * * Erste internationale Reaktionen * * * Österreich „eine Provinz Deutschlands“ * * ***

Nur wenige Tageszeitungen erscheinen und sie bringen teilweise sehr ähnlich lautende seitenlange Reportagen vom sogenannten „Umbruch in Österreich“.

Die „Reichspost“ erscheint mit einem riesigen Hitlerportrait auf der Titelseite, „Das Kleine Blatt“, das in den letzten Wochen die Rechte der Arbeiter so mutig verteidigt und neue Rechte gefordert hat, ebenfalls. Auf Seite 9 findet sich eine „Erklärung“:

„Die Vertrauenspersonen der Arbeiter, Angestellten und Redakteure ... haben gestern in einer Beratung den einstimmigen Beschluß gefaßt, in einvernehmlicher Zusammenarbeit mit dem beauftragten Pressekommissär der nationalsozialistischen Partei, die Aufrechterhaltung des Betriebes auf dem Boden der neuen Tatsachen sicherzustellen ... Die aus der geänderten Sachlage sich ergebenden Veränderungen der Redaktion wurden im Einvernehmen mit den Vertrauensleuten und den zuständigen Stellen bereits sichergestellt.“

Theodor F. Meysels, Redakteur der „Neuen Freien Presse“, schreibt in seinen tagebuchartigen Aufzeichnungen:

„... In den Hauptstraßen der Inneren Stadt herrschte hysterischer Freudentrubel. Noch immer geben Halbwüchsige den Ton an, aber man sieht auch wohlgekleidete Erwachsene, die sehr beflissen mit ihnen fraternisieren. Die Seitengassen sind sonntäglich still. Die enge Judengasse liegt wie ausgestorben. Dafür geht es nebenan in der Seitenstettengasse umso lebendiger zu. Standarte 89 der österreichischen SS, die Formation der Dollfußmörder, hat auf besonderen Wunsch die ‚Bewachung‘ der Kultusgemeinde und der größten Wiener Synagoge zugewiesen erhalten. Das gilt aber nur für den ‚Außendienst‘ und die Verwüstung des Tempels ... In den Amtsräumen der Kultusgemeinde amtiert, wie ein verschreckter Diener erzählt, der ununterbrochen Bier hinaufschleppen muß, schon seit Freitag die Berliner Gestapo. Eben hat man die Mitglieder des Präsidiums im Gefangenenauto ins Haus gebracht, um festzustellen, wieviel Geld für Schuschniggs Wahlfonds eingezahlt worden ist ...“

Und wieder fehlt es nicht an Ergebenheitsadressen.
Nach Beurlaubung auf eigenen Wunsch des bisherigen Oberkir-

chenrats der Evangelischen Kirche in Österreich, Dr. Viktor Capesius, werden „Parteigenosse“ Dr. Robert Kauer und „Parteigenosse“ Superintendent Dr. Hans Eder mit der Führung der Geschäfte der Evangelischen Kirche betraut – so liest man es in der „Neuen Freien Presse“. Und dieser Dr. Robert Kauer schickt ein Telegramm an den *„Führer und Reichskanzler Adolf Hitler auf dem Wege nach Wien durch Deutsch-Österreich: Im Namen der mehr als 330.000 evangelischen Deutschen in Österreich, begrüße ich Sie auf österreichischem Boden. Nach einer Unterdrückung, die die schrecklichsten Zeiten der Gegenreformation wieder aufleben ließ, kommen Sie als Retter aus fünfjähriger schwerster Not aller Deutschen hier ohne Unterschied des Glaubens. Gott segne Ihren Weg durch dieses deutsche Land, Ihre Heimat.“*

Und das demokratische Ausland? – Es sind nur wenige Zeitungen, die offen Stellung beziehen.

„Österreich ist durch einen Federstrich liquidiert. Es ist eine Provinz Deutschlands geworden. Alles, was den Ereignissen wenigstens einen Anstrich von Legalität gegeben hätte, ist überschritten. Was geschah, ist eine einfache und glatte Annexion“, schreibt die Pariser Zeitung „Le Temps“.

Die „Neue Zürcher Zeitung“ meint, nachdem sie Österreichs Abwehrwillen der letzten Wochen gewürdigt hat:

„In Berlin jedenfalls hat man ihre Bedeutung hoch genug eingeschätzt, um auf den Schachzug Schuschniggs mit einer Bewegung zu reagieren, für die es keine Spielregeln gibt. Man hat einfach das Schachbrett und die Figuren, die sich darauf bewegten, über den Haufen geworfen. Die Drohung, die schon in Berchtesgaden akut wurde, ist am Freitag zur offenen Gewalt geworden ...“

In Wien weigert sich Bundespräsident Miklas weiterhin, das Anschlußgesetz zu unterschreiben, und übergibt erst nach starkem Druck seine Funktion an den neuen Bundeskanzler.

Österreich hört auf, ein selbständiger Staat zu sein, und eine kleine Pressenotiz am nächsten Tag besagt:

„Das Akademietheater bleibt bis auf weiteres geschlossen, da der gegenwärtige Spielplan den Anforderungen in weltanschaulicher Beziehung zum großen Teil nicht entspricht. Der Neuaufbau des Spielplans ... wird vorbereitet ...“

Sonntag, 13. März 1938

Massenabwanderung von Juden.

Mit Rücksicht auf den zu erwartenden Zustrom von Juden aus Oesterreich hat das ungarische Innenministerium für öffentliche Sicherheit noch am Freitag abend eine strenge Kontrolle der österreichisch-ungarischen Grenze angeordnet. Tatsächlich meldeten schon gestern morgen die ungarischen Tageszeitungen, daß zahlreiche österreichische Juden, die meist in Automobilen ankamen, die Grenze überschreiten wollten. Angesichts der verschärften Grenzkontrolle ließ der Zuzug aber schon im Laufe des Samstag wieder nach.

Auch auf dem Ostbahnhof sowie in Stadlau wurden noch am Freitag von Polizei und SA-Abteilungen mehrere in die Oststaaten abgehende Züge angehalten, die mit jüdischen Passagieren überfüllt waren. Der Andrang begann auf dem Ostbahnhof noch während der nationalsozialistischen Freudenkundgebungen am Freitag abend. Besonders der nach Warschau um 23.15 Uhr abgehende Zug war derart überfüllt, daß die Garnitur, statt wie sonst mit acht, diesmal mit dreizehn Waggons abgelassen werden mußte. Dabei hatten es die Passagiere so eilig, daß sie, als der Zug bereits voll besetzt war, das Personal drängten, ihn noch vor der vorgesehenen Abfahrtszeit abzulassen. Das wurde vom Personal aber abgelehnt. Kaum hatte sich dann der Warschauer Zug in Bewegung gesetzt, bemerkte ein Schaffner, daß die jüdischen Passagiere in den Wagenabteilungen der zweiten Klasse die Polsterungen aufschnitten, um dort Geld und Wertpapiere zum Schmuggel zu verstecken. Dies wurde der SA. gemeldet, worauf der Zug nächst Kagran auf offener Strecke angehalten und nach Wien zurückgeleitet wurde. In der Kopfstation wurden die Passagiere genau durchsucht und beträchtliche Summen beschlagnahmt.

Inzwischen war das Gedränge jüdischer Reisender bei dem um 23.50 Uhr nach Budapest abgehenden Zug auf dem Ostbahnhof nicht geringer. Nach den Beobachtungen bei der Abfertigung des Warschauer Zuges nahm man nun die Durchsuchung der jüdischen Reisenden noch vor dem Einsteigen vor und sorgte durch einen von Polizei und SA. gebildeten Sicherungsdienst dafür, daß einigen Juden, die mit ihren Geldtaschen über den finsteren Bahndamm entkommen wollten, ihre Absicht nicht ausführen konnten.

Es wurde auch bereits Vorsorge getroffen, daß die anderen Auslandszüge kontrolliert werden, um eine Verschleppung von Vermögenswerten durch volksfremde Elemente zu verhindern.

Das kleine Volksblatt

Das Schicksal Europas.

Ducunt fata volentem, nolentem trahunt.

Budapest, 12. März.

In der Stunde, da diese Zeilen die Druckpresse verlassen, befindet sich Reichskanzler Hitler bereits auf österreichischem Boden. Damit endet wieder ein ereignisreiches Kapitel der Nachkriegsgeschichte und zugleich wird ein neuer Abschnitt eröffnet, dessen Entwicklung bereits ganz Europa mit verhaltenem Atem verfolgt. In diesen Tagen sitzen Millionen Menschen in allen Hauptstädten Europas am Radio oder reißen einander die Zeitungen aus der Hand, denn jedermann fühlt, daß sich etwas vorbereitet, daß die Kräfte der Entscheidung ins Rollen geraten, weil die Unsicherheit und die Spannung Europas allmählich unerträglich geworden sind.

Unsicherheit und Spannung — diese beiden Grundübel der europäischen Entwicklung haben allmählich zur heutigen Lage geführt. Unsicherheit hinsichtlich der Ziele der beiden einander gegenüberstehenden Lager und stets wachsende Spannung, die durch die quälende Unsicherheit sich selbst übersteigern mußte. Diese Atmosphäre führte dazu, daß in Europa allmählich alles, was sichere, einfache, greifbare Lösungen bot, eine ungeheure Suggestivkraft auf die Massen ausübte, und man sich jedem, der den gordischen Knoten mit dem Schwert zu durchhauen wagte, bereitwilligst unterworfen hatte. Die historischen Krisen, die wir in den letzten Jahren erleben, können fast alle als eine Massenflucht aus der Unsicherheit bezeichnet werden. So mancher Knoten wurde durchschnitten, so manche Krise überstanden: die Reparationen wurden gestrichen, das Saargebiet kehrte an Deutschland zurück, das Rheinland wurde von ihm wiederbesetzt, die Spannung jedoch wuchs und beschleunigte die Konflikte immer mehr.

Nun ist auch die territoriale Ordnung, jene unsinnige und verfehlte Ordnung, die die Friedensverträge geschaffen haben, ins Wanken geraten. In manchem Stadium dieser Entwicklung wäre vielleicht noch Zeit gewesen, um dem rollenden Wagen des Schicksals durch eine Politik der Gesamtregelung Europas, durch eine großzügig und gemeinsam durchgeführte Neuordnung morschgewordener Lösungen Einhalt zu gebieten. Aber immer hatte man bloß die Teile vor den Augen und nicht das Ganze. Immer ging man auf die Nüancen und nicht auf das Wesen. Immer trieb man eine Politik des nächsten Schrittes und nicht eine auf lange Sicht.

Der Schatten großer Auseinandersetzungen erscheint am europäischen Horizont. Die Westmächte sind der Gefahren wohl bewußt. Aber in der Stunde der Entscheidung streiten sich in Paris Fraktionen über Wirtschaftsformeln und London macht den Eindruck des Zögernden, den die Kräfte des Schicksals ins Schlepptau nehmen, weil er sie nicht zu meistern vermag.

Europa bedarf der großen Politik. In dieser ernsten Stunde, da Millionen von Müttern plötzlich die lachenden Augen ihrer Kinder suchen, um aus ihnen Kraft und Zuversicht in die Zukunft zu schöpfen, wissen die Mäner Europas, mehr denn jemals, daß die Zeit des Fortwurstelns vorüber ist. So sehr äußerste Vorsicht und taustarke Nerven in der Durchführung nottun, so brennend bedarf Europa einer großen, klaren, langfristigen, historischen Konzeption, die es aus dieser Krise herausführt. Große Politik tut not, eine Politik, die nicht wie Versailles und Trianon von den kleinlichen Leidenschaften der Rache und der Nötigung geführt ist, die nicht zum Überfluß an zwei Dutzend Kleinstaaten ein drittes Dutzend schafft, sondern eine Politik, die in Kontinenten zu denken vermag.

Dies kann und darf indessen nicht die Politik der Gewalt sein. Es muß ein gemeinsamer Nenner gefunden werden, auf dem sich das Selbstbestimmungsrecht der Nationen mit dem Selbstbestimmungsrecht der Kontinente, ja mit dem Selbstbestimmungsrecht der stolzen und freien Persönlichkeit des Individuums vereinigen läßt. Es muß eine Lösung gefunden werden, die die unerträglich gewordene Kluft der Demokratien und Diktaturen überbrückt, jene verhängnisvolle Spannung, die bereits an den Toren unserer heiligsten Gefühle klopft. Eine große Politik des Friedens, eines „Friedens auf Generationen" — wäre das in der Tat ein unerreichbarer Traum?

In Österreich flattern Hakenkreuzfahnen und forsche Militärmärsche schwirren in der Luft. Nach sieben Jahrzehnten der kleindeutschen Konzeption Bismarcks hat nun die gesamtdeutsche Idee den Sieg davongetragen. In einem friedlichen Europa könnte man darin nur die Realisierung einer der beiden deutschen Konzeptionen erblicken, die schöpferische Kraft deutscher Arbeit und deutschen Geistes zusammenzufassen, zu vertiefen. In einem friedlichen Europa würden wohl auch Frankreich und England keine Gefahr in diesem Schritt erblicken können. Ihre Doktrin von der Unabhängigkeit Österreichs ist zwar in den Friedensverträgen verankert und war durch die Verträge garantiert. Aber wir wissen, was aus den Verträgen geworden ist... In einem friedlichen Europa würde all das nur als Fortschritt und Beschleunigung einer Neuordnung und Befriedung gelten. In einem friedlichen Europa...

Aber dieses friedliche Europa ist eine Fiktion. Europa strotzt vor Waffen, die beiden gegnerischen Lager rüsten um die Wette und die Gefahr ihres Konfliktes sitzt wie ein Würgengel am Nacken Europas.

Deshalb ist das höchste Gebot aller, die nicht unmittelbar in die Gefahrenzone einbezogen sind, aber hart an sie angrenzen, äußerste Konzentration der Energien, eisigste Ruhe und Selbstdisziplin, eine Virtuosität der Selbstbeherrschung zu bewahren, die den historischen Augenblick der Friedensschöpfung abzuwarten vermag. Wir Ungarn haben in diesen zwei Jahrzehnten der Nachkriegsgeschichte keinen Augenblick lang unser Vertrauen auf die friedliche Änderung des heutigen Status aufgegeben und die Geschichte hat bisher unsere Zähigkeit, aber auch unsere Selbstdisziplin gerechtfertigt. Und gerade weil die Zeit uns recht gab, weil unsere friedlichen Absichten klarer denn je vor der Welt demonstriert sind, brauchen wir vorerst gar nicht zu betonen, daß sich an dem bisherigen Kurs der ungarischen Politik nichts ändern kann und darf. Die ungarische Politik ist die der ruhigen Entwicklung, die weder Abenteuer sucht noch Provokationen kennt, sie ist die der Treue zu den Freunden und des verständnisvollen guten Willens allen gegenüber, die selbst verständnisvoll und guten Willens sind. Wir machen eine Politik des konstruktiven Friedens, des Friedens auf lange Sicht, eines Friedens, der wirkliche Beruhigung und schöpferische Arbeit im Gefolge haben soll. In diesem gärenden und brandenden Europa vermochte Ungarn seinen strengen Aufbauwillen, das innere Gleichgewicht seiner Energien, das Maß und den Takt seiner Entwicklung stets zu bewahren. Über dieses innere Maß und Gleichgewicht wollen wir auch in Zukunft eifrig wachen. Wir bleiben Herren unseres Schicksals, denn wir sind eine kleine Nation und für diese gilt noch mehr als für die großen die schmerzliche Lehre der europäischen Nachkriegsgeschichte: Ducunt fata volentem, nolentem trahunt...

Pester Lloyd

Die Pressestimmen für ein freies und unabhängiges Österreich sind ab dem 11. März 1938 in den Wellen einer nationalsozialistischen Jubelhysterie verstummt.

Für den Zeitraum von der Annexion bis zum Bekenntnistag für das Großdeutsche Reich am 10. April 1938 sollen die folgenden Artikel jene Faszination des braunen Faschismus dokumentieren, die darauf ausgerichtet war, alle und alles zu durchdringen und mitzureißen.

Montag, 14. März 1938

Wien erlebt den Einmarsch der reichsdeutschen Truppen.

Ungeheurer Jubel der Bevölkerung.

Vom frühen Morgen bis in die späten Nachtstunden zogen gestern reichsdeutsche Truppen in Wien ein und wurden überall von der Bevölkerung mit überschwenglicher Begeisterung begrüßt.

Der Samstag stand im Zeichen der deutschen Luftwaffe. Noch in der Nacht auf Sonntag trafen die ersten Panzerwagenabteilungen und Kraftfahrkolonnen auf den Boden Wiens ein. Das Gros der deutschen Truppen hielt im Laufe des Sonntags seinen feierlichen Einzug. Um 2 Uhr 53 rollte auf dem Matzleinsdorfer Güterbahnhof ein nichtendenwollender langer Transportzug ein. Eine Ehrenkompagnie des Infanterieregiments Nr. 5 hatte hier Aufstellung genommen; es war ein ergreifender Anblick, als der Kommandant des eingelangten Bataillons Oberstleutnant Schneider den Zug verließ und von den österreichischen Kameraden begrüßt wurde. Zwei stramme Offiziere standen einander gegenüber. Die Hacken krachten zusammen, exakt hoben sich die Hände. Dann blickten Oberstleutnant Schneider und der österreichische Generalmajor Stümpfl einander stumm in die Augen. Sie fanden keine Worte. Man spürte deutlich, daß in diesem Augenblick Rührung in die Soldatenherzen aufstieg. Plötzlich schwand die militärische Art, zwei Hände fanden sich zum brüderlichen Gruß und es war ein fester, stummer Händedruck voll Kameradschaft und Treue, der mehr als die herzlichsten Worte ausdrückte. Ein Versprechen für die Zukunft bedeutete dieser Händedruck, ein Versprechen, das nicht nur zwei Männer tauschten, sondern zwei brüderliche Völker...

Herzlicher Willkommgruß.

Ein junger Offizier der angekommenen Truppen stellte mit Freude fest, daß sein Regiment die erste Infanterie ist, die in Wien eintraf. Um diese Zeit hatten sich die Oesterreicher noch nicht heiser geschrien und in allen Stationen, die der Zug passierte, jubelten trotz der Nachtstunde Tausende und Tausende den Soldaten zu und überschütteten sie mit Liebesgaben. Generalstabschef Hellriegl und viele andere offizielle Persönlichkeiten hatten sich in Wien zur Begrüßung eingefunden. Herzliche Ansprachen wurden getauscht. Später war für derartige liebenswürdige Formalitäten keine Zeit mehr; sie kamen eben nur den zuerst eintreffenden Truppen zugute. Um die übrigen deutschen Truppenformationen in der gleichen Art begrüßen zu wollen, hätte man in Wien kaum genügend offizielle Persönlichkeiten besessen.

Eine kleine Episode.

Aber die Wiener Bevölkerung wußte ihrer Freude entsprechend Ausdruck zu geben. Sie brauchte gar keine offiziellen Sprecher. Eine kleine bezeichnende Episode: An der Kreuzung Gürtel-Mariahilferstraße stoppte ein Militärtransport. „Heil Hitler!", „Ein Volk, ein Reich!" klang es den Soldaten in brausendem Chor entgegen. Ein junges Mädel durchbrach die Reihen der Zuschauer, lief mit einem Sträußchen Mimosen zu einem der Wagen und hielt es dem ersten Soldaten hin, der danach griff. „Dank da schön, Madl", klang es im reinsten Münchnerisch, „freust dich, daß ma da san?" — „Natürlich!" krächzte die etwa Achtzehnjährige mit heiserer Blechstimme. „Ja, was is denn, hast di heut' vielleicht heiser g'schrien vor Begeisterung?" — „Na, heut' nicht, sondern schon gestern!"

Die Wiener sind wissensdurstig. Als die Militärwagen vorbeiziehen, mutmaßt einer, welche Provinz wohl das „WH" auf jeder der Erkennungstafeln bedeuten möge. Er erfährt es nicht, so viele der Umstehenden er auch befragen mag. Schließlich geht er an die richtige Stelle und wendet sich an einen der deutschen Militäristen, der ihn auch liebenswürdig und mit echt deutscher Gründlichkeit sofort aufklärt: „WH" heißt Wehrmacht-Heer. Dann haben wir noch die Bezeichnung „WL", Wehrmacht-Luftwaffe, und „WM", was so viel bedeutet, wie Wehrmacht-Marine. Aber auf die Marine müssen Sie heute noch lange warten.

Dichte Menschenmauer in der Mariahilferstraße.

Staunend stehen die Leute wie eine dichte Menschenmauer den ganzen Tag in der Mariahilferstraße und sehen mit nimmermüder Bewunderung Wagen um Wagen vorbeirollen. Einer wohl sehr ästhetisch veranlagten Dame gefällt der Schutzanstrich der Autos, Motorräder und Tanks, der zweckmäßig in schmutzigbraun und feldgrün gehalten ist, um gegen Fliegersicht gute Tarnung zu gewähren, absolut nicht. „Das verstehe ich nicht, warum die Deutschen, die doch so adrett sind, lauter so veraltete Einheiten besitzen, die von Wind und Wetter so hergenommen sind", nörgelt sie. Und niemand konnte die Ahnungslose aufklären, denn sie verfiel schon im nächsten Augenblick beim Anblick der ersten Schupos in ihrer kleidsamen Uniform in einen wahren Taumel von Begeisterung. Von da an achtete sie gar nicht mehr auf den „erneuerungsbedürftigen" Anstrich der Wagen, sondern ihre Aufmerksamkeit galt ausschließlich den Brüdern aus dem Reich. Und mit denen war sie restlos zufrieden. Und wie sie, waren es alle anderen auch.

• • •

Geschlossener Einzug der Panzerwaffe.

Der Berichterstatter der „Düsseldorfer Nachrichten", der zurzeit in Oesterreich weilt, meldet: Nachdem in der Nacht vom Samstag zum Sonntag die schnellen Teile der Panzertruppen bereits in Wien unter persönlicher Führung des kommandierenden Generals der Panzertruppen Generalleutnant Guderian eingerückt waren, zog am Sonntag abend unter ungeheurem Jubel der Wiener Bevölkerung gegen 19 Uhr 30 die zweite Panzerdivision geschlossen in der österreichischen Hauptstadt ein. Unsere Panzertruppen, die in vielen Paraden die begeisterte Zustimmung der Massen gefunden haben, erlebten so gewaltige Jubelstürme dennoch niemals. Vor dem Barockbau der Wiener Oper nahm der kommandierende General der Panzertruppen die Meldung des Kommandeurs der zweiten Panzerdivision Generalmajors Veiel entgegen und den Vorbeimarsch der zweiten Panzerdivision ab.

Ein Bild von übermächtiger Größe.

Lautlos, fast gespenstig, erschienen plötzlich im Licht der Scheinwerfer einiger Tonfilmwagen die Panzerspähwagen der Aufklärungsabteilungen, die den Vorbeimarsch einleiteten. Im zweiten Wagen sah man ihre nunmehr entrollte Standarte.

Neues Wiener Journal

Der Bundespräsident zurückgetreten.

Amtlich wird verlautbart: Der Bundespräsident hat über Ersuchen des Bundeskanzlers mit Schreiben vom 18. d. seine Funktionen zurückgelegt. Hiemit gehen gemäß Artikel 77, Punkt 1, der Verfassung 1934 seine Obliegenheiten auf den Bundeskanzler Dr. Seyß-Inquart über.

Neues Wiener Abendblatt

1848 – 13. März – 1938.

Von Karl Paulin.

Märzsturm über Oesterreich! Der 13. März ein Schicksalstag ohnegleichen für das deutsche Volk in Oesterreich, heute wie vor 90 Jahren.

1848 erwachte an diesem Tag die bluterkaufte Freiheit, die das österreichische Volk, bedrückt durch das Regierungssystem Metternich, ersehnte. Kaiser Franz I., beherrscht und bestimmt in seinem Wollen von der aus seiner eigenen Jugendzeit nachhallenden französischen Revolution und den kampf- und opferreichen Jahren der napoleonischen Kriegszeit, glaubte in dem starren Beharren auf dem Althergebrachten, den Wiederaufbau Oesterreichs nach dem Wiener Kongreß zu sichern. Auf dem gleichen Grundsatz baute Oesterreichs Kanzler, Fürst Metternich, sein Regierungssystem auf. Daher verschlossen die damaligen österreichischen Machthaber jeder freien Regung Herz und Tor und waren bestrebt, von ihren Untertanen jeden Hauch der neuen Zeit fernzuhalten.

Wie vergeblich ein solches Bemühen war und ist, zeigte der Lauf der Ereignisse. Als im Jahre 1848 der Völkerfrühling sich ankündigte, regte sich auch im österreichischen Volk der jahrelang niedergehaltene Freiheitsdrang mit elementarer Wucht. An jenem denkwürdigen Märztag zog in Wien eine riesige Menschenmenge, voran die Studenten als erste Träger des Freiheitsgedankens, durch die Herrengasse zum Landhaus, wo die niederösterreichische Ständeversammlung tagte. Nach stürmischen Kundgebungen wurden den Ständen die Forderungen des Volkes, die in dem Ruf nach dem Rücktritt Metternichs gipfelten, überreicht, damit sie vor den Kaiser gebracht werden.

In jenen Mittagsstunden des 13. März gab das ausgerückte Militär auf die unbewaffnete Volksmenge vor dem Landhaus in der Herrengasse Feuer, das eine Reihe von Todesopfern, die ersten „Märzgefallenen" forderte, deren Gedächtnis bis zum heutigen Tag als Blutzeugen für die Freiheit Oesterreichs gefeiert und hochgehalten wird.

Unter dem Druck dieser Ereignisse trat am gleichen Tag Staatskanzler Fürst Metternich zurück, mit ihm zerbrach sein System und die Blüten der jungen Freiheitsbewegung verhießen herrliche Früchte. Wenn diese Hoffnung Oesterreichs damals nicht in Erfüllung ging und der Traum der deutschen Freiheit und Einigkeit bald zerrann, so lag das an bestimmten Erscheinungen. Im überschäumenden Gefühl der ersten Errungenschaften hielten die jungen Freiheitskämpfer ihre Kraft nicht immer vor Ausschreitungen zurück, dunkle Elemente mischten sich in ihre Reihen; es kam zu Bluttaten, die der Reaktion Anlaß zum Einsetzen ihrer ganzen Macht boten.

Als am 6. Oktober 1848 der österreichische Kriegsminister Latour infolge seiner hinterhältigen, doppelzüngigen Politik ein Opfer der Volkswut wurde, setzten die verzweifelten Oktoberkämpfe ein, die mit der Einschließung und Eroberung Wiens durch Windischgrätz endeten. Auch die Einigung Deutschlands scheiterte an der Zersplitterung der Kräfte und an der Ohnmacht des ersten deutschen Parlamentes zu Frankfurt.

Und nun, nach 90 Jahren, tagte wieder ein 13. März, wieder atmet Oesterreich auf und begrüßte den Frühling einer neuen Zeit. Noch einmal knüpft sich an den 13. März ein Ereignis von weltgeschichtlicher Bedeutung. Der mehr als hundertjährige Traum einer deutschen Einigung hat sich wie ein Wunder erfüllt, der 13. März 1938 strahlt im Licht endlich verwirklichter deutscher Volksgemeinschaft, vom Rhein bis zur Donau, vom Inn bis an den Belt.

Wir Tiroler erleben diesen Tag mit dem stolzen Hochgefühl, daß sich Hermann von Gilms Versworte seines Schützenliedes von 1848 nun erst in Wahrheit bekräftigen:

> Wir sind Deutschlands Grenzsoldaten,
> Seiner Freiheit Gemsenwacht.

Was aber dem 13. März 1938 seine besondere Weihe gibt, ist die Reinheit und umfassende Größe des Sieges, der ohne blutige Opfer aus der elementaren Kraft des deutschfühlenden österreichischen Volkes errungen ward. Die letzten Jahre haben eine verhängnisvolle Wiederholung des österreichischen Vormärzes gebracht. Jenem Teil der österreichischen Bevölkerung, der sich zu den nationalen Ideen des neuen Deutschland bekannte, wurde die Gleichberechtigung im Staate aberkannt und der offiziellen Versicherung, den schönen Worten vom Frieden und gleichen Rechten folgte keine befreiende versöhnende Tat, der stille Kampf der Gegensätze dauerte weiter an und forderte immer wieder neue Opfer.

Schon schien es, als würde der Frühling 1938 nun doch die ersehnte und notwendige Entspannung bringen. Da vernichtete die Unaufrichtigkeit des österreichischen Regimes neuerdings jede Aussicht auf Klärung und Besserung, die Unhaltbarkeit dieser Zustände lastete in den letzten Wochen und Tagen drückend auf jedem volksbewußten Oesterreicher.

In diesem Zeitpunkt brachte der letzte Schritt der Regierung Schuschnigg die Entscheidung, freilich in einer ganz anderen Richtung, als sie vom Urheber des unglückseligen Planes einer Volksbefragung — die auf den 13. März festgesetzt war — gewollt war. Die Kette von Winkelzügen und Verschleppungen, die den Sinn des „deutschen Friedens" vom 12. Februar d. J. in sein Gegenteil verkehrten, zuletzt die zweideutige Formulierung der Volksbefragung hat auch jenen Teil der österreichischen Patrioten nationaler Prägung, die bisher für das Ideal eines selbständigen, unabhängigen deutschen Oesterreichs eintraten, den letzten Halt genommen und ihnen den einzigen Weg gewiesen, den alle Deutschen Oesterreichs in Zukunft gehen können: gemeinsam in Freud und Leid, in Glück und Not mit dem gesamten deutschen Volk.

Der 13. März 1938 hat auch Tirol heimgeführt ins Deutsche Reich und alle Schranken beseitigt, die bisher die volle Erfüllung unseres völkischen Daseins hemmten. In dieser geschichtlich denkwürdigen Stunde sprechen wir, erfüllt vom Geist des großen Geschehens, die Gelöbnisworte, wie sie Hermann von Gilm zum 13. März 1848 gedichtet:

> Wir wollen alle Brüder sein,
> An Deutschlands Brust uns schmiegen,
> An Inn und Eider, Donau, Rhein
> Uns in den Armen liegen.
> Frisch auf Tirol, und wag' es, frei
> Dem Licht ins Aug' zu schauen,
> Frisch auf, Tirol, und hilf uns, neu
> Am deutschen Dome bauen!

Innsbrucker Nachrichten

Dienstag, 15. März 1938

Triumphaler Empfang des Führers in Wien

Vereidigung der österreichischen bewaffneten Macht auf Adolf Hitler.

Die ersten österreichischen Truppen in Bayern.

Die welthistorischen Ereignisse, die sich seit der Machtübernahme des Nationalsozialismus in Deutschösterreich geradezu lawinenartig überstürzten, haben gestern ihren Höhepunkt erreicht: In einem wahren Triumphzug, wie er nicht seinesgleichen mehr hat, ist gestern der Führer und Reichskanzler Adolf Hitler in Wien eingezogen. Mehr als eine Million Wiener hat den Befreier Deutschösterreichs in tosender, jubelnder Begeisterung, die einfach unbeschreibbar ist, empfangen. Fast zur gleichen Zeit wurden im ganzen Land die Truppen der bewaffneten Macht auf den Führer und Reichskanzler Adolf Hitler vereidigt. Auch dieser Akt war ein Symbol der nun angebrochenen neuen Zeit. Nach dem Triumphzug durch die Hauptstadt der Ostmark ergriff schließlich der Führer, gerufen von den tosenden Kundgebungen, die sich zu Orkanen der Begeisterung steigerten und überhaupt kein Ende mehr finden wollten, das Wort, um seinen Landsleuten für das unvergeßliche Treuebekenntnis zu Volk und Reich und seinem Führer zu danken. Dieser kurzen Ansprache entnehmen wir folgende Sätze:

„Es ist eine große, geschichtliche Wende, die unserem deutschen Volk zuteil wurde. Was Sie aber in diesem Augenblick erleben, erlebt mit Ihnen das ganze deutsche Volk. Nicht nur zwei Millionen Menschen in dieser Stadt sind es, sondern fünfundsiebzig Millionen unseres Volkes in einem Reich. Sie alle weihen sich einem Gelöbnis: Was immer auch kommen mag, das Deutsche Reich, so wie es heute steht, wird niemand mehr zerschlagen können! Nichts kann diesen Schwur brechen! Dies sprechen heute aus alle deutschen Menschen von Königsberg bis Köln, von Hamburg bis nach Wien!"

Das Kleine Blatt

Presse und neue Zeit.

Das helle Licht, das der nationalsozialistische Aufbruch über unser deutsches Vaterland verbreitet, ergießt sich in vollen Strahlen auch auf unser grünes Heimatland, das in den vier Jahren der Drangsal und Knechtung wohl unter den Bundesländern zu den leidgeplagtesten gehörte, aber sich trotz dem Vollmaß an Bedrängnis führend an die Spitze der Bewegung gestellt hat und sie auch halten wird. Und ist auch der Ehrenname für Graz, Hauptstadt der Bewegung, parteiamtlich noch nicht festgelegt, die Anwartschaft besteht. Die Durchschlagskraft der nationalsozialistischen Bewegung war in Steiermark so stark, weil Terror und Unterdrückung hier stärker waren als anderswo, unrechtmäßige Gewalt aber, wie der Führer in seiner Proklamation an Deutschösterreich feststellte, umso größeren Fanatismus erzeugt. Der Druck, der in Steiermark stärker als anderswo war, verstärkte sich auch unserer Zeitung gegenüber an die Grenze der Unterdrückung, ständige Bedrohung der Existenz schwebte über uns. Beschlagnahmen führten zu verschärfter Vorlagepflicht.

Die Ungerechtigkeit des verflossenen Systems führte soweit, daß beispielsweise klerikale Zeitungen sich aus geschäftlichen Gründen von der Veröffentlichung mancher, sogar amtlich ausgegebenen Aussendung fernzuhalten verstanden, wenn sie befürchteten, damit den Unwillen ihrer Leser zu erregen, viele Male sich recht national auszugeben vermochten, mit denselben Nachrichten und Stellungnahmen, die der „Tagespost" als „Nazipropaganda" angelastet und mit Bestrafung bedroht wurden. Ein Beispiel der jüngsten Zeit: der in den „Wiener Neuesten Nachrichten" erschienene Aufsatz des neuen Sozialministers Dr. Jury über die Ungesetzlichkeit der Volksbefragung, der mindestens acht Stunden der Öffentlichkeit vorlag, durfte im Abendblatt der „Tagespost" nicht mehr erscheinen. Fast jeder Tag brachte ein solches Beispiel, und es war den Herausgebern wie den Mitarbeitern oft schwer, selbst persönliche Freunde von Unmöglichkeiten zu überzeugen, die der systematischen Presseknebelung und ihrer verstärkten Anwendung gegenüber der „Tagespost" entsprangen. Die Kleinlichkeit und Böswilligkeit der autoritären „Presseführung" erstreckte sich bis auf Zeilen und Buchstaben herab, sie hemmte aber auch im großen die Auswahl der Mitarbeiterschaft, mischte sich in die Bestellung von Schriftleitern und Berichterstattern.

Kein Wunder also, wenn mancher Leser und Bezieher aus begreiflicher Verärgerung der „Tagespost" den Rücken kehrte. Das Vertrauensverhältnis zwischen Zeitung und Leserschaft war getrübt, ja unterbunden; wie man heute sieht, hat auch die Systemregierung davon keinen Nutzen gehabt, wenn sie die Teilnehmerzahl einer sogenannten vaterländischen Kundgebung multiplizierte und umfälschte, wenn sie aus den österreichischen Nationalsozialisten die „Handvoll Unentwegter" machte.

Nun aber muß es anders werden und es ist schon anders geworden. Im neuen Österreich wird es auch eine neue Presse geben: ihre größte und wertvollste Aufgabe wird in der Mitarbeit an der Herstellung der nationalsozialistischen Volksgemeinschaft sein, sie wird einen hohen Anteil an der Erziehungsarbeit am Volke haben. Die „Tagespost" wird sich den neuen Aufgaben voll zur Verfügung stellen und den ihr zukommenden Beitrag am Aufbau des neuen Österreich leisten.

Tages-Post

Gestern ist folgendes Bundesverfassungsgesetz verlautbart worden:

Bundesverfassungsgesetz über die Wiedervereinigung Oesterreichs mit dem Deutschen Reich.

Auf Grund des Artikels III Absatz 2 des Bundesverfassungsgesetzes über außerordentliche Maßnahmen im Bereich der Verfassung BGBl. I Nr. 255/1934 hat die Bundesregierung beschlossen:

Artikel 1. Oesterreich ist ein Land des Deutschen Reiches.

Artikel 2. Sonntag, den 10. April 1938, findet eine freie und geheime Volksabstimmung der über 20 Jahre alten deutschen Männer und Frauen Oesterreichs über die Wiedervereinigung mit dem Deutschen Reich statt.

Artikel 3. Bei der Volksabstimmung entscheidet die Mehrheit der abgegebenen Stimmen.

Artikel 4. Die zur Durchführung und Ergänzung dieses Bundesverfassungsgesetzes erforderlichen Vorschriften werden durch Verordnung getroffen.

Artikel 5.

1. Dieses Bundesverfassungsgesetz tritt am Tag seiner Kundmachung in Kraft.
2. Mit der Vollziehung dieses Bundesverfassungsgesetzes ist die Bundesregierung betraut.

Das verfassungsgemäße Zustandekommen dieses Bundesverfassungsgesetzes wird beurkundet.

Seyß-Inquart m. p.

Seyß-Inquart, Glaise-Horstenau, Wolf, Hueber, Menghin, Jury, Neumayer, Reinthaler, Fischböck.

Gleichzeitig wurde in Berlin ein Reichsgesetz gleichen Inhalts verlautbart.

Neuigkeits-Welt-Blatt

Mittwoch, 16. März 1938

Endlich heimgefunden.

Wer die Tage, die wir jetzt durchleben, nicht selbst mitgemacht hat, würde die Begebenheiten dieser Tage ganz einfach nicht glauben, nicht begreifen.

Die Größe der letzttägigen Ereignisse wirkt wie ein Wunder und ist dabei doch nichts anderes, als der natürliche Ablauf der schicksalsbedingten Geschichte eines ständig unter Druck, Zwang und Terror gehaltenen Volkes, dessen glühender Freiheitsdrang über Nacht alle Fesseln löste und alle Schranken brach, die jesuitische Heuchelei jemals aufgerichtet haben.

Die Auferstehung eines Volkes aus jahrzehntelanger Unterdrückung, Ausbeutung und brutalster Niederknüppelung der primitivsten Menschheitsrechte erfolgte in einer Weise, die wie ein Märchen klingt. Unser Land hat in all den vergangenen Jahren viel mitgemacht, viel gelitten, viel erduldet. Es würde zu weit führen, die unerhörten Bitternisse und Demütigungen aufzuzählen, durch die dieses Land seit dem unseligen Friedensvertrag von St. Germain gegangen ist. Es würde auch viel zu weit führen, die einzelnen Episoden dieses Kreuzweges aufzuzählen und in die Erinnerung zurückzurufen. Aber eines ist sicher:

Die, Gottseidank, nunmehr der Vergangenheit angehörenden letzten vier Jahre waren ein Stück Mittelalter in die Gegenwart versetzt!

Die letzten vier Jahre waren ein Hohn auf jede freiheitliche Regung, ja noch mehr, die letzten vier Jahre waren das Verlogenste und Gemeinste, was pfäffisch-jesuitischer Geist jemals ersonnen hat. Jahrelang versuchten die Hohlköpfe und Dampfplauderer der VF.-Leitung jede freiheitliche Regung mit den brutalsten Mitteln der Gewalt niederzukämpfen, wobei ihnen die Kirche mit dem bekannten scheinheiligen Augenaufschlag Schützenhilfe leistete. Wie diese Gewaltmittel praktisch angewandt wurden — davon können auch wir so manches Liedchen singen.

In einer einzigen Nacht verflog die ganze „Herrlichkeit" dieser Herren. In einer einzigen Nacht fegte die nationalsozialistische Lawine die dunklen Geister von der Bildfläche weg. Nichts ist geblieben. Nur bittere Erinnerungen und Plakate an den Wänden, mit denen aber der von den Bergen herabwehende erfrischende Märzwind fertig wird.

Was in diesen Tagen geschehen ist, hätte bereits vor — zwanzig Jahren geschehen können!

Diesem naturgegebenen, schicksalsbedingten Zusammenschluß wurde damals von sozialistischer Seite entgegengearbeitet. Allerdings nicht von den österreichischen Sozialdemokraten, sondern von den deutschen Sozialdemokraten, der regierenden Partei in der Weimarer Republik unseligen Angedenkens. Daher ist auch nicht richtig, was Schuschnigg in seiner so pompös aufgezogenen Rede gegen das Abkommen von Berchtesgaden behauptet hat, daß nämlich der damalige Versuch zum Zusammenschluß bloß eine sozialistische Machenschaft gewesen sei. Daß sich Herr Schuschnigg hier, gelinde gesagt, in einem großen Irrtum befand, ist ihm aus Oesterreich selbst alsbald erwidert worden:

Mindestens neun Zehntel des Volkes wären bereits vor zwanzig Jahren für den Zusammenschluß mit dem Reich gewesen.

Die deutschen Regierungssozialisten, die, gedrängt von ihren spartakistisch-kommunistischen Verbündeten die schmachvolle Unterwerfung unter das Diktat von Versailles vollzogen, hatten ganz einfach nicht den Mut, eine vollendete Tatsache zu schaffen. Oesterreich war bereit, ins gemeinsame Vaterhaus einzutreten. Oesterreich war bereit, die trennenden Grenzpfähle niederzureißen und den Anschluß zu vollziehen. Die Allgewaltigen der Weimarer Republik aber schlugen den Brüdern, die draußen standen und Einlaß begehrten, die Türe vor der Nase zu und überließen das kleine, verarmte, ausgehungerte und ausgepowerte Land mit seinen herrlichen Menschen einer ungewissen Zukunft, einem Schicksal, das diese gleichen Menschen zwanzig Jahre lang geduldig ertragen haben.

Nun sind die dunklen Mächte abgeschüttelt und Oesterreichs Wiedervereinigung mit dem Deutschen Reiche ist eine Tatsache, die weder durch papierene Proteste noch durch sogenannte Demarchen jemals wieder aus der Welt geschafft werden könnte. Das Ausland, soweit es glaubt, an der neugeschaffenen Situation etwas aussetzen zu können und zu dürfen, wird sich mit dieser Tatsache, genau so wie mit all den früheren Tatsachen, abfinden müssen. Und es wird sich damit abfinden!

Oesterreich hat endlich heimgefunden, zu sich selbst und zu der naturgegebenen Gemeinschaft des ganzen deutschen Volkes, der es zwei Jahrzehnte lang durch widernatürlichen Zwang ferngehalten worden war. Schon diese Tatsache ist so überwältigend, daß ihre Bedeutung mit einfachen Worten gar nicht ausgedrückt werden kann. Die Völker, die guten Willens sind, werden bald genug erkennen, daß mit dem deutschen Frieden auch der europäische Friede aufgehört hat, ein bloßer Wunschtraum zu sein.

Kärntner Volkszeitung

Das jüngste Bollwerk der deutschen Nation.

Historische Rede des Führers auf dem Heldenplatz in Anwesenheit fast einer halben Million Teilnehmer.

Dr. Seyß-Inquart: Reichsstatthalter!

Bei der großen Befreiungskundgebung, die gestern auf dem Heldenplatz stattfand, hielt der Führer folgende Rede:

Deutsche! Männer und Frauen!

In wenigen Tagen hat sich innerhalb der deutschen Volksgemeinschaft eine Umwälzung vollzogen, die wir heute wohl in ihrem Umfange sehen, deren Bedeutung aber erst spätere Geschlechter ganz ermessen werden.

Es ist in den letzten Jahren von den Machthabern des nunmehr beseitigten Regimes oft von der besonderen „Mission" gesprochen worden, die in ihren Augen dieses Land zu erfüllen hätte. Ein Führer der Legitimisten hat sie in einer Denkschrift genau umrissen. Nach ihr war es die Aufgabe dieser sogenannten Selbständigkeit des Landes Oesterreich, die in den Friedensverträgen fundiert und von der Gnade des Auslandes abhängig war, die Bildung eines wahrhaft großen Deutschen Reiches zu verhindern und damit den Weg in die Zukunft des deutschen Volkes zu verriegeln. (Pfui-Rufe.)

Ich proklamiere nunmehr für dieses Land seine neue Mission.

Sie entspricht dem Gebote, das einst die deutschen Siedler aus allen Gauen des Altreiches hieher berufen hat. Die älteste Ostmark des deutschen Volkes soll von jetzt ab damit das jüngste Bollwerk der deutschen Nation und damit des Deutschen Reiches sein. (Starker anhaltender Beifall.)

Jahrhundertelang haben sich in den unruhevollen Zeiten der Vergangenheit die Stürme des Ostens an den Grenzen der alten Mark gebrochen.

Jahrhundertelang für alle Zukunft soll sie nunmehr ein eiserner Garant sein für die Sicherheit und Freiheit des Deutschen Reiches und damit **ein Unterpfand für das Glück und für den Frieden unseres großen Volkes.**

Und ich weiß, die alte Ostmark des Deutschen Reiches wird ihrer neuen Aufgabe genau so gerecht werden, wie sie die alte einst gelöst und gemeistert hat. (Stürmische Zustimmung.)

Ich spreche im Namen der Millionen dieses wunderschönen deutschen Landes, im Namen der Steirer, der Nieder- und Oberösterreicher, der Kärntner, der Salzburger, der Tiroler und vor allem im Namen der Stadt Wien, wenn ich es den in diesem Augenblick zuhörenden 68 Millionen übrigen deutschen Volksgenossen in unserem weiten Reich versichere:

Dies Land ist deutsch, es hat seine Mission begriffen, es wird diese erfüllen und es soll an Treue zur großen deutschen Volksgemeinschaft von niemandem jemals überboten werden. (Ni.ht endenwollende Sieg-Heil!-Rufe.)

Unsere Aufgabe aber wird es nun se.t, durch Arbeit, Fleiß und gemeinsames Einstehen und Zusammenstehen die großen sozialen, kulturellen und wirtschaftlichen Aufgaben zu lösen, vor allem aber Oesterreich immer mehr zu einer Trutzburg nationalsozialistischer Gesinnung und nationalsozialistischer Willenskraft zu entwickeln und auszubauen. (Begeisterungsstürme setzen erneut ein.)

Des Führers Dank an die Vorkämpfer.

Ich kann diesen Appell an Sie aber nicht schließen, ohne nun der Männer zu gedenken, die es mir mit ermöglicht haben, die große Wende in so kurzer Zeit mit Gottes Hilfe herbeizuführen.

Ich danke den nationalsozialistischen Mitgliedern d.r Regierung, an ihrer Spitze dem neuen Reichsstatthalter Seyß-Inquart. (Lebhafte Zustimmung der festlich gestimmten Menge.) Ich danke den zahllosen Parteifunktionären, ich danke aber vor allem den ungezählten namenlosen Idealisten, den Kämpfern unserer Formationen, die in den langen Jahren der Verfolgung bewiesen haben, daß der Deutsche, unter Druck gesetzt, nur noch härter wird. (Erneute Ausbrüche jubelnder Begeisterung.)

Diese Jahre der Leidenszeit haben mich in meiner Ueberzeugung vom Werte des deutschösterreichischen Menschen im Rahmen unserer großen Volksgemeinschaft nur bestärkt. Die wunderbare Ordnung und Disziplin dieses gewaltigen Geschehens ist aber auch ein Beweis für die Kraft der diese Menschen beseelenden Idee. Ich kann somit in dieser Stunde dem deutschen Volk

die größte Vollzugsmeldung meines Lebens

[ab]statten. (Gewaltig branden die Heil!-Rufe zum Führer.)

Als der Führer und Kanzler der deutschen Nation und des Reiches melde ich vor der Geschichte nunmehr den Eintritt meiner Heimat in das Deutsche Reich. (Minutenlange unvorstellbare Kun.gebungen der Freude und der Begeisterung draußen nach diesen Worten des Führers über den weiten Heldenplatz.)

Deutsch.and und sein neues Glied, die nationalsozialistische Pa.tei und die Wehrmacht unseres Reiches — Sieg Heil!

Reichspost

Donnerstag, 17. März 1938

Warum bin ich Antisemit geworden?

Eine Rundfrage an unsere Leserschaft.

Antisemitismus ist eine Frage, die heute jeden bewegt. Ueberall, wo es Juden gibt, gibt es sozusagen automatisch eine antisemitische Bewegung. In Polen, in Ungarn, in Rumänien, in der Tschechoslowakei, in den USA., um nur einige Staaten zu nennen, sind früher oder später Abwehrbewegungen gegen die Uebergriffe des Judentums entstanden. Es ist nun einmal leider die Art, besser gesagt die Unart der Juden, das Gastrecht, das ihnen gewährt wird, überall zu mißbrauchen. Und so kommt es, daß der Antisemitismus heute — man darf das ohne Uebertreibung sagen — eine allgemeine Erscheinung ist, die überall auf die gleichen Entstehungsursachen zurückzuführen ist. Wo sich ein Jude festsetzt, dort beginnt er im Nu unbefugte Herrscherrechte auszuüben. Macht er irgendwo ein Geschäft auf, beginnt er sofort mit den Preisen zu schleudern, um auf diese Weise die seriös arbeitende Konkurrenz aus dem Sattel zu heben und zu ruinieren. Ist der Jude Unternehmer, dann bezahlt er Schundlöhne, liefert Schundware und bleibt womöglich noch das Rohmaterial schuldig, wenn er es nicht der Einfachheit halber vorzieht, in Ausgleich oder in Konkurs zu gehen. Ist irgendwo mit einer entsprechenden Portion Gewissenlosigkeit ein großer Riß zu machen, bei dem ohne Anstrengung viel Geld zu verdienen ist, flugs ist der Jude da und füllt sich die Taschen. Um einen Schundpreis werden dem Landwirt Getreide, Wein, Kartoffeln und Obst abgenommen, der arme Tischler, der mit vieler Mühe eine wunderschöne Wohnungseinrichtung geschaffen hat, bekommt einen Pappenstiel usw. Dabei ist der Jude, obwohl er allen Grund hätte, sich zu ducken, in jeder Hinsicht arrogant und anspruchsvoll.

Kein Wunder, wenn den also gefoppten und geprellten Zeitgenossen, mögen sie auch noch so langmütig veranlagt sein, schließlich und endlich doch die Galle übergeht. Kein Wunder, wenn der jahrelang unterdrückte und zurückgedrängte Arier sich eines Tages seiner Kraft besinnt und zu entschlossener Abwehr schreitet, zu einer Abwehr, die im Grunde genommen nichts anderes als Selbstschutz ist. Sofort erheben die Betroffenen ein mächtiges, mit erprobter Routine organisiertes Geschrei, das, meist an das Ausland weitergegeben, zur flammenden Anklage wird. Kulturlosigkeit, Barbarei, Unmenschlichkeit ... das sind dann die Schlagworte, mit denen an allen Ecken und Enden gearbeitet wird. Immer wieder wird verschwiegen, daß jeder Antisemitismus seine guten Gründe hat. Es ist demnach niemand Antisemit, der nicht schon vom Juden etwas zu erdulden hatte. Dies vor aller Oeffentlichkeit zu beweisen, ist Aufgabe und Zweck der Rundfrage, die wir heute an unsere Leserschaft stellen. In einfacher Art, ohne jede Ausschmückung und Uebertreibung

soll jeder Leser erzählen, wieso er Antisemit geworden ist.

Jeder soll das, was er zu diesem höchst aktuellen Kapitel zu sagen hat, dem „Kleinen Volksblatt" in aller Kürze schriftlich mitteilen, die Form, in der dies geschieht, ist ganz gleichgültig. Jede Einsendung muß mit vollem Namen und Adresse des Einsenders versehen sein, doch wird der Name nur über ausdrücklichen Wunsch veröffentlicht. Wir werden geeignete Einsendungen und wirklich interessante Fälle

ab Sonntag, den 20. März,

fortlaufend im Blatt veröffentlichen.

Alle, die es angeht, sind hiemit eingeladen, sich an unserer Rundfrage zu beteiligen. Nicht auf die Form der Mitteilung kommt es an, sondern auf den Inhalt. Angestellte, Arbeiter, Bauern, Geschäftsleute, Beamte und viele andere Berufsgruppen werden zu dem Thema „Warum bin ich Antisemit geworden?" vieles zu sagen haben. Und sie werden damit — davon sind wir überzeugt — der Aufklärung über ein hochwichtiges Thema einen guten Dienst erweisen.

Das Kleine Volksblatt

QUALITÄTS WAREN seit 75 JAHREN
HERZMANSKY 1863 im 1938 JUBILÄUMSJAHR

HERZMANSKY wieder rein arisch!

Das Kleine Blatt

Freitag, 18. März 1938

Nachdruck, auch auszugsweise, verboten

Kleine Bilder aus großen Tagen

Deutschlands Soldaten im befreiten Wien

Freitag, der große denkwürdige Freitagabend in Wien. Sämtliche Straßen sind menschenleer. Alle sitzen an den Lautsprechern und erwarten gespannt die Berichte. Jeder spürt, es liegt etwas in der Luft, etwas Entscheidendes. Denn nicht umsonst wurden die peitschenden Propagandareden, die auf die Oesterreicher losgelassen werden sollten, im letzten Augenblick abgesagt. Und dann; nach 19 Uhr, fielen die entscheidenden Worte: Kanzler Schuschnigg hielt seine letzte Ansprache an die Oesterreicher, die schönste Mitteilung, die er uns je machte. Wie im Zauber veränderte sich das Bild der Straßen. Im Nu waren sie erfüllt von einer begeisterten Menge, die fremdesten Menschen umarmten einander. Unter anderem sah ich auch, wie ein älterer Jahrgang einem hübschen jungen Mädel seine Freude mit einem Kuß zum Ausdruck bringen wollte. Bei uns wird eben alles wienerisch gemacht.

Aber merkwürdig. Trotzdem Oesterreich mit einem Schlage vollkommene Gesinnungsfreiheit besaß und alle Menschen überschwenglich begeistert waren, konnte man eigentlich so gut wie gar keine Hakenkreuzflaggen sehen. Da und dort tauchten die ersten auf. Die vielen Autos und Motorräder aber, die ganz ziellos durch die Straßen hin und her jagten, trugen keine Wimpel. Merkwürdig. Sehr merkwürdig. Eine deutsche Turnerin, die in einem Beiwagen durch die Straßen Wiens fuhr, schaute sich die Augen aus und konnte keine Erklärung für dieses Rätsel finden. Aber die Erklärung kam sehr bald. Alle Besitzer von Motorfahrzeugen waren nicht Besitzer von Hakenkreuzwimpeln, denn noch kurze Zeit vorher wurde jeder, bei dem man ein Hakenkreuzabzeichen fand, schwer bestraft. In diesen großen Stunden saßen viele zu Hause und nähten wie verrückt darauf los. Eine Großproduktion in Hakenkreuzwimpeln hatte eingesetzt. Wien erlebte eine Hausse von ungeahntem Ausmaße. Dann bevölkerten die richtig ausgerüsteten Motorfahrer nach und nach die Straßen. Und Wien erlebte jetzt noch etwas, was sich kein Mensch vorzustellen vermochte. Die Straßen waren schwarz von Menschen. Besonders die Innere Stadt, Ring, Mariahilferstraße glichen einem wimmelnden Ameisenhaufen. Es herrschte lebensgefährliches Gedränge. Zwischen den hunderttausenden Menschen die wild gewordenen Automobilisten und Motorradfahrer.

Verkehrsordnung gab es keine. Links und rechts wurde vorgefahren, in Hauptstraßen umgedreht, Gehsteige benützt, kurz, alle Sünden begangen, auf die sonst schwere Strafe steht. An der Kärntnerkreuzung rammte ein „Steyr-Baby“, das in falscher Richtung fuhr, einen prachtvollen Luxuswagen. Krachen, splitternde Scheiben, verteppschte Kotflügel, aber keine Verletzten. Der Besitzer des „Steyr-Babys“ klettert ganz verzweifelt aus seinem Wagen, um sich tausendmal zu entschuldigen. In solchen Fällen setzt gewöhnlich eine wüste Schimpferei ein. Denn einer versucht immer dem anderen die Schuld in die Schuhe zu schieben. Aber der Eigentümer des gerammten Wagens klettert mit lachendem Gesicht aus dem Fond. Lachend schlägt er dem zerknirschten Kollegen auf die Schulter: „Macht nix, lieber Freund, spielt gar keine Rolle. Heut können S' mir tuan, was Sie wollen, denn heute kann gar nichts meine Freude trüben!“ Dann hilft er seinem Chauffeur den Kotflügel ausbiegen, streift die Scherben vom Trittbrett, und weiter fährt er mit zum Gruß erhobener Hand.

Die überfallenen Ueberfallsautos

Sirenenton hallt durch die Kärntnerstraße. Es ist das gellende Zeichen des Ueberfallsautos. Zwei, drei dicht besetzte Ueberfallwagen kommen in rasendem Tempo daher. Aber nur bis zum deutschen Verkehrsbüro gelangen sie. Denn dort stauen sich die Massen der begeisterten Wiener. Ueberrascht schauen sie nach der Wache. Und plötzlich hallt unbeschreiblicher Jubel über den Ring, denn alle Wachebeamten tragen ausnahmslos

Schneiderei Jungwirth
Gebot der Zeit ist Maßarbeit!
10 Monatsraten
9. Bez., Dreihackengasse 12 Telephon A-55-2-67

die Armschleife mit dem Hakenkreuz. Im Nu sind die Wiener auf den Wagen oben, alle drei werden gestürmt. Die Wachleute drohen, unter der Last der begeisterten Menschen erdrückt zu werden. Einer um den andern klettert hinauf, und dort oben spielt sich eine Szene ab, die sich mit Worten nicht beschreiben läßt. Niemals noch wurde die Wiener Wache so enthusiastisch empfangen wie in diesem Augenblick. Als sich der erste Sturm der Begeisterung ein wenig gelegt hat, und die Beamten sich endlich halbwegs befreien, sehen sie äußerst hergenommen aus. Aber ihre Gesichter tragen keine Amtsmiene. Lachend, strahlend, glücklich sehen sie aus. Sie hatten wahrscheinlich irgendeine Mission zu erfüllen, aber diesmal kam es nicht dazu. Denn im Triumph wurden sie auf den Schultern der Wiener herumgetragen und gingen in dem Wirbel restlos unter.

Dieser Begeisterung für die erste auftauchende Wache mit den Hakenkreuzarmbinden kann wenig gleichgestellt werden — so meinte man. Aber sie wurde noch übertroffen, als plötzlich eine Truppe SA. anmarschierte. Und so stark konnte die strammste SA. nicht sein, daß sie dem Ansturm, der nun auf sie einsetzte, hätte Widerstand leisten können. Die Leute wurden förmlich „zerfranst". Nach einer Viertelstunde konnte man sie vor dem Bilde Adolf Hitlers, unter dem sich Berge von Blumen türmten, wiedersehen.

Amtsmienen gibt es nicht

Samstag zeigte Wien ein ganz anderes Bild als sonst. Wien war bis in den Grund hinein verwandelt. „Wo sind denn die liebenswürdigen, gutmütigen, heiteren und zuvorkommenden Wiener?" fragten die Fremden in den letzten Jahren, die unsere Stadt nur vom Hörensagen kannten. Achselzucken und ein doppelt verdrossenes Gesicht war die Antwort. Heute sollen diese Fremden wieder kommen! Das lachende, fröhliche Wien ist wieder da. Wie neugeboren. Vom strengen Wachmann über den Straßenbahnschaffner bis zum immer grantigen Schalterbeamten sind sie wieder Wiener geworden, richtige, fröhliche Wiener.

Automobilisten und Motorfahrer haben einen guten Tag. Sie kommen so rasch vorwärts, wie sie es nur wünschen. Links und rechts wird vorgefahren, Einbahnstraßen werden in der entgegengesetzten Richtung benützt, Haltezeichen überfahren und das Höchsttempo um mindestens 20 Kilometer hinaufgesetzt. Die Verkehrspolizisten sind damit vollkommen einverstanden.

An der Kreuzung Mariahilferstraße Gürtel stoppt eine lange Reihe Wagen. Der Beamte gibt frei. Die Kolonne setzt sich in Bewegung. Nur einer läßt sich ziemlich Zeit. „Gehmma, gehmma", schimpft der Verkehrsbeamte. „Sonst fahren die Wiener immer wie die Schwärzer, heit, wo i' zeigen soller, daß sie auch a Schneid haben, brodelt jeder so, als hätt er a Kaffeemühl."

Durch die Massen der aufgestellten Neugierigen in der Mariahilferstraße geht von Mund zu Mund eine Nachricht. Sie ist interessant und wichtig: „Wissen Sie, daß sich die neue Regierung direkt entzückend benimmt? Sogar der Schuschnigg-Marsch darf weiter gespielt werden." — „Das gibt's do net", sagt ein alter Wiener. — „Doch, doch, stimmt schon. Schuschnigg-marsch! spielt man in ganz Oesterreich."

Obwohl die größte Liebenswürdigkeit, die der Wiener überhaupt besitzt, in diesen Tagen voll zur Geltung kam, sah ich doch einen Mann, in der Uniform der Straßenbahner, „krawutisch" werden. Noch dazu fiel er mit seinem ganzen Zorn über ein junges, nettes Mädel her. Das junge Ding schrie sich heiser vor Begeisterung. Sieg Heil! Ein Volk, ein Reich, ein Führer! Heil Hitler! schrie sie ohne Unterbrechung. Dann aber machte sie doch einmal eine kleine Atempause. Gerade in diesem Augenblick aber tauchte die Panzer-Nachrichtentruppe in ihrer schwarzen, kleidsamen Uniform auf. Das war der Augenblick, in dem die Kleine vollständig ihre Beherrschung verlor. „Hollodaro! Sieg Heil!" brüllte sie mit ihrer ganzen Kraft. Und das war es, worauf der Straßenbahner so scharf reagierte. „Was, a Hetz ist das für dich? Ein Tag, auf den wir tausend Jahre warten!" Und nur der demutsvolle Blick, der mit so viel Jubel und Begeisterung untermalt war, rührte ihn schließlich so, daß er das Wiener Mädel nicht nach Hause zur Mutter schickte.

Wiener Neueste Nachrichten

Umbenennung.

Die Stadtgemeinde hat den Holzplatz in **Adolf Hitler-Platz** und den Kornplatz in **Josef Leopold-Platz** umbenannt.

Langenloiser Bezirksnachrichten

Samstag, 19. März 1938

Badener Zeitung

Preis 18 Groschen. | Erscheint jeden Mittwoch und Samstag früh. | Preis 18 Groschen.

Nr. 23. | Baden bei Wien, Samstag den 19. März 1938. | 59. Jahrg.

Eine neue Zeit bricht an.

Der Tyrann Schuschnigg ist nicht mehr. Schuschnigg und seine Trabanten hatten einen Staat geschaffen, wie er noch nie in der Geschichte da war. Obwohl diese wiederholt vortäuschten, den Interessen der Arbeiter zu dienen, sind sie ihrem Versprechen nicht nachgekommen. Sie konnten ihren Worten keine Taten folgen lassen, weil sie judenfreundlich und somit mit dem internationalen Banken und Börsentum verbunden waren, das seit jeher arbeiterfeindlich eingestellt war. Immer mehr und mehr Arbeiter wurden brotlos und mußten betteln gehen, da sie nichts mehr zum Leben hatten.

An Stelle dieses volksvernichtenden politischen Systems ist nunmehr eine Bewegung getreten, die allein berufen ist, soziale Ideale zu verwirklichen, weil sie eben national und sozial ist, denkt und handelt. Nicht umsonst sind mehr als 70 Millionen Deutsche begeisterte Anhänger des Nationalsozialismus.

Unverantwortliche Elemente in Oesterreich verbreiten das unwahre Gerücht, daß nunmehr den Bauern Grund und Boden enteignet wird. Es sei daher hier festgestellt, daß der Nationalsozialismus das Eigentum anerkennt, ja sogar den Großgrund und Großindustriellenbesitz. Der Nationalsozialismus verhindert

Die Schuldenlast der Arbeiter, Bauern und Gewerbetreibenden wird durch eine Herabsetzung des Zinsfußes verringert werden. Den armen Ariern, die an Juden, insbesondere an Ratenjuden verschuldet sind, wird durch gesetzliche Maßnahmen geholfen werden.

Der Nationalsozialismus bekämpft nicht die Religion, auch nicht die katholische, wohl aber bekämpft er jene jesuitischen Mächte, welche die Gläubigkeit der Katholiken und Protestanten zu politischen Zwecken mißbrauchen. Der Nationalsozialismus ist Todfeind eines Systems, das Politik und Religion verquickt. Jesus Christus hat gesagt: „Mein Reich ist nicht von dieser Welt". Daher sind wir Nationalsozialisten der Auffassung, daß jeder Katholik und Protestant der seine Religion zu politischen Zwecken mißbrauchen will und gegen den Nationalsozialismus auftritt, sich ebenso an seiner Religion wie am deutschen Volke versündigt.

Der Nationalsozialismus haßt die Knechtschaft und den Klassenkampf und hat die

aber durch Gesetze die volksfeindlichen Ausartungen, wie sie im Wesen der Aktiengesellschaften, Banken und Börsen, die sich in jüdischen Händen befanden, gelegen waren. Die vielen Direktoren, Verwaltungsräte usw. dieser Anstalten waren bisher auf ihren eigenen Geldsack bedacht und dienten nicht den Volksbedürfnissen, weshalb sie volksfeindlich waren.

Freiheit und die Gleichberechtigung aller deutschen Volksgenossen auf sein Banner geschrieben.

Oesterreich befindet sich derzeit in einer katastrophalen wirtschaftlichen Lage, aber wir vertrauen auf unseren Führer und wissen, daß er uns helfen wird. Er wird jedem Arbeit und Brot geben, nachdem er uns Oesterreichern die Freiheit verschafft hat. Wir danken ihm dafür und geloben unsere unverbrüchliche Treue und Gefolgschaft bis in den Tod.

Heil Hitler! Gez. Dr. Otto Bilzer.

Wienerwald-Bote

Die nationalsozialistischen Filme heute und täglich in den Wiener Lichtspieltheatern:

(Sämtliche Filme nunmehr in ungekürzter Fassung)

„Triumph des Willens"
Apollo, 6.

„Hitlerjunge Quex"
Schottenring, 1., Ufaton, 2., Saschapalast, 3., Wienzeile, 6., Maria-Theresien, 7.

„Soldaten-Kameraden"
Votivpark, 9.; Olympia, 11; Weltspiegel, 16.

„Der Herrscher"
Flotten, 6.

„SA.-Mann Brandt"
Gartenbau, 1., Kärntner, 1.

„Togger"
Urania, 1.

Ufa, Tobis-Sascha, Terra, Germania

Deutschösterreichische Volkspresse

Die ANKERBROTFABRIK A.-G.

hat ab 15. März 1938 eine

rein arische Leitung

und beschäftigt

1600 arische Mitarbeiter

Die NSBO. der Ankerbrotfabrik A.-G.

Das Kleine Blatt

Der Führer.

Du kommst aus Gottes Land, aus dem wir alle kamen,
Das wir jedoch vergessen und von dessen Namen
In unserm Hirn und Herzen nichts mehr übrig blieb.
Du aber hälst Dein großes Wissen — und der Trieb,
Uns allen von dem Segen der Begnadung mitzugeben,
Bestimmt Dich, wie ein Heiland hier zu leben.
Und mit der Kraft des Wortes, mit dem Mut zur Tat
Rollst Du Geschichte auf für Völker — und der Rat,
Die Weihe eines Allerhöchsten ist in Dir
Und leitet Deine Erdenschritte für und für.
Und was Du denkst, wird fruchtbar und jede Tat wird gut,
Und was Du sprichst ist Wahrheit und was Du schaffst, voll Mut.
Du bist für uns Bedrängte die Hilfe und der Hort;
Du sprichst mit Menschenstimme, doch aus Dir ruft ein Gott.
Und wir, die kleinen Lauscher, erschauert und durchbebt,
Den Ruf des Herrn vernehmend, wissen wir jetzt: er lebt.

Tilde Donawell.

Badener Zeitung

Sonntag, 20. März 1938

Warum bin ich Antisemit geworden?

Stürmischer Widerhall der Rundfrage an unsere Leserschaft. — Die ersten Antworten.

Eine Lehrerin spricht.

Ihre Frage in Kürze zu beantworten, ist wohl sehr schwierig, da sich Bände darüber schreiben ließen. Aus der Geschichte wissen wir, daß überall dort, wo Revolutionen geschürt wurden, der Jude irgendwie seine Hand im Spiele hatte. — Sind doch die Häupter aller Sowjetregierungen überwiegend Juden. Die Freimaurerei ist eine Judenschöpfung und die Börse die Gründung portugiesischer Juden. Aus den aufschlußreichen Enthüllungen der „Protokolle der Weisen von Zion“ geht hervor, daß die angestrebte jüdische Weltherrschaft nicht nur im kapitalistischen Sinne verwirklicht werden soll, sondern auch dadurch der Boden dafür bereitet wird, daß die Nichtjuden planmäßig entsittlicht werden. Und nun ein Ausschnitt aus meinen persönlichen Erfahrungen in der Schule: Im Jahre 1926 befanden sich, als ich einen neuen Klassenzug übernahm, unter durchschnittlich 35 Kindern 4 Jüdinnen, vier Jahre später deren 9 bis 10, im Schuljahr 1936/37 waren von 41 Kindern 17 jüdisch (die Halbjüdinnen gar nicht mitgerechnet), also fast 50 Prozent. Von 13 Kindern, die nunmehr die Mittelschule besuchen, sind 11 Jüdinnen. Außerdem haben sich die jüdischen Kinder überaus disziplinlos und demoralisierend betragen und die jüdischen Eltern haben die Lehrkräfte bis aufs Blut sekkiert. Darum bin ich Antisemitin geworden und werde es für mein Leben bleiben.

Die Juden als Sittenverderber.

Ich bin Antisemitin geworden, weil die Juden die uns angeborenen Sitten vollkommen auszurotten suchen. Ich war bei einer jüdischen Familie Erzieherin und kann folgendes erzählen: In dieser Familie badeten sich Eltern und zwei Kinder völlig unbekleidet in der Badewanne. Ich als Erzieherin der Kinder wurde genötigt, die Kinder zu reinigen und mir nebenbei einige nette Witze der Eltern mitanzuhören. Ueberhaupt war in dieser Familie die gröbste Schamlosigkeit an der Tagesordnung. Dabei aber war nur bei Juden eine Stelle aufzutreiben, da sie ja die einzig Besitzenden waren.

In den Klauen eines jüdischen Advokaten.

Warum ich Antisemit geworden bin, will ich Ihnen gleich sagen. Ich bin für jemand im Jahre 1931 für 1700 Schilling gutgestanden. Auf den Betrag hat mir ein jüdischer Rechtsanwalt 3400 Schilling Spesen gemacht und will mir nun meinen Hausanteil exekutiv versteigern lassen. Ich war 54 Jahre Geschäftsmann und bin heute 77 Jahre alt und habe meine Steuern immer pünktlich bezahlt. Heute bin ich durch die Gewissenlosigkeit des Juden ein Bettler.

Schädlinge des Volkes.

Ich wurde eigentlich erst Antisemit, als ich vor zwölf Jahren in die Großstadt übersiedelte. Hier konnte ich beobachten, wie der Jude den Lebensraum des Ariers immer mehr einschränkte, wie er auf dessen Kosten ein Parasitenleben führte. Er schnitt dem arischen Geschäftsmann die Lebensbedingungen ab, indem er mit raffinierten Geschäftstricks und mit Schleuderpreisen und allen möglichen unehrlichen Kniffen arbeitete. Wir atmen erleichtert auf, daß nun auch bei uns der eiserne Besen kehrt und daß wir von dieser Seuche befreit wurden.

Ausübende Künstler über Juden.

Warum ich Antisemit wurde? Weil ich in meinem Beruf als Künstler von jüdischen Direktoren und Agenten oft in schamlosester Weise ausgebeutet wurde, für meine schwere Arbeit oft nur einen Pappenstiel oder gar keine Bezahlung erhielt und von einem jüdischen Direktor sogar einmal Falschgeld bekam. Ich habe selbst die tiefste Erniedrigung des deutschen Volkes mitgemacht, als die Juden Barmat, Kutisker usw. in Berlin Orgien an Schwindel und Betrug feierten, und mußte machtlos zuhören, wie jüdische Wiener Komiker sich in den gemeinsten Witzen über deutsche Volksgenossen lustig machten, zum Beispiel: „Heute gibt Rothschild ein großes Souper, Christen sind auch dabei — aber nur als Kellner." In der letzten Zeit war es überhaupt nicht mehr möglich, eine Brotstelle zu finden, da in Oesterreich die Direktoren ausschließlich Juden waren.

Im Krieg.

Noch selten habe ich irgendeine Frage mit einer solchen Freude beantwortet, als die im „Kleinen Volksblatt" veröffentlichte. Vor dem Krieg hatte ich mit Juden wenig zu tun. Wer war aber, als der Krieg kam, im Schützengraben nicht zu sehen? Der Jude! Und wenn sich schon einmal ein Jude durch irgendeinen Zufall in den Schützengraben verirrte, so war er von dort meist schon nach wenigen Tagen wieder verschwunden. Wohl aber haben es die Juden vorzüglich verstanden, sich im Etappenraum herumzutreiben, wo sie ein herrliches Leben führten und wo sie alles zur Verfügung hatten, was ihr Herz nur verlangte. Daß die anderen, sehr vielen Juden eigentümlichen Charaktereigenschaften, z. B. Niederkonkurrenzierung christlicher Geschäftsleute mit allen möglichen Mitteln, Zudringlichkeit und freches Benehmen, Forderung von Wucherzinsen, Ausschinden diverser Arbeiter um einen Schundlohn und viele andere Untugenden noch dazu beigetragen haben, die Juden links stehen zu lassen, kann man wohl keinem anständigen und ehrlichen Menschen übelnehmen.

Die armen Lehrbuben haben sie ausgebeutet.

Ich kam mit vierzehneinhalb Jahren in die Lehre zu einem jüdischen Meister. Die vierjährige Lehrzeit (Leidenszeit) will ich übergehen und bei meiner dreijährigen Gehilfenzeit, die ich dort auch zubrachte, beginnen. Obwohl ich mich durch Fleiß zu einem tüchtigen Herren- und Damenfriseur ausbildete, bekam ich von der ersten Woche nur das Gehalt eines Herrenbedieners mit der Ausnützung in beiden Abteilungen. Auf meine Vorhaltungen antwortete man mir, „ob ich Seiltanzen auch könne; wenn es mir nicht paßt, kann ich ja gehen." Nun ist aber mein Vater während der Lehrzeit gestorben und mußte ich auch meine Mutter unterstützen, somit kam ein Stellenwechsel ins Ungewisse nicht in Frage. Meine Zwangslage erkennend, nützte mein Chef sie aus und drückte meinen Lohn noch weiter herunter. Nicht genug dessen, blieb mein damaliger Chef mir jede Woche einen Teil meines Lohnes schuldig, mit dem Endeffekt, daß ich nach meiner siebenjährigen Tätigkeit in dem Betrieb eine verhältnismäßig hohe Summe gut hatte. Zur gleichen Zeit kaufte mein Chef aber seiner damals zwölfjährigen Tochter um 2000 Schilling ein Klavier!

Angenehme Hausgenossen.

Vor einiger Zeit hatte die Hausbesorgerin meines Wohnhauses mit meiner jüdischen Nachbarin einen Streit, und äußerte sich die Jüdin: „Die Christen sollen alle verrecken und müssen ausgerottet werden." Alle diesbezüglich unternommenen Schritte scheiterten bei allen Behörden. Seit dieser Zeit hassen wir Christen im Hause die Juden.

Die Plage in der Sommerfrische.

Bei mir stimmt die Frage „Warum bin ich Antisemit geworden?" nicht, weil ich es immer war! Aber wenn einer noch Zweifel hegte, hat er sie im Bad Greifenstein a. d. Donau verloren. Was sich dort an Juden aller Kategorien tat, war grenzenlos. Die Weiber haben ihre Badehosen parfümiert gehabt, ihre Zehennägel sowie die Finger und Lippen rot gefärbt. Die Männer machten einem in vielen Fällen den Eindruck, als wären sie frisch vom Baum heruntergefallen. „Rio de mazes" nannten wir das Bad an der schönen Donau. Die Wirte verdienten natürlich soviel wie nichts, denn entweder vergaßen die Ehrenmänner die halbe Zeche oder ließen sich zu sechs eine Omelette machen mit sechs Gedecken und zehn Groschen Soda zu dritt. Man kann ruhig sagen, wir waren zehn Prozent Arier gegen 90 Prozent Juden. Der heurige Sommer wird für uns ein Genuß sein. Ich hoffe auch, daß recht viele Arier das Bad besuchen.

Das Kleine Volksblatt

Die „Kronen-Zeitung" spricht wieder zu ihren Freunden.

Eine Woche des bedeutsamsten politischen Geschehens liegt hinter uns. Eine Woche, in der jeder Tag Geschichte war, Geschichte unserer Heimat, Europas, der ganzen Welt.

Nun haben wir schon ein Stück unseres neuen Weges durchmessen. Zeitlich genommen ein winziges Stück, wenige Tage bloß, aber diese Tage waren so voll von Neuem, Unerhörtem, daß wir ihre geringe Zahl fast nicht zu glauben vermögen. Doch schon jetzt haben wir erkannt, daß der neue Weg ein ganz, ganz anderer ist als unser früherer.

Der unselige Weltkrieg hat uns vor zwanzig Jahren den Umsturz gebracht. Die Welt schien uns aus den Angeln gehoben, aber bald zeigte es sich, daß sich wohl die Staatsform bei uns geändert hatte, aber sonst nicht viel. Wenigstens nicht zum Guten. Jetzt aber sind wir uns völlig klar darüber, daß eine andere, schönere Zeit gekommen ist, für unsere Gesamtheit und damit auch für den einzelnen.

Die Heimkehr ins große deutsche Vaterland ist vollzogen,

Oesterreich ist nun wieder ein Teil einer mächtigen Volksgemeinschaft geworden, mit der es Freud und Leid teilen wird.

Wer weiß nicht, wie groß und wie verbreitet das Elend bei uns gewesen ist! Wir von der „Kronen-Zeitung" sahen an jedem Tag erschütternde Bilder der Not an uns vorüberziehen. Zahllos waren die Bitten um Hilfe, die durch das rührende Vertrauen unserer Leser an uns gerichtet wurden. Wir taten, was wir konnten, halfen hier mit Rat, vielleicht auch manchmal mit der Tat, aber das alles war ja nichts, ein Tropfen auf einen heißen Stein gegossen, nutzlos und vergeblich.

Hier, das wissen wir, wird die neue Zeit einen gründlichen Wandel schaffen. Die großzügigen Hilfsaktionen, deren Beginn wir bereits staunend erlebten, sind nicht das Entscheidende. Nein, die bleibende Hilfe wird durch Arbeit gebracht werden. Und das wird nicht so sein, daß dem einen seine Arbeitsstätte geraubt wird, damit seinen Platz ein anderer einnehmen kann, sondern es werden neue Arbeitsmöglichkeiten ins Leben gerufen werden, die bisher nicht da waren. Es gibt viele, viele solcher Möglichkeiten, die hier gar nicht geahnt werden, die aber in Deutschland längst Tatsache und Erfüllung geworden sind und es auch hier in kürzester Frist sein werden.

Die „Kronen-Zeitung" hat in dieser ereignisvollen Woche die große Schar ihrer Freunde noch um viele Tausende vermehrt gesehen. **Und zu allen diesen Freunden, den alten wie den neuen, will sie nun wieder zu sprechen beginnen und sie will versuchen, ihnen auch auf dem neuen Weg in eine schönere Zukunft ein treuer Begleiter und Wegweiser zu sein. Sie will ihnen alles das Neue und Große, das zu uns gekommen ist und kommen wird, näher bringen und verständlich machen, alle die gewaltigen Werke, die das neue Deutschland des Nationalsozialismus geschaffen hat und von denen bisher bei uns nicht gesprochen werden durfte, an denen aber nun auch wir teilhaben werden.**

Und noch eines: Niemand soll fürchten, daß Oesterreich nach dem freudigen Eintritt in das große deutsche Volk sein eigenes Wesen verlieren wird. Hat nicht jeder deutsche Stamm seine Besonderheiten, die ihm durch die Zugehörigkeit zum mächtigen Ganzen nicht genommen werden? Die schönen alten Bräuche unserer Alpenländer werden nicht untergehen, und ebensowenig die Wiener Gemütlichkeit. Das Wiener Lied wird sogar sehr, sehr viele neue Freunde finden, das ist sicher.

In drei Wochen wird das ganze deutsche Volk und mit ihm sein jüngster Teil, das österreichische, ein feierliches Bekenntnis zur großdeutschen Heimat ablegen. Es kann nicht zweifelhaft sein, daß das Bekenntnis ein überwältigendes sein wird. Die „Kronen-Zeitung" aber will versuchen, ihr bescheidenes Scherflein dazu beizutragen, damit in froher Zuversicht und gläubigem Vertrauen am 10. April Oesterreichs Volk, Mann und Frau, sein Ja gebe!

Die Redaktion
der „Illustrierten Kronen-Zeitung".

Achtung!

Arische
Eier-Großhandlung
Michael Wölfl
Wien XVI, Speckbachergasse Nr. 6
Telephon B 49-0-41

Das Kleine Blatt

Montag, 21. März 1938

Das Weltjudentum ist auf.

Wien, am 21. März.

Es war eine der vielen Sünden des verflossenen österreichischen Regimes gegen das Deutschtum, daß es der Versuchung und Ausbeutung unseres Volksteiles durch die Juden untätig zusah, ja noch Vorschub leistete, indem es sich dieses parasitischen Elementes als einer willkommenen Stütze bediente. Wie oft haben wir gegen eine so verhängnisvolle Politik in den Spalten unseres Blattes Sturm geritten! Aber so stark der Widerhall unserer Warnungen auch in den breiten Schichten der Bevölkerung war, an den maßgebenden Stellen blieben sie unbeachtet. Finanz-, Industrie- und Zeitungsjuden waren niemals zuvor so mächtig und einflußreich, wie im „christlichen, autoritär geführten Ständestaat Oesterreich". Mit den Fingern zeigte man auf die jüdischen Bonzen, die aus den Kulissen der Regierung die Stichworte zuriefen, politische Geschäfte mit dem Ausland vermittelten oder einen neuen Propagandafeldzug gegen das Deutsche Reich und die nationalsozialistische Bewegung finanzierten. Junge begeisterte Vorkämpfer für den Gedanken eines nationalsozialistischen Großdeutschland mußten in den Kotter, während watschelnde, mit allen Wassern gewaschene Juden auf den Altar erhoben wurden und als unverletzlich galten. Diese Verjudung Deutschösterreichs in der unseligen Zeit der Heimwehren und der V. F. war nicht nur eine äußerliche; sie durchsetzte schließlich auch den Machtklüngel

geistig und bestimmte das Wesen seiner Regierungsmethoden. Der Plan einer Volksabstimmung samt den hinterhältigen Durchführungsbestimmungen war das, was die Juden einen „Dreh" nennen. Und ist es nicht ein echt jüdisches Mätzchen gewesen, daß man, wie der Samstag gemeldete Grazer Fund ergab, aus einem Wähler fünf machen wollte?

Für eine Regierung, die von den lebendigen Kräften des Volkes ganz abgeschnitten war, mochte das jüdische Geld wohl unentbehrlich sein. Dazu kam aber noch ein anderes Motiv, das in dieser judenfreundlichen Politik des entschwundenen Regimes immer eine große Rolle gespielt hat: die Rücksicht auf das internationale Judentum. Man hat das täglich hören können: Wir dürfen die französischen Freimaurer nicht verstimmen! Wir dürfen die jüdische Hochfinanz in England nicht gegen uns aufbringen! Wir müssen doch mit dem Einfluß der Juden auf die Weltpresse rechnen!... Darin bestanden die großen „Richtlinien" der Politik des Ballhausplatzes, damit versuchte man krampfhaft, die Hohlheit des eigenen Systems zu verbergen, auf diese Weise glaubte man, sich gegen die mitreißende Kraft der nationalsozialistischen Bewegung auf die Dauer halten zu können! Der Führer hat einer solchen Ghettopolitik ein Ende gesetzt. Unter dem dröhnenden Schritt der Geschichte sind die jüdischen Gespenster, denen ein verlogenes Regime jahrelang huldigte, in alle Winde zerstoben.

Das heißt: auf deutschem Boden. Jenseits der deutschen Grenzen sam...

Wiener Montagblatt

„Oesterreichs meistgehaßter Mensch."

Budapest, 20. März. (D. N. B.) Der Budapester „8 Orai Ujsag" bringt einen langen Bericht über die jüngsten Ereignisse in Oesterreich, in denen er die Vorbereitungen schildert, die von der früheren Regierung zur Errichtung der Volksfront getroffen worden waren. Die ganze Entwicklung hing an einem Haare, schreibt der Wiener Berichterstatter, denn der Wiener Bürgermeister Schmitz war zu allem entschlossen und wollte es auch zum Schießen kommen lassen.

„Oesterreichs meistgehaßter Mensch", wie in diesem Berichte der Wiener Volksfrontbürgermeister genannt wird, „ging seinen verhängnisvollen Weg bis zu Ende: Er bewaffnete die roten Marxisten und umgab sich im Rathaus mit einer aus 500 Sozialisten und Kommunisten bestehenden Truppe. Seine Leute besetzten, auf das Kommando Schmitz' bewaffnet, die Gas- und Elektrizitätswerke, obwohl unter ihnen eine große Zahl von Leuten war, die in aller Eile aus Gefängnissen und Arresten entlassen worden waren. Wien erlebte die Zeit des Bürgerkrieges wieder."

Wiener Montagblatt

Dienstag, 22. März 1938

Das nationalsozialistische Wien.

Telephonbericht unseres Korrespondenten.

Wien, 19. März.

Die kürzlich vollzogene große Umwälzung in Österreich, die sich auf sämtliche Gebiete des öffentlichen Lebens erstreckt, kommt einem erst dann so recht zum Bewußtsein, wenn man die Ankunftshalle des Wiener Ostbahnhofes verläßt. In der Grenzstation *Hegyeshalom* kann man bereits Veränderungen wahrnehmen, jedoch keine wesentlichen. Zu den wenigen ungarischen Reisenden, die größtenteils ein nationalfarbenes Bändchen im Knopfloche tragen, da dies angeblich für Fremde in Österreich angezeigt sein soll, gesellen sich meistens ein oder zwei Österreicher, denen die ungarischen Grenzbehörden den Grenzübertritt verweigern. Es handelt sich dabei gar nicht um Emigranten, sondern um Passagiere, die nicht wissen, daß es nicht genügt, einen österreichischen Reisepaß und eine Ausreisebewilligung der österreichischen Behörden zu besitzen, sondern daß zur Einreise nach Ungarn ein Einreisevisum des Wiener ungarischen Generalkonsulats notwendig ist. Die Grenzkontrolle wird vorderhand von den ungarischen Behörden noch immer sehr streng gehandhabt, obwohl hiezu eigentlich gar kein Grund mehr vorhanden zu sein scheint, denn man gewinnt den Eindruck, daß die Gemüter sich bereits beruhigt haben, und von einer Auswanderungsbewegung oder gar von einer „Massenflucht" keineswegs die Rede sein kann.

Die Grenzkontrolle wird österreichischerseits mit „deutscher Gründlichkeit" durchgeführt, aber man sieht noch immer die alten Gesichter von früher: Kriminalbeamte in Zivil und Zollbeamte in alten Uniformen. Nur tragen die Beamten jetzt alle Hakenkreuzbinden. Auch die Schaffner haben ihre alten schwarzen Uniformen beibehalten, nur sind sie durch kleine metallene Hakenkreuze an der rechten Brustseite gekennzeichnet.

Während der Fahrt von der Grenze nach Wien sieht man an allen Stationsgebäuden Hakenkreuzfahnen hängen. In den Ortschaften selbst sind, so weit man es überblicken kann, neben den Hakenkreuzfahnen zahlreiche rot-weiß-rote Flaggen mit anscheinend eiligst darauf gemalten schwarzen Hakenkreuzen zu sehen. Offenbar hat die Umwälzung sich mit so unerwarteter Schnelligkeit vollzogen, daß die Technik der Fahnenherstellung damit einfach nicht Schritt halten konnte. Die Hakenkreuzfahne ist aber auch das Einzige, was den müßigen Zuschauer an den Regimewechsel erinnert. Auf den Dienstgeleisen der vorüberfliegenden Stationen stehen still und friedlich die Eisenbahnwagen mit der alten Aufschrift „Bundesbahnen Österreich".

Auf der ganzen Strecke Hegyeshalom—Wien kann man mit größter Anstrengung *keinen einzigen deutschen Soldaten* entdecken. Das Bild ändert sich jäh, nachdem der Zug die Station *Simmering* passiert hat. Rechts und links erscheinen plötzlich dichtbeflaggte Häuser. Die Ankunft in Wien spielt sich in normalen Rahmen ab. Drei bis vier Wachleute mit Hakenkreuzbinden stehen beim Ausgange und die Gepäckträger nähern sich in altgewohnter wienerischer Gemütlichkeit dem einfahrenden Zuge.

Bei der Fahrt in der Stadt hat man das Gefühl, sich in einem Flaggenmeer zu bewegen. Auch sonst ist das Stadtbild recht abwechslungsreich. Man sieht Angehörige aller Waffengattungen der deutschen Wehrmacht, Formationen der SA und SS teilweise noch in Zivilkleidung, was gleichfalls auf das Hundertkilometertempo der Umwälzung hinweist. Übrigens scheinen sich die deutschen Soldaten recht wohl zu fühlen und von der sprichwörtlichen *Wiener Gemütlichkeit* angesteckt worden zu sein, denn in den äußeren Stadtbezirken kann man häufig beobachten, daß ein Soldat mit seiner neuesten Eroberung recht intensiv „fensterlt".

Neben der unverwüstlichen Wiener Gemütlichkeit macht sich aber die gründlich durchdachte deutsche Propaganda für die kommende Abstimmung im äußeren Stadtbilde bemerkbar. Die Plakate sind einfach und nach Berliner Muster verfertigt. Sie zeigen das Bild des Führers und darunter die Worte „Ein Volk, ein Reich!"

In der jüngst stattgefundenen ersten öffentlichen Versammlung der Führer und Amtsträger der NSDAP im Handel- und Gewerbering prägte der Landesführer der genannten Körperschaften *Gratzenberger* den Satz, der nun als Schlagwort die Massen der österreichischen Wähler durchdringen soll: „Alle Kräfte in den Dienst der Abstimmung!", was so ausgelegt wird, daß die im Handel und Gewerbe vorgenommenen Maßnahmen genügen und *nichts weiter vorzunehmen ist, weil jede weitere Aktion die Kräfte zersplittern würde.* Was ist eigentlich bisher geschehen? Es wurden in den zahlreichen großen Warenhäusern, Krupnik, Schiffmann, Bernhard Schön, Herzmansky, Zwieback usw., Betriebsgemeinschaften der Angestellten gebildet und diese der Kontrolle eines nationalsozialistischen Parteifunktionärs unterstellt. Weiter wurden zahlreiche Geschäfte als arisch, bezw. als jüdisch gekennzeichnet. Es wurde aber von der Verhinderung des Betretens jüdischer Geschäfte Abstand genommen und soweit sich überblicken läßt, ist eine solche Maßnahme auch in Zukunft nicht geplant. Die Nationalsozialistische Landesleitung steht auf dem Standpunkt, daß jene jüdischen Kaufleute, die gegenüber ihren Angestellten ein soziales Verhalten an den Tag legen, *unbehelligt bleiben sollen* und die Partei soll nur dann eingreifen, wenn dies im Interesse der Angestellten als notwendig erscheinen sollte.

Bei den führenden Wiener Tageszeitungen, wie *Neues Wiener Tagblatt*, *Neues Wiener Journal*, *Neue Freie Presse*, wurden nur ganz vereinzelte Entlassungen vorgenommen. Die genannten Blätter arbeiten unter der Aufsicht eines Regierungskommissärs und mit ihrem früheren Stabe gemeinsam. Als Chefredakteur der *Neuen Freien Presse* wurde der bisherige außenpolitische Redakteur des Berliner Tageblatt Dr. Rudolf *Fischer* berufen.

Über die Zukunft Wiens als internationale Metropole äußerte man sich Ihrem Korrespondenten gegenüber von zuständiger nationalsozialistischer Seite folgendermaßen: „Das Eigenleben Wiens wird zwar aufhören, aber dafür wird Wien die *zweite Hauptstadt eines 75 Millionen-Reiches werden*. Der Führer hat jüngst die Erklärung abgegeben, daß er für einen Teil des Jahres *in Wien die Amtsgeschäfte des Reiches zu führen gedenkt.* Dies wird Wien zweifellos auch in internationaler Hinsicht eine politische Bedeutung verleihen. In wirtschaftlicher Hinsicht ist die Bedeutung Wiens durch seine geographische Lage als Verkehrszentrum bedingt. Wien ist durch den Anschluß der ergänzende Pol gegenüber Hamburg geworden und Hamburg ist bekanntlich das Tor des Reichs zur Welt. Nach Öffnung der reichsdeutschen Grenzen wird der Fremdenverkehr Österreichs und insbesondere Wiens eine weitere Zunahme erfahren, denn es ist unwahrscheinlich, daß der Zustrom der Fremden aus dem Ausland aufhört. Auch der stetige Zuwachs des Fremdenverkehrs im Reiche wird Wien zugute kommen, da jeder, der Berlin und München besucht, sicherlich auch Wien in sein Reiseprogramm einschalten wird, da sich dies mit demselben Paßvisum und derselben Grenzkontrolle machen läßt."

Ladislaus Benes.

Pester Lloyd

Mittwoch, 23. März 1938

Kundmachung des Bürgermeisters über die Volksabstimmung

Der Bürgermeister der Stadt Wien Dr. Ing. Neubacher hat folgende erste Kundmachung, betreffend die Volksabstimmung, erlassen:

Am 10. April 1938 findet im Lande Österreich die Volksabstimmung statt. Stimmberechtigt sind alle spätestens am 10. April 1918 geborenen Männer und Frauen, welche die österreichische Bundesbürgerschaft besitzen oder auf Grund der Verordnung der Bundesregierung B. G. Bl. Nr. 369 vom Jahre 1933 ausgebürgert wurden und nicht vom Stimmrecht ausgenommen oder ausgeschlossen sind. Stimmberechtigt sind demnach insbesondere auch alle ehemaligen Österreicher, die wegen ihrer nationalen Gesinnung oder Betätigung ausgebürgert wurden, und zwar auch dann, wenn sie inzwischen die deutsche Reichsangehörigkeit erworben haben.

Ausgenommen ist

Ausgenommen vom Stimmrecht ist, wer Jude ist oder als Jude gilt. Jude ist, wer von mindestens drei der Rasse nach volljüdischen Großeltern abstammt. Als volljüdisch gilt ein Großelternteil ohneweiters, wenn er der jüdischen Religionsgesellschaft angehört hat. Als Jude gilt der von zwei volljüdischen Großeltern abstammende jüdische Mischlinge, 1. der am 16. September 1935 der jüdischen Religionsgesellschaft angehört hat oder danach in sie aufgenommen wurde, 2. der am 16. September 1935 mit einem Juden verheiratet war oder sich danach mit einem solchen verheiratet hat.

Ausgeschlossen sind

Ausgeschlossen von der Ausübung des Stimmrechtes sind: Personen, die voll oder beschränkt entmündigt sind; Personen, denen vom Gericht die väterliche Gewalt über die Kinder entzogen wurde, solange die Kinder unter fremder Vormundschaft stehen, jedenfalls aber während drei Jahren nach der gerichtlichen Verfügung; Personen, die wegen eines gemeinen Verbrechens während der letzten fünf Jahre rechtskräftig verurteilt worden sind; Personen, die sich in Straf- oder Untersuchungshaft befinden oder im Arbeitshaus untergebracht sind.

Abstimmen darf

Abstimmen darf nur, wer im Verzeichnis der Stimmberechtigten (Stimmliste) eingetragen ist. Jeder Stimmberechtigte übt das Stimmrecht grundsätzlich in dem Stimmorte aus, in dessen Stimmliste er eingetragen ist.

Wer an der Abstimmung auf Grund der Eintragung in die Stimmliste teilnimmt, obwohl er weiß, daß er nicht stimmberechtigt ist, wird gerichtlich mit Arrest bis zu sechs Monaten bestraft. In die Stimmliste werden alle Stimmberechtigten aufgenommen, die am 13. März 1938 in Wien wohnhaft waren.

Einsicht in die Stimmlisten

Die Stimmlisten werden in der Zeit vom 27. bis 31. März 1938 in den Amtsräumen der Bezirkshauptmannschaft des Wohnortes, für die im 14. Bezirk wohnhaften Stimmberechtigten jedoch im Amtsgebäude, 14. Bez., Dadlergasse 16, zur Einsicht aufgelegt.

Jedermann kann innerhalb der Auflagefrist in die Stimmliste Einsicht nehmen und wegen Aufnahme vermeintlich Nichtberechtigter oder wegen Nichtaufnahme vermeintlich Berechtigter in die Stimmliste schriftlich oder mündlich bei der zuständigen, am Sitze jeder Bezirkshauptmannschaft (im 14. Gemeindebezirk im Amtsgebäude, 14. Bez., Dadlergasse 16) vorgesehenen Stelle Einspruch erheben. Jedem Einspruch sind, sofern er die Aufnahme eines vermeintlich Berechtigten zum Gegenstand hat, die zur Begründung desselben notwendigen Belege anzuschließen. In der gleichen Weise kann die Berichtigung von Schreibfehlern in der Stimmliste begehrt werden. Einspruch und Berichtigung sind für jeden Fall abgesondert zu überreichen. Offensichtlich mutwillige Einsprüche werden als Verwaltungsübertretung bestraft. Über die Einsprüche entscheiden besondere Einspruchkommissionen.

Der Bürgermeister der Stadt Wien:
Dr. Ing. Neubacher.

Wiener Zeitung

Volksabstimmung
am 10. April

Jede Stimme für das großdeutsche Volksreich!

Ganz Wien hört morgen
Gauleiter Bürckel

Wiener Zeitung

Die Schweiz nimmt den Anschluß zur Kenntnis.

K.-B. **Bern**, 22. März. (DNB.) In der schweizerischen Bundesversammlung gab Bundespräsident Baumann zu Anfang der am Montag beginnenden Sitzungsperiode eine Erklärung ab, in der es u. a. heißt: Am 13. März hat der Bundesstaat Österreich, mit dem die Schweiz herzliche nachbarliche Beziehungen unterhalten hat, als unabhängiger Staat zu bestehen aufgehört. Der Wille, die Völker Deutschlands und Österreichs zu vereinen, war nicht neu. Dieser Wille hat sich nun durchgesetzt. Der Bundesrat hat Verständnis dafür, daß diese Vorgänge unser Volk bewegen. Die Veränderung, die die politische Karte Europas erfahren hat, kann keine Schwächung der politischen Lage der Schweiz zur Folge haben. Die Unabhängigkeit und Neutralität der Eidgenossenschaft erweisen sich im Gegenteil mehr denn je als unentbehrlich für die Aufrechterhaltung des europäischen Gleichgewichtes. Die feierlichen Zusicherungen sind uns in dieser Hinsicht von allen Seiten gegeben worden. Ihr Wert ist unbestreitbar. Keiner unserer drei Nachbarstaaten kann den Untergang der Schweiz wünschen oder anstreben.

Die Lehre, die unser Land aus den Ereignissen zu ziehen hat, liegt klar zutage: Mehr als je müssen die Bestrebungen zur Anerkennung unserer umfassenden Neutralität fortgesetzt und zum Ziel geführt werden. Ferner ist es eine Notwendigkeit, daß wir mit allen unseren Nachbarn in gleicher Weise korrekte und freundschaftliche Beziehungen zu unterhalten bestrebt sind.

Auf die mit starkem Beifall aufgenommene Erklärung des Bundespräsidenten Baumann wurde durch den Vizepräsidenten des Nationalrates Valloton im Namen sämtlicher Fraktionen der Bundesversammlung erwidert: Alle Fraktionen der Bundesversammlung haben Kenntnis genommen von der Erklärung des Bundesrates für die Neutralität und erklären einstimmig und feierlich, daß das Schweizer Volk in seiner Gesamtheit ohne Unterschied der Sprache, der Konfession oder der Partei entschlossen ist, die Unverletzlichkeit seines Vaterlandes bis zum letzten Blutstropfen gegenüber jedem Angreifer zu verteidigen.

Tages-Post

Die feierliche Vereidigung an der Wiener Universität.

K.-B. **Wien**, 22. März. Heute vormittag fand im festlich geschmückten Senatssaal der Wiener Universität die feierliche Vereidigung aller ordentlichen und außerordentlichen Professoren statt. Der nationalsozialistische Studentenbund hatte hiezu eine Ehrenwache gestellt. Der kommissarische Rektor Dr. Fritz Knoll betonte in einer Ansprache an die Mitglieder des Lehrkörpers, daß der heutige Tag den Einbau der Professoren in die nunmehr reichsdeutsch gewordene altehrwürdige Wiener Universität besiegle. Die Universität füge sich damit in den Aufbau des nationalsozialistischen Deutschland ein. Nach Würdigung der großen Verdienste der deutsch eingestellten studentischen Korporationen Österreichs im Kampf der nationalsozialistischen Bewegung verwies der kommissarische Rektor darauf, daß sich die Professoren die Frage vorlegen müssen: Bist du deutsch oder nicht deutsch? Die Antwort könne und werde nur lauten: Ich bin deutsch und werde deutsch sein für alle Zeit, deutsch mit unserem Führer und Retter Adolf Hitler. Dabei soll nach den Worten des Führers die frühere Gesinnung und Parteizugehörigkeit keine Rolle spielen.

Tages-Post

Neue Freie Presse

Freitag, 25. März 1938

Gauleiter Bürckels flammender Appell.

In einer von ganz Oesterreich begeistert aufgenommenen Rede im überfüllten Konzerthaussaal hielt gestern Gauleiter Bürckel vernichtende Abrechnung mit den Feinden des deutschen Volkes. Seine hinreißenden Worte wurden zum grandiosen Auftakt für die Volksabstimmung, das Bekenntnis der großdeutschen Gemeinschaft vor der ganzen Welt.

Illustrierte Kronen-Zeitung

Sonntag, 27. März 1938

Bald keine Arbeitslosen mehr!

Wie es in Deutschland war und wurde,
das zeigte der erste Teil der Rede des Feld-
marschalls. Wie soll sich nun der
Sieg der nationalsozialisti-
schen Idee in Österreich auswir-
ken? Aufbauen, retten, gestalten, schaffen,
Schönheit geben, und dies alles durch
uns Österreicher selbst, alles in
eigener Leistung, durch eigene Kraft, so
wie in den anderen deutschen Gauen, das
ist der Schlachtruf für den gewaltigen Auf-
bau, der unser harrt.

Wie menschlich beglückend klingt allein
die Verheißung, daß es in unserem gequäl-
ten Land bald keine Arbeitslosen
geben soll und daß nicht mehr viel geredet,
sondern gearbeitet, und zwar sofort
gearbeitet werden wird. Das ist eine Bot-
schaft, die sonniges Licht in die Herzen
unserer Jugend und in die Seelen aller
bringt, die zur Arbeit fähig und willig sind,
aber bisher durch ein unglückseliges und
verbrecherisches Regime gehindert wurden,
am Leben vollwertiger Menschen teilzu-
haben.

Wir werden schon in Kürze der Vorteile
teilhaft werden, die sich aus dem günstigen
Umrechnungskurs von 1½ Schilling gleich
einer Reichsmark und aus der sofortigen
Auszahlung der aus dem bisherigen

Clearingverkehr sich ergebenden Spitzen-
forderung von 60 Millionen Reichsmark ein-
stellen werden. Welche Aussichten aber eröff-
nen sich bloß durch die heute erfolgte Auf-
hebung der Zölle zwischen dem Alt-
reich und Österreich! Der dadurch sich er-
gebende freizügige Wirtschaftsverkehr in
einem Raum, der 75 Millionen tüchtige
Menschen unter einer zielbewußten, einheit-
lichen Führung beherbergt, wird vielen
tausend bisher darbenden Familien Brot
und Zufriedenheit bringen.

Da nun auch die österreichische Jugend
sich unter den Fahnen Großdeutschlands
zum Ehrendienst im feldgrauen Kleide
stellen darf, wird auch unser Land zu
größten Leistungen für die unmittelbare
und mittelbare Aufrüstung herange-
zogen werden. Mehr als tausend Arbeiter
finden schon nächste Woche Arbeit und
Brot beim Ausbau der Flugzeugfabrik in
Wiener-Neustadt. Die Zahl der Arbeits-
losen wird nun tagtäglich vermindert wer-
den durch die überlegte und mit den mo-
dernsten Mitteln herbeigeführte Er-
schließung der Rohstoffreser-
ven Österreichs.

Unsere weiße Kohle, die Wasserkraft,
wird uns neue Impulse geben. Kraftwerke
in den Hohen Tauern, bei Grein an der
Donau und schließlich auch die geplante
Donauregulierung werden unseren Män-
nern Erwerb bringen. Man kann sich die
freudvolle Zuversicht vorstellen, die gestern
abend bei den Arbeitslosen in Donawitz und
Eisenerz ein frohes Wochenende einleitete,
als unsere Volksgenossen dort durch die
Lautsprecher hörten, daß allein bei der
Alpinen Montangesellschaft so-
fort 1500 Arbeiter und in Kürze
weitere 1000 Mann neu eingestellt werden.
Auch die anderen Eisenerzvorkommen in
Österreich sollen neue Ansatzpunkte für Roh-
stoffförderung geben. In der engeren Heimat
des Führers, in Linz, wird Anfang Mai
mit dem Bau der Reichswerke Her-
mann Göring begonnen werden, die
nun nicht in Franken, sondern in Ober-
österreich erstehen sollen.

Ein Donau-Großhafen.

Die Ausbeutung der Kupfervorkommen
in Tirol und Kärnten, die Erschließung
neuer Graphitwerke, die gesteigerte Erdöl-
gewinnung und mit ihr neue Bohrun-
gen im Wiener Becken, der Ausbau
der chemischen Industrie und der syntheti-
schen Benzinerzeugung, die Errichtung einer
Zellwollefabrik in Österreich, die Intensi-
vierung der Holzgewinnung und die Holz-
bringung aus höheren Berglagen, die eheste
Fortsetzung der von München kommenden
Autobahn bis Wien, der Neubau einer Auto-
bahn von Passau nach Linz und einer solchen
von Wien über Graz nach Radstadt und
Salzburg, die Herstellung weiterer
Straßen, der Bau zweier Donau-
brücken, die Errichtung neuer Eisenbahn-
linien, der Umbau schmalspuriger auf
normalspurige Bahnen und eingeleisiger auf
doppelgeleisige Strecken, die Verwirklichung
des kühnen Projektes eines Rhein-Main-
Donau-Kanals, der Bau eines Donau-
Großhafens in Wien, schließlich
Wildbachregulierungen, Drainagearbeiten,
Bauten von Silos und jedwede mögliche
Förderung für unsere österreichischen Alm-
wirtschaften: klingt dies alles nicht wie ein
Märchen, wie ein Wunschtraum, soll wirk-
lich Wahrheit werden, was wir
durch Jahre hindurch vergeblich
gehofft haben?

Wenn Hermann Göring nur eine Weile
die Augen der Millionen nun gläubig in
die Zukunft Blickenden hätte sehen können,
die da an den Lautsprechern seine Worte wie
ein Wunder in sich aufnahmen — er hätte
einen Moment in der Aufzählung der
Programmpunkte einhalten müssen, einfach
um der menschlichen Rührung Herr werden
zu können.

Das Kleine Blatt

Die Unbekannten.

Von Wilhelm Ritgen,

Sonderberichterstatter der NSK., anläßl. der Befreiungsfahrt
des Führers.

Wir kennen ihre Namen nicht und nicht ihre Zahl. Wir
wissen nicht, wie oft sie ihr Leben in die Schanze schlugen,
wie oft sie für einen Auftrag der Partei, der jenseits der ge-
fallenen Grenzen mit einem Federstrich oder Telefonat von
Dienststelle zu Dienststelle erledigt wurde, Stellung, Familien-
glück und Zukunftshoffnungen ohne Zaudern aufs Spiel setz-
ten. Wir ahnen nur die Narben, die unter den Braunhemden
verdeckt sind, und den Schmerz, den sie verbissen haben, als
sie Kolbenschläge auf der Straße, Faustiebe in den Konzen-
trationslagern und Gefängnissen und Messerstiche aus feigem
Hinterhalt trafen.

Wer nennt die Zahl der toten Helden des Kampfes der
Bewegung in Oesterreich, die, heute noch unbekannt, morgen
die mit bestem deutschen Blut geschriebene Ehrenliste der Ge-
fallenen der NSDAP mit unsterblichen Namen aus Ober-
und Niederösterreich, aus Steiermark und Kärnten Zeile um
Zeile, Todesdatum um Todesdatum mahnend erfüllen werden.
Jeder Name wird dann unauslöschlicher Begriff sein für den
Marsch Oesterreichs durch Bitternis, Leid, Lüge, Lockung und
Bernt um deutschen Volksreich. Vorkämpfer, leuchtende

Vorbilder für kommende Generationen Großdeutschlands, Bürgen der Geradlinigkeit gläubigen Wegs in ferne Zukunft bleiben sie in die Ewigkeit hinein, wenn lange schon keiner mehr lebt, der den Umbruch von Not zu Freiheit, von tiefster völkischer Sehnsucht zum weltgeschichtlichen Faktum der Erfüllung mitgekämpft und mitgejubelt hat — wenn der Frühlingssturm von 1938 mit den historischen Stationen der Triumphfahrt des Führers aller Deutschen der Ueberlieferung angehört.

Zu diesen Blutzeugen der Befreiung und Vereinigung aber gehören untrennbar die Unbekannten, die Namenlosen, die kein Geschichtsblatt mit ihren Taten und Leistungen verzeichnet, deren Einsatz, Leiden, Sehnen und blindes Vertrauen nirgendwo festgehalten und aufgeschrieben sind, denen aber Gegenwart und Nachwelt die Tatsache verdankt, die wir nun alle gemeinsam mit so viel Inbrunst, Hingabe und Freudentränen feiern. Den Griffel, der den ehernen Satz ins Buch des deutschen Schicksals und ins Gesetzwerk der Nation eintrug: „Oesterreich ist ein Land des Deutschen Reiches", haben diese namenlosen Nationalsozialisten dem Führer in die Hand gegeben.

Namenlos sind sie wie die Helden des großen Krieges, namenlos wie der unbekannte SA.-Mann, der zum 30. Januar marschierte, namenlos wie alle Pflichterfüllung des kämpfenden und dienenden Mannes, namenlos wie deutsche Treue und Gläubigkeit es in zwei Jahrtausenden der Geschichte stets sein wollte.

Und doch kennen wir sie genau! Unvergeßlich, unauslöschlich genau im Rückerinnern an die Befreiungsfahrt des Führers von Braunau, seiner Heimatstadt, bis nach Wien, der Stadt der Proklamation der nationalsozialistischen Mission der deutschen Ostmark. Wir haben ihnen durch das Gesicht ins Herz gesehen und wurden dabei in der Allgewalt aufdrängenden Gefühls mehr als ihre Kameraden, Mitkämpfer und Volksgenossen, als die wir uns auch jenseits der Grenze ihres schweren Ringens fühlten: Wir wurden ihre verschworenen Blutsbrüder im reinsten und vollsten Sinne des Wortes.

Die sind es, die unbeweglich unter den Fahnen standen, als der Wagen mit dem Führer an ihnen vorüberglitt. Die, deren Fäuste sich starr um den Schaft des siegreichen Banners klammerten, während es in ihren von Elend und erlittener Not zerfurchten Gesichtern zuckte und zitterte. Die mit dem harten Mal des kühnen Trotzes in den Zügen und dem gläubigen Blitzen der glückseligen Augen, die erst dann tränten — und das erstmals in dem Augenblick der Erfüllung des Ringens — wenn der Führer vorüber war.

Wir werden immer über den unbeschreiblich schönen Bildern der sonnenübergossenen, wirbelnden Tage groß das Gesicht des unbekannten nationalsozialistischen Kämpfers von Oesterreich aufsteigen sehen. Keiner malt es, keiner photographiert es, keiner beschreibt es in Wort oder Sang. Denn Treue und Glauben in dieser elementaren Urform sind heilige Werte einer Nation, die nur das Herz erkennen und festhalten kann.

Niederösterreichische Donau-Post

Ein blühendes Oesterreich ersteht

Zwei Wochen erst sind vergangen, seitdem der Befreiungssturm durch das deutsche Oesterreich ging, deutscher Frühling wurde in der Ostmark des Reiches, und schon hat gestern Generalfeldmarschall Hermann Göring in der Riesenkundgebung in der Nordwestbahnhalle dem Aufbau Oesterreichs klare Wege gewiesen, klare Ziele gesetzt. Schon ist der Weg beschritten, der das deutsche Oesterreich aus dem Elend und der furchtbaren Not befreien wird, die undeutsches und volksfremdes Cliquenregiment über diese Lande gebracht hat, der Weg, der ein blühendes Oesterreich im großdeutschen Reich schaffen wird. Die Schranken, die die vom Volkszorn hinweggefegten Tyrannen des vergangenen Systems zwischen den Brüdern deutschen Blutes aufrichten wollten, sind gefallen, die Bahn ist frei. In Schande abgetreten sind die Männer, die im Verrat am Deutschtum deutsche Männer und Frauen quälten und terrorisierten, deren Lippen vom „Christlichen Ständestaat" redeten, während ihre Hände Todesurteile unterschrieben und aufrechte Deutsche die Kerker dieses Systems überfüllten. Eine kleine Clique übte gegen das deutsche Volk in Oesterreich ein Schreckensregiment aus, das sich auf fremde Gewalt stützte und das vor der Erhebung dieses deutschen Volkes zerging, wie Spreu im Sturm verweht. Zusammengebrochen ist das Regiment der Lüge, das für das Ausland die Legende des „österreichischen Menschen" schuf, diesen Akt eines ungeheuerlichen Volksverrats, und das vielen in Oesterreich selbst die Wahrheit über das neue Deutschland vorzuenthalten suchte.

Was ist alles in Oesterreich von diesen Männern zusammengelogen worden über den Nationalsozialismus, die „braune Pest", wie man die Bewegung schmähte, die das neue Deutschland der Kraft, der Stärke und der Einheit entstehen ließ. Was diese „braune Pest" in Deutschland geschaffen hat, zeigte der Generalfeldmarschall in wenigen Worten auf: Gewaltige Bauten sind überall im Werden, das Band der Autostraßen durchzieht das ganze Reich, das WHW., das jetzt auch Oesterreich betreuen wird, ist die größte sozialistische Gemeinschaft der Geschichte geworden, die Ketten von Versailles sind gebrochen, Deutschland ist wieder Weltmacht, es ist eine große Einheit geworden, in der der Arbeiter seine Ehre und sein Vaterland wiedergefunden hat. Ein Deutschland des Aufstieges, in dem in vier Jahren an Stelle einer Millionenarbeitslosigkeit Arbeitermangel getreten ist, in dem es jetzt an Arbeitern fehlt, wo vordem Millionen müßig gehen mußten und in dem eine neue Gemeinschaft der Arbeit und der Leistung entstanden ist.

Dieser einzigartige deutsche Aufstieg wird jetzt auch das deutsche Oesterreich zur Gesundung führen. Auch hier wird der Nationalsozialismus erweisen, daß er Aufbau und Rettung bedeutet. Die österreichischen Nationalsozialisten werden ans Werk gehen und ein neues Oesterreich der Ordnung und der Arbeit, ein glückliches und frohes Oesterreich schaffen in der Gemeinschaft des Reiches der 75 Millionen. Die Zeiten des Verhandelns und des Schwätzens sind vorbei, die Zeiten des Handelns und des Arbeitens sind gekommen. Frei öffnet sich der deutschen Wirtschaft in Oesterreich das große deutsche Wirtschaftsgebiet, Kasernen und Fabriken werden erstehen, neue Brücken werden sich über die Donau schwingen, Kraftwerke werden gebaut werden und in den nächsten Wochen schon wird die Freude wieder einkehren in Tausende von Familien, deren Ernährer wieder Arbeit gefunden haben werden.

Der ganze, bisher so sträflich vernachlässigte Reichtum der deutschen Ostmark an Bodenschätzen wird erschlossen werden im Rahmen des Vierjahresplanes, das Autobahnnetz wird auch Oesterreich umfassen, das neue Leben, das die deutsche Landwirtschaft zu Höchstleistungen gebracht hat, wird auch in den Hochtälern der Alpen und auf den Almen seinen Einzug halten und Wien wird endlich die Rolle einnehmen, die ihm gebührt, die Rolle des großen Wirtschaftstores des Reiches an der Donau. Mit nationalsozialistischer Tatkraft wird Oesterreichs Aufbau durchgeführt werden, begleitet von sozialen Sofortmaßnahmen, die allen Arbeitenden Sicherung ihrer Existenz gewähren, wie ihnen KdF. Freude und Erholung spenden wird. Ein glückliches Oesterreich wird erstehen, und ein deutsches Oesterreich, in dem nicht mehr internationale Bande die nationale Wirtschaft fesseln werden, in dem Wien wieder eine deutsche Stadt werden wird, befreit von dem jüdischen Parasitentum.

Oesterreich tritt den Weg an in eine frohe Zukunft. Wie ein Spuk ist die Vergangenheit geschwunden und nicht zurück, sondern vorwärts gilt es zu schauen. Die Geister der Vergangenheit sind gebannt, der Geist, in dem der Marsch in die Zukunft angetreten wird, ist der Geist des Aufbaus und der Gemeinschaft, zu der Alle gehören, die ehrlichen Willens bereit sind, mitzuarbeiten am großen Werke, das blühende Oesterreich im blühenden Deutschland zu schaffen.

In einem Deutschland, dessen Kraft sich entfaltet in der Einigkeit seiner Stämme und in der Vielfältigkeit ihres Wesens. Und der nicht endenwollende Jubel, der gestern den Generalfeldmarschall, den Getreuen des Führers, umbrauste, ward ein Gelöbnis der ganzen deutschen Ostmark zu Führer und Reich.

Illustrierte Kronen-Zeitung

Das war die Judenpest in Wien

Seit sechs Jahrhunderten Ausbeutung des deutschen Volkes im Südosten. Alle wirtschaftlichen und kulturellen Schlüsselstellungen in jüdischer Hand.

NSK. Wer bislang durch die Hauptstraßen Wiens ging, war sich bald im klaren darüber, daß diese deutsche Stadt im Südosten des Reiches, die jahrhundertelang der kulturelle und zivilisatorische Mittelpunkt des europäischen Südostens überhaupt war, in einem Maße von Juden überfremdet wurde, wie das selbst bei anderen verjudeten Weltstädten wohl nur außerordentlich selten der Fall ist. Das Judentum hat schon vor reichlich sechs Jahrhunderten erkannt, daß Wien als Schnittpunkt der Bernstein- und der Donaustraße das natürliche Ausfalltor des mittel- und westeuropäischen Handels ist. Während 1105 zum ersten Male in Wien ein Jude urkundlich vorhanden ist, wurden die Juden 1421 zum ersten und 1669 zum zweiten Male verjagt. (Nach „Die südostdeutsche Volksgrenze", Volks- und Reich-Verlag, Berlin.)

Das Toleranzedikt von 1782 brachte dann eine gewisse Lockerung, bis mit der entscheidenden Entwicklung des Liberalismus, die 1848 beginnt, das Judentum in Wien in beispielloser Weise zunimmt. Folgende Zahlen stellen das Anwachsen des Judentums dar:

1421:	250	Juden	1880:	72.000	Juden
1669:	1.600	„	1890:	118.500	„
1777:	520	„	1900:	147.000	„
1830:	6.200	„	1910:	175.300	„
1870:	40.200	„	1923:	201.500	„

Es muß in diesem Zusammenhang betont werden, daß alle die Ausbreitung des Judentums in Wien erfassenden Statistiken nur die Bekenntnis-Juden registrieren, so daß heute allgemein angenommen wird, daß in den Nachkriegsjahren die Zahl der Rassejuden und Judenmischlinge auf etwa ein Fünftel der Wiener Bevölkerungszahl angewachsen ist. Wie katastrophal sich die Ueberjudung in einigen Berufs- und Erziehungssparten auswuchs, erweisen ebenfalls Zahlen amtlicher Statistiken. Danach waren 1933 95 vH. der Wiener Redakteure Juden oder Judenmischlinge. Die Auseinandersetzungen mit den Juden an den Wiener Hochschulen, die trotz mancher Regierungsmaßnahmen nicht aufhörten, findet man begreiflich, wenn man weiß, daß im Verlaufe einiger Nachkriegsjahre 43 vH. aller Hochschüler und sogar 44 vH. aller Mittelschüler Juden waren. In der Nachkriegszeit dringt der Strom des Judentums unaufhaltsam in Oesterreich auch aus jenen Ländern ein, denen man antisemitische Bewegungen keineswegs nachsagen kann. Die Juden kamen vornehmlich aus Gebieten der ehemaligen österreichisch-ungarischen Monarchie, aus den Sudetenländern, Ungarn, den karpathorussischen Gebieten, der Tschechoslowakei, aber auch aus Prag und Polen. Wie judenfreundlich das bisherige österreichische Regime gewesen sein muß, kann man ermessen, wenn man bedenkt, daß ja doch das Prager Judentum, wie überhaupt das Judentum in der Tschechoslowakei geradezu mit Freibriefen ausgestattet zu sein scheint und allerorten den Rahm im Handel dieses Landes abzuschöpfen ermächtigt ist: die anderswo geradezu begünstigt erscheinenden Juden kamen dennoch in ein zunehmend verarmendes Oesterreich (!), einmal, weil Juden noch aus jeder Katastrophe Kapital geschlagen haben, zum andern, weil Wien trotz der „Friedensverträge" und trotz seiner sogenannten Selbständigkeitspolitik, trotz der Konkurrenz Preßburgs, das den tschechischen Handel nach Ungarn, Jugoslawien und Rumänien führte, das blieb, was es seit einem Jahrtausend gewesen ist: der natürliche und geographisch bedingte Umschlagplatz des mittel- und westeuropäischen Handels. Wie auch immer nach dem Kriege das kleine Oesterreich in seinen wirtschaftspolitischen Möglichkeiten beschnitten war, das Judentum hatte sehr bald erkannt, daß die Nachfolgestaaten Wien nach wie vor als wirtschaftlichen Schnittpunkt ansehen konnten — und da wollten die Juden denn auch nicht fehlen — überhaupt, da es ihnen durch das Regime möglich wurde, fast ausschließlich der Nutznießer der österreichischen Katastrophe zu werden. Es würde sicher viel zum Verständnis dieses Problems beigetragen haben, wenn man sich in Westeuropa vergegenwärtigt hätte, daß das Judentum seit 1864, als es nur ein Hundertstel der Wiener Bevölkerung ausmachte, im Verlauf von 70 Jahren so stark anwuchs, bis es nach dem Kriege den fünften Teil der Bevölkerung der zweitgrößten deutschen Stadt darstellte.

Im übrigen war es sicher nur dadurch möglich, daß die jüdische Zuwanderung nach Wien außerhalb des Landes unbeachtet bleiben konnte, weil die Presse, wie gesagt, fast ausschließlich im Besitz der Juden war, und ihre jüdischen Kollegen außerhalb Oesterreichs naturgemäß kein Interesse daran hatten, daß diese Tatsache enthüllt werde. Daß das Judentum selbst Wien als seine Hochburg bezeichnete, sei noch an folgenden Aussprüchen (die wir der gleichen Quelle entnehmen) erwiesen. Der an Selbstgeständnissen so reiche jüdische Schriftsteller Jakob Wassermann konnte bereits zur Jahrhundertwende feststellen: „Die Banken, die Presse, das Theater, die Literatur, die gesellschaftlichen Veranstaltungen, alles war in den Händen der Juden." Immerhin ging Wassermanns Kritik an der jüdischen Ueberfremdung Wiens so weit, daß er angeblich „über die Menge von jüdischen Aerzten, Advokaten, Klubmitgliedern, Snobs, Dandys, Proletariern, Schauspielern, Zeitungsleuten und Dichtern eine Scham, die sich bisweilen bis zur Verzweiflung und zum Ekel steigert", empfand. Weiter wagt der Zionist Tietze den folgenden frechen Ausfall: „Das Wiener Judentum ist vom Ueberfluß der schönsten und kulturell reichsten deutschen Stadt gewachsen; es hat hier die größte Fruchtbarkeit entwickelt, die irgendeinem westlichen Judentum beschieden war. Es hat genommen und gegeben, zersetzt und geformt, es wuchs seit hundert Jahren an Menge und Einfluß zu einem beträchtlichen Faktor in ihrem Dasein, ist ein Stück Wien . . . ohne Wien ginge sein Dasein in den neueren Jahrhunderten seiner stolzesten Seite verlustig."

Die Christlich-Soziale Partei, die einmal den Schutz des Christentums vor den Juden Oesterreichs auf ihre Fahne geschrieben hatte, wagte niemals ernstlich den Kampf gegen die Ueberfremdung.

Was jahrelang bereits vor dem Kriege Wirklichkeit war, das gedieh erst recht unter den Systemregierungen der Nachkriegszeit, denn durch ihre Allianz mit dem Judentum versuchten sie bis zum letzten Augenblick, Recht und Meinung des Volkes niederknüppeln zu können. Indessen steht gleichermaßen fest, daß die judengegnerischen Bewegungen der neueren Zeit gerade deshalb zuerst in Wien wahrhaft volkstümlich gewesen sind. Daß das Volk Oesterreichs nach dem Kriege immer wieder die Gefahr der Ueberfremdung erkannte, haben sich die Juden selbst zuzuschreiben. Denn wer wie sie in Scharen in ein Gebiet einwandert, kann nicht erwarten, daß sich das in aller Heimlichkeit vollziehen läßt. Judengegnerische Stimmen sind in der Nachkriegszeit übrigens sogar aus dem Lager der linken Parteien Oesterreichs gekommen: als nämlich das Judentum dazu überging, aus dem Gebiet der Wirtschaft auch systematisch in das der Politik hinüberzuwechseln, wurde es nur zu offensichtlich, daß es, wie im übrigen Deutschland, jederzeit bereit war, gegen die Lebensinteressen des deutschen Volkes in Oesterreich zu handeln.

G. Herbert Curtius.

Kirchdorfer Zeitung

Montag, 28. März 1938

Mit Habsburg ist es ein für allemal aus!

Habsburg und der Legitimismus sind ein für allemal vorbei. Ich weiß, viele hofften darauf, daß es vielleicht unter einem König oder Kaiser der Habsburger besser werden würde, gut, sie haben das gehofft. Vielleicht waren sie ehrlich davon überzeugt, jetzt aber müssen sie einsehen, daß es besser geworden ist unter dem Nationalsozialismus. Jetzt müssen sie wissen, daß ihre alten Hoffnungen zunichte geworden sind. Wenn sie jetzt noch in dieser Richtung arbeiten, so ist das Landes- und Hochverrat und das fällt unter die Schwere des Gesetzes, ganz gleichgültig, ob es sich dabei um einen kleinen Arbeiter oder einen ehemaligen Erzherzog handelt.

Wir wollen von nun an die Vergangenheit, so schwer sie war, vergessen. Wir wollen in die Zukunft schauen, wollen wirken und werken, damit wir das erreichen, was wir wollen: ein glückliches und freies Oesterreich im Deutschen Reich! Niemand trennt uns mehr, es gibt kein österreichisches Schicksal mehr, es gibt nur noch ein deutsches, für das wir alle einstehen.

Ein freies Volk von 75 Millionen Deutschen, eine nationalsozialistische Bewegung, ein mächtiges, in sich geeintes und gefestigtes Reich, eine stolze und starke Wehrmacht, das ist unser Großdeutschland.

Wiener Montagblatt

Das Bekenntnis der katholischen Bischöfe.

Restlose Anerkennung des Nationalsozialismus.

In allen katholischen Kirchen Deutschösterreichs wurden am Sonntag folgende Erklärungen der österreichischen Bischöfe zur Verlesung gebracht:

1. Vorwort zur feierlichen Erklärung der österreichischen Bischöfe in Sachen der Volksabstimmung.

Nach eingehenden Beratungen haben wir Bischöfe von Oesterreich angesichts der großen geschichtlichen Stunden, die Oesterreichs Volk erlebt und im Bewußtsein, daß in unseren Tagen die

tausendjährige Sehnsucht unseres Volkes nach Einigung in einem großen Reich der Deutschen ihre Erfüllung findet,

uns entschlossen, nachfolgenden Aufruf an alle Gläubigen zu richten.

Wir können dies umso unbesorgter tun, als uns der Beauftragte des Führers für die Volksabstimmung in Oesterreich, Gauleiter Bürckel, die aufrichtige Linie seiner Politik bekanntgab, die unter dem Motto stehen soll: „Gebt Gott, was Gottes ist und dem Kaiser was des Kaisers ist."

Wien, am 21. März 1938.

Für die Wiener Kirchenprovinz:
† Theodor Kardinal Innitzer
Erzbischof m. p.

Für die Salzburger Kirchenprovinz:
† Sigismund Waitz, Fürsterzbischof.

2. Feierliche Erklärung.

Aus innerster Ueberzeugung und mit freiem Willen erklären wir unterzeichneten Bischöfe der österreichischen Kirchenprovinzen anläßlich der großen geschichtlichen Geschehnisse in Deutschösterreich:

Wir erkennen freudig an, daß die nationalsozialistische Bewegung auf dem Gebiete des völkischen und wirtschaftlichen Aufbaues sowie der Sozialpolitik für das Deutsche Reich und Volk und namentlich für die ärmsten Schichten des Volkes Hervorragendes geleistet hat und leistet.

Wir sind auch der Ueberzeugung, daß durch das Wirken der nationalsozialistischen Bewegung die Gefahr des alles zerstörenden gottlosen Bolschewismus abgewehrt wurde.

Die Bischöfe begleiten dieses Wirken für die Zukunft mit ihren besten Segenswünschen und werden auch die Gläubigen in diesem Sinn ermahnen.

Am Tage der Volksabstimmung ist es für uns Bischöfe selbstverständliche nationale Pflicht, uns als Deutsche zum Deutschen Reich zu bekennen, und wir erwarten auch von allen gläubigen Christen, daß sie wissen, was sie ihrem Volke schuldig sind.

Wien, am 18. März 1938.

Die Erzbischöfe und Bischöfe Oesterreichs.

Mit Freude und aufrichtiger Genugtuung nimmt das ganze deutsche Volk von dieser Erklärung Kenntnis. Sie ist geeignet, einen Schlußstrich hinter die Vergangenheit zu ziehen. Sie beweist, daß in dieser für das ganze deutsche Volk und seine Zukunft so ereignisreichen Zeit auch die katholische Kirche den Weg zum neuen Staat finden will. Der Nationalsozialismus, der das unverrückbare Ziel der Einigung aller Deutschen verfolgt, wird glücklich sein, auch auf diesem Gebiet den Hader und damit die Zerrissenheit unseres Volkes beenden zu können. So wird vielleicht zum erstenmal in der Geschichte am 10. April 1938 die ganze deutsche Volksgemeinschaft ohne Rücksicht auf Stämme, Länder, Klassen und Konfessionen geschlossen zur Wahlurne treten und vorbehaltslos ihr „Ja" aussprechen.

Illustrierte Kronen-Zeitung

Widerlegungen und Warnungen.

Wien, am 28. März.

Generalfeldmarschall Görings Rede vom Samstag abend war ein Ereignis. Sie streifte mit Scheinwerfern das ganze Gebiet der Fragen ab, die sich aus der Eingliederung Oesterreichs in das Reich ergeben. Im Mittelpunkt der Rede stand die großzügige Botschaft an die Arbeiter, die Arbeitsuchenden, die Bauern, alle Werktätigen und die Wirtschaftsführer unserer engeren Heimat. Allein der Staatsmann Göring übersah dabei auch nicht eine Reihe anderer Probleme, die mit dem Ende eines selbständigen Staates Oesterreich und mit der Schaffung Großdeutschlands verbunden sind. Und mit der Freimütigkeit, die ihn auszeichnet, antwortete er auf Einwendungen, die Behutsame, Kleingläubige oder Rückständige gegen die geschichtliche Wandlung erheben könnten, und sprach zugleich Warnungen aus an alle jene, die Neigung zeigen sollten, das große Werk stören zu wollen.

Vor allem wandte sich Generalfeldmarschall Göring gegen jene lächerliche Auffassung, daß Oesterreich durch die Wiedervereinigung mit dem Reiche einen Verlust an seinem Ansehen erlitten habe, daß es von dem Range eines Staates zu dem einer Provinz herabgesunken sei. Das durch den Friedensvertrag von Saint-Germain geschaffene Oesterreich war wirtschaftlich so lebensunfähig, politisch so bedeutungslos und militärisch so wehrlos, daß seine „Selbständigkeit" eine Fiktion war. Erst im Rahmen des mächtigen Deutschen Reiches mit seiner gewaltigen

Wirtschaftsorganisation wird sich unser Land wieder zu früherer Blüte und früherer Geltung entfalten. Das südöstliche Bollwerk des Reiches geworden zu sein, bedeutet Aufstieg, nicht Abstieg, Entwicklung, nicht Verfall, Größe, nicht Kümmerlichkeit.

Ebenso wies Göring die Befürchtung zurück, die Einheimischen würden nun an allen leitenden Stellen beiseite geschoben werden. Den Erklärungen des Generalfeldmarschalls war vielmehr zu entnehmen, daß die Oesterreicher selbst berufen sein sollen, in ihrer engeren Heimat Ordnung zu machen. Die höchsten Stellen im Reiche würden ihnen hiebei nur die notwendige Hilfe und Unterstützung bieten.

Auch dem sattsam bekannten Gerede von der Religionsfeindlichkeit des Nationalsozialismus, an das bei uns heute wohl nur mehr einige unverbesserliche Proselytenmacher und Hetzapostel glauben, trat der Reichsminister Göring scharf entgegen. Wer vermag sich in der Tat, gerade in diesen schicksalsschweren Wochen, beim Anhören einer Rede des Führers oder seines treuen Kampfgefährten Göring des Eindrucks zu erwehren, daß hier Volksliebe und Vertrauen in die göttliche Vorsehung zur höchsten Gläubigkeit gesteigert erscheinen! Niemals war das deutsche Volk von so tiefer Gläubigkeit erfüllt, wie unter der Führung Adolf Hitlers. Mit „politischem Katholizismus" hat das allerdings nichts zu tun.

Es soll nun Schwarzseher geben, die umherflüstern: „Ja, bis zum 10. April wird nur mit Samtpfoten angegriffen, aber nachher werden die Krallen herauskommen! Auch diesen traurigen Propheten blieb der Generalfeldmarschall die Antwort nicht schuldig. Diese Antwort kann sich übrigens jeder selbst geben. Wer ein gutes Gewissen hat, wer es ehrlich meint, wer freudig mitarbeitet zum Wohle der deutschen Volksgemeinschaft, den können alle an die Wand gemalten Teufel nicht erschrecken. Allerdings dürfte es um das Gewissen mancher Menschen bei uns, die sich noch vor kurzem in Sicherheit wiegten und in der Macht sonnten, nicht allzu gut stehen. Und diesen graut es wohl vor der Unerbittlichkeit des neuen Geistes. Sie sehen zitternd ein, daß sie mit diesem Geist zum erstenmal „es sich nicht richten können".

Dieser Geist des Nationalsozialismus kennt nur das Leistungsprinzip. Er hat die Arbeit geadelt und ist die tödliche Verneinung aller Schieberei, aller Ausbeutung, alles Parasitentums. Die diamantklare Rede Hermann Görings hat darüber keinen Zweifel gelassen, daß dieser Geist, der allein den neuen deutschen Staat geschaffen hat, nun auch das jüngste Reichsland gänzlich durchsetzen muß und daß, wer es wagen sollte, gegen ihn Sabotage zu treiben, hinweggefegt würde.

Das war eine Warnung, die in erster Linie der bisherigen Führung der deutschösterreichischen Wirtschaft und des deutschösterreichischen Handels galt, die leider, wie man weiß, zu einem sehr großen Teil in jüdischen Händen lag oder noch liegt. Hier wird rasch Wandel geschaffen werden. Diese Verhältnisse waren so im Argen, daß sich daraus begreiflicherweise bei den Ausgebeuteten und Benachteiligten starke Haßgefühle entwickelt haben. Daß solchen Haßgefühlen nicht freier Lauf gelassen werde, dafür bürgt die nationalsozialistische Disziplin, der ja der vollkommen unblutige Verlauf des großen Umbruches zu verdanken ist.

Daher durfte der Generalfeldmarschall mit vollem Recht unseren Nationalsozialisten für ihre besonnene Haltung in den entscheidenden Stunden und Tagen seine herzliche Anerkennung aussprechen. Er verband damit zugleich eine Mahnung für die Zukunft. Vielleicht könnte die Erinnerung an überstandene Leiden und erduldete Unbill die jetzt vorherrschende Freude über den Sieg überdauern. Vielleicht könnte eine solche Erinnerung durch Denunzianten oder Provokateure angefeuert werden. Vielleicht könnten neue Reizungen hinzutreten, da sich im Ausland Emigrantenkomitees politischer Flüchtlinge gebildet zu haben scheinen, denen die Vermessenheit zuzumuten wäre, ihr frevles Spiel über die Grenze fortzusetzen. Generalfeldmarschall Göring hat es an deutlichen Warnungen nach allen Seiten nicht fehlen lassen. Die leisesten Minierversuche würden auf eine ebenso eiserne Faust stoßen, wie etwa eigenwillig vorweggenommene Vergeltungen.

Die Rede Hermann Görings, welche die ganze Kraft dieses Reichswortes atmete, zielte auf **Erhaltung des inneren Friedens**. Für alle Angehörigen des Reichslandes Oesterreich, wo sie auch immer früher gestanden haben mochten, gilt nunmehr nur eines: **Vorwärts blicken und vorwärts schreiten!**

E. U.

Wiener Montagblatt

Dienstag, 29. März 1938

Londoner und Pariser Stimmen zur letzten Rede des Führers.

London, 29. März. (DNB.) Auch die gestrige Rede des Führers hat in der Londoner Morgenpresse starke Beachtung gefunden. Die „Times" meint, sie sei nicht von der Art sonst üblicher Wahlreden gewesen. In weitem Maße habe sich der Führer philosophischen Betrachtungen gewidmet. Deutschlands Wiederaufstieg unter dem Nationalsozialismus sei nur möglich gewesen durch eine Verbindung der Ideologien zweier sich entgegenstehender Anschauungen. Andre Länder, denen diese Synthese bisher nicht gelungen sei, litten auch heute noch unter jenen sozialen Konflikten, die man vor 1933 auch in Deutschland gekannt habe.

„Daily Mail" stellt ihrer Meldung die Sätze voran, daß Deutschland stolzer, reicher, schöner und selbstbewußter geworden sei. In bezug auf seine Unterredung mit Schuschnigg in Berchtesgaden habe der Führer gesagt, damals habe er Schuschnigg die größte Chance seines Lebens gegeben, aber Schuschnigg habe sie nicht gewollt.

Paris, 29. März. (DNB.) Obwohl man in der Pariser Presse der Rede des tschechoslowakischen Ministerpräsidenten Hodza sehr viel Aufmerksamkeit schenkt, kann man sich der großen Bedeutung der gestrigen Führerrede in Berlin nicht entziehen. Sämtliche Berichterstatter der großen Blätter unterstreichen den Jubel der Zuhörer und die Begeisterung der Massen. Ganz besonders werden die Ausführungen hervorgehoben, daß das Reich in Zukunft nicht mehr dulden werde, daß Deutsche außerhalb der Reichsgrenze unterdrückt werden.

Der Berliner Berichterstatter des „Journal" stellt einleitend fest, daß diejenigen, die geglaubt haben, die Begeisterung der deutschen Bevölkerung könne nach den letzten Kundgebungen nicht mehr gesteigert werden, sich geirrt hätten. Die gestrige Veranstaltung in der Reichshauptstadt habe alles bisher Dagewesene übertroffen. Die Einigkeit und der entschlossene Wille des Nationalsozialismus habe das deutsche Volk außerordentlich stark gemacht. Die Deutschen würden heute ihrem Führer überallhin folgen, so groß sei das Vertrauen, das sie zu ihm hätten. Man habe gemerkt, wie in allen Herzen helle Freude und frohe Begeisterung gelebt habe.

Der Berliner Berichterstatter des „Petit Parisien" spricht von einer flammenden Rede des Führers. Auch er schildert die Begeisterung der Bevölkerung.

Der „Figaro" stellt fest, daß Adolf Hitler auch die Sudetendeutschen nicht vergessen habe, denn auch gestern habe er wieder von den zehn Millionen Deutschen gesprochen, die außerhalb des Reiches lebten.

„Petit Journal" schreibt, der Führer gehe von Stadt zu Stadt, von Land zu Land, um einem immer wieder von neuem begeisterten Volk die frohe Botschaft zu bringen und Kritik an der Demokratie zu üben, wie man sie in Paris und London verstehe. Schon heute stehe es fest, daß es bei der Volksabstimmung keinen Menschen geben werde, der eine andre Auffassung vertreten werde. Abschließend stellt das Blatt fest, daß man für diese Volksabstimmung die gleiche Energie entwickle, wie sie seitens der NSDAP. in den Jahren vor 1933 bezeichnend war.

Neues Wiener Abendblatt

Fünf Stimmzettel in einem Umschlag

Der Schwindel enthüllt.

Herr Schuschnigg hatte das Abstimmungsergebnis im Voraus mit 97 Prozent festgesetzt.

Bei der Durchsuchung der Grazer Geschäftsstelle der von der nationalsozialistischen Volkserhebung weggefegten sogenannten „Vaterländischen Front" machte man eine überraschende Entdeckung. Man fand ganze Stöße von Flugblättern, die nach der Schuschnigg-Volksbefragung am 13. März verteilt werden sollten und die mit 97 v. H. für Schuschnigg das Ergebnis bereits im Sinne der „Vaterländischen Front" vorweggenommen hatten.

Ferner wurden große Bestände von Wahlumschlägen entdeckt, die erstaunlicherweise statt eines Stimmzettels nicht weniger als fünf (!) enthielten.

Damit ist vor aller Welt unwiderleglich bewiesen, daß Schuschnigg die Absicht hatte, mittels einer einzig dastehenden Wahlschiebung die wahre Gesinnung des deutschen Volkes in Oesterreich zu verschleiern, um dadurch, wenn möglich, sein Terrorsystem zu retten.

Land-Zeitung

Freitag, 1. April 1938

Die Worte eines Kommunisten:

„Ich glaube an das Hakenkreuz!"

Bekanntlich haben 100 Funktionäre der früheren marxistischen Parteien Oesterreichs auf Einladung des Gauleiters Bürckel eine Studienfahrt durch den Gau Saarpfalz unternommen. Am Mittwoch abends fand im historischen Saal der Wartburg, in dem am 15. Jänner 1935 das Ergebnis der Saarabstimmung verkündet wurde, ein kameradschaftliches Abschiedsbeisammensein statt. Der stellvertretende Gauleiter der Saarpfalz Pg. Leyser wünschte den österreichischen Arbeitern eine gute Heimfahrt und frohe Zukunft.

Dann erhob sich ein ehemaliger Funktionär der Wiener Kommunisten, Robert Bader. Er hielt eine Dankesansprache, die in ihrer Einfachheit und Ueberzeugungskraft ein packendes Dokument des Eindruckes ist, den das Erlebnis der nationalsozialistischen Gemeinschaft im Reich beim österreichischen Arbeiter hervorgerufen hat. Der bisherige Kommunist Bader sagte u. a.:

Als Adolf Hitler in Oesterreich die Macht übernahm, war ich einer von denen, die gewillt waren, mit der Waffe in der Hand und unter Einsatz ihres Lebens die Machtübernahme zu vereiteln.

Nicht deshalb, weil wir Schuschnigg schützen wollten, sondern deswegen, weil wir auf Grund falscher Berichterstattung, auf Grund einer falschen Ideologie die Hitlerbewegung als einen Feind der Arbeiterschaft betrachteten.

Die Machtübernahme ging, ich möchte sagen, Gott sei Dank, ohne Opfer und ohne Blutvergießen vor sich. Trotzdem fühlte ich mich jedoch unglücklich, weil ich der Meinung war, daß nun die Sache des Sozialismus in weite Ferne gerückt sei. Hitler kam nach Wien und ich sah die Begeisterung.

Ich aber fühlte in mir eine ungeheure Unglückseligkeit.

Ich ging mit meinen Gedanken allein. Und ich besprach mich auch mit vielen meiner Kameraden und wir alle waren der Meinung, daß der Sozialismus für lange Zeit erledigt sei. Ich persönlich dachte: „Nun kommt das Konzentrationslager" und ergab mich in mein Schicksal. Es wurde aber anders.

Ich hatte durch einige Kameraden den Antrag bekommen, nach Deutschland zu fahren. Ich war pessimistisch, habe aber schließlich doch akzeptiert. Ich sagte mir: „Ich bin klug genug, daß man mich nicht hinter das Licht führen kann. Ich verstehe es, hinter die Kulissen zu schauen, habe ich doch das Elend vieler Arbeitskameraden mit eigenen Augen kennengelernt."

In München sah ich das erstemal in einen Betrieb, in einen Betrieb der Volksgemeinschaft. Der Chef, die Chefin saßen da mit den Arbeitern fröhlich beisammen. Ueber Augsburg und Ulm ging es nach Mannheim. Während dieser Zeit haben wir sehr viel diskutiert. Alle Fragen wurden besprochen, große und kleine Probleme erörtert, bis in die späten Nachtstunden — in dem Drang, die Wahrheit zu erfahren, und in der Hoffnung, daß wir hinter den Schwindel kommen würden, der sich hier in Deutschland vollzieht, und daß wir es wären — die Roten und Marxisten — die recht haben. Aber immer mehr Zweifel tauchten auf. Wie kann eine Volksgemeinschaft, wo Frau und

Mann, hoch und niedrig, uns gleich freudig entgegenkommen und kameradschaftlich mit uns verkehren, ein Schwindel sein? Aber wir hatten unsere Herzen verschlossen und waren der Meinung, daß wir schon noch daraufkommen würden.

In Mannheim dachten wir an einen großen Empfang mit einer großen Rede ordenbedeckter Bonzen, uniformierte Kolonnen usw. Aber nichts von alledem. Die Stadt Mannheim schickte uns ihre Kinder, ihre Zukunft, entgegen. Wir waren alle gerührt, alle die im Zuge waren. Die Kinder haben uns mit Blumen beworfen und wir waren besorgt, daß sie sich nicht gegenseitig unter die Räder der Autobusse stoßen. Aber immer noch hielten wir an unseren Vorurteilen fest. Wir wollten doch nicht fahnenflüchtig werden. Und dann hielt der Bürgermeister der Stadt Mannheim eine Rede.

Nach der Rede sprach dieser Mann, der Bürgermeister der Stadt Mannheim, der bei uns im verflossenen Regime fast ein Herrgott gewesen wäre und sich niemals herbeigelassen hätte, außer für den Photographen, mit einem Arbeiter zu sprechen — dieser Mann sprach mit unseren Kameraden wie ein Bruder zum Bruder, wie ein Arbeiter zum Arbeiter. Nun begann ich diese Dinge langsam zu begreifen. Der Panzer war schon geschmolzen unter der Begrüßung der lieben Kinder und jetzt war ich reif.

Nun sah ich die Dinge um 180 Grad gedreht -und betrachtete sie von dieser Seite. Es stimmte:

Ich begann die Dinge mit anderen Augen zu betrachten und ein alter nationalsozialistischer Parteigenosse, der mit uns mitgefahren war, wird es bestätigen, daß ich in den ersten Tagen nie eine frohe Miene aufsetzen konnte, daß ich nie „Heil Hitler!" sagte und

daß ich mich geweigert habe, ein Hakenkreuz zu tragen. Denn wenn ich eines trage, dann handle ich danach.

Es war hier ein Staat, der aufgebaut ist auf der absoluten Volksgemeinschaft.

Alle diese Dinge, um die wir gekämpft haben, sind hier zum Teil verwirklicht.

Wie wundervoll sich hier in Deutschland der Sozialismus aufbaut! Nicht auf Grund einer Revolution, sondern unter Zuhilfenahme sämtlicher Klassen.

Das eine nehmen Sie aber noch mit! Wir haben bisher nie Heil Hitler gesagt, nie mit dem deutschen Gruß gegrüßt. Wie groß die Wandlung in uns war, soll das beweisen, daß der Gruß, der deutsche Gruß, den ich jetzt ausrufe, ehrlich und von Herzen gemeint ist. Ich schließe meine Ausführungen mit dem deutschen Gruß: Heil Hitler!

Illustrierte Kronen-Zeitung

Kampf den Juden!

Gestern setzte in Tirol der Kampf gegen die Judenfirmen in verstärktem Maß ein. Um die Mittagsstunden durchzogen die Straßen Innsbrucks eine SA.-Abteilung mit Farbtiegel und Pinsel und bezeichnete mit der Aufschrift „Jude" an den Auslagefenstern die Judengeschäfte. Eine ganze Reihe von Geschäften tragen das Zeichen, und es liegt nun an der Bevölkerung, alle diese Geschäfte zu meiden und ihre Einkäufe nur bei jenen Firmen zu tätigen, die als deutsche Geschäfte bekannt sind. Die Zeit der Auspowerung der Bevölkerung durch die Juden ist endgültig vorbei!

Deutsche Volkszeitung

Samstag, 2. April 1938

Volksabstimmung und Großdeutscher Reichstag

Stimmzettel

Bist Du mit der am 13. März 1938 vollzogenen

Wiedervereinigung Österreichs mit dem Deutschen Reich

einverstanden und stimmst Du für die Liste unseres Führers

Adolf Hitler?

Ja

Nein

Salzburger Zeitung

Ein Dokument aus den Zeiten der Knechtschaft

WÖLLERSDORF 1934

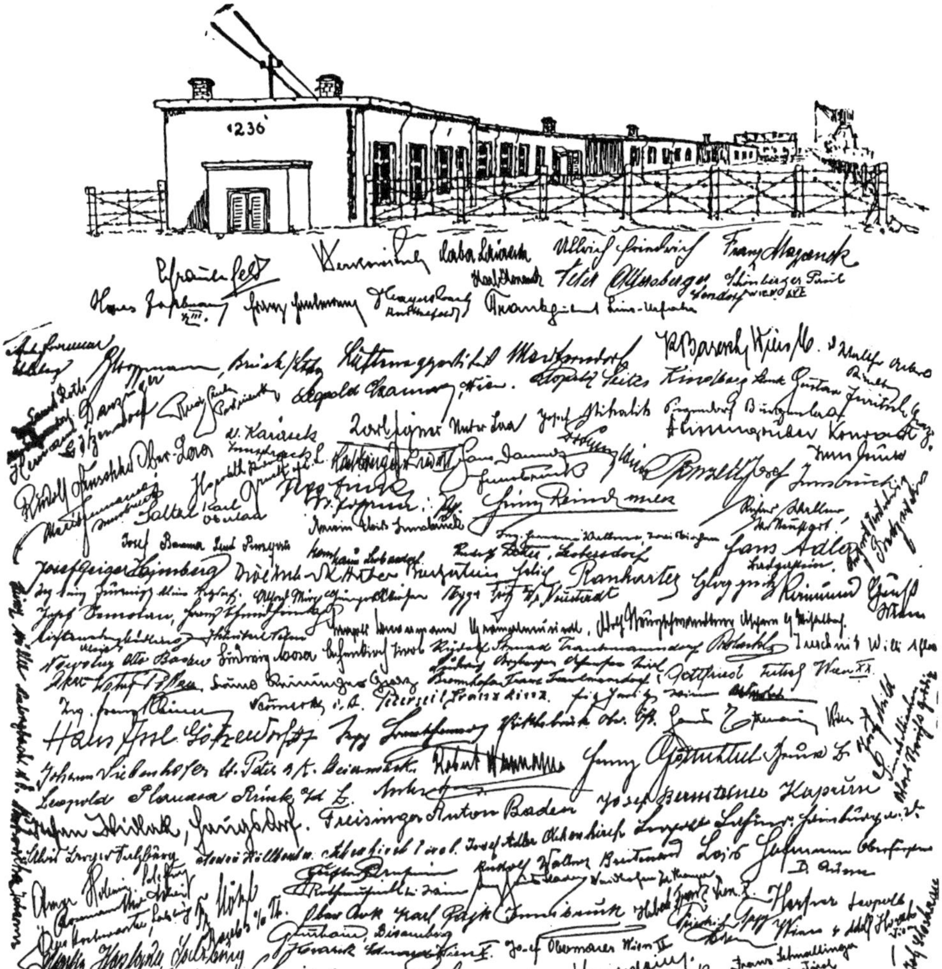

Hunderte Pgs. aus allen Gauen Österreichs, die das System im Jahre 1934 in der Baracke 236 in Wöllersdorf gefangen hielt, haben hier ihre Unterschriften zu einer nie verstummenden Anklage gegen das fluchbeladene System vereinigt. Unsere Leser werden manchen Freund und Bekannten darunter finden. Die Urkunde wurde, in kleine Streifen geschnitten, aus dem Konzentrationslager hinausgebracht und so dem Zugriff der Schergen des Systems entzogen

Deutschösterreichische Volkspresse

Die Frau im Dritten Reich

Der Dank der NS Bewegung an die Frauen des deutschen Oesterreich

In Deutschland ist eine ehrenvolle Bewertung der Frau als Mutter, als Kameradin des Mannes und als gleichberechtigtes Glied der Volksgemeinschaft allgemein.

Das Ideal des Mannes in Deutschland ist nicht ein etwas beschränktes, ja ungeistiges Wesen, ist nicht das, was sich das Ausland unter dem „Gretchentyp" vorstellt. Das Ideal des Mannes von heute ist eine Frau, die guter Kamerad sein kann, eine Frau, die auch geistig befähigt ist, dem Mann in seinen Interessen, in seinem Lebenskampf verständnisvoll zur Seite zu stehen, die das Leben schöner und inhaltsreicher werden läßt, eine Frau, die aber auch trotzdem dabei ein wirkliches Heim zu geben fähig ist, die gelernt hat, immer die häuslichen Voraussetzungen zu schaffen zur Erleichterung, ja auch überhaupt zur Ermöglichung des Lebenskampfes, eine Frau, die vor allem auch Mutter zu sein vermag; und es gehört wohl zum Größten, das der Nationalsozialismus schuf, daß er soviel mehr Frauen wieder zu ihrer vornehmsten Bestimmung als Mütter zurückführte. Sie sind stolz darauf, bewußt wirken zu können für die Erhaltung des Lebens ihres Volkes. Der Nationalsozialismus hat die wirtschaftlichen Vorbedingungen dazu für Millionen wieder geschaffen und wird weiteren Millionen Frauen die Möglichkeit geben, ihrem Volk wieder Kinder zu schenken.

Wir wissen jedoch, daß trotzdem noch immer nicht alle das gleiche Glück erleben können. Wir denken nicht daran, diesen nun das Los zu bereiten, das früher, in der „guten alten Zeit", ein Mädchen traf, wenn es ohne Mann blieb und irgendwo ohne Beruf versauern mußte. Die Frauen können selbstverständlich wie bisher allen nur erdenklichen Berufen nachgehen und zu diesem Zweck eine entsprechende Ausbildung genießen. Sie können auch auf die Hochschulen gehen und sich dort auf Berufe vorbereiten, die ein wissenschaftliches Studium voraussetzen, vor allem auf Berufe, die besser von Frauen als von Männern verwaltet werden, wie etwa der Beruf einer Kinderärztin.

Die nationalsozialistische Bewegung fühlt sich eng verbunden mit den deutschen Frauen, in allem was sie tut. Welche Bedeutung hat doch die Frau für die Stimmung im Volke. Wie kann die Frau Einfluß nehmen auf die Haltung des Mannes in schweren Zeiten mit den Prüfungen, denen die Nation unterworfen wird.

Die nationalsozialistische Bewegung ist den deutschen Hausfrauen und allen arbeitenden Frauen zu Dank verpflichtet für das, was sie für Deutschland leisteten in der Erfüllung ihrer täglichen Pflichten, und was sie dadurch leisteten, daß sie dem Manne auf ihre Weise helfen, seine Arbeit für die Nation zu tun. Nicht zuletzt gilt der Dank den deutschen Frauen in Oesterreich, die in den Jahren der Schmach, der Erniedrigung, in unerschütterlicher Liebe zu Groß-Deutschland gestanden haben, die, ungebrochen durch wirtschaftliche Not und persönliche Anfeindungen, ihr Deutschtum bewahrten und ihren Kindern in die Herzen pflanzten, die den Weg zur nationalsozialistischen Bewegung fanden und die heute das neue Deutschland in der Ostmark verkörpern.

Tages-Post

Sonntag, 3. April 1938

CASALI

Schokoladen, Bonbons, Waffeln, Liköre, Fruchtsäfte, hat ab 17. März 1938

eine arische Leitung

u. beschäftigt ca. 180 arische Mitarbeiter

Der NSBO – Leiter

Tages-Post

Kraftfahrzeuge mit ‚D' statt ‚A' versehen.

Wien, 2. April. (Eig. Dienst.) Eine Kundmachung des Reichsstatthalters in Österreich über die zwischenstaatlichen Unterscheidungszeichen der Kraftfahrzeuge besagt, daß von nun an Kraftfahrzeuge, die im Lande Österreich ihren dauernden Standort haben, bei Fahrten in das Ausland mit dem in dem Buchstaben D bestehenden, für das Deutsche Reich geltenden zwischenstaatlichen Unterscheidungszeichen versehen werden. Das in dem Buchstaben A bestehende zwischenstaatliche Unterscheidungszeichen ist nicht mehr zu verwenden. Die inländischen Kennzeichen der Kraftfahrer werden hiedurch nicht berührt. Die Besitzer von Kraftfahrzeugen, die nach dem 10. April noch das alte zwischenstaatliche Unterscheidungszeichen führen, haben mit einer Bestrafung zu rechnen.

Freie Stimmen

Arische Anwälte dürfen keine Juden vertreten. Der kommissarische Präsident der oberösterreichischen Rechtsanwaltskammer und Gauführer des nationalsozialistischen Rechtswahrerbundes SS.-Sturmführer Dr. Plakolm hat auf Grund wiederholter Anfragen folgende Anordnungen getroffen: 1. In Strafsachen ist die Vertretung von Juden jedem deutschblütigen Anwalt untersagt, ausgenommen im Fall seiner Exoffobestellung. 2. Ausgeschlossen ist auch die Intervention arischer Rechtsanwälte für Juden bei der Sicherheitsbehörde. 3. In Zivilrechtssachen ist es arischen Anwälten gestattet, bereits angefallene Rechtssachen jüdischer Klienten zu beendigen. Amtswaltern des nationalsozialistischen Rechtswahrerbundes und Amtswaltern der Partei ist jedoch auch dies untersagt. 4. Die Vertretung von Juden in neu angefallenen Zivilstreitsachen ist von arischen Anwälten abzulehnen und nur in dem Fall gestattet, wenn an dem betreffenden Ort kein jüdischer Anwalt ansässig ist und die Rechtssache nicht gegen einen Arier gerichtet ist. Das Verbot für nationalsozialistische Anwälte gilt jedoch auch für die Vertretung von Juden in solchen Fällen.

Güssinger Zeitung

Ein Aufbruch der ganzen Nation.

V. Karl A. Wagner, Heiligenbrunn.

Eine Schlacht sondergleichen ist zuende. Fünf volle Jahre haben sich unsere Unterdrücker angestrengt, uns zu vernichten, uns überhaupt aus dem Lande Österreich auszureissen, sodass keine Spur mehr daran erinnern sollte: Hier in Österreich haben einmal deutsche Menschen gelebt.

Aber unser Volk war stärker als seine Peiniger waren, jeder Schlag mit der Peitsche hat es härter und störrischer gemacht und als die Zeit gekommen war, dass schon allen, allen hier im Lande Österreich sozusagen dass Blut aus den Nägeln spritzte, als die Not dieses herrlichen deutschen Volksstammes zum Himmel schrie, da setzte sich das Volk in Bewegung, da wurden aus hundert Couragierten Tausende, aus Tausenden Zehntausende, aus Zehntausenden Hunderttausende, die hinausbrausten aus ihren Dörfern, sich zusammenscharrten und in einem wütenden Ringen, dessen Höhepunkt eine knappe Woche dauerte, diese Raffer und Räuber, diese Bankrotteure und Peiniger aus dem Lande schlug, so wie im Jahre 1809 deutsche Tiroler Bauern unter Andreas Hofer den tyrannischen Franzosenkaiser Napoleon aus ihrem Land geschlagen haben.

Jetzt sind wir die Sieger. Und zwar wir alle, nicht nur unsere prachtvolle, militärisch aufgebaute Partei der deutschen Nationalsozialisten, nein alle, das ganze Volk ist Sieger geworden über die Volksverräter und Judenknechte.

Unser Heimatland ist wieder eingegangen in das grosse deutsche Vaterland, aus dem es über 70 Jahre ausgeschlossen war. Unser liebes Österreich mit seinen 83.000 Qu.-Kilometern ist eingegangen in das grosse Reich mit 560.000 Qu.-Kilometern, unser Volksstamm mit über 6 Millionen Zugehörigen gehört heute einem Staatsvolk von 75 Millionen an, während noch 26 Millionen Deutsche ausserdem über die ganze Welt zerstreut leben. Auch diese Auslanddeutschen, diese 26 Millionen, jubeln über den ehernen Donner der Weltgeschichte, der ihnen heute verkündet, dass wir ein Vaterland mit 75 Millionen Einwohnern besitzen, eines der mächtigsten Länder der Erde. Noch vor wenigen Tagen waren wir ein armer, verlorener Splitter in Mitteleuropa, mit dem das Ausland spielen konnte, wie die Kinder mit ihren Puppen spielen.

Wir sind heute durch die Tatkraft unseres herrlichen Führers Adolf Hitler in einem Reiche mit einer geradezu wunderbar entwickelten Technik, mit einer über alle Massen grossartig eingerichteten Landwirtschaft, unsere Schiffe — denn heute gehört das Meer auch uns — unsere Schiffe fahren bis in die fernsten Länder und unsere starke Kriegsflotte kreuzt in allen Gewässern und hat ruhmreich mitgeholfen, den befreundeten Spaniern den Sieg über ihre bolschewistischen Gegner zu sichern.

Wir leben im deutschen Reiche, wir sind Reichsdeutsche, unser liebes Oesterreich ist ein wahrhaft deutsches Land geworden. Kein Mensch mehr zweifelt daran. Italien hat Ja gesagt, Südslawien hat Ja gesagt, Japan hat uns beglückwünscht, Ungarn betrachtet es mit Freude, und die übrigen — denen wird wohl kaum was besseres übrig bleiben, als ihre Niederlage mit möglichster Seelenruhe zu verschmerzen.

Wenn am 10. April unser Volk in Österreich zur Abstimmung schreitet, so soll das nicht mehr bedeuten, dass damit erst über den Anschluss entschieden wird, denn der ist und bleibt entschieden, sondern es soll nur gezeigt werden, wieviele Millionen in Oesterreich unsere Politik billigen und das grosse deutsche Vaterland mit Freuden begrüssen. Es ist nicht nötig, in diesem Lande jemand dazu aufzumuntern, dass er Ja sage, dass er seine Stimme für das Vaterland einsetze, denn jeder echte deutsche Oesterreicher und jeder der in diesem Staate mit uns Deutschen in Freundschaft und in Schiksalgemeinschaft lebt, wie die kroatischen und die ungarischen Brüder, weiss, was er der ruhmvollen Vergangenheit unseres Landes, das tausend Jahre mit dem Reiche verbunden war, schuldig ist und was er schuldig ist den Millionen Opfern des Weltkrieges, die 4 Jahre lang Schulter an Schulter für das damalige Deutschland und für das damalige Oesterreich, also für das ganze deutsche Volk und seine Freunde gemeinsam gekämpft und gelitten haben. Da gibt es nichts weiter als Ja zu sagen zu der geschichtlichen Tat, die dieser Tage geschehen ist, denn jetzt sind wir für immer und für alle Schicksalsfügungen zusammengeschweisst, was immer da kommen mag.

Alle Männer und Frauen über 20 Jahren stimmen am 10. April ab. Nur die Juden haben bei der Abstimmung nichts zu suchen. Die wären auch momentan zum grössten Teil an der Abstimmung verhindert. Ich glaube, sie haben auch ihre Zungen in den Zeiten der unseligen Vaterländischen Judenfront so abgenützt, dass sie jetzt der Ruhe dringend bedürfen.

Güssinger Zeitung

Montag, 4. April 1938

Ende der Claque in der Staatsoper

Sämtliche Solomitglieder des Staatsopernpersonals habe gestern Zuschriften erhalten, die von der Direktion und de NSBO unterfertigt sind. Darin wird ausgedrückt, daß es in Hinkunft jedem Künstler verboten ist, Mitgliedern der Claque irgendwelche Zuwendungen zu machen. Die Bestellung käuflichen Beifalles widerspricht der nationalsozialistischen Kulturauffassung und verstößt gegen den Grundsatz der Volksgemeinschaft. — Dieser Brief wurde im Wortlaut auch in der Staatsoper angeschlagen. Mit dieser erfreulichen Reform ist einem unwürdigen Zustand ein Ende bereitet.

Neue Freie Presse

Die Werfel sind gefallen.

Das ist, lieber Leser, beileibe kein Druckfehler, wie Du beim ersten Hinzuschaun vielleicht meinen möchtest: der Titel gilt, wie er sitzt und steht, im wörtlichsten Sinne. Gewiß, die **Würfel** sind gefallen, unser deutsches Oesterreich ist in einem Sturm der Begeisterung heimgekehrt ins große herrliche Reich, und damit ist gottlob auch mit einem Schlage der jüdische Spuk in alle Winde zerstoben: auch die **Werfel** sind gefallen. Wenn man sich erinnert, daß es für den Kanzler des Systems außer dem dem toten **Hofmannsthal**, den man aus einer gewissen Geistigkeit schätzte, und außer dem toten **Wildgans**, den man in aller Unverfrorenheit mit Hilfe des Kulturbundes und dessen nicht minder verjudeter Adoptivtochter, der Anton-Wildgans-Gesellschaft, für die österreichische Eigenstaatlichkeit zurechtschneiderte, keinen Repräsentanten des gegenwärtigen österreichischen Schrifttums gab, als den Prager Juden **Franz Werfel** recte Würfel, wenn man sich erinnert, daß ein einflußstarker auserlesener Klüngel von jüdischen und halbjüdischen Trabanten samt einem possierlichen geistigen Salonschmetterling von besonders streberischer Betulichkeit um diesen freimaurerisch — auchchristlichen Werfel-Planeten kreiste, eine literarische Lakaienschar im Frack der arriviertesten Gesellschaft, so kommt einem zum Bewußtsein, was die Worte bedeuten: die Werfel sind gefallen. Sie sind so sehr gefallen, der Werfel und sein hochmütig-vornehmes Gewerfel, daß sie auf deutschem Boden nimmer aufstehen werden, weil sich der befreite deutschösterreichische Katholizismus solche kirchliche Fassadenkletterer auch dann nicht weiter gefallen ließe, wenn etwa die tschechoslowakische Staatsbürgerschaft fernerhin eine gewisse Nähe gestattet. Und wir sind überzeugt, daß auch die Prager, sofern sie nicht selber dem Ghetto entstammen, den aufgeblasenen Blender und großen Wortartisten der Aera Schuschnigg, den Einflüsterer und Stilkünstler diverser hochpolitischer Reden, veranlassen werden, in jener Judengasse zu bleiben, aus der er hergekommen ist, um als „Weltfreund" die Deutschen über jene Frömmigkeit zu belehren, die in seiner tausendseitigen (und todlangweiligen) Jeremiade ihre letzte romanhafte Sublimierung gefunden hat, ihre triumphale gedankliche Krönung in der Siegesgewißheit des internationalen Judentums. Die Werfel sind gefallen: lasset uns als Abschiedsgesang jene meisterhaften „deutschen" Verse genießen, mit denen Franz Werfel, Meister der Erotik und Meister der Frömmigkeit, seinen „**Gesang einer Frau**" in der „Botschaft" des roten Freudenjahres 1920 beschlossen hat:

„Wo bin ich denn? O Himmelsrose, die mich in die Mitte klemmt!
Ich sitze auf meinem Bettrand im Hemd
und schaue auf meinen edel ermatteten Fuß.
Der mich entzückt, daß ich fast weinen muß.
Und doch ist in meinen süßen Beinen schon etwas, das man verhängt ..."

Teia.

Wiener Montagblatt

Mittwoch, 6. April 1938

Der österreichische Mensch

Man müßte einmal versuchen, einem wohlwollend
britischen Ausländer, der vom Hämmern der politischen
Phrasen verschont geblieben ist, zu erklären, wie der „öster-
reichische Mensch" beschaffen ist. Dieser „österreichische
Mensch", von dem so viel geredet wurde, gehört sprachlich
der deutschen Volksgemeinschaft zu, kulturell und politisch
aber, so argumentierte man, habe er eine besondere Mission zu
erfüllen. Und in dieser besonderen Kulturmission wurzelte
geistig die Forderung nach der Selbständigkeit des Landes
Oesterreich. Die Sonderaufgabe des „österreichischen
Menschen" konnte man politisch keineswegs aus der Gegen-
wartssituation erklären. Der grandiose Aufstieg des Deutschen
Reiches, die Wiedereroberung seiner Weltgeltung, die Tat-
sache, daß dieses deutsche Volk zwanzig Jahre nach dem
„Frieden" schließlich doch noch den Krieg gewonnen hat,
dieses faszinierende und einmalige monumentale Erwachen
der Gemeinschaft zum geschlossenen Volkskörper konnte nur
Ansporn zu noch entschlossenerem Anschlußbegehren werden.
Der Wille war da. Aber nun trat der „österreichische Mensch"
auf den Plan und berief sich auf seine historische, barocke
Eigenwilligke... Er sprach von dem Fortbestehen seiner alten
Aufgabe und schützte diese gegen das Schwert des natio-
nalen Willens mit einem Gestrüpp intellektueller Ueber
legungen. Solange der dynastische Gedanke das Sprachen-
und Nationalitätengewirr der Monarchie mit Gewalt zu-
sammenhielt, konnte wenigstens der Hinweis auf eine
„Reichsidee" in die Debatte geworfen werden. Später aber,
als Oesterreich nur mehr rundes deutsches Sprachgebiet
war, wurde ein bei anderer Gelegenheit gesprochenes Wort
Gortschakoffs wahr: „Oesterreich ist kein Staat, es ist bloß
eine Regierung."

Es gibt nur ein deutsches Volk, und die Grenzen, die
es in Teile zerissen, konnten gerade von einfachen Menschen,
denen die rhetorischen Phrasen unbekannt geblieben waren,
nie begriffen werden. Der österreichische Holzknecht, der auf
seinen Flößen den Reichtum des österreichischen Waldes durch
die schnellen Flüsse in das bayerische Land geleitete, hat nie
etwas von den „Barrieren des Geistes" bemerkt, die seine
engere Heimat und das große deutsche Vaterland voneinander
trennen sollten. An den Nachelösen der bayerischen Bauern-
höfe fühlte er sich genau so zu Hause, wie an denen der anderen
Seite: dieselbe Landschaft, dieselben Sitten, derselbe Hausrat
— hüben wie drüben, dieselbe Volkskunst, derselbe Baustil,
dieselben Lieder. Aber der „österreichische Mensch" seligen
Angedenkens konnte auf die Gefühle eines einfachen Holz-
knechts keinerlei Rücksicht nehmen. Er konstruierte die
scharfe Trennung in der höfischen, kirchlichen oder städtischen
Kunst und gebar mühsam den sogenannten österreichischen
Barockcharakter. Der bewußte Irrtum lag auf der Hand.
Jedes Lehrbuch der Kunstgeschichte verrät dem Bildungs-
willigen die Tatsache, daß es ein Unsinn ist, österreichisches
und deutsches Barock stilistisch und geistig voneinander zu
trennen. Dieselbe kulturelle Haltung, aus der heraus Fischer
von Erlach die Karlskirche in Wien bauen konnte, finden
wir bei den Dichtern der schlesischen Schulen, bei Dietzen-
hofer, dem Schöpfer der Nikolauskirche in Prag, bei Daniel
Pöppelmann, dem Dresden so viel verdankt, in Balthasar
Neumanns Würzburger Residenz, in Bachrs Dresdner
Frauenkirche, gar nicht zu reden von Andreas Schlüters
herrlichen Barockarbeiten. In allen Gauen des großen
Deutschen Reiches zwischen Wien und Berlin stehen die edlen
und eigenwilligen Linien der Barockbauten gegen den Himmel.
Freilich unterscheidet sich die wuchtige Kraft Schlüters von
der weicheren, eleganteren Stilart im Süden, aber darin sind
nur gewisse Unterschiede des Temperaments und der Lebens-
anschauung zu erblicken, die nichts anderes erweisen, als den
unerschöpflichen Reichtum der deutschen Seele.

Die Natur hat zwischen deutsch und deutsch keine
Grenze gezogen, und keinem Ausländer, geschweige denn
einem deutschen Menschen ist der Unterschied zwischen dem
Süden und Norden in einer politisch akzeptierbaren Form
klar zu machen. Das Wiener Rathaus heimelt jeden an, der
einmal auf den Spuren der rheinisch-romantischen Schule
wandelte, die neben vielen anderen Meistern Schmidt in die
deutsche Ostmark entsandte. In der Malerei wird dasselbe
deutlich, denn der es noch nicht wußte: Moritz v. Schwind,
den wir immer in München zu Hause ahnten, und der seinen
Reichtum in jede deutsche Jugend säte, war Deutschöster-
reicher. In den anderen Künsten stellt sich das Märchen vom
„österreichischen Menschen mit dem besonderen National-
charakter" nicht minder lächerlich dar. Und hier genügt es,
Namen zu nennen: Mozart, der den Weg zur deutschen
Oper vorbereitete, Schubert, der in allen deutschen Häusern
klingt, Hugo Wolf, der die schönste Form des deutschen
Kunstliedes verwirklichte, Beethoven, Haydn — wer kann
die Fülle dieser Namen hören, ohne das deutsche Vaterland
zu fühlen, wie es aus seinen edelsten Geistern und in der
unermeßlichen Fülle seines Reichtums zu ihm spricht?

Nein, die Natur hat zwischen deutsch und deutsch keine
Grenze gezogen — und weil wahre Kunst aus Blut und
Geist erwachsen ist, hat sie auch keine kulturellen Trenn-
linien geschaffen. Die Aufgabe der neuen Ostmark kann
nicht anderes sein, als in der großen Brüderschaft der
deutschen Gaue ein würdiges und edles Instrument des
großen nationalen Orchesters zu bilden. Ihre Sonderaufgabe
aber hat der Führer selbst bestimmt. B.

Neue Freie Presse

Der Traum Deiner Väter,
Die Zukunft Deiner Kinder:

Großdeutschland!

Neue Freie Presse

Donnerstag, 7. April 1938

Der Ausbau der Hochschulen

Erklärungen des Reichsministers Dr. Rust

Der Reichs- und preußische Minister für Wissenschaft, Erziehung und Volksbildung Dr. Bernhard Rust erklärte gegenüber einem Vertreter des deutschen Nachrichtenbüros über die für den Ausbau der Universität Wien und der österreichischen Hochschulen zunächst notwendig werdenden Maßnahmen unter anderem folgendes: „Die älteste reichsdeutsche Universität Wien muß und wird ein starkes Bollwerk germanischen Geistes und deutscher Kultur sein." Das erfordert selbstverständlich nicht nur organisatorische Maßnahmen, sondern setzt auch die Mitarbeit der besten und zuverlässigsten Kräfte voraus. An den deutschen Hochschulen in der Ostmark wird in Zukunft kein Platz sein für fremdrassige Lehrkräfte und für solche Personen, die in besonders gehässiger Form gegen das deutsche Volk und den Nationalsozialismus sich betätigt haben. Entfernt müssen auch diejenigen werden, die von der Systemregierung nur auf Grund ihrer politischen Einstellung ohne wissenschaftliche Eignung berufen und eingestellt worden sind. Den deutschösterreichischen Hochschulen wird die besondere Aufgabe zukommen, das deutsche Geistes- und Kulturleben zu wahren und zu vertreten, die lebendige Brücke zu den Völkern und Staaten des Südostraumes zu bilden. Dabei ist selbstverständlich, daß sich meine besondere Fürsorge nicht nur auf die Wiener Universität, sondern auf alle österreichischen Hochschulen erstrecken wird. Anschließend äußerte sich der Reichsminister noch zu der Frage des Hochschullehrernachwuchses: Ich werde dafür Sorge tragen, daß die wirtschaftliche Lage des Hochschullehrernachwuchses, insbesondere der jungen Assistenten, baldmöglichst verbessert wird. Die erforderlichen Maßnahmen werden bereits eingeleitet.

Salzburger Zeitung

Unser Schwur: „Alles für Deutschland!"

Tages-Post

Freitag, 8. April 1938

Wie stimmst Du am 10. April ab?

Selbstverständlich mit „Ja"!

Merke Dir daher:

1. Der Vorsitzende der Stimmbehörde gibt Dir den unausgefüllten Stimmzettel mit der an Dich gerichteten Frage, die Du beantworten sollst. Dieser Stimmzettel sieht folgendermaßen aus:

Volksabstimmung am 10. April

Stimmzettel

Bekennst Du Dich zu unserem Führer

Adolf Hitler

und damit zu der am 13. März 1938 vollzogenen Wiedervereinigung Österreichs mit dem Deutschen Reich?

Ja	Nein
◯	◯

2. Du bist ein Deutscher und stimmst daher mit „Ja“. Denn Du willst Deutschlands Größe und Österreichs Wiederaufbau!

3. In der Wahlzelle schreibst Du daher Dein Kreuz (X) in den Ring, der sich unter dem „Ja“ befindet. Der richtig ausgefüllte Stimmzettel sieht daher folgendermaßen aus:

Volksabstimmung am 10. April

Stimmzettel

Bekennst Du Dich zu unserem Führer

Adolf Hitler

und damit zu der am 13. März 1938 vollzogenen Wiedervereinigung Österreichs mit dem Deutschen Reich?

Ja | Nein

4. Diesen richtig ausgefüllten Stimmzettel gibst Du dann in den Umschlag und überreichst diesen dem Vorsitzenden der Stimmbehörde, der ihn ungeöffnet in die Urne legt.

Damit hast Du Deine Abstimmungspflicht erfüllt.

Welser Zeitung

Samstag, 9. April 1938

Arbeiter danken dem Führer

Täglich gehen uns viele Briefe zu, in
denen Leser und Leserinnen in schlichten,
einfachen Worten ihren Gefühlen über
das große Rettungswerk Adolf Hitlers,
über die Befreiung Österreichs Ausdruck
geben. Aus der Fülle dieser Einsendungen
wollen wir heute da der Führer in
Wien eintrifft, einige veröffentlichen, die
zugleich ein Dank der Arbeiter an den
Führer sein sollen.

Zwei ehemalige Schutzbündler schreiben.

Anläßlich der Rede des ehemaligen kommuni-
stischen Funktionärs R. Bader, welchem wir als
ehemalige Sozialisten und Schutzbündler zugehört
haben und der uns volle Bewunderung über sein
freies und offenes Bekenntnis abgerungen hat,
geben wir Schutzbündler bekannt, daß es Tausen-
den so gegangen ist wie Volksgenossen R. Bader,
allerdings mit dem Unterschied, daß es uns noch
verwehrt war, ein offenes Bekenntnis abzulegen.
Wir haben in der kurzen Zeit die Augen und
das Herz nicht verschlossen gehalten und sind nun
überzeugt, daß es nur ein wirklicher und wahr-
haftiger Sozialismus sein kann, der durch sein
rasches und zielbewußtes Handeln der Allgemein-
heit zum Wohle wurde. Wir begreifen voll und
ganz die innere Erregung der Kameraden, welche
das Reich besuchen durften Auch wir ehemaligen
Schutzbündler und Sozialisten versichern, daß
wir uns den Brüdern im Reich, mit denen wir
Schulter an Schulter im Weltkrieg für eine
gemeinsame Sache gekämpft und geblutet haben,
würdig erweisen werden.
Besonders danken möchten wir Herrn Gau-
leiter Bürckel für sein offenes und edles Herz,
für das gemeinsame hochedle Handeln mit un-
serem Bürgermeister, mit dem er eine Ruhmes-
tat vollbracht hat, wodurch er sich tausende Her-
zen der Wiener und Österreicher im Sturm er-
oberte Daß die ehemaligen Schutzbündler und
Leidensgenossen, welche gegen das gleiche Regime
gekämpft haben, wie die Nationalsozialisten, die
ebenfalls zu jedem Opfer bereit waren und die
auch die ganze Härte des Schuschnigg-Regimes zu
spüren bekamen, wieder in ihre Betriebe zurück-
geführt und ihnen wieder eine Lebensmöglichkeit
gegeben wurde, das rechnen wir und das übrige
ganze Volk Ihnen, Herr Gauleiter Bürckel, hoch
an und wir können auch darum Sie unserer voll-
sten Anerkennung versichern. Gott soll es dem
Führer und se.nen Getreuen tausendmal lohnen,
daß sie das österreichische Volk von einem fürchter-
lichen Alpdruck befreit haben.
Das Volk Österreichs wird es dem Führer und
seinen getreuen Mitarbeitern am 10. April mit
einem hundertprozentigen „Ja“ danken.

Hans Rossak und Franz Culik.

Adolf Hitler ist ein Mann der Wahrheit und der Tat.

Man trifft leider im täglichen Leben in
diesen Tagen des großen Geschehens ver-
einzelt deutsche Volksgenossen, die aus Starr-
sinn und alten Vorurteilen, genährt durch die
jahrelange Verhetzung der jüdischen Lügenpresse
und Propaganda, noch immer nicht den Mann
ganz verstehen, der in Wahrheit ein wirklicher
und schlichter Apostel seines deutschen Volkes
ist, um den uns jedes Volk der Welt beneiden
kann und sicher auch beneiden wird. Welcher
Staatsmann hat wohl jemals mehr für sein
Volk und insbesondere für die Arbeiter getan
als Adolf Hitler, dieser gottbegnadete Mann
aus dem Volk, der ohne Zuhilfenahme
von roher Gewalt, aus einem armen, da-
niederliegenden Volke in so kurzer Zeit ein
mächtiges und freies, arbeitsfreudiges und
lebensfrohes Menschengeschlecht geschaffen hat?
Möchte doch derjenige Teil der heute noch
abseits stehenden Arbeiterschaft erkennen, daß
gerade sie es ist, die allen Grund zum großen
Danke an den Führer hat, der in wirklich selbst-
loser Liebe zum deutschen Land und seinen
Menschen in erster Linie die Segnungen seiner
Arbeit dem schaffenden Menschen zueignet,
gleichviel, ob sie heute schon seines Sinnes sind
oder noch nicht. Manchem unter uns ist es jetzt
noch schwer, heute jenen zugehören zu sollen,
gegen die sie jahrelang dazu verhalten waren,
sie zu verachten. Als ehemalige Sozialdemo-
kratin, die ich schon vor längerer Zeit das Glück
hatte, Hitlers Buch „Mein Kampf“ zu lesen,
das mich den Führer und sein Werk erkennen
und verstehen ließ, möchte ich diesen allen sagen:
Adolf Hitler ist ein Mann der Wahrheit und
der Tat. Unser Vertrauen zu ihm wird nie
und nimmer getäuscht werden. Wir, die wir
nichts zu verlieren, aber alles zu gewinnen
haben, dürfen uns einem solchen Führer mit
ruhiger Sicherheit anvertrauen.

Wenige unter uns unterziehen sich der Mühe,
tiefer zu schürfen und zu ergründen, welch
geradezu heiligen Stunden wir entgegengehen.
Möchten es später einmal nur wenige zu be-
reuen haben, daß sie sich diesem großen Ge-
schehen widersetzt haben, das sie früher oder
später doch in seiner herrlichen Größe erkennen
werden. Unser Ja am Sonntag soll für uns
heilig sein!

H. Roscher, Trafikgehilfin, Hohenberg.

Wir atmeten auf.

Ich muß einmal den Gefühlen der Freude
und der Dankbarkeit Ausdruck geben. Im
Jahre 1919 wurde ich Mitglied der sozialdemo-
kratischen Partei und blieb meiner Gesinnung
bis Februar 1938 treu; allerdings nach dem
Februar 1934 als Illegaler. Als Adolf Hitler
auch den „Roten“ die Freiheit gab, begann ein
großer Teil unserer „Eisernen Garde“ nach-
denklich zu werden. Wir sagten uns, daß das
nicht der Mann sein kann, den wir — entstellt
durch eine bestimmte Presse — in ihm zu sehen
gewohnt waren. Eine offene Aussprache mit
einem alten Nationalsozialisten, der wegen
Gesinnungstreue drei Jahre vom Dienst ent-
hoben war, machte tiefen Eindruck auf mich.
Dann sah ich Adolf Hitler in Wien. Ich habe
es nicht für möglich gehalten, daß ich dem von
uns bekämpften Adolf Hitler einmal zujubeln
werde. Wir sozialdemokratischen Arbeiter
atmeten nach der Befreiung von der Schusch-
nigg-Regierung, die sich „christlich“ nannte, ge-
nau so auf wie die Nationalsozialisten. Dann
kam eine Beklemmung über uns. Wir erwar-
teten, daß man uns so wie 1934 verfolgen
werde, doch das Gegenteil kam. Die Frei-
lassung und Wiedereinstellung der ehemaligen
Schutzbündler, die Studienreise unserer Ver-
trauensleute ins Reich, das Hilfswerk für Ar-
beiterkinder. Diese ritterliche Vorgangsweise
sucht ihresgleichen in der Welt. Auch für uns,
die wir durch viele Jahre unserer Gesinnung
treugeblieben sind, ist nun der Weg in die Zu-
kunft offen. Es bindet uns nichts mehr an die
Vergangenheit. Wir brauchen nicht mehr auf
die Hungernden und Verwaisten zurückblicken.
Im neuen Großdeutschland wird für alle ge-
sorgt. Das werden wir am 10. April und in
aller Zukunft unserem Führer nicht vergessen.
Wir vertrauen auf Adolf Hitler und seine
Mitarbeiter und folgen ihm gern auf seinem
Marsche in eine bessere Zukunft. Der Führer
kann auch uns vertrauen, denn daß die Ar-
beiterschaft treu sein kann, hat sie oft bewiesen.

Robert Werner, Wien 10.

Das Kleine Blatt

Der Tag des Großdeutschen Reiches.

Heute um 12 Uhr mittags feierliche Verkündung vom Balkon des Wiener Rathauses.
Um 20 Uhr spricht der Führer in der Nordwestbahnhalle zur gesamten deutschen Nation.

Das Kleine Blatt

Sonntag, 10. April 1938

Montag, 11. April 1938

Wahltag früher – Wahltag jetzt!

Wählen heißt bekennen. Es ist lange her, daß sich Wien nicht bekennen durfte. Vor acht Jahren war es zum letzten Male, seither lebten unsere verflossenen „Führer" von dem „Vertrauen", das ihnen damals, geringprozentig genug, bekundet worden war. Vorher aber durften wir oft genug zur Wahl. Die Regierungen, die sich auf die alten Parteien stützten, hatten Schiffbruch erlitten und dann wurde halt wieder einmal eine Wahl inszenier

Wie sah es an einem solchen Wahltag, etwa von 1919, 1920, 1923, 1927 oder 1930, aus? Ein monatelanger, fieberhafter, oft genug auch b l u t i g e r Wahlkampf mit Plakatfluten und Flugzettelmeeren, mit Schmähs und Drehs, ein Wahlkampf, in dem eine nicht geringe Zahl von politischen Parteien einander in — Versprechungen überboten, war endlich zu Ende und der heiße Wahltag gekommen. Von den Parteifanatikern abgesehen, schlichen Männlein und Weiblein unlustig zur Wahl, um nur vor den Schleppern der vielen Parteien Ruhe zu haben, die einander an den Wohnungstüren ablösten und nicht selten im Stiegenhaus, wenn sie aufeinander trafen, ein kleines, nettes Wahlgemetzel lieferten. Vorsichtige und Schlaue hatten wohlweislich Stimmzettel a l l e r Parteien, wie sie in Massen franko Haus geliefert worden waren, eingesteckt, in jeder Tasche einen anderen. So konnte man sich jeder Partei gegenüber ausweisen. In jedem zweiten, dritten Gasthaus, von Polizei beschützt, ein sogenanntes Agitationslokal, von wo aus man den Schleppdienst inszenierte. Aengstlich verfolgte man dort die geringe Wahlbeteiligung, die von den „Strichlern" in den Wahllokalen gemeldet worden war. Bis um die Mittagstunde war glücklich eine Beteiligung der Schäflein von etwa 40% erreicht und nun wurde der gesamte Parteienapparat aufgeboten, um zu retten, was noch zu retten ging. Am Abend wurde dann triumphierend eine 70- oder 75%ige Wahlbeteiligung verkündet und, wenn man es gar einmal oder irgendwo auf 80% gebracht hatte, überpurzelte man sich vor Freude über die „Begeisterung" der „Wählermassen". Dazwischen hatten Polizei und Rettungsgesellschaft genug zu tun; Zusammenstöße der feindlichen Agitationsgruppen auf allen Ecken und Enden, Gegner wurden niedergeknüppelt, auch Messerstiche und Revolverschüsse setzte es ab. Vorsichtshalber hatte man schon seit dem Mittag des Vortages Alkoholverbot verfügt, das noch den ganzen Wahltag und die folgende Nacht währte, sonst wären die Instinkte noch mehr aufgewühlt worden. Die Aengstlicheren hielten sich überhaupt am liebsten zu Hause auf.

Und nach einem Tag äußerster Spannung das Ende des ganzen Wirbels? Keine der Parteien hatte eine entscheidende Mehrheit erhalten, das Ganze war für die

Katz gewesen und noch am Abend des Wahltages begann das große Kopfzerbrechen, wie, d. h. durch welche Packeleien, Kompromißchen und sonstige politische Geschäfte man eine regierungsfähige Mehrheit werde konstruieren können. Kaum war so ein „Volksparlament" gewählt, trug es auch schon wieder den Todesstempel aufgedrückt.

Nun ging es gestern am 10. April endlich wieder einmal zu einem Volksentscheid. Wohl war auch jetzt seit vier Wochen der Alltag aufgerüttelt gewesen, seit das Lebenswerk des Führers, die Schaffung des Großdeutschen Reiches, vollendet war. Aber wie so ganz verschieden waren diese Wochen vor dem weltgeschichtlichen Tag von den Wochen einer früheren Wahlbewegung! Endlich einmal eine Parole und noch dazu eine so zündende, unendlich inhaltsreiche! Die Parole des 10. April 1938, das „Ja dem Führer!", spiegelte sich schon die ganzen Wochen her in den Mienen, in den Häusern, den Straßen, wurde der ganzen Stadt zum Schmuck. Jeder und jede sah es und fühlte es: diese Wahl, diese Volksabstimmung war schon entschieden, als sie vor knapp vier Wochen vom Führer proklamiert worden war. So war auch der gestrige Tag der Urne so gar nicht zu vergleichen mit irgend einem der früheren. Frohe, glückliche, festlich gekleidete Menschen ziehen in einem Freudentaumel der Begeisterung schon am frühen Morgen durch die Straßen, die noch nie in solche Pracht getaucht gewesen sind, zu ihrem Abstimmungslokal. Endlich ist man nach einigem Schlangenstehen im Abstimmungsraum. Mit einem freudigen „Heil Hitler!" tritt jeder ein, der gleiche deutsche Gruß wird von der ganzen Wahlkommission, die so gar nichts Verstaubtes, Bürokratisches an sich hat, zurückgegeben. Die Formalitäten sind rasch erledigt — der Wahlausweis hat sich sehr bewährt — und nun soll es zur Wahlzelle gehen. Aber die wenigsten betreten sie. Gleich am Tisch der Kommission zeichnen sie ihr „Ja" in den Kreis, bekennen sie in aller Oeffentlichkeit dem Führer, dem großen, geeinigten Vaterland ihr „Ja", möchten ihr Denken und Danken sichtbar werden lassen vor aller Welt, möchten am liebsten ihr „Ja" hinausjubeln, sind fast beschämt, als einzige Leistung für den geliebten Führer, für das Großdeutsche Reich nur ein „Ja", ein ganz selbstverständliches „Ja", leisten zu dürfen.

Sichtlich bewegt von der Größe des Augenblicks, sich bekennen gedurft zu haben, freudig und mit ganzem Herzen verlassen die Volksgenossen den Raum, eilen, geschmückt mit der Wahlplakette, hinaus zu den anderen, ihnen ihr Glück zu künden, daß sie mitgeholfen haben, mitwirken durften, das neue große Deutsche Reich stahlhart zu schmieden.

Es ist noch am frühen Nachmittag und schon ist überall die neunzigprozentige Beteiligung überschritten. Noch kommen die letzten Nachzügler und dann sind sie alle da gewesen. Und schließlich weiß man es, wovon man schon felsenfest überzeugt gewesen ist:

Ganz Wien ist angetreten, so wie das ganze Deutschland angetreten ist. Das Wort des Führers ist wahr geworden: An diesem Tag ist zum erstenmal in der Geschichte wirklich ganz Deutschland marschiert!

Wiener Montag

Dienstag, 12. April 1938

Der gewaltigste Sieg des Führers.

Mit größter Spannung hatte man in der ganzen Welt das Ergebnis der Volksabstimmung erwartet. Nun kommt im Echo der Welt der Respekt vor der Diszipliniertheit, vor der einmütigen Willenskundgebung der deutschen Nation zum Ausdruck. Ueberall hat man erkannt, daß der Eintritt Oesterreichs ins große deutsche Vaterland gemäß dem Willen des ganzen deutschen Volkes der Ostmark vollzogen wurde.

Illustrierte Kronen-Zeitung

Das Bekenntnis der österreichischen Gaue.

	Gau	Stimmliste	Stimmberechtigte (insgesamt)	Ja	Nein
		Stimmscheine	Abg. Stimmen		ungiltig
1	Burgenland . .	167 057	168 736	168 576	61
		1 679	168 689		52
2	Kärnten . . .	233 561	240 049	238 772	407
		6 488	239 504		325
3	Niederösterreich .	971 750	990 144	986 196	1453
		18 494	988 755		1106
4	Oberösterreich . .		576 100	574 121	640
			575 118		357
5	Salzburg . . .	152 437	156 571	154 642	458
		4 134	155 333		233
6	Steiermark . .		623 471	621 490	831
			622 717		396
7	Tirol	210 381	215 161	212 851	1218
		4 780	214 403		334
8	Vorarlberg . . .	92 470	95 015	91 905	1274
		2 545	93 690		511
9	Wien	1 214 134	1 232 745	1 219 831	4939
		18 611	1 226 586		2316

Neuigkeits-Welt-Blatt

Donnerstag, 2. März 1939

NACH EINEM JAHR

von Anton Wiener

Österreich ist nun ein Jahr von einer fremden Macht besetzt, das österreichische Volk hat ein Jahr grausamster Fremdherrschaft hinter sich. Unter den vielen tragischen Daten österreichischer und europäischer Nachkriegsgeschichte gehört der 11. März 1938 zu den tragischsten und den furchtbarsten. Erst nach der Vernichtung der Unabhängigkeit Österreichs beginnt die Welt langsam zu erkennen, welche Bedeutung die Unabhängigkeit und Freiheit dieses Landes für den Frieden Europas gehabt haben.

Noch zittert die tiefe Erregung in Allen, die die letzten Tage des selbständigen Österreichs miterlebten, noch sitzt Allen der Schmerz tief in der Kehle, die am 11. März 1938 und in den folgenden Tagen Zeugen waren, wie sich der Himmel über ihrer Heimat durch die kreisenden deutschen Bombenflieger verdunkelte, wie sich über die Landstrassen und durch die Städte, gepanzerten Schlangen gleich, die langen Ketten von Tanks, Kanonen und Panzerautos schoben.

Millionen ballten damals vor Wut und Schmerz die Fäuste in den Taschen, auf den Lippen von Millionen stand die bange Frage: *Ist es aus . . . für immer?* Und andere, vom Lärm der Propagandamaschinen berauscht, fragten, wird es jetzt wirklich besser werden, kann man glauben, was da jetzt alles versprochen wird? Und schliesslich gab es auch nicht wenige, die nicht viel fragten, sondern mitschrien und gläubig Görings Worte in der „Reichstags"-Sitzung von 19. März 1938 hinnahmen: „ Eine neue, wunderbare Zukunft tut sich für Österreich auf, unter der Führung des geliebten Führers . . ."

Heute ist vieles klarer zu sehen, und wem vor einem Jahre um Österreichs Zukunft bange war, dem erscheint es heute nicht mehr zweifelhaft, dass es Hitler blos gelungen ist Österreich zu besetzen, *dass es ihm aber niemals gelingen wird dieses Land zu gewinnen.* Nein, es ist nicht aus für immer, sondern Österreich lebt weiter auch unter fremder Besetzung, es lebt in den Menschen, die dieses herrliche Land bewohnen und denen man ihren Freiheitswillen, ihre Kultur und ihr nationales Bewusstsein nicht aus den Herzen reissen kann.

Das eroberte Land erweist sich als ein sehr heisser Boden. Darüber sind sich wohl die neuen Herren selbst im klaren. „Der Kampf ist noch lange nicht aus. Wir haben am 12. März 1938 wohl einen entscheidenden Sieg errungen. Die kommenden Schlachten müssen wir jedoch erst schlagen." Diese, unsere Feststellungen bestätigenden Worte stammen vom Gauleiter des Steiermark Uiberreither. Diese Worte, gesprochen von einem, der es ja wissen muss, bestätigen auch den hochinteressanten Bericht des Korrespondenten das »Evening Standard« vom 21. Februar 1939. Wir wollen diesen Bericht des grossen konservativen Londoner Blattes im Wortlaut hierhersetzen, weil gerade dieses Blatt wenige Tage zuvor von Görings Essener »National Zeitung« als eine ernste und seriöse Zeitung hervorgehoben wurde. Der Korrespondent dieser Zeitung berichtet also aus Wien:

„Wir sind die Türken los geworden, wir werden auch die Deutschen los werden!" Diese Parole erscheint jetzt in roter Farbe an den Strassenecken von Wien. Es ist dies jetzt wohl die breiteste Woge von Unzufriedenheit, die bisher über die frühere österreichische Hauptstadt, die heute nur noch eine deutsche Provinzstadt ist, hinweggeht.

Die Nazibehörden sind besonders durch die Welle kommunistischer Gesinnung beunruhigt, die bei den Arbeitern wahrzunehmen ist. Sie ist heute stärker, als jemals seit der Revolution von 1918.

Viele Arbeiter, die sonst nur ein vorübergehendes Interesse für Politik zeigten, bemühen sich Verbindungen zu den Kommunisten zu bekommen. Der Zug zum Kommunismus entspringt dem Ausdruck des Protestes gegen das neue Regime."

Der Korrespondent erklärt: „Ich verstehe, dass die deutsche Regierung die Lage in Wien als die schwierigste ansieht, mit der sie es zu tun hat."

In seinem Bericht heisst es weiter:

„Die kürzlich erfolgte Absetzung vieler österreichischer Naziführer und besonders die erzwungene „Demission" des Herrn Globocnik, ehemaligen Chefs der Wiener Nazi, haben die Unzufriedenheit noch gesteigert. Die örtlichen österreichischen Nazi sind mit den gegenwärtigen Zuständen, die sie einer Art Diktatur der deutschen Geheimpolizei unterworfen haben, unzufrieden. Die Gestapoagenten beobachten nicht nur die früheren Sozialdemokraten, Kommunisten und die Nichtarier, sie spionieren auch hinter den Unterführern der österreichischen Nazis und den Sturmtrüpplern, ebenso hinter den Offizieren. Sie heben Massnahmen der örtlichen Führer auf und zögern nicht, jedermann zu verhaften, den sie beschuldigen entgegen den Interessen der Nazisache zu handeln, welchen Rang er auch habe."

Wir können uns an dieser Stelle ersparen, diesen trefflichen Bericht eines unparteiischen Beobachters noch durch die vielen uns bekannten Beispiele tiefer Unzufriedenheit und beginnenden Widerstandes zu ergänzen. Wir wollen auf die Ursachen dieser, auch von Optimisten nach dem kurzen Zeitraum von knapp einem Jahr nicht erwarteten gespannten Lage in Österreich hinweisen.

Die Lebensverhältnisse waren in Österreich in den Jahren vor der Annexion ausserordentlich schlecht. Ein Umstand, der für die Agitation der Nazi in Österreich entscheidend war. Nicht die Losung „Ein Volk, ein Reich, ein Führer" brachte ihnen Zulauf in Österreich, sondern das Versprechen, „aller Not ein Ende" zu setzen. Am 23. März 1938 rief Goebbels vom Berliner Sportpalast den Österreichern zu:

„Aus der Mehrproduktion wird sich die Beseitigung der Arbeitslosigkeit ergeben, wird die Kaufkraft der Massen gesteigert werden, wird eine verbesserte Lebenshaltung und ein neuer Wohlstand des österreichischen Volkes erwachsen."

Und am 3. April 1938 versprach Hitler in Graz:

„Die Not wird überall endgültig überwunden . . ."

Nach einem Jahr hat das Volk Gelegenheit zu prüfen und zu vergleichen. Wie ist es heute? Wir wollen dafür Zeugen zitieren, die davor gefeit sind von der Goebbels-Presse als „von Alljuda gekaufte Lügner" beschimpft zu werden.

Wir führen Herrn Reichskommissar Bürckel als Zeugen.. Er erklärte im Wiener Konzerthaus (laut »V. B.« vom 5. Februar 1939):

„Die Frage lautet immer wieder: Hat sich der Lebensstandard gehoben, gesenkt oder ist er gleich geblieben? Es fällt mir nicht im entferntesten ein, auch nur den geringsten Versuch zu machen, zu sagen, es sei in der Lebenshaltung bei allen besser geworden. Das tue ich aus zwei Gründen nicht: erstens, weil es nicht wahr ist und zweitens, weil das Verschweigen dieser Tatsache eine Dummheit wäre . . . Der Lebensstandard ist hier noch nicht in Ordnung."

Wir führen als Zeugen den Gauleiter der Steiermark, Uiberreither, der bestätigt, dass es ausserhalb Wiens nicht besser ist:

„Glauben Sie nicht, dass wir nicht sehen, dass die Löhne heute noch zu niedrig sind, dass wir nicht sehen, dass es Löhne gibt, die mit den Begriffen des III. Reiches unvereinbar sind."

Wir führen als Zeugen Herrn Brucker, seines Zeichens Gauamtsleiter für Agrarpolitik, der auf einer Tagung in Tulln (Nieder-Österreich) nach einer Darstellung der katastrophalen Landflucht, die seit der Annexion in Österreich in besonderem Ausmass eingesetzt hat, berichtete:

„In unserem Gaugebiet gibt es Gegenden, wo nur 60 % der Kräfte vorhanden sind, die für eine ausreichende Bewirtschaftung des Bodens notwendig wären. In einigen Dörfern hat in diesen Tagen die letzte Magd den Ort verlassen, sodass die Bäuerinnen, wenn sie ein Kind zur Welt gebracht haben, ohne Hilfe dastehen, und wenige Tage nach ihrer Genesung die härtesten Arbeiten selbst verrichten müssen. Unzählige Höfe warten auf ihre Erben. Ein Erbe ist zwar vorhanden, aber er weigert sich, die Wirtschaft zu übernehmen."

Wir haben es also auf allen Gebieten mit einer katastrophalen Verschlechterung der Lage der Bevölkerung zu tun. Als einzige Begründung aller Verschlechterungen gab Bürckel, in seiner bereits erwähnten Rede, die hohen Kosten der Kriegsrüstungen der deutschen Reichsregierung an. Da Kanonen, so meinte er, nicht vom Himmel fallen, müssen die Kosten von der Bevölkerung getragen werden. Ein Argument, das in Österreich am allerwenigsten geeignet ist auf die Bevölkerung zu wirken. Was gehen uns — so fragen sich die Österreicher — die deutschen Kanonen an?! Wir wissen von diesen Kanonen blos dass wir in ihrem Zeichen vor einem Jahr unsere Selbständigkeit verloren haben, dass sie uns den „Anschluss", die Ursache allen heutigen Elends, brachten, dass sie gegen die besten Freunde des österreichischen Volkes, gegen die spanische Republik und gegen die Tschechoslovakei eingesetzt wurden, und dass sie in Zukunft nur Krieg und Vernichtung bringen können. Nein, es ist für das österreichische Volk alles nur nicht überzeugend, dass es Hungern soll, sich zu Tode rackern soll, blos damit weitere Kanonen erzeugt werden können.

Das sind die Ursachen der allgemeinen Unzufriedenheit in Österreich. Eine Unzufriedenheit, die bei einzelnen Schichten der Bevölkerung in Widerstand übergeht. Dies ist besonders unter der Arbeiterschaft zu beobachten, die schon in den letzten Tagen des Schuschnigg-Regimes den Versuch unternahm, im Bündnis mit anderen Volksschichten die Unabhängigkeit Österreichs zu retten und die jetzt wieder die entscheidende Rolle auf sich genommen hat, eine Front aller Österreicher für die Wiedereroberung des Selbstbestimmungsrechtes und der Unabhängigkeit zu formieren. Die Ernüchterung und Unzufriedenheit des ganzen österreichischen Volkes fördert diese Bestrebungen. Besonders unter den katholischen Bauern macht sich eine stärkere politische Aktivität bemerkbar, die durch den stärkeren Druck des Regimes auf die Kirche nur noch beschleunigt wird. Und die Arbeiterschaft hat nicht vergessen, dass ihr Kampf vom Februar 1934 ein Kampf für Österreichs Unabhängigkeit gegen die unseligen Totengräber seiner Freiheit war. Ihre Haltung entspricht der Tradition des Februar.

Die Bewegung gegen die Fremdherrschaft kommt aus den Tiefen des Volkes und ist schon deshalb eine *demokratische Bewegung*, eine Bewegung des Friedens. Das Nationalbewusstsein, das in Österreich immer mächtiger die Volksmassen erfasst, ist kein Chauvinimus, sondern verkörpert das Selbstbewusstsein eines Volkes mit vielhundertjähriger Kultur und verkörpert den Entschluss, sein Selbstbestimmungsrecht und seine Unabhängigkeit wieder zu erobern.

Die Unabhängigkeit Österreichs war ein wesentlicher Bestandteil des Gleichgewichtes und des Friedens in Europa; der Kampf für die Wiedererringung der Unabhängigkeit des österreichischen Volkes ist ein wesentlicher Bestandteil des Kampfes um den Frieden aller Völker Europas, und ihres Kampfes gegen die faschistischen Weltherrschaftsträume.

Österreichische Nachrichten

PERSONENVERZEICHNIS

ADAM, Walter (1886 – 1947),
Politiker und Journalist. 1934 Bundeskommissär für Heimatdienst, 1934 – 1936 Generalsekretär der Vaterländischen Front, ab 1936 Leiter des Bundespressedienstes im Bundeskanzleramt. 1938 – 1943 im KZ.

ATTLEE, Clement Richard (1883 – 1967),
Britischer Staatsmann. 1933 – 1955 Führer der Labour-Party, 1945 – 1951 Premier-Minister.

AUERNHEIMER, Raoul (1876 – 1948),
Schriftsteller, Feuilletonist, Theaterkritiker. Erster Präsident des österreichischen PEN-Club. 1938 im KZ, 1939 Emigration in die USA.

BAUER, Dr. Otto (1881 – 1938),
führender Theoretiker und Wortführer des Austromarxismus. 1918 Unterstaatssekretär und 1918/19 Staatssekretär für Äußeres. 1919 – 1934 Abg.z.NR. Flieht während der Februarkämpfe 1934 nach Brünn, wo er das „Auslandsbüro" der Sozialdemokraten leitet. Stirbt in Paris.

BERGER-WALDENEGG, Dr. Egon (1880 – 1960),
tritt früh in den diplomatischen Dienst ein und ist am Ende des Ersten Weltkrieges provisorischer Leiter der Politischen Abteilung des Außenamtes. Tritt 1929 dem steirischen Heimatschutz bei und ist aktiv am Pfrimer-Putsch beteiligt. Verhandelt im Auftrag von Bundeskanzler Dollfuß mit den österreichischen Nationalsozialisten, wird 1934 Justizminister, im Kabinett Schuschnigg I auch Außenminister und ab 1936 Gesandter beim Quirinal.

BÜRCKEL, Josef (1894 – 1944),
ab 1926 Gauleiter der NSDAP in der Rheinpfalz, ab 1935 Reichskommissar für das Saarland. Nach dem Einmarsch Hitlers in Österreich Gauleiter von Wien bzw. Reichskommissar für die Wiedervereinigung Österreichs mit dem Reich. Als oberster NS-Führer in Österreich ist B. mitverantwortlich für die systematische und rücksichtslose Unterdrückung, die 1939/40 in der Deportation der Wiener Juden gipfelt. Ab Herbst 1940 Reichsstatthalter für die Westmark und Chef der Zivilverwaltung in Lothringen. 1944 Selbstmord.

BUTTINGER, Joseph (geb. 1906),
1935 – 1938 letzter Obmann der illegalen Revolutionären Sozialisten. Emigriert in die USA und kehrt nach 1945 nicht mehr nach Österreich zurück.

CHIGI, Pellegrino (1899 – 1962),
italienischer Diplomat und vom Dezember 1937 bis April 1938 italienischer Botschafter in Wien.

CHAMBERLAIN, Arthur Neville (1869 – 1940),
britischer Staatsmann. Ab 1918 konservativer Abgeordneter. 1937 – 1940 britischer Premierminister. Als Vertreter einer Beschwichtigungspolitik glaubte er, den Krieg mit Hitler verhindern zu können.

CHAUTEMPS, Camille Gabriel (1885 – 1963),
mehrmaliger Premierminister in der dritten französischen Republik. Unterstützt während des Zweiten Weltkrieges das Vichy-Regime.

CHURCHILL, Sir Winston (1874 – 1965),
britischer Staatsmann. Ab 1900 konservativer Unterhausabgeordneter, bekleidet er bis 1929 eine Reihe bedeutender Regierungsämter. Warnt im britischen Unterhaus vergeblich vor den von Hitler drohenden Gefahren. 1940 – 1945 und 1951 – 1955 britischer Premierminister.

CIANO, Galeazzo, Conte di Cortellazzo (1903 – 1944),
Diplomat. 1922 mitbeteiligt am „Marsch auf Rom", Schwiegersohn Mussolinis, ab 1936 Außenminister und Mitkonstrukteur der Achse Berlin – Rom. Zunehmender Gegner der Kriegspolitik Mussolinis und an dessen Sturz 1943 mitbeteiligt. Nach Mussolinis Befreiung in einem Schauprozeß zum Tod verurteilt und hingerichtet.

CZERNETZ, Karl (1910 – 1978),
Politiker. Nach 1934 Aktivist der Revolutionären Sozialisten. 1938 Emigration nach England. Nach 1945 Mitglied des Parteivorstandes der SPÖ, Abg.z.NR. und 1975 – 1978 Präsident des Europarates.

DANNEBERG, Dr. Robert (1885 – 1942),
zuerst Sekretär, dann Vorsitzender der sozialdemokratischen Zentralstelle für das Bildungswesen. Ab 1932 Wiener Stadtrat für Finanzen, von 1919 – 1934 Abg.z.NR. und nach 1934 wichtigster Verbindungsmann zum sozialdemokratischen Untergrund und zum „Auslandsbüro". 1938 flieht er nach Brünn, wird von den tschechischen Behör-

den zurückgeschickt, von den Nationalsozialisten verhaftet und 1942 im KZ Auschwitz ermordet.

DOLLFUSS, Dr. Engelbert (1892 – 1934), vorerst christlichsozialer Minister für Land- und Forstwirtschaft, seit Mai 1932 österreichischer Bundeskanzler. Schaltet im März 1933 das Parlament und im Februar 1934 die Sozialdemokratie aus. Wird am 25. Juli 1934 bei einem nationalsozialistischen Putschversuch ermordet.

EDER, Hans (1890 – 1944), evangelischer Theologe. Erster Bischof der Evangelischen Kirche A.B. und H.B. in Österreich.

EIFLER, Alexander (1890 – 1945), Berufssoldat, Major a.D. Scheidet 1920 aus dem Bundesheer der Republik aus. Seit 1923 Stabschef des Republikanischen Schutzbundes. Im Schutzbundprozeß (April 1934) zu 15 Jahren Kerker verurteilt, wird er 1935 freigelassen. Im März 1938 verhaftet, wird er mit dem ersten Österreichertransport am 1. April 1938 ins KZ Dachau deportiert, wo er am 1. Jänner 1945 stirbt.

FARKAS, Karl (1894 – 1971), Schauspieler, Kabarettist, Theaterdirektor, Drehbuchautor. Mit zeitlichen Unterbrechungen prägt F. das Gesicht des Wiener Simplicissimus. Enge Zusammenarbeit mit Fritz Grünbaum, mit dem er mehrere Revuen herausbringt und die Doppelconférence entwikkelt. Seit 1927 künstlerischer Leiter des „Simpl", emigriert er 1938 zuerst nach Frankreich und dann in die USA. Von 1946 bis zu seinem Tod abermals Direktor des „Simpl".

FRANCKENSTEIN, Sir Dr. Georg (1878 – 1953), Diplomat. 1929 – 1938 österreichischer Gesandter in London. Bleibt nach der Auslöschung Österreichs im englischen Exil und kehrt auch nach 1945 nicht mehr nach Österreich zurück.

FRICK, Dr. Wilhelm (1877 – 1946), ist am Münchener Hitlerputsch beteiligt. Einer der ersten NS-Abgeordneten im deutschen Reichstag. Ab 1933 Reichsinnenminister. In seiner Stellung war er für Maßnahmen verantwortlich, die gegen Juden, Kommunisten, Sozialdemokraten, oppositionelle Vertreter der Kirchen und andere Regimegegner getroffen wurden. Seit 1943 Reichsprotektor für Böhmen und Mähren, wird er im Nürnberger Kriegsverbrecherprozeß zum Tode verurteilt und hingerichtet.

FRIEDMANN, Dr. Desider (1880 – 1944). Staatsrat und von 1932 – 1938 Präsident der Israelitischen Kultusgemeinde in Wien. Deportation nach Theresienstadt im September 1942, von dort im Oktober 1944 nach Auschwitz.

GLAISE-HORSTENAU, Dr. Edmund (1882 – 1946), Generalstabschef und Mitglied der Obersten Heeresleitung im Ersten Weltkrieg. Österreichischer Bevollmächtigter bei den Friedensverhandlungen in Brest-Litowsk 1917/18 Direktor des Kriegsarchivs in Wien, wird er von Bundeskanzler Schuschnigg nach Berchtesgaden als „Nationalbetonter" in sein Kabinett aufgenommen. Vizekanzler im 48-Stunden-Kabinett von Seyß-Inquart. Selbstmord 1946.

GLEISSNER, Dr. Heinrich (1893 – 1984), Politiker. Ab 1930 Direktor der Oberösterreichischen Landwirtschaftskammer, 1934 – 1938 und 1945 – 1971 Landeshauptmann von Oberösterreich, 1938/39 im KZ. 1951 Kandidat der ÖVP bei den Bundespräsidentenwahlen.

GORBACH, Dr. Alfons (1898 – 1972), 1933 – 1938 Landesführer der „Vaterländischen Front" in der Steiermark, von 1935 – 1938 auch Mitglied des steirischen Landtags und der Landesregierung. Von den Nationalsozialisten verhaftet, verbringt er die Jahre 1938 – 1942 und 1944/45 in den Konzentrationslagern Dachau und Flossenbürg. Nach 1945 Mitglied der ÖVP, ist er 1960 – 1963 auch deren Bundesparteiobmann und von 1961 – 1964 Bundeskanzler.

GÖRING, Hermann (1892 – 1946), 1932 – 1935 Reichstagspräsident von Preußen und 1935 – 1945 Oberbefehlshaber der Luftwaffe, ist der Reichsmarschall der zweite Mann im „Dritten Reich". G. gilt als eigentlicher Schöpfer der Geheimen Staatspolizei (GESTAPO) und errichtet mit Himmler und Heydrich zusammen die ersten Konzentrationslager. Im Nürnberger Kriegsverbrecherprozeß zum Tode verurteilt, verübt er Selbstmord.

GRÜNBAUM, Dr. Fritz (1880 – 1941), Kabarettautor, Conférencier, Librettist, entwickelt er im Wiener „Simplicissimus" gemeinsam mit Karl Farkas die Doppelconférence. Autor zahlreicher Schlager („Ich hab das Fräulein Helen baden sehn") und Libretti („Die Dollarprinzessin"), wird er von den Nationalsozialisten ins KZ Dachau deportiert, wo er auch stirbt.

HABSBURG, Dr. Otto (geb. 1912).
Richtet nach Berchtesgaden an Schuschnigg die Aufforderung, ihm die Regierungsgeschäfte zu übertragen, was vom Bundeskanzler abgelehnt wird. Nach seiner Emigration in die USA zugunsten der Wiederherstellung eines unabhängigen Österreich tätig. Der Streit um seine Rückkehr nach Österreich entzweit zu Beginn der Sechzigerjahre die Große Koalition.

HEINISCH, Theodor (geb. 1908),
seit seiner Jugend in der Gewerkschaftsbewegung tätig. Seit 1937 Betriebsvertrauensmann, ist H. am 3. April 1938 Mitglied der Arbeiterdelegation, die mit Bundeskanzler Schuschnigg verhandelt. Zwischen 1938 und 1945 mehrfach inhaftiert, ist H. nach 1945 als Sekretär der Gewerkschaft der Privatangestellten tätig.

HEYDRICH, Reinhard (1904 – 1942),
SS-Obergruppenführer. Seit 1932 Chef des Sicherheitsdienstes (SD), wird er zum führenden Organisator der „Endlösung der Judenfrage". Skrupellos bei Terror, Verfolgung und Erpressung, übernimmt er 1941 das Amt des Stellvertretenden Reichsprotektors von Böhmen und Mähren. H. stirbt an den Folgen eines Attentats, das exiltschechische Agenten im Mai 1942 in Prag auf ihn verüben.

HILLEGEIST, Friedrich (1895 – 1973),
seit 1919 Betriebsratsobmann bei Siemens-Schuckert und ab 1929 Sekretär des Bundes der Industrieangestellten. 1934 – 1938 Obmann der illegalen Angestelltengewerkschaft, ist H. Sprecher der illegalen Gewerkschaft bei den Verhandlungen mit Schuschnigg. Am 13. März 1938 von den Nationalsozialisten verhaftet, kommt H. 1939/40 ins KZ Buchenwald. 1945 – 1962 Obmann der Gewerkschaft der Privatangestellten, ab 1959 Vizepräsident des ÖGB, langjähriger Abg.z.NR. der SPÖ.

HIMMLER, Heinrich (1900 – 1945),
Reichsführer der SS. Ab 1936 Chef der deutschen Polizei. Ab 1943 Reichsinnenminister ist H. der Hauptorganisator der Konzentrationslager, der Judenvernichtung und des Terrors gegen die politischen Gegner des NS-Regimes. Selbstmord im Mai 1945 in englischer Gefangenschaft.

HITLER, Adolf (1889 – 1945),
baut seit 1919 die NSDAP auf. 1923 versucht H., die bayerische und die Reichsregierung zu stürzen. 1925 Neugründung der NSDAP, der SA und der SS. Wachsende Wahlerfolge. 1933 Ernennung zum Reichskanzler, Ausschaltung aller anderen Parteien; vereinigt nach dem Ableben Hindenburgs (1934) das Amt des Reichspräsidenten, des Reichskanzlers und des Obersten Befehlshabers der Wehrmacht in seiner Person. Regiert mit absoluten diktatorischen Vollmachten. Selbstmord am 30. April 1945.

HORN, Otto (1905 – 1967),
Gewerkschafter. In der Ersten Republik Sekretär der Gewerkschaft der Industrieangestellten, ab 1934 führender Funktionär der illegalen Freien Gewerkschaften und Mitglied des erweiterten Sekretariats der illegalen KPÖ.

HORNBOSTEL, Dr. Theodor (1889 – 1973),
Diplomat. Ab 1933 Leiter der politischen Abteilung im Bundeskanzleramt. 1939 mit dem ersten Österreichertransport nach Dachau deportiert.

HOOVER, Herbert (1874 – 1964),
Bergbauingenieur und von 1929 – 1933 Präsident der USA.

INNITZER, Univ.Prof. Dr. Kardinal Theodor (1875 – 1955),
Professor für Neutestamentliche Bibelwissenschaft an der Universität Wien. 1929/30 Bundesminister für Soziale Verwaltung, 1932 – 1955 Erzbischof von Wien, seit 1933 Kardinal.

JANSA, Alfred (1884 – 1963),
Feldmarschalleutnant. Ab 1933 österreichischer Militärattaché in Berlin, seit 1935 Chef des Generalstabs. Konsequenter Verfechter des militärischen Widerstandes gegen Hitler-Deutschland. Rücktritt auf äußeren und inneren Druck im Jänner 1938.

JOCHMANN, Rosa (geb. 1901).
Bereits in den Zwanzigerjahren in der Gewerkschaft und der Sozialdemokratischen Partei tätig. Nach dem Februar 1934 Mitglied des ZK der Revolutionären Sozialisten. 1939 von der GESTAPO verhaftet und 1940 – 1945 im KZ Ravensbrück. 1945 – 1967 Abg.z.NR., 1959 – 1967 Stellvertretende Bundesparteivorsitzende der SPÖ. Vorsitzende des Bundes Sozialistischer Freiheitskämpfer.

JODL, Alfred (1890 – 1946),
Generaloberst. 1939 – 1945 Chef des Wehrmachtsführungsstabes. Hitlers Berater in allen strategischen und operativen Fragen, unterzeichnet J. 1945 als Vertreter der deut-

schen Wehrmacht die bedingungslose Kapitulation in Reims. In Nürnberg zum Tod verurteilt und hingerichtet, wird er 1953 von einer deutschen Spruchkammer posthum freigesprochen, weil sich seine Tätigkeit auf rein operative Fragen beschränkt habe und er sich keines Verstoßes gegen das Völkerrecht schuldig gemacht hätte.

JURY, Dr. Hugo (1887 – 1945),
Arzt. Ab 1936 stellvertretender Landesleiter der illegalen NSDAP in Österreich. Nach Berchtesgaden von Schuschnigg in den Staatsrat berufen. Sozialminister im „Anschluß"-Kabinett von Seyß-Inquart, dann Gauleiter von „Niederdonau". Selbstmord 1945.

KEPPLER, Wilhelm (1882 – 1960),
Industrieller. Tritt früh der NSDAP bei und wird 1936 persönlicher Berater Görings in Wirtschaftsfragen. Wird während der Vorbereitungen für die Annexion Österreichs Sekretär an der deutschen Botschaft in Wien und amtiert von März bis Juni 1938 als Reichskommissar in Österreich. Anschließend Staatssekretär im Auswärtigen Amt und SS-Obergruppenführer. 1949 zu zehn Jahren Haft verurteilt, wird er 1951 vom US-Hochkommissar begnadigt.

KIENBÖCK, Dr. Viktor (1873 – 1956),
Politiker. Finanzminister Österreichs 1922 – 1924 und 1926 – 1929. Präsident der Österreichischen Nationalbank 1932 – 1938.

KLAUSNER, Hubert (1892 – 1939),
Major a.D. Seit 1922 Mitglied der NSDAP. Ab 1933 Gauleiter in Kärnten. 1938 letzter illegaler und erster legaler Landesleiter der NSDAP. Im Kabinett Seyß-Inquart Minister für politische Willensbildung, dann wieder Gauleiter von Kärnten. Selbstmord 1939.

KRAUSS, Werner (1884 – 1959),
Schauspieler. Einer der herausragendsten Filmschauspieler der expressionistischen Ära und vielbejubelter Bühnenstar. Mitglied des Präsidialrates der Reichstheaterkammer, wirkt K. auch in dem antisemitischen Film „Jüd Süß" (1940) mit, ja macht diesen raffiniertesten aller rassistischen Filme des Dritten Reiches erst zum Erfolg. 1945 – 1948 Auftrittsverbot, erhält er 1954 den „Ifflandring" als „größter deutscher Schauspieler".

KŘENEK, Ernst (geb. 1900),
Komponist, Schüler von Franz Schreker. 1925 – 1927 am Staatstheater Kassel, dann bis 1938 in Wien. Emigration in die USA 1938. Unter der NS-Herrschaft „entarteter Künstler", dessen Jazzoper „Jonny spielt auf" (1927) von den Nationalsozialisten heftigst bekämpft wurde.

LEICHTER, Dr. Otto (1897 – 1973),
Redakteur der „Arbeiter Zeitung". Leitet ab dem Herbst 1934 alle Untergrundpublikationen, die von den illegalen Freien Gewerkschaften in Österreich herausgegeben werden. Emigriert 1938 über Paris nach New York und arbeitet nach 1945 als UNO-Korrespondent für mehrere europäische Zeitungen.

LEOPOLD, Josef (1899 – 1941),
Hauptmann a.D. Ab 1932 Landtagsabgeordneter der NSDAP in Niederösterreich. Nach dem Verbot der NSDAP illegaler Landesleiter von Österreich. Nach Berchtesgaden von den eigenen Leuten kaltgestellt. Fällt als Bataillonskommandant an der Ostfront.

LEOPOLDI, Hermann (1888 – 1959),
Komponist, Schauspieler, Sänger, Kabarettist. Komponiert und textet zahlreiche bekannte Schlager und Wienerlieder („In einem kleinen Café in Hernals", „Schön ist so ein Ringelspiel", „Der Überzieher"), aber auch kabarettistische Nummern. 1938 im KZ, emigriert L. 1939 in die USA, von wo er 1947 wieder nach Wien zurückkehrt.

LIEBITZKY, Dr. Emil (1892 – 1961),
Diplomat, General. 1933 – 1938 österreichischer Militärattaché in Rom. Seine Berichte aus Rom und seine Gespräche mit Mussolini stellen eine der interessantesten Quellenbestände für die österreichisch-italienischen Beziehungen von 1933 – 1938 dar. In der Zweiten Republik führend am Aufbau des neuen österreichischen Bundesheeres beteiligt.

LOTHAR, Dr. Ernst (1890 – 1974),
Autor und Regisseur. Der Staatsanwalt und Hofrat am Wiener Handelsministerium gibt seinen Beruf freiwillig auf und wird Theaterkritiker der „Neuen Freien Presse". 1933 – 1935 Gastregisseur am Burgtheater und anschließend als Nachfolger Max Reinhardts Direktor des Theaters in der Josefstadt. 1938 Emigration in die USA und Literaturprofessor am Colorado College. Ab 1948 Regisseur am Wiener Burgtheater und bei den Salzburger Festspielen.

MANTLER, Karl (1890 – 1965),
Gewerkschafter und Politiker. Führend in der

illegalen Freien Gewerkschaft in der Zeit von 1934 – 1938 tätig. 1937/38 vom Regime des Ständestaates in Wöllersdorf inhaftiert. 1939 – 1945 im KZ Buchenwald. 1947 – 1949 Staatssekretär im Bundesministerium für Vermögenssicherung, 1949 – 1965 Präsident der Wiener Arbeiterkammer.

MEINL, Julius (1869 – 1944),
Kaufmann. Baut das Kaffeegeschäft seines Vaters zu einem Lebensmittelunternehmen mit dem größten Filialnetz der österreichisch-ungarischen Monarchie aus. Die von ihm gegründete „Politische Gesellschaft" (1915) bemüht sich um Friedensinitiativen zur Beendigung des Ersten Weltkrieges. Prononcierter Vertreter einer liberalen Wirtschaftsordnung.

MENGHIN, Univ.Prof. Dr. Oswald (1888 – 1973),
Professor für Urgeschichte an der Universität Wien. Unterrichtsminister im 48-Stunden-Kabinett von Arthur Seyß-Inquart. Ab 1948 in Argentinien lebend.

MEYSELS, Theodor F. (1899 – 1963),
Journalist. Bis 1938 Redakteur der „Neuen Freien Presse". Emigration nach Palästina. Nach 1945 Rückkehr nach Wien. Seine tagebuchartigen Aufzeichnungen „Die erste Woche. Notizen eines österreichischen Journalisten" (Jerusalem 1944) vermitteln ein anschauliches Bild über die „Gleichschaltung" im Wiener Pressewesen nach dem Einmarsch.

MIKLAS, Dr. Wilhelm (1872 – 1956),
Gymnasialdirektor in Horn. Seit 1907 christlichsozialer Abgeordneter, zuerst des Reichsrates, dann des Nationalrates. 1923 – 1928 Nationalratspräsident, 1928 – 1938 Bundespräsident. M. ernennt zwar nach dem Rücktritt Schuschniggs unter dem Druck des deutschen Ultimatiums Arthur Seyß-Inquart zum Bundeskanzler, weigert sich aber standhaft, das „Anschlußgesetz" zu unterschreiben und tritt zurück.

MUSSOLINI, Benito (1883 – 1945),
Führer des Faschismus (Duce) und 1922 – 1943 italienischer Regierungschef. Im April 1945 von Partisanen erschossen.

NEURATH, Konstantin Freiherr von (1873 – 1956),
Diplomat. Tritt bereits 1901 in den diplomatischen Dienst ein. Seit 1921 deutscher Botschafter in Rom, seit 1930 in London, seit 1932 Reichsaußenminister. Behält sein Amt auch unter Hitler bis 1938, und ist 1939 – 1941 Reichsprotektor für Böhmen und Mähren. Im Nürnberger Kriegsverbrecherprozeß zu 15 Jahren Gefängnis verurteilt, wird er 1954 entlassen.

OLAH, Franz (geb. 1910),
Gewerkschafter, Politiker. Tätigkeit in den illegalen Freien Gewerkschaften zwischen 1934 und 1938 und Mitglied des ZK der Revolutionären Sozialisten. Vom Regime des Ständestaates mehrfach inhaftiert. Insgesamt acht Jahre Haft zwischen 1934 und 1945. Präsident des ÖGB von 1959 – 1963. Innenminister 1963 – 1964. Wird 1964 aus der SPÖ ausgeschlossen.

OPPENHEIM, Dr. David (1881 – 1943),
Regierungsrat. Bis 1938 Präsident der „Union österreichischer Juden". Im August 1942 nach Theresienstadt deportiert, stirbt er dort im Februar 1943.

PAPEN, Franz von (1879 – 1969),
Diplomat, Politiker. Mitglied der katholischen Zentrumsfraktion im preußischen Landtag und Repräsentant des ultrakonservativen, antirepublikanischen Flügels dieser Partei. Einer der entscheidenden Wegbereiter Hitlers. 1932 deutscher Reichskanzler, 1933/34 Vizekanzler unter Hitler. 1934 – 1938 deutscher Gesandter bzw. Botschafter in Wien, hat er entscheidenden Anteil an den Vorbereitungen zum „Anschluß". 1947 von einem deutschen Entnazifizierungsgericht zu acht Jahren Zwangsarbeit verurteilt, wird er bereits 1949 entlassen.

PEMBAUR, Dr. Walter (1886 – 1950),
Politiker. Lehnt 1933 nach dem Wahlsieg der NSDAP in Innsbruck das ihm angebotene Bürgermeisteramt wegen des zugleich geforderten Beitritts zur NSDAP ab. Ab 1938 Volkspolitischer Referent in der Bundesführung der Vaterländischen Front.

PERNTER, Dr. Hans (1887 – 1951),
Beamter, Politiker. 1934 – 1936 Staatssekretär für Unterricht, 1936 – 1938 Unterrichtsminister. 1938 – 1940 KZ-Haft in Dachau, Flossenbürg und Mauthausen. 1945 geschäftsführender Obmann der ÖVP und bis 1949 Abg.z.NR.

RAAB, Dipl.Ing. Julius (1891 – 1964),
Baumeister, Politiker. Seit 1927 christlichsozialer Abg.z.NR. Ab 1928 niederösterreichischer Landesführer der Heimwehr, Handelsminister im letzten Kabinett Schuschnigg. 1945 Staatssekretär für öffentliche Bauten in

der prov. Regierung Renner. Von den Sowjets als Handelsminister im Kabinett Figl abgelehnt, wird R. Klubobmann der ÖVP (bis 1953), 1952 – 1960 Bundesparteiobmann und 1953 – 1961 Bundeskanzler. R. ist der Kanzler der Wirtschaftspolitik („Raab-Kamitz-Kurs"), der Sozialpartnerschaft („Raab-Olah-Abkommen") und der Außenpolitik (Staatsvertrag).

REITHER, Josef (1890 – 1950),
Politiker. 1931 – 1932 und 1933 – 1938 Landeshauptmann von Niederösterreich, 1934 – 1935 Landwirtschaftsminister. 1938 und 1944 in Haft. 1945 – 1949 Landeshauptmann von Niederösterreich.

REVERTERA, Peter Graf (1893 – 1966).
An der Seite Starhembergs am Aufbau der Heimwehr beteiligt. 1934 – 1938 Sicherheitsdirektor von Oberösterreich. Gute Kontakte zu den illegalen Nationalsozialisten. Von Göring als „Gaujägermeister" vorgesehen, doch nach Protest der Nationalsozialisten des Gaues verwiesen. 1944 GESTAPO-Haft. Ab 1964 „Landes-Ehrenjägermeister" in Oberösterreich.

RIBBENTROP, Joachim von (1883 – 1946),
Diplomat und Politiker. Außenpolitischer Berater Hitlers seit 1932. 1936 – 1938 deutscher Botschafter in London, 1938 – 1945 Reichsaußenminister. 1946 im Nürnberger Kriegsverbrecherprozeß zum Tod verurteilt und hingerichtet.

RIEFENSTAHL, Leni (geb. 1902),
Schauspielerin, Regisseurin. In den Zwanzigerjahren Filmstar in zahlreichen beliebten Alpenfilmen. R. wird nach Hitlers Machtantritt die filmische Interpretin des NS-Mythos. Mit den Filmen „Sieg des Glaubens" (1933) und „Triumph des Willens" (1934) gelingt ihr wahrscheinlich die wirksamste NS-Propaganda, die je ins Bild gesetzt wurde. Ihr Dokumentarfilm „Olympia" über die Olympischen Spiele 1936 in Berlin wird wegen seiner neuen Techniken und filmischen Vollendung noch 1948 vom Internationalen Olympischen Komitee ausgezeichnet. R. weist bis heute alle Anschuldigungen eines romantischen Verhältnisses zu oder der politischen Komplizenschaft mit Hitler zurück.

ROTT, Hans (1896 – 1962),
Gewerkschaftssekretär. 1929 – 1934 christlichsoziales Mitglied des Bundesrates, 1938 Minister ohne Portefeuille im letzten Kabinett Schuschnigg.

SAILER, Karl Hans (1900 – 1957),
Redakteur. Arbeitet vorerst im „Kleinen Blatt" und dann in der „Arbeiter Zeitung". Vorsitzender des Zentralkomitees der „Revolutionären Sozialisten", wird er als einer der Hauptangeklagten im Hochverratsprozeß 1936 vom Ständestaat-Regime zu 20 Monaten Kerkers verurteilt. S. ist dazu ausersehen, am 11. März als erster Sozialist nach mehr als vier Jahren wieder im Radio zu sprechen. Es kommt nicht mehr dazu und S. emigriert zuerst nach Frankreich, dann in die USA. Knapp vor Kriegsende ist er gemeinsam mit E. K. Winter Auslandsrepräsentant des Provisorischen Österreichischen Nationalkomitees (POEN). Nach 1945 Chefredakteur-Stellvertreter der „Arbeiter Zeitung".

SCHMIDT, Dr. Guido (1901 – 1957),
Politiker. Freund und Vertrauensmann von Bundeskanzler Schuschnigg, wird Sch. nach dem Juliabkommen mit dem Deutschen Reich 1936 als „Vertreter des deutschen Kurses" in der österreichischen Außenpolitik, Staatssekretär des Äußeren. 1938 Außenminister. 1945 – 1947 in Haft. Sein Prozeß vor einem Volksgericht wegen hochverräterischer Tätigkeit in der Zeit vor 1938 endet mit einem Freispruch mangels an Beweisen. Das Prozeßprotokoll ist eine wichtige Quelle für die österreichische Geschichte in den Jahren 1936 – 1938.

SCHMIEGER, Willy (1887 – 1950).
Von Beruf Mittelschullehrer, wird Sch. weithin bekannter und populärer Sportreporter. Seine Radioreportagen von Sportveranstaltungen sind schon zu seinen Lebzeiten Legende.

SCHMITZ, Dr. Richard (1885 – 1954),
Beamter, Politiker. In der Ersten Republik Direktor der Zentralstelle des Volksbundes der Katholiken Österreichs, sowie langjähriger Abg.z.NR. der Christlichsozialen Partei. Sozialminister (1922 – 1924 und 1933 – 1934), Unterrichtsminister (1926 – 1929). Während des Ständestaates Kommissarischer Bürgermeister von Wien. 1938 – 1945 in KZ-Haft. In der Zweiten Republik Generaldirektor des Herold-Verlages.

SCHUSCHNIGG, Dr. Kurt von (1897 – 1977).
Ab 1927 christlichsozialer Abg.z.NR., 1932 – 1934 Justizminister und 1933 – 1936 auch Unterrichtsminister. 1934 – 1938 Bundeskanzler. Organisiert den Wehrverband „Ostmärkische Sturmscharen" und übernimmt nach dem Rücktritt Starhembergs

auch die Leitung der „Vaterländischen Front". Rücktritt auf deutschen Druck vom Amt des Bundeskanzlers. 1938 – 1945 in Haft. Ab 1948 Professor für Staatswissenschaften an der Universität St. Louis/USA, 1967 Rückkehr nach Österreich.

SEYSS-INQUART, Dr. Arthur (1892 – 1946),
Rechtsanwalt, Politiker. Wird 1937 auf Drängen des Deutschen Reiches als „betont Nationaler" Mitglied des österreichischen Staatsrates, auf Druck Hitlers nach dem 12. Februar Innenminister und nach dem Rücktritt Schuschniggs für zwei Tage Bundeskanzler. Nach dem „Anschluß" ist S. Reichsstatthalter der „Ostmark" und 1940 – 1945 Reichskommissar in den besetzten Niederlanden, wo er für die Deportation von Arbeitskräften nach Deutschland und die Verfolgung und Deportation der Juden verantwortlich ist. Im Nürnberger Kriegsverbrecherprozeß zum Tode verurteilt und hingerichtet.

SKUBL, Michael (1877 – 1964),
Beamter. 1934 – 1938 Polizeipräsident von Wien, 1937 – 1938 Staatssekretär für das Sicherheitswesen und in dieser Funktion auch in das „Anschluß-Kabinett" von Seyß-Inquart übernommen.

STAUD, Johann (1882 – 1944),
Gewerkschafter. Nach der Ausschaltung der Freien Gewerkschaften durch den Ständestaat 1934 – 1938 Präsident der Wiener Arbeiterkammer und der Einheitsgewerkschaft. Von den Nationalsozialisten verhaftet, kommt er mit dem ersten Österreichertransport ins KZ Dachau und stirbt im KZ Flossenbürg.

STARHEMBERG, Ernst Rüdiger von (1899 – 1956).
Seit 1929 Landesführer der oberösterreichischen Heimwehr, seit 1930 mit kurzer Unterbrechung Bundesführer des Heimatschutzes, unterstützt er Bundeskanzler Dollfuß im Kampf gegen die Sozialdemokratie. Tritt für eine starke Anlehnung an das faschistische Italien ein. 1930 Innenminister, 1934 – 1936 Vizekanzler, 1934 – 1937 Bundesführer der Vaterländischen Front. 1938 Emigration nach Argentinien. Kurz vor seinem Tod Rückkehr nach Österreich.

STOCKINGER, Fritz (1894 – 1968),
Politiker. 1933 – 1936 Bundesminister für Handel und Verkehr, 1936 – 1938 Präsident der Verwaltungskommission der österreichischen Bundesbahnen. 1938 Emigration nach Kanada, nach 1945 österreichischer Handelsdelegierter in Kanada.

UIBERREITHER, Dr. Siegfried (1908 – 1971),
illegaler SA-Gruppenführer in der Steiermark. 1938 – 1940 Gauleiter und danach Reichsstatthalter der Steiermark. Taucht nach Kriegsende in Lateinamerika unter und stirbt Ende 1971 in Bolivien.

WALTER, Bruno (1876 – 1962),
Dirigent. Seit 1901 an der Wiener Hofoper, 1913 – 1922 Generalmusikdirektor in München, ab 1925 in Berlin und ab 1929 Chefdirigent des Leipziger Gewandhausorchesters. 1936 – 1938 Dirigent und künstlerischer Berater der Wiener Staatsoper. Emigration in die USA. Seit 1948 auch wieder in Österreich tätig.

WENNINGER, Heinrich (1887 – 1950),
Kaufmann. Ab 1920 in der oberösterreichischen Heimwehr tätig und stets loyaler Gefolgsmann Starhembergs. 1930 Landesführer der oberösterreichischen Heimwehr, ab 1934 Landeshauptmannstellvertreter (Landesstatthalter). 1938/39 im KZ Dachau. Nach 1945 Tätigkeit in der Wirtschaft.

AUSGEWÄHLTE LITERATUR

Blenk, G., Leopold Kunschak und seine Zeit. Porträt eines christlichen Arbeiterführers. Wien – Frankfurt – Zürich 1966

Botz, G., Die Eingliederung Österreichs in das Deutsche Reich. Planung und Verwirklichung des politisch-administrativen Anschlusses. Wien 1976

Botz, G., Wien vom Anschluß zum Krieg. Nationalsozialistische Machtübernahme und politisch-soziale Umgestaltung am Beispiel der Stadt Wien 1938/1939. Wien – München 1978

Buttinger, J., Am Beispiel Österreichs. Köln 1953

Carsten, F. L., Faschismus in Österreich. Von Schönerer zu Hitler. München 1977

Czeike, F. (Hrsg.), Wien 1938. Wien 1978

Denscher, B., Tagebuch der Straße. Geschichte in Plakaten. Wien 1981

Dokumentationsarchiv des österreichischen Widerstandes (Hrsg.), Anschluß 1938. Wien 1988

Gedye, G. E. R., Die Bastionen fielen. Wie der Faschismus Wien und Prag überrannte. Wien o.J. (1947)

Gulick, Ch. A., Österreich von Habsburg zu Hitler. Wien 1976

Hindels, J., Österreichs Gewerkschaften im Widerstand 1934 – 1945. Wien 1976

Hofer, W. (Hrsg.), Der Nationalsozialismus. Dokumente 1933 – 1945. Frankfurt/M. 1957

Holtmann, E., Zwischen Unterdrückung und Befriedung. Sozialistische Arbeiterbewegung und autoritäres Regime in Österreich 1933 – 1938. Wien – München 1978

Jedlicka, L., Vom alten zum neuen Österreich. Fallstudien zur österreichischen Zeitgeschichte 1900 – 1975. St. Pölten – Wien 1975

Jochum, M., Die Erste Republik in Dokumenten und Bildern. Wien 1983

Kadrnoska, F. (Hrsg.), Aufbruch und Untergang. Österreichische Kultur zwischen 1918 und 1938. Wien 1981

Klusacek, Ch. / Steiner, H. / Stimmer, K. (Hrsg.), Dokumente zur österreichischen Zeitgeschichte 1938 – 1945. Wien 1971

Klusacek, Ch. / Stimmer, K. (Hrsg.), Dokumente zur österreichischen Zeitgeschichte 1928 – 1938. Wien 1982

Kreisky, B., Zwischen den Zeiten. Erinnerungen aus fünf Jahrzehnten. Wien o.J. (1986)

Kreissler, F., Der Österreicher und seine Nation. Ein Lernprozeß mit Hindernissen. Wien – Köln – Graz 1984

Leichter, O., Zwischen zwei Diktaturen. Österreichs Revolutionäre Sozialisten 1934 – 1938. Wien – Frankfurt – Zürich 1968

Luža, R., Der Widerstand in Österreich 1938 – 1945. Wien 1985

Neck, R. / Wandruszka, A. (Hrsg.), Anschluß 1938. Wien 1981

Pelinka, A., Stand oder Klasse? Die christliche Arbeiterbewegung Österreichs 1933 – 1938. Wien 1972

Pembaur, W., Im letzten Kampf um Österreich. Wien – Leipzig 1939

Rebhann, F. M., Bis in den Tod: Rotweißrot. Österreichs Untergang im März 1938. Wien 1988

Reichhold, L., Opposition gegen den autoritären Staat. Christlicher Antifaschismus 1934 – 1938. Wien – Frankfurt – Zürich 1964

Reichhold, L., Kampf um Österreich. Die Vaterländische Front und ihr Widerstand gegen den Anschluß 1933 – 1938. Wien 1984

Rosar, W., Deutsche Gemeinschaft. Seyss-Inquart und der Anschluß. Wien – Frankfurt – Zürich 1971

Schausberger, N., Der Griff nach Österreich. Der Anschluß. Wien 1978

Scheu, F., Der Weg ins Ungewisse. Österreichs Schicksalskurve 1929 – 1938. Wien – München – Zürich 1972

Schmidl, E. A., März 38. Der deutsche Einmarsch in Österreich. Wien 1987

Schuschnigg, K., Ein Requiem in Rot-Weiß-Rot. Wien 1978

Tálos, E. / Neugebauer, W. (Hrsg.), „Austrofaschismus". Beiträge über Politik, Ökonomie und Kultur 1934 – 1938. Wien 1984

Tálos, E. / Hanisch, E. / Neugebauer, W. (Hrsg.), NS-Herrschaft in Österreich 1938 – 1945. Wien 1988

Tomkowicz, G. / Wagner, D., „Ein Volk, ein Reich, ein Führer!" Der „Anschluß" Österreichs 1938. München 1968

Weinzierl, E. / Skalnik, K. (Hrsg.), Österreich 1918 – 1938. Geschichte der Ersten Republik. 2 Bde. Graz – Wien – Köln 1983

Wiltschegg, W., Die Heimwehr. Eine unwiderstehliche Volksbewegung? Wien 1985

VERZEICHNIS DER WICHTIGSTEN ABKÜRZUNGEN

ALÖS	Auslandsbüro der österreichischen Sozialdemokraten
APA	Außenpolitisches Amt
BDF	Bund Deutscher Frauen
BDM	Bund Deutscher Mädchen
BNSDJ	Bund Nationalsozialistischer Deutscher Juristen
DAF	Deutsche Arbeitsfront
DEG	Deutsche Erzieher-Gemeinschaft
DNB	Deutsches Nachrichtenbüro
DSt	Deutsche Studentenschaft
EG	Einheitsgewerkschaft
EK	Exekutivkomitee
EKKI	Exekutivkomitee der Kommunistischen Internationale
FAD	Freiwilliger Arbeitsdienst
FG	Freie Gewerkschaften
GESTAPO	Geheime Staatspolizei
HJ	Hitler-Jugend
HW	Heimwehr
IFG	Illegale Freie Gewerkschaft(en)
IRH	Internationale Rote Hilfe
KdF	Kraft durch Freude (NS-Freizeitorganisation)
KfdK	Kampfbund für deutsche Kultur
KP(Ö)	Kommunistische Partei (Österreichs)
KZ	Konzentrationslager
NS	nationalsozialistisch
NSBO	NS-Betriebszellenorganisation
NSDAP	Nationalsozialistische Deutsche Arbeiterpartei
NSDStB	NS-Deutscher Studentenbund
NS-Hago	NS-Handels-, Handwerks- und Gewerbeorganisation
NSK	NS-Korrespondenz
NSKK	NS-Kraftfahr-Korps
NSKOV	NS-Kriegsopferversorgung
NSLB	NS-Lehrerbund
NSV	NS-Volkswohlfahrt
ÖJV	Österreichisches Jungvolk
OKH	Oberkommando des Heeres
OKW	Oberkommando der Wehrmacht
Pg	Parteigenosse
PO	Parteiorganisation
POEN	Provisorisches Österreichisches Nationalkomitee
RAD	Reichsarbeitsdienst
RAVAG	Radio-Verkehrs-Aktiengesellschaft
RRG	Reichsrundfunkgesellschaft
RS	Reichssender
RS	Revolutionäre Sozialisten
RVDZV	Reichsverband Deutscher Zeitungsverleger
RSHA	Reichssicherheitshauptamt
SA	Sturmabteilung (der NSDAP)
SAG	Soziale Arbeitsgemeinschaft
SAH	Sozialistische Arbeiterhilfe
SAI	Sozialistische Arbeiterinternationale
SD	Sicherheitsdienst
SdAP	Sozialdemokratische Arbeiterpartei
SS	Schutzstaffel (der NSDAP)
VF	Vaterländische Front
ZK	Zentralkomitee